구속사의 관점에서 본

하바국·스바냐·학개·스가랴·말라기 파노라마

유 도 순 목사 지음

도서출판 머릿돌

|| 머리말 ||

하박국, 스바냐, 학개, 스가랴, 말라기서들은 모두 "소선지서"라 불리고 있습니다. 그런데 저는 이 선지서들을 상고하면서 경이(驚異)로움과 함께 부끄러움을 느낍니다. 놀라게 되는 것은 영광(榮光)스러움으로 가득하기 때문이고, 부끄러운 것은 이를 보지 못하고 증거하지 못했기 때문입니다.

이 선지서들 안에는 애송(愛誦)하는 성구들이 많이 있습니다.

* 그러나 의인은 그 믿음으로 말미암아 살리라.
* 대저 물이 바다를 덮음같이 여호와의 영광을 인정하는 것이 세상에 가득하리라.
* 오직 여호와는 그 성전에 계시니 온 천하는 그 앞에서 잠잠 할지니라.
* 비록 무화과나무가 무성치 못하며 포도나무에 열매가 없으며 감람나무에 소출이 없으며 밭에 식물이 없으며 우리에 양이 없으며 외양간에 소가 없을지라도 나는 여호와를 인하여 즐거워하며 나의 구원의 하나님을 인하여 기뻐하리로다(이상 하박국서).

* 시온의 딸아 노래할지어다 이스라엘아 기쁘게 부를지어다 예루살렘의 딸아 전심으로 기뻐하며 즐거워할지어다.

* 너의 하나님 여호와가 너의 가운데 계시니 그는 구원을 베푸실 전능자시라 그가 너로 인하여 기쁨을 이기지 못하여 하시며 너를 잠잠히 사랑하시며 너로 인하여 즐거이 부르며 기뻐하시리라(이상 스바냐서).

* 내 영광으로 이 전에 충만케 하리라.

* 이 전의 나중 영광이 이전 영광보다 크리라.

* 오늘부터는 내가 너희에게 복을 주리라(이상 학개서).

* 시온의 딸아 노래하고 기뻐하라 이는 내가 임하여 네 가운데 거할 것임이니라.

* 내가 네 죄과를 제하여 버렸으니 네게 아름다운 옷을 입히리라.

* 이는 힘으로 되지 아니하며 능으로 되지 아니하고 오직 나의 신으로 되느니라.

* 큰 산아 네가 무엇이냐 네가 스룹바벨 앞에서 평지가 되리라.

* 시온의 딸아 크게 기뻐할지어다 예루살렘의 딸아 즐거이 부를지어다 보라 네 왕이 네게 임하나니 그는 공의로우며 구원을 베풀며 겸손하여서 나귀를 타나니 나귀의 작은 것 곧 나귀새끼니라.

* 내가 다윗의 집과 예루살렘 거민에게 은총과 간구하는 심령을 부어 주리니,

* 그날에 죄와 더러움을 씻는 샘이…열리리라.

* 나의 하나님 여호와께서 임하실 것이요 모든 거룩한 자가 주와 함께 하리라(이상 스가랴서)

* 보라 내가 내 사자를 보내리니 그가 내 앞에서 길을 예비할 것이요,

* 내 이름을 경외하는 너희에게는 의로운 해가 떠올라서 치료하는 광선을 발하리니 너희가 나가서 외양간에서 나온 송아지같이 뛰리라(이상 말라기).

이 말씀들은 모두가 복음과 결부된 말씀들이고, 우리 주 예수 그리스도를 증거하고 있습니다. 저도 이 책을 예수 그리스도와 복음을 증거하기 위해서 썼습니다. 그리고 이것은 제가 처음 주님을 만났을 때의 약속입니다.

이 책을 통해서 여러분의 목장이 더욱 풍성하고 기름지게 되기를 기원합니다.

우리교회
원로목사 유 도 순

Contents

하박국

하박국 파노라마

주제 : 그러나 의인은 그 믿음으로 살리라

형제는 기도하다가 지쳐서 낙망(落望)해 본 경험이 있습니까? 불의(不義)가 득세(得勢)하고 오만한 자의 형통함을 인하여 갈등하면서 "공의의 하나님이 계시다면 어찌하여 이런 일이 일어나는가?" 하고 신정론(神正論)에 의문을 품어보신 적은 없으십니까? 하박국서는 이에 대한 답변(答辯)을 제시해주는 중요한 말씀입니다.

그러므로 하박국서는 독특한 구조(構造)를 가지고 있는데, 선지자의 질문에 대해서 하나님께서 답변하시는 양식을 취하고 있습니다. "여호와여 내가 부르짖어도 주께서 듣지 아니하시니 어느 때까지니이까 내가 강포를 인하여 외쳐도 주께서 구원치 아니하시나이다"(1:2) 하고 탄원합니다.

1장

하박국이 선지자로 세움을 받은 시기는 본문의 내용으로 볼 때에 유다 말기(末期)로 여겨집니다. 유다의 마지막 선한 왕인 요시야 때에 성전을 수리하다가 율법 책을 발견하게 되고, 책에 기록된 말씀을 듣자 옷을 찢고 개혁운동을 전개했던 것(왕하 22:11)도 잠시 일뿐 그가 죽자 유다는 종말적인 상황으로 곤두박질을 치고 말았던 것입니다.

선지자는, “율법이 해이하고 공의가 아주 시행되지 못하고”(1:4) 있다고 호소합니다. 그런대도 하나님은 침묵(沈黙)만 하고 계시는 듯했습니다. 그래서 선지자는 불평을 하고 있는 것입니다. 선지자의 첫 질문(質問)에 하나님은 대답하시기를, “보라 내가 사납고 성급한 백성 곧…갈대아 사람을 일으켰나니”(1:6) 하십니다. 즉 바벨론을 들어서 “율법이 해이하고 공의가 아주 시행되지 못하고” 있는 유다를 징벌하시겠다는 것입니다.

이 답변은 선지자로 하여금 또 다른 의문(疑問)을 일으키게 했습니다. 그래서 “주께서 눈이 정결하심으로 악을 참아보지 못하시거늘 어찌하여 궤휼한 자들을 방관하시며 악인이 자기보다 의로운 사람을 삼키되 잠잠 하시나이까”(1:13) 하고 두 번째 질문을 하게 됩니다. 이런 뜻입니다. 아무리 유다가 타락했다 하더라도 바벨론보다야 낫지 않느냐는 것입니다. 그런데 보다 악한 바벨론을 들어서 유다를 징벌하신다는 것이 하나님의 공의에 맞는 일이냐는 것입니다.

2장

이렇게 두 번째 질문을 하고는, “내가 파수하는 곳에 서며 성루에 서리라 그가 내게 무엇이라 말씀하실는지 기다리고 바라보며 나의 질문에 대하여 어떻게 대답하실는지 보리라”(2:1) 합니다.

“여호와께서 내게 대하여 가라사대 너는 이 묵시를 기록하여 판에 명백히 새기되 달려가면서도 읽을 수 있게 하라 이 묵시는 정한 때가 있나니 그 종말(終末)이 속히 이르겠고 결코 거짓되지 아니하리라 비록 더딜지라도 기다리라 지체되지 않고 정녕 응하리라”(2:2-3) 하십니다. 달려가면서도 읽을 수 있게 새기라는 의미는 이 묵시는 반드시 응하여 진다는 보증서(保證書)와 같다는 뜻입니다. 선을 행하다가 낙심을 하고 회의 가운데 빠지게 되는 것은 하나님의 약속이 지체되고 이루어지지 않는 것 같을 때입니다. 하나님은 “정녕 응하리라” 하십니다. 그러면 하박국 선지자가 “달려가면서도 읽을 수 있게” 크고 명백하게 기록한 “묵시”가 무엇인가?

이는 바벨론을 들어서 유다를 징벌하고, 종래는 바벨론도 심판하시리라는 것이 전부(全部)가 아닙니다. 만일 그렇게 여긴다면 하박국서가 우리와는 무관한 예날 이야기가 되고 맙니다. 이점이 요절이라 할 수 있는 2:4절에 농축이 되어 있습니다. “보라 그의 마음은 교만하며 그의 속에서 정직하지 못하니라 그러나 의인은 그 믿음으로 말미암아 살리라” 하십니다. 이 말씀 속에는 두 부류(部類)의 사람이 있는데, “교만한 자와, 의인”입니다.

“교만한 자”라고 지칭한 부류는 바벨론에 국한된 것이 아닌 불신 세계 전반을 가리키는 말입니다. 그러면 이들과 대비되는 “의인”(2:4)은 어떤 사람인가? 시편 1편에서는, “대저 의인의 길은 여호와께서 인정하시나 악인의 길은 망하리로다”(시 1:6) 합니다. 여기 “의인과, 악인”이 대조되어 있는데 성경이 말씀하는 “의인과, 악인”은 신자와 불신자를 가리키는 표현입니다. 물론 불신자들 가운데도 선한 사람이 있고, 신자들이 의로운 사람들도 아닙니다. 그런데 성경이 불신자를 악인이라 하는 것은 그가 속(屬)해있는 진영의 대표자(代表者), 그가 추종(追從)하는 자가 악한 사탄이기 때문이요, 같은 원리로 믿는 자들을 “의인”이라 함은 자격이 있어서가 아니라 사망에서 생명으로 옮겨진 의로운 진영(陣營)에 속해있기 때문입니다. 이 두 부류는 창세기 3:15절에서부터 갈라지게 되었으며 성경역사는 두 부류의 대립과 갈등의 역사입니다. 그러니까 오늘의 시대에도 영적 논리로 하면 두 부류의 사람만이 있을 뿐입니다.

1:5-11절까지는 "교만한 자"의 특성을 나타내고 있는데 "그들은 두렵고 무서우며 심판과 위령이 자기(自己)로 말미암으며"(1:7), 한마디로 "그들은 그 힘으로 자기 신(神)을 삼는 자"(1:11)라 합니다. 7절과, 11절의 "자기"(自己)라는 말을 주목하시기 바랍니다. 그들은 자기가 심판주요, 자기 힘이 그들이 믿는 신(神)이라는 것입니다.

그리하여 2:6-19절 속에는 5번의 "화 있을 진저"가 나오는데, 어찌하여 화를 받을 자가 되는가? 크게 두 가지를 들 수가 있습니다. 첫째는 "그 힘으로 자기 신을 삼는" 교만(2:4)이고 둘째는, "새긴 우상은 그 새겨 만든 자에게 무엇이 유익하겠느냐"(2:18)한 "우상숭배"입니다. 이로 인하여 화를 당하게 된다는 것입니다.

이들과 대비되는 신자들의 삶은 어떠한가? "의인은 믿음으로 말미암아 살리라" 하십니다. 성경이 말씀하는 "믿음"이란 신념(信念)과 달라서 홀로는 성립이 될 수가 없는 것입니다. 신념이란 자기를 믿는 것이지만 성경적인 믿음은 누구를 믿는가 하는 믿음의 대상(對象)이 있고, 무엇을 믿는가 하는 믿음의 내용(內容)이 있어야 성립이 되는 것입니다. 그러므로 성경적인 믿음이란 "하나님께서 세워주신 언약"을 믿는 것이요, 세워주신 언약이란 아브라함과 다윗에게 세워주신 메시아언약입니다. 오직 "메시아언약"을 믿는 믿음만이 멸망에 이르지 아니하고 "살리라" 한 생명에 이르는 믿음인 것입니다.

이점이 "의인은 믿음으로 말미암아 살리라"는 말씀이 신약성경에서 중요하게 세 번(롬 1:17, 갈 3:11, 히 10:38)이나 인용되어 있는 것이 뒷받침해줍니다. 그러니까 하나님께서 학개 선지자에게 "달려가면서도 읽을 수 있도록 판에 명백하게 새기라" 한 묵시는 "메시아언약"이라는 결론에 도달하게 됩니다. 왜냐하면 "살리라" 하신 "영생, 구원, 소망"은 오직 메시아언약 안에만 있기 때문입니다. 이를 달리 말씀을 드린다면 메시아언약을 믿음으로만이 의롭다함을 얻을 수가 있다는 뜻입니다.

하나님 존전에서 추방당한 죄인들의 절체절명의 숙원은 "사람이 어떻게 하나님 앞에 의롭다함을 얻을 수가 있는가?" 하는 문제입니다. 왜냐하면 의롭다함을 얻어야만 하나님 앞으로 돌아갈 수가 있기 때문입니다. 그런데 난제(難題)는 사람의 행위로는 의롭게 되는 일이 불가능하다는데 있습니다. 성령께서는 이점을, "율법의 의로는 흠이 없는 자라"고 자부하던 박해자 바울을 통해서, "율법의 행위로 그의 앞에 의롭다하심을 얻을 육체가 없나니"(롬 3:20) 하고 증거케 하십니다. 사람 앞에서가 아닙니다. "그의 앞에서", 즉 하나님 앞에서는 의로운 자가 없다는 것입니다. 그리고 바울에게, "의인은 믿음으로 말미암아 살리라"는 본문 말씀을 조명하여주심으로 하나님 앞에 의롭다함을 얻는 것은 행위로 되는 것이 아니라 오직 믿음으로 된다는 칭의교리를 확립케 하셨던 것입니다.

그리하여 "의인은 믿음으로 말미암아 살리라"(롬 1:17)는 말씀을 통해서 로마서를 기록케 하신 성령께서는, "루터, 칼빈" 등에게 임하여 복음을 상실하여 암흑시대가 된 중세에 종교개혁을 일으키게 하셨던 것입니다. 이런 의미에서 본문 2:4절 말씀을 "종교개혁의 어머니"라 하는 것은 일리가 있는 말입니다.

이런 맥락에서 6-19절까지의 말씀, 즉 5번이나 강조하고 있는 "화 있을 진저"라는 말은 궁극적으로 그리스도, 즉 복음을 배척하는 자들이 당하게 될 화라 할 수가 있습니다. 이렇게 말씀한 후에 "오직 여호와는 그 성전에 계시니 온 천하(天下)는 그 앞에서 잠잠 할지니라"(20) 하십니다. "이는 모든 입을 막고 온 세상으로 하나님의 심판 아래 있게 하려 함이니라"(롬 3:19)는 뜻입니다.

3장

3장은 하나님의 답변을 통하여 깨우침을 받은 선지자의 "기도, 찬양, 고백, 승리"의 노래입니다. 먼저 선지자는 "주의 일을 이 수년 내에 부흥케 하옵소서, 진노 중에라도 긍휼을 잊지 마옵소서"(2) 하고 간구합니다. 그러니까 감당치 못할 시험 당함을 허락지 마시고 속히 회복하게 해달라는 기도입니다.

3-7절에는 대적은 심판하시고 자기 백성은 구원하러 "오시는" 장면이 묘사되어 있는데, "말을 타고, 구원의 병거(兵車)를 몰고"(8) 오시는 전사(戰士, 8-15)로 묘사되어 있습니다. 그리하여 "주의 백성을 구원하시고"(13상), 대적은 "집 머리를 치시며, 머리를 찌르셨나이다, 밟으셨나이다" 하고 승리하는 장면을 그려주고 있습니다. 이는 "여자의 후손은 네 머리를 상하게 할 것이라" 한 원복음의 성취인 것입니다.

이를 깨닫게 된 선지자는, "비록 무화과나무가 무성치 못하며 포도나무에 열매가 없으며 감람나무에 소출이 없으며 밭에 식물이 없으며 우리에 양이 없으며 외양간에 소가 없을지라도"(17) 합니다. 그러면 그에게 있는 것이 무엇이란 말인가?

"나는 여호와를 인하여 즐거워하며 나의 구원의 하나님을 인하여 기뻐하리로다", 즉 하나님 한 분만으로 기뻐할 수가 있다고 고백하기에 이릅니다. 그리고 결론은, "주 여호와는 나의 힘이시라"(19) 합니다.

형제여, 우리에게는 "달려가면서도 읽을 수 있도록" 명백하게 기록된 언약의 말씀이 성경으로 주어졌습니다. 하나님의 약속은 "결코 거짓되지 아니하고 정녕 응하리라" 하십니다. "내가 진실로 속히 오리라" 하신 주님의 재림의 날까지는 "믿음으로 사는" 기간입니다. "나의 구원의 하나님을 기뻐하면서" 말입니다. 아멘.

하박국 1장 개관도표

주제 : 하나님이 행하실 궁극적인 한 일

공의가 시행되지 않음	1-4 1 선지자 하박국의 묵시로 받은 경고라 2 ① **여호와여 내가 부르짖어도 주께서 듣지 아니하시니 어느 때까지리이까 내가 강포를 인하여 외쳐도 주께서 구원치 아니 하시나이다** 3 **어찌하여 나로 간악을 보게 하시며 패역을 목도하게 하시나이까** 대저 겁탈과 강포가 내 앞에 있고 변론과 분쟁이 일어났나이다 4 이러므로 율법이 해이하고 ② **공의가 아주 시행되지 못하오니** 이는 악인이 의인을 에워쌌으므로 **공의가 굽게 행함이니이다**
힘으로 자기 신을 삼는 자	5-11 5 여호와께서 가라사대 너희는 열국을 보고 또 보고 놀라고 또 놀랄 지어다 너희 생전에 **내가 한 일을 행할 것이라 혹이 너희에게 고할 지라도 너희가 믿지 아니하리라** 6 보라 내가 사납고 성급한 백성 곧 땅의 넓은 곳으로 다니며 자기의 소유 아닌 거할 곳들을 점령하는 ③ **갈대아 사람을 일으켰나니** 7 그들은 두렵고 무서우며 심판과 위령이 자기로 말미암으며 8 그 말은 표범보다 빠르고 저녁 이리보다 사나우며 그 기병은 원방에서부터 빨리 달려오는 기병이라 마치 식물을 움키려하는 독수리의 날음과 같으니라 9 그들은 다 강포를 행하러 오는데 앞을 향하여 나아가며 사람을 사로잡아 모으기를 모래 같이 많이 할 것이요 10 열왕을 멸시하며 방백을 치소하며 모든 견고한 성을 비웃고 흉벽을 쌓아 그것을 취할 것이라 11 ④ **그들은 그 힘으로 자기 신을 삼는 자라** 이에 바람 같이 급히 몰아 지나치게 행하여 득죄하리라
망하게 하지 않을 것이다	12-17 12 선지가 가로되 여호와 나의 하나님, 나의 거룩한 자시여 주께서는 만세 전부터 계시지 아니하시니이까 ⑤ **우리가 사망에 이르지 아니하리이다** **여호와여 주께서 심판하기 위하여 그를 두셨나이다** **반석이시여 주께서 경계하기 위하여 그를 세우셨나이다** 13 ⑥ **주께서는 눈이 정결하시므로 악을 참아 보지 못하시며 패역을 참아 보지 못하시거늘 어찌하여 궤휼한 자들을 방관하시며 악인이 자기보다 의로운 사람을 삼키되 잠잠 하시나이까** 14 주께서 어찌하여 사람으로 바다의 어족 같게 하시며 ⑦ **주권자 없는 곤충 같게 하시나이까** 15 그가 낚시로 모두 취하며 그물로 잡으며 초망으로 모으고 인하여 기뻐하고 즐거워하여 16 그물에 제사하며 초망 앞에 분향하오니 이는 그것을 힘입어 소득이 풍부하고 식물이 풍성케 됨이니이다 17 그가 그물을 떨고는 연하여 ⑧ **늘 열국을 살륙함이 옳으니이까**

1장

하나님이 행하실 궁극적인 한 일

> [5]여호와께서 가라사대 너희는 열국을 보고 또 보고 놀라고 또 놀랄 지어다 너희 생전에 내가 한 일을 행할 것이라 혹 이 너희에게 고할 지라도 너희가 믿지 아니하리라.

1장의 중심점은 혹이 고할 지라도 너희가 믿지 아니하리라 한, "하나님이 행하실 한 일"이 무엇인가에 있습니다. 이 말씀은 선지자가, "내가 부르짖어도 주께서 듣지 아니하시니 어느 때까지리이까 내가 강포를 인하여 외쳐도 주께서 구원치 아니 하시나이다"(2) 한 호소에 응하여 하신 말씀입니다. 여기에는 "너희 생전에" 하나님이 행하실 한 일이 있고, 하나님이 이루시려는 궁극적인 〈한 일〉이 있다는 점입니다. 중요한 것은 말할 것도 없이 궁극적인 "한 일"입니다.

도표를 보시면 "하나님이 행하실 궁극적인 한 일"을 중심으로, ① "내가 부르짖어도 주께서 듣지 아니 하신다" 하고 불평을 하고 있는데, ② 이는 "공의가 굽게 되어, 아주 시행되지 않기" 때문이라는 것입니다. 이에 응하여 하나님은 "내가 한 일을 행할 것이라" 하시는데, ③ 그것은 "갈대아(바벨론) 사람을 일으켜서" 심판하실 것인데, ④ "그들은 힘으로 자기 신을 삼는 자라" 하십니다. 이 말씀을 들은 선지자는 먼저 ⑤ "우리가 사망에 이르지 아니 하리이다", 즉 아주 망하게 하시지는 않을 것이라고 하나님을 신뢰하면서, ⑥ "악인이 자기보다 의로운 사람을 삼키는 것"이 옳은 것이냐 하고 두 번째 의문을 제기합니다. 그러면서 ⑦ 세상 돌아가는 것이 "주권자 없는 곤충"의 세계와 같다고, ⑧ 이래도 "옳으니이까" 하고 항변하듯이 하나님의 공의(公義)에 호소합니다. 이를 세 단원으로 나누어 상고하겠습니다.

첫째 단원(1-4) **공의가 시행이 되지 않습니다**

둘째 단원(5-11) **힘으로 자기 신(神)을 삼는 자**

셋째 단원(12-17) **우리를 망하게는 하지 않을 것입니다**

주제(主題) : 하나님이 행하실 궁극적인 한 일

㉠ 예언에는 복합적(複合的)인 의미가 있습니다. "너희 생전에 내가 한 일을 행할 것이라" 한 것은 바벨론을 들어서 유다를 심판하실 것을 가리킵니다.

㉡ 그런데 바울이 1차 선교여행 때 비시디아 안디옥에서 행한 설교의 결론을, "그런즉 너희는 선지자들로 말씀하신 것이 너희에게 미칠까 삼가라 일렀으되 보라 멸시하는 사람들아 너희는 놀라고 망하라 내가 너희 때를 당하여 한 일을 행할 것이니 사람이 너희에게 이를지라도 도무지 믿지 못할 일이라"(행 13:40-41) 하고, 본문을 인용하여 경고한 것은 무엇을 의미하는가? 하나님이 행하실 "한 일"은 과거지사가 아닌 앞으로 다가오고 있는 미래의 일로 최후심판을 염두에 두고 한 말씀입니다.

㉢ 이점을 이사야서에서는 "보라 내가 새 일을 행하리니 이제 나타낼 것이라"(사 43:19) 하시고, "그러므로 내가 이 백성 중에 기이한 일 곧 기이하고 가장 기이한 일을 행하리니"(사 29:14) 하시는데, 이것이 우리와는 무관한 옛날이야기가 아니라는 점입니다.

㉣ 이를 구속사의 맥락에서 보면 하나님이 행하시고자 하는 궁극적인 "한 일"은 구원계획을 완성하시는 일입니다. 그리고 구원계획은 그리스도의 초림으로 시작(始作)해서, 재림으로 완성(完成)이 된다는 점입니다. 그러므로 하나님이 행하실 "한 일"은 ㉮ "임마누엘" 사건과, ㉯ 최후심판이 되는 것입니다. 이 일은 너무나 기이하여, "혹이 너희에게 고할지라도 너희가 도무지 믿지 아니하리라" 하신 일입니다.

첫째 단원(1-4) 공의가 시행이 되지 않습니다

첫째 단원의 중심점은 선지자가, "공의가 시행이 되지 않고 있다"고 호소하는데 있습니다. "선지자 하박국의 묵시로 받은 경고라"(1), 하박국서는 "경고"(警告)로 시작됨을 유념해야만 합니다.

① "여호와여 내가 부르짖어도 주께서 듣지 아니하시니 어느 때까지리이까 내가 강포를 인하여 외쳐도 주께서 구원치 아니하시나이다"(2) 합니다.

㉠ 선지자가 어찌하여 "부르짖고, 외치고" 있는가? "강포"(强暴)가 판을 치고 있기 때문입니다.

㉡ "어찌하여 나로 간악을 보게 하시며 패역을 목도하게 하시나이까 대저 겁탈과 강포가 내 앞에 있고 변론과 분쟁이 일어났나이다"(3) 하고 호소합니다. "간악"(奸惡)이 이웃과의 불의라면, "패역"(悖逆)은 하나님께 반역하는 경건치 아니함을 가리킵니다. 이런 꼴을 어찌하여 "보

게 하시며, 목도"(目睹)하게 하시나이까 하고 탄원을 합니다.

② "이러므로 율법이 해이(解弛)하고 공의(公義)가 아주 시행되지 못하오니 이는 악인이 의인을 에워쌌으므로 공의가 굽게 행함이니이다"(4) 합니다.

㉠ "공의"(公義)라는 말을 반복적으로 강조하고 있는데, 이는 이런 지경에 이르렀는데도 공의의 하나님은 어찌하여 잠잠하고 계시느냐 하고 호소를 넘어 불평(不平)을 하고 있는 것입니다. 에스겔서에, "너는 예루살렘 성읍 중에 순행하여 그 가운데서 행하는 모든 가증한 일로 인하여 탄식하며 우는 자의 이마에 표하라"(겔 9:4)는 말씀이 있는데 하박국 선지자가 그런 처지에 있는 것입니다.

㉡ 하나님은 예레미야 선지자에게, "너희는 예루살렘 거리로 빨리 왕래하며 그 넓은 거리에서 찾아보고 알라 너희가 만일 공의를 행하며 진리를 구하는 자를 한 사람이라도 찾으면 내가 이 성을 사하리라"(렘 5:1) 하시는데, 예루살렘이 바벨론에 의하여 심판을 당할 당시의 상황이 이처럼 암담했던 것입니다. 그렇다면 이 시대에도, "이 의인이 저희 중에 거하여 날마다 저 불법한 행실을 보고 들음으로 그 의로운 심령을 상하니라"(벧후 2:8) 한, 탄식하며 부르짖는 경건한 자는 있단 말인가?

둘째 단원(5-11) 힘으로 자기 신을 삼는 자

둘째 단원의 중심점은 "힘으로 자기 신(神)을 삼는 자"에 있습니다. 이는 하나님이 행하실 "한 일", 즉 "갈대아 사람"을 가리키는 것으로 선지자의 탄원에 대한 응답입니다.

① "여호와께서 가라사대 너희는 열국을 보고 또 보고 놀라고 또 놀랄 지어다"(5상) 합니다. "열국을 보고 또 보고"는 이것이 꿈인지 생시

인지 도저히 믿을 수 없는 일이 닥치게 될 것이기 때문입니다. 그래서 "놀라고 또 놀랄 지어다" 하고 최대한으로 놀라게 될 것이라 하십니다. 왜 놀라게 되리라 하시는가?

㉡ "너희 생전에 내가 한 일을 행할 것이라 혹이 너희에게 고할 지라도 너희가 믿지 아니하리라"(5하) 하는 하나님이 행하실 "한 일" 때문입니다.

③ "보라 내가 사납고 성급(性急)한 백성 곧 땅의 넓은 곳으로 다니며 자기의 소유 아닌 거할 곳들을 점령(占領)하는 갈대아 사람을 일으켰나니"(6) 하고 "한 일"의 내용을 밝히십니다.

㉠ 7-11절은 하나님께서 유다를 징벌하시기 위해서 들어 쓰실 "갈대아"의 포악성을 말씀하는 내용인데, "그들은 두렵고 무서우며 심판과 위령(威令)이 자기로 말미암으며 그 말은 표범보다 빠르고 저녁 이리보다 사나우며 그 기병(騎兵)은 원방에서부터 빨리 달려오는 기병이라 마치 식물을 움키려하는 독수리의 날음과 같으니라"(7-8) 합니다.

㉡ "그들은 다 강포(强暴)를 행하러 오는데 앞을 향하여 나아가며 사람을 사로잡아 모으기를 모래 같이 많이 할 것이요 열왕을 멸시하며 방백을 치소하며 모든 견고한 성을 비웃고 흉벽을 쌓아 그것을 취할 것이라"(9-10) 합니다.

④ 한마디로 "그들은 그 힘으로 자기 신(神)을 삼는 자라"(11상) 합니다.

㉠ 이스라엘은 "여호와"로 자기 하나님을 삼은 백성들인데 저들은 "힘"을 신(神)으로 신봉(信奉)하는 자들이라는 것입니다. 이와 유사한 표현이 "저희의 신(神)은 배요 그 영광은 저희의 부끄러움에 있고 땅에 일을 생각하는 자라"(빌 3:19)는 말씀입니다. 고대 제국주의자들이 "힘으로 자기 신"을 삼았다면, 오늘의 물질문명의 시대에는 "자기 배"를 신으로 삼는 시대라고 말할 수가 있을 것입니다.

㉡ 또한 7절에서 그 "위령(威令)이 자기로 말미암으며" 했는데 이는 "만군의 여호와께로서 말미암음"(2:13)과 반대되는 인본주의(人本主義) 사상인 것입니다. "이에 바람 같이 급히 몰아 지나치게 행하여 득죄하리라"(11하) 합니다. "득죄"(得罪)하리라는 말은 죄를 짓게 되리라는 뜻인데, 하나님께서 저들을 "진노의 막대기"(사 10:5)로 쓰시는 것이 의롭기 때문이 아니라 저들도 결국은 심판을 당하게 되리라는 뜻이 함의되어 있습니다. 하나님은 말씀하시기를, "안일한 열국을 심히 진노하나니 나는 조금만 노하였거늘 그들은 힘을 내어 고난을 더하였음이라"(슥 1:15) 하십니다. 이것이 "득죄(得罪)하리라"는 뜻입니다.

㉢ 앞에서 말씀드린 대로 하나님께서 행하실 "한 일"이 1차적으로는 바벨론을 들어서 예루살렘을 심판하실 것을 가리킨다 하여도 이것으로 "한 일"이 종결(終結)이 되는 것이 아니라, "임마누엘" 사건은 하나님이 행하실 전무후무한 "한 일"이요, 다가오고 있는 최후심판은 마지막으로 있게 될 "한 일"임을 명심해야만 합니다. 저들은 선지자의 경고를 믿지 않다가 멸망을 당했으며, 주님의 초림 때에도 그랬는데, 오늘날 우리도 "믿지 아니하다가" 도적같이 당할 것이 아닌지 경각심을 가져야할 것입니다.

셋째 단원(12–17) **우리를 망하게 하지 않을 것입니다**

셋째 단원의 중심점은 "우리를 망하게 하지 않을 것이라"는 선지자의 고백에 있습니다.

⑤ "선지자가 가로되 여호와 나의 하나님, 나의 거룩한 자시여 주께서는 만세 전부터 계시지 아니 하시니이까 우리가 사망(死亡)에 이르지 아니 하리이다"(12상) 합니다. 핵심은 "사망에 이르지 아니하리라"는 신

뢰에 있습니다.

㉠ "만세 전부터 계시지 아니 하시나이까" 하는 것은 옛적부터, 즉 아브라함과, 출애굽과, 다윗을 거쳐서 오늘에 이르기까지 이스라엘을 인도하셨음을 상기시키는 말입니다. 그리고 "우리가 사망에 이르지 아니 하리이다" 하는 말은 징벌을 하시되 망하게는 아니 하실 것이라는 하나님의 신실하심을 신뢰(信賴)하는 말입니다.

㉡ "내가 부르짖어도 듣지 아니하시니 언제까지입니까"(23) 한 탄원에 대하여, "힘으로 자기 신을 삼은 갈대아 사람을 일으키리라"는 하나님의 응답을 받은 선지자가 우선적으로 한 말이, "우리가 사망(死亡)에 이르지 아니하리이다" 하고 말했다는 것은 대단히 중요한 요점입니다. 하만에 의하여 유대인들이 전멸을 당할 위기에 처했을 때에 모르드개는 에스더에게 이렇게 말합니다. "이때에 네가 만일 잠잠하여 말이 없으면 유다인은 다른 데로 말미암아 놓임과 구원을 얻으려니와 너와 네 아비 집은 멸망하리라 네가 왕후의 위를 얻은 것이 이때를 위함이 아닌지 누가 아느냐"(에 4:14). 모르드개는 "네가 잠잠하면 유대인은 다 멸망을 당하게 된다"고 말하고 있지 아니합니다. 만일 그렇게 말했다면 하나님의 신실(信實)하심을 부정하는 것이 되고, 에스더를 하나님의 위치에 앉히는 것이 됩니다. 모르드개도 "망하지 않을 것"을 믿었습니다. 이점을 시편 기자는,

사람들이 우리를 치러 일어날 때에
여호와께서 우리 편에 계시지 아니하셨더면,
우리를 저희 이에 주어 씹히지 않게 하신
여호와를 찬송할지로다 (시 124:2, 6) 합니다.

㉢ 이점을 사도 바울도, "기록한바 내가 믿는 고로 할하였다 한 것

같이 우리가 같은 믿음의 마음을 가졌으니 우리도 믿는 고로 또한 말하노라"(고후 4:13) 합니다. 우리도 어떤 경우에도 망하지 않을 것을 믿는 것입니다. 이것이 믿음입니다. 하나님은 말씀하시기를, "나 여호와는 변역(變易)지 아니하나니 그러므로 야곱의 자손들아 너희가 소멸(消滅)되지 아니 하느니라"(말 3:6) 하십니다. 하나님은 아브라함에게 세워주신 언약대로 야곱의 자손 유다 지파를 통하여 기어코 그리스도를 보내주셨습니다.

㉣ "여호와여 주께서 심판하기 위하여 그를 두셨나이다 반석이시여 주께서 경계하기 위하여 그를 세우셨나이다"(12하) 합니다. "심판하기 위하여, 경계하기 위하여", 즉 갈대아 사람을 일으키시는 것은 우리를 망하게 하시려는 것이 아니라, 징계하시기 위함인 줄을 압니다 하는 뜻입니다. 그런데 이렇게 말하면서도 선지자의 마음에는 풀리지 않는 의문(疑問)이 있는 것입니다.

⑥ "주께서는 눈이 정결하시므로 악을 참아 보지 못하시며 패역을 참아 보지 못하시거늘 어찌하여 궤휼한 자들을 방관하시며 악인이 자기보다 의로운 사람을 삼키되 잠잠하시나이까"(13) 합니다.

㉠ 이런 뜻입니다. 이스라엘이 타락을 했어도 "힘으로 자기 신을 삼는" 저 사납고 성급한 바벨론보다야 낫지 않느냐는 것입니다. 그런데 "눈이 정결하시므로 악을 참아 보지 못하시며 패역을 참아 보지 못하시는" 공의로우신 하나님께서 바벨론을 들어서 유다를 징벌하실 수가 있느냐는 것입니다.

㉡ 이를 가리켜서 "신정론"(神正論)이라고 말합니다. 불신자들은 "하나님이 계시면 믿는 사람이 어찌하여 고난을 받으며, 어찌하여 하나님은 침묵하고 있느냐" 하고 비웃습니다. 이는 불신자들의 조롱만이 아니라 성도들 마음에서도 일어나는 회의인 것입니다. 하박국서는 이에 대한 중요한 해답을 제공해주고 있습니다.

⑦ 선지자는 계속해서, "주께서 어찌하여 사람으로 바다의 어족 같게 하시며 주권자 없는 곤충 같게 하시나이까"(14) 합니다.

㉠ 이 물음의 핵심은 "주권자"에 있습니다. "주께서 어찌하여 사람으로…주권자 없는 곤충 같게 하시나이까" 하는 물음은 이스라엘이라는 한 나라에 국한한 질문이 아니라 이 세상 돌아가는 것이 마치 주권자가 없는 "물고기 세상, 곤충의 세계", 그러니까 진화론(進化論)자들이 말하는 주권자가 없는 세상 같다는 것입니다. 그런데 어찌하여 하나님은 침묵하고 계시느냐는 그런 탄원입니다.

㉡ "그가 낚시로 모두 취하며 그물로 잡으며 초망으로 모으고 인하여 기뻐하고 즐거워하여 그물에 제사하며 초망 앞에 분향하오니 이는 그것을 힘입어 소득이 풍부하고 식물이 풍성케 됨이니이다"(16) 합니다. 이것이 하나님을 부정하고 우상을 숭배하는 자들의 살아가는 모습입니다.

⑧ 이처럼 "그(무신론자)가 그물을 떨고는 연하여 늘 열국을 살륙함이 옳으니이까"(17),

㉠ 이래도 되는 것입니까? 세상이 이런 지경에 있는데도 하나님은 언제까지 침묵하시렵니까? 하고 항변하듯 탄원을 하는 것입니다. 형제에게도 이런 의문이 있었을 것입니다. 하나님은 무엇이라고 답변하실 것인가?

⑨ 묵상해보겠습니다.

㉠ 자신에게도 선지자와 같은 탄원이 있었는지에 대해서,

㉡ 힘으로 자기 신을 삼는 자와, 배로 신을 삼는 자에 대해서,

㉢ 선지자의 두 번째 의문이 무엇인가에 대해서,

㉣ 우리를 망하게 하지 않을 것이라는 신뢰에 대해서.

하박국 2장 개관도표

주제 : 그러나 의인은 그 믿음으로 말미암아 살리라

묵시는 정한 때가 있다

1-4
1 내가 내 파수하는 곳에 서며 성루에 서리라 ① **그가 내게 무엇이라 말씀하실는지 기다리고 바라보며**
나의 질문에 대하여 **어떻게 대답하실는지 보리라 그리하였더니**

2 여호와께서 내게 대답하여 가라사대 ② **너는 이 묵시를 기록하여** 판에 명백히 새기되
달려가면서도 읽을 수 있게하라
3 **이 묵시는 정한 때가 있나니** 그 종말이 속히 이르겠고
결코 거짓되지 아니하리라 **비록 더딜지라도 기다리라** **지체되지 않고 정녕 응하리라**
4 **보라 그의 마음은 교만하며** 의 속에서 정직하지 못하니라
그러나 의인은 그 믿음으로 말미암아 살리라

물이 바다를 덮음 같이

5-14
5 ③ **그는** 술을 즐기며 궤휼하며 **교만하여** 가만히 있지 아니하고 그 욕심을 **음부처럼 넓히며**
또 그는 사망 같아서 족한 줄을 모르고 자기에게로 **만국을 모으며 만민을 모으나니**
6 ④ 그 무리가 다 속담으로 그를 평론하며 조롱하는 시로 그를 풍자하지 않겠느냐 곧 이르기를
화 있을 진저 자기 소유 아닌 것을 모으는 자여 언제까지 이르겠느냐 볼모잡은 것으로
7 무겁게 짐진자여 너를 물 자들이 홀연히 일어나지 않겠느냐 너를 괴롭게 할 자들이 깨지 않겠느냐
네가 그들에게 **노략**을 당하지 않겠느냐
8 네가 여러 나라를 **노략**하였으므로 그 모든 민족의 남은 자가 너를 **노략**하리니 이는 네가 사람의 피를
흘렸음이요 또 땅에, 성읍에, 그 안의 모든 거민에게 강포를 행하였음이니라 하리라

9 재앙을 피하기 위하여 높은데 깃들이려 하며 자기 집을 위하여 불의의 이를 취하는 자에게
화 있을 진저
10 네가 여러 민족을 멸한 것이 네 집에 욕을 부르며 너로 네 영혼에게 죄를 범하게 하는 것이 되었도다
11 담에서 돌이 부르짖고 집에서 들보가 응답하리라
12 **피로 읍을 건설하며 불의로 성을 건축하는 자에게**
화 있을 진저
13 민족들이 불 탈 것으로 수고하는 것과 열국이 헛된 일로 곤비하게 되는 것이
만군의 여호와께로서 말미암음이 아니냐
14 ⑤ **대저 물이 바다를 덮음 같이 여호와의 영광을 인정하는 것이 세상에 가득하리라**

그 앞에서 잠잠할지어다

15-20
15 ⑥ **이웃에게 술을 마시우되** 자기의 분노를 더하여 그로 취케 하고 그 **하체를 드러내려** 하는 자에게
화 있을 진저
16 네게 영광이 아니요 수치가 가득한즉 **너도 마시고** 너의 할례 아니한 것을 드러내라
여호와의 오른손의 잔이 네게로 돌아올 것이라 더러운 욕이 네 영광을 가리우리라
17 대저 네가 레바논에 강포를 행한 것과 짐승을 두렵게하여 잔해한 것 곧 사람의 피를 흘리며
땅과 성읍과 그 모든 거민에게 강포를 행한 것이 네게로 돌아오리라

18 새긴 **우상은** 그 새겨 만든 자에게 무엇이 유익하겠느냐
부어 만든 **우상은** 거짓 스승이라 만든 자가 이 말하지 못하는 **우상을** 의지하니 무엇이 유익하겠느냐
19 나무더러 깨라 하며 말하지 못하는 돌더러 일어나라 하는 자에게
화 있을 진저 그것이 교훈을 베풀겠느냐 **보라 이는 금과 은으로 입힌 것인즉**
그 속에는 생기가 도무지 없느니라
20 ⑦ **오직 여호와는 그 성전에 계시니 온 천하는 그 앞에서 잠잠할 지니라**

2장

그러나 의인은 그 믿음으로 말미암아 살리라

보라 그의 마음은 교만하며 그의 속에서 정직하지 못하니 라 그러나 의인은 그 믿음으로 말미암아 살리라.

2장의 중심점은, "그러나 의인은 그 믿음으로 말미암아 살리라"는 말씀에 있습니다. 이는 선지자의 두 번째 탄원에 대한 하나님의 답변입니다. 이 말씀에는 엄청난 무게가 실려 있는 말씀입니다. 이 말씀에 근거하여 칭의 교리를 세우게 하셨으며(롬 1:17), 복음을 변증(辨證)하여 보수하게(갈 3:11) 하셨고, 종교개혁을 일으키게 하셔서 상실했던 복음진리를 다시 회복하게 하신 말씀입니다. 그러므로 "그러나 의인은 그 믿음으로 말미암아 살리라"는 말씀을 모른다면 그는 그리스도인이 아니라 해도 과언이 아니며, 이에 함의되어 있는 뜻을 깨닫기만 한다면 모든 난제(難題)가 일시에 해답을 얻게 될 것입니다.

도표를 보시면 "그러나 의인은 그 믿음으로 말미암아 살리라"를 중심으로 선지자는, ① "나의 질문에 대하여 어떻게 대답하실는지 보리라" 하는데, ② "너는 이 묵시를 판에 명백히 기록하라" 하시면서, ③ 하나님이 일으키실 갈대아 사람은, "그의 마음은 교만하고, 사망 같다", 하시면서 ④ 5번이나 "화있을진저" 하고 심판을 경고합니다. ⑤ 저들과는 대조적으로 "물이 바다를 덮음 같이 여호와의 영광을 인정하는 것이 세상에 가득하리라" 하고 최후승리가 하나님 편에 있을 것을 말씀하면서, ⑦ "오직 여호와는 그 성전에 계시니 온 천하는 그 앞에서 잠잠할 지니라" 하심으로 대답을 마치십니다. 이를 세 단원으로 나누어 상고하겠습니다.

첫째 단원(1-4) **묵시는 정한 때가 있다**
둘째 단원(5-14) **물이 바다를 덮음같이**
셋째 단원(15-20) **그 앞에서 잠잠할 지어다**

주제(主題) : 그러나 의인은 그 믿음으로 말미암아 살리라

㉠ 욥기서를 보면 하나님께서, "순전하고 정직하여 하나님을 경외하며 악에서 떠난 자"라고 칭찬하신 욥도 힘에 지날 정도의 시련을 만나자, "…하였었더라면 …하였었더라면" 이라는 말을 15번(욥 3:1-9)이나 하면서 생일을 저주하고, "어찌하여, 어찌하여" 라는 말을 4번(욥 3:11-12)이나 토로하면서 흔들리는 모습을 보게 됩니다. 이는 분명 약하여진 모습입니다.

㉡ 시편 기자는 "나는 거의 실족할 뻔하였고 내 걸음이 미끄러질 뻔하였으니 이는 내가 악인의 형통함을 보고 오만한 자를 질시하였음이로다"(시 73:2-3) 합니다. 이것도 "공의의 하나님은 계신가" 하는 신정론(神正論)과 결부되는 갈등입니다.

㉢ 이 모든 회의와 갈등을 단 번에 날려버리는 그런 위력과 능력이 있는 말씀이, "그러나 의인은 그 믿음으로 말미암아 살리라"는 말씀입니다. 이 말씀은 세 마디로 되어있는데, ㉮ "의인"이 있다는 것과, ㉯ "사는" 길이 있으며, ㉰ 그것이 행위로 되는 것이 아니라 "믿음"으로 가능하여진다는 말씀입니다.

㉣ 핵심(核心)은 "의인"(義人)이란 말씀에 있습니다. 왜냐하면 의인이라야 의로우신 하나님 앞으로 돌아갈 수가 있기 때문입니다. 그러면 과연 의인은 있는가? 하나님은 "그러나 의인은" 하고 "의인"이 있다고 말씀합니다. 이를 좀 더 설명을 한다면 "의롭다함"을 얻는 방도가 있다는 뜻입니다. 그 방도가 "믿음으로 살리라" 하심으로 행위(行爲)로 되는 것이 아니라 "믿음"으로 된다고 말씀하시는 것입니다.

㉤ 다시 강조합니다만 성경이 말씀하는 "믿음"이란 자신을 믿는 신념(信念)과 달라서 단독(單獨)으로는 설 수가 없다는 점입니다. 즉 믿음의 대상(對象)이 있고, 무엇을 믿는가 하는 내용(內容)이 있어야만 참된 믿음이 성립이 되는 것입니다. 그러므로 이를 구속사라는 관점으로 보면, "믿음으로 살리라" 한 믿음은 메시아언약을 믿음으로 산다는 뜻으로 집약이 되는 것입니다. 이는 하박국 시대, 아니 구약교회의 문제점이 어디에 있는가를 분명하게 지적하시는 대목입니다. 이를 뒤집어 말하면 구약교회가 메시아언약을 믿음으로 산 것이 아니라, 이를 배신함으로 멸망에 이르게 되었다는 뜻이 되는 것입니다.

㉥ 신약성경에는 "의인은 믿음으로 살리라"는 말씀이 세 번 인용이 되어 있는데 그 용례를 보면 ㉮ 로마서 1:17절에서는 복음의 핵심인 칭의(稱義)교리의 근거절로 인용이 되어 있고, ㉯ 갈라디아서 3:11절에서는 "믿음이냐 행함이냐" 하는 복음을 변증(辨證)하는 문맥에서 인용이 되어 있고, ㉰ 히브리서 10:38절에서는 믿음으로 인내(忍耐)하고 전진(前進)할 것을 격려하는 승리(勝利)와 결부되어 인용이 되고 있습니다.

ⓢ 이를 깨닫기 전의 하박국은 "어느 때까지리이까? 어찌하여, 잠잠하시나이까?"(1:2, 3, 13) 하고 불평하듯 항변하였으나, 깨닫고 난 다음에는 "비록 무화과나무가 무성치 못하며 포도나무에 열매가 없으며 감람나무에 소출이 없으며 밭에 식물이 없으며 우리에 양이 없으며 외양간에 소가 없을지라도 나는 여호와를 인하여 즐거워하며 나의 구원의 하나님을 인하여 기뻐하리라"(3:17-18) 하고 찬양하는 것을 봅니다. 얼마나 위력이 있는 말씀인가!

ⓞ "그러나 의인은 그 믿음으로 말미암아 살리라"는 말씀이, "오호라 나는 곤고한 사람이로다 이 사망의 몸에서 누가 나를 건져내랴"(롬 7:24) 하고 정죄감에 사로잡혀있던 바울에게 해보다 더 밝은 빛으로 임하였을 때(롬 1:17), "우리가 만일 미쳤어도 하나님을 위한 것이요 만일 정신이 온전하여도 너희를 위한 것이니"(고후 5:13) 하고 복음에 미친 사람으로 만들었고, 암흑시대에 고뇌하던 루터나 칼빈에게 임하게 되자 목숨을 걸고 복음진리를 회복케 하는 종교개혁을 일으키게 했던 것입니다. 기탄없이 말씀을 드립니다만 "지극히 작은 자보다 더 작은" 저에게도 이 말씀을 조명하여주심으로 신구약성경을 구속사의 관점에서 강해할 열정을 불붙듯 하게 해주셨습니다. 하박국서를 통하여 형제에게도 복음의 열정을 불어넣어주시기를 기대합니다.

첫째 단원(1-4) **묵시는 정한 때가 있다**

첫째 단원의 중심점은 "이 묵시는 정한 때가 있다"는데 있습니다. 이는 선지자 하박국의 질문에 대한 답변으로 하신 말씀입니나.

① "내가 내 파수하는 곳에 서며 성루에 서리라"(1상) 합니다.

㉠ "파수하는 곳, 성루"(城樓)는 망(望)을 보는 곳입니다. 선지자는

적이 침략해 오는가를 보려는 것이 아니라, 하나님의 답변이 무엇이라 임하는가를 보려는 것입니다.

ⓛ 그래서 "그가 내게 무엇이라 말씀하실는지 기다리고 바라보며 나의 질문에 대하여 어떻게 대답하실는지 보리라 그리하였더니"(1하) 하는 것입니다.

② "여호와께서 내게 대답하여 가라사대 너는 이 묵시를 기록(記錄)하여 판에 명백히 새기되 달려가면서도 읽을 수 있게 하라"(2) 하십니다.

㉠ 그러면 기록하라 한 "묵시"가 무엇을 가리키는가? 좁은 의미에서는 4절 이하에서 말씀하는 바벨론에 대한 심판을 가리킬 것입니다. 그런데 이 "묵시"를, "그러나 의인은 그 믿음으로 말미암아 살리라" 한 구속사의 넓은 지평으로 볼 때는 "메시아언약"임을 인정하게 됩니다. 이렇게 기록된 "묵시"(黙示)가 우리에게는 "성경"으로 주어진 것입니다. 그리고 성경의 중심주제는 "곧 내게 대하여 증거하는 것이로다"(요 5:39) 한 그리스도입니다. 즉 예수 그리스도의 대속을 믿음으로 말미암아 의롭다함을 얻어 하나님께로 돌아갈 수 있다는 진리입니다.

ⓛ 그래서 이 묵시를 기록(記錄)하되, ㉮ "판에 명백히 새기되", ㉯ "달려가면서도 읽을 수 있게 하라" 하시는 것입니다. 달려가면서도 읽을 수 있게 "기록"할려면 크고 명백하게 기록해야할 것입니다. 이는 묵시의 진실성(眞實性), 확실성(確實性)을 나타냅니다. 보다 더, 만일 이 묵시가 응하여지지 않으면 책임을 지시겠다는 맹세(보증서)와 같은 의미가 있는 것입니다.

ⓒ 그리고 "이 묵시는 정(定)한 때가 있나니 그 종말이 속히 이르겠고 결코 거짓되지 아니하리라 비록 더딜지라도 기다리라 지체되지 않고 정녕 응하리라"(3) 하십니다. "정한 때가 있다" 하시면서, "비록 더딜지라도 기다리라" 하심은 일견(一見) 모순같이 여겨집니다. 아닙니다. 하

나님의 입장에서는 "정한 때"가 있으나, 인간의 입장에서 볼 때는 그날이 "더딘 것같이" 여겨지더라도 기다리라 지체되지 않고 정녕 응하리라는 그런 뜻입니다.

㉣ 그렇다면 구속사(救贖史)에 있어서 결정적(決定的)인 "정하신 때"는 언제인가? 예루살렘을 심판하실 때인가? 포로에서 귀환하게 하실 때인가? 바벨론을 심판하실 때를 가리키는가? 선지자 당시로 보면 그럴 수도 있습니다만 궁극적인 하나님의 정하신 때란, "때가 차매 하나님이 그 아들을 보내사 여자에게 나게 하시고 율법 아래 나게 하신 것은 율법 아래 있는 자들을 속량하시고 우리로 아들의 명분을 얻게 하려 하심이라"(갈 4:4-5) 하신 임마누엘 사건과, "때가 찬 경륜" 가운데 다시 오시게 될 재림, 즉 최후심판이 결정적인 정한 때인 것입니다. 그러하기 때문에 "이 묵시는 정한 때가 있나니 그 종말이 속히 이르겠고 결코 거짓되지 아니하리라"(3) 한 말씀이 모든 시대에 적합한 격려와 경계가 되는 것입니다.

㉤ 부언할 말씀은, 하나님께서 다윗에게 "어찌하여 네가 여호와의 〈말씀을 업신여기고〉 나 보기에 악을 행하였느뇨, 이제 네가 〈나를 업신여기고〉 헷 사람 우리아의 처를 빼앗아 네 처를 삼았은즉"(삼하 12:9, 10) 한 말씀입니다. 하나님은 "말씀의 권위와 하나님의 권위"를 동일시 하십니다. 그러므로 기록된 말씀 곧 성경의 권위에 확고한 것이 하나님께 대한 확고함입니다. 그리고 성경의 권위는 교훈적으로는 세워질 수가 없고, 언약하신 바를 어떻게 이루어 오셨는가 하는 성경신학(구속사)적으로 증거할 때만이 확고하게 세워진다는 점입니다.

③ "보라 그의 마음은 교만하며 그의 속에서 정직하지 못하니라 그러나 의인은 그 믿음으로 말미암아 살리라"(4) 합니다.

㉠ 4절에는 "교만한 사와, 의인", 두 부류(部類)가 대조(對照)되어 있는데, "보라 그의 마음은 교만하며" 한 것은, 1차적으로는 하나님께서

일으키실 "갈대아 사람"(1:6)의 특성을 가리키는 것으로 볼 수가 있지만 "의인"이 믿는 자를 가리키듯이, "교만한 자"란 하나님을 부정하는 "불신자" 전반을 포괄하는 말씀입니다.

㉡ 이 세상은 "교만하며 정직하지 아니한" 권모술수에 능한 자가 잘 되는 것 같습니다. 그래서 경건한 자들이 갈등을 하게 되는 것입니다. 하나님은 "그러나 의인은 그 믿음으로 말미암아 살리라" 하십니다. 개정역에서 "그 믿음"을 "그의 믿음"으로 바꾼 것은 유감스러운 일입니다. 왜냐하면 "그의 믿음"이란 그 사람의 믿음이란 뜻으로 오해될 여지가 있기 때문입니다. "그 믿음"이란 유일(唯一)하다는 뜻으로 유월절을 각 성에서 드리지 말고, "여호와께서 자기 이름을 두시려고 한 곳을 택하실 그곳"(신 12:11)에서 가서 드리라 한 "그"요, 포로에서 귀환한 후에 "단을 그 터에 세우고"(스 3:3) 번제를 드렸다는 "그"요, "천하 인간에 구원을 얻을 만한 다른 이름을 우리에게 주신 일이 없음이니라"(행 4:12) 한 오직 "예수 그리스도"를 믿는 "그 믿음"이기 때문입니다.

㉢ 다시 강조합니다만, "그러나 의인은 그 믿음으로 말미암아 살리라"는 뜻을 간추리면, ㉮ "그러나 의인은" 한, 의롭게 되는 방도가 있고, ㉯ "살리라", 즉 사는 길이 있는데, ㉰ "그 믿음으로", 즉 행함으로 되는 것이 아니라 믿음으로 되는 것이요, ㉱ 그리고 그 믿음은 달려가면서도 읽을 수 있도록 명백하게 기록한 "언약"을 믿는 것을 가리키고, ㉲ 정한 때가 이르기까지는 언약을 붙잡고 "믿음으로 사는 기간"이라는 뜻이 됩니다. 성경은 말씀합니다. "사람이 의롭게 되는 것은 율법의 행위에서 난 것이 아니요 오직 예수 그리스도를 믿음으로 말미암는 줄 아는 고로 우리도 그리스도 예수를 믿나니 이는 우리가 율법의 행위에서 아니고 그리스도를 믿음으로서 의롭다함을 얻으려 함이라 율법의 행위로서는 의롭다 함을 얻을 육체가 없느니라"(갈 2:16).

둘째 단원(5-14) 물이 바다를 덮음같이

둘째 단원의 중심점은 여호와의 영광을 인정하는 것이, "물이 바다를 덮음 같이 세상에 가득하게 되리라"(14)는데 있습니다.

㉠ 5절 이하는 4절에서 말씀한 두 부류(部類) 중 "그의 마음은 교만하다" 한 불신 세력의 특성과 심판을 경고하는 내용이고, "의인", 즉 신자들에 대해서는 3장에서 말씀하게 됩니다. "영적 전쟁이란 누가 인간의 심령을 정복(征服)하느냐 하는 두 세력 간의 싸움입니다. 그런데 노아 당시는 하나님 편에 선 자가 "겨우 여덟 명" 밖에 남지 않았습니다. 소돔 고모라 때에는, "내가 10인을 인하여도 멸하지 아니하리라"(창 18:32) 하시고, 예루살렘이 멸망할 당시는, "한 사람이라도 찾으면 내가 이 성을 사하리라"(렘 5:1) 하십니다. 이는 악(惡)이 얼마나 득세하고 있는가를 나타냅니다. 그러나 종래는 "물이 바다를 덮음 같이 여호와의 영광을 인정하는 것이 세상에 가득하게 되리라"(14), 즉 진리가 승리하게 되리라는 말씀입니다.

④ "그는 술을 즐기며 궤휼하며 교만하여 가만히 있지 아니하고 그 욕심을 음부처럼 넓히며 또 그는 사망 같아서 족한 줄을 모르고 자기에게로 만국을 모으며 만민을 모으나니"(5) 합니다. 5절을 주의 깊게 관찰해보시기를 바랍니다. ㉮ "가만히 있지 않는다" 합니다. ㉯ "그 욕심이 음부처럼 넓히며", ㉰ "사망 같아서 족한 줄을 모르고, 자기에게로 만국(萬國)을 모으며, 만민(萬民)을 모으나니" 합니다. 이는 1차적으로는 바벨론의 침략상을 나타내는 말이지만, 구속사의 관점으로 보면 온 세상을 정복하려는 사탄의 궤계임을 인식해야만 합니다.

㉡ 이 말씀을 대하면서 형제는, "그러므로 너희는 가서 모든 속속으로 제자를 삼으라(마 28:19), 너희는 온 천하에 다니며 만민에게 복음을 전파하라"(막 16:15) 하신 주님의 최후 분부가 생각나지 않습니까? 이

처럼 사탄과 대항하여, "가만히 있지 아니하며, 만국을 모으며, 만민을 모으며, 영역을 넓혀간" 그렇게 싸운 사람이 있었는데 그 사람이 바울입니다.

⑤ 그러나 하나님은 사탄의 궤계를 묵과하시지 않으십니다. "그 무리가 다 속담으로 그를 평론하며 조롱하는 시로 그를 풍자하지 않겠느냐 곧 이르기를 화 있을 진저"(6상) 하고 그의 심판을 경고합니다.

㉠ 6절 이하에는 "화 있을 진저" 하는 저주의 말이 5번(6, 9, 12, 15, 19)이나 등장하는데, 본 단원에 세 개의 "화"가 있고, 다음 단원에 두 개의 "화"가 나옵니다. 이 "화"도 앞에서 말씀드린바와 같이 1차적으로는 바벨론이 당할 심판을 가리키는 것이지만 종말적인 심판을 가리키는 말로 보아야만 합니다. 왜냐하면 계시록에서, "힘센 음성으로 외쳐 가로되 무너졌도다 무너졌도다 큰 성 바벨론이여"(계 18:2, 14:8) 하고 "바벨론"의 심판을 선언하고 있기 때문입니다.

㉡ 첫째 "화"(6-8)는, "자기 소유 아닌 것을 모으고, 볼모잡은 것으로 무겁게 짐을 지고, 여러 나라를 노략하였기" 때문이라 합니다.

㉢ 둘째 "화"(9-11)는, "하나님의 재앙을 피하기 위하여" 마치 바벨탑을 쌓듯이 대항했기 때문이요, 또한 여러 민족을 멸한 죄로 인하여 네 영혼에게 죄를 범했기 때문이라 하십니다.

㉣ 셋째 "화"(12-13)는, 그들의 성읍을 피와 불의로 건축했기 때문이라 하시면서, 이 모든 것은 "불타고 말 헛된 일"이라 하십니다. 이것이 주님께서, 도적이 오는 것은 도적질하고 죽이고 멸망시키려는 것뿐이요 "(요 10:10) 하신 사탄의 특성입니다. 이처럼 지금은 불의가 득세하는듯 하지만 종래는, "대저 물이 바다를 덮음 같이 여호와의 영광을 인정하는 것이 세상에 가득하리라"(14) 합니다. 이점을 시편 기자는,

대저 주의 인자는 커서 하늘에 미치고

주의 진리는 궁창에 이르나이다
하나님이여 주는 하늘 위에 높이 들리시며
주의 영광은 온 세계 위에
높아지기를 원하나이다 (시 57:10-11) 합니다.

셋째 단원(15-20) 그 앞에서 잠잠할 지어다

셋째 단원의 중심점은, "온 천하는 그 앞에서 잠잠할 지어다" 하는 말씀에 있습니다. 이는 선지자의 탄원에 대한 결론만이 아니라, 온 천하 만민의 입을 막는 경고입니다.

⑥ "이웃에게 술을 마시우되 자기의 분노를 더하여 그로 취케 하고 그 하체를 드러내려 하는 자에게 화 있을 진저"(15) 합니다. 이는 넷째 "화"의 원인입니다.

㉠ "이웃에게 술을 마시게" 한다는 말과 "하체"가 결부되어 있습니다. 이는 18절에서 세 번이나 강조하고 있는 "우상숭배"와 관련이 있는 것으로 여겨집니다. 왜냐하면 계시록에서 바벨론을 "큰 음녀"라 하면서 "땅의 임금들도 그로 더불어 음행하였고 땅에 거하는 자들도 그 음행의 포도주에 취하였다"(계 17:1-2) 하고 말씀하기 때문입니다. 느부갓네살 왕은 정복한 모든 나라 모든 족속들에게 신상(神像)에게 절하라 강요했고, 로마의 황제들도 황제숭배를 강요함으로 "음행의 포도주"를 마시게 했던 것입니다.

㉡ "네게 영광이 아니요 수치가 가득한즉 너도 마시고 너의 할례 아니한 것을 드러내라 여호와의 오른손이 잔이 네게로 돌아올 것이라 더러운 욕이 네 영광을 가리우리라"(16) 하고, "이웃에게 술을 마시게 한" 저들은 하나님의 진노의 잔을 마시게 될 것이라 합니다.

ⓒ 17-19절은 다섯 째 "화"인데 저들이 화를 당하게 된 원인에 대한 요약이라 할 수가 있습니다. 모든 죄는 두 가지로 요약이 되는데 "경건치 아니함과 불의"(롬 1:18)입니다. 먼저 "대저 네가 레바논에 강포를 행한 것과 짐승을 두렵게 하여 잔해한 것 곧 사람의 피를 흘리며 땅과 성읍과 그 모든 거민에게 강포를 행한 것이 네게로 돌아오리라"(17) 하고 "강포를 행한 것, 잔해한 것, 피를 흘린 것"이 네게로 돌아오리라 합니다. 이것이 이웃에 대한 "불의"(不義)입니다.

ⓜ 다음은, "새긴 우상은 그 새겨 만든 자에게 무엇이 유익하겠느냐 부어 만든 우상은 거짓 스승이라 만든 자가 이 말하지 못하는 우상을 의지하니 무엇이 유익하겠느냐 나무더러 깨라 하며 말하지 못하는 돌더러 일어나라 하는 자에게 화 있을 진저 그것이 교훈을 베풀겠느냐 보라 이는 금과 은으로 입힌 것인즉 그 속에는 생기가 도무지 없느니라"(18-19) 하고 "우상"의 허망함을 말씀합니다. 이것이 하나님에 대한 "경건치 아니함"입니다. 하나님의 진노는 "경건치 아니함과 불의"에 대하여 하늘로 좇아 임하게 됩니다.

⑦ 하나님의 답변은, "오직 여호와는 그 성전에 계시니 온 천하(天下)는 그 앞에서 잠잠할 지니라"(20) 하고 마치십니다.

㉠ "오직 여호와는 그 성전에 계시다"는 뜻이 무엇인가? 신정론(神正論)을 의심하는 회의론자들은 하나님을 주무시는 분으로, 심지어 "신은 죽었다" 하고 사신론(死神論)을 주창합니다. 그들을 향해서 "여호와는 그 성전에 계시다", 잠잠 하라 하십니다. "이 묵시는 정한 때가 있나니, 정녕 응하리라"(3), 그 때에 너희에게 "화가 있을 진저" 하시는 것입니다. "때에 사람의 말이 진실로 의인에게 갚음이 있고 진실로 땅에서는 판단하시는 하나님이 계시다 하리로다"(시 58:11).

㉡ 2장에는 모든 성도들에게 용기와 위로와 소망을 주는 애송되는 귀한 말씀들이 있는데 첫째는, ㉮ "그러나 의인은 그 믿음으로 살리라"

(4)는 말씀이고 둘째는, ㉯ "대저 물이 바다를 덮음같이 여호와의 영광을 인정하는 것이 세상에 가득하리라"(14)는 말씀이고 셋째는, ㉰ "오직 여호와는 그 성전에 계시니 온 천하는 그 앞에서 잠잠할 지니라"(20)는 말씀입니다. 이는 세상에는 죄가 가득하고 악이 득세하는듯하지만, 종래는 공의로운 심판이 있을 것인데, 그 때까지는 "의인", 즉 하나님의 백성들은 하나님께서 세워주신 언약을 믿는 "믿음으로 사는" 기간이라는 말씀입니다. "잠잠할 지니라" 하시는데 그래도 하나님께 무슨 항변(抗辯)할 말이 남았단 말인가?

⑧ 묵상해보겠습니다.

㉠ 이 묵시를 판에 명백히 새기라 한 뜻에 대해서,

㉡ 의인은 믿음으로 살리라는 세 번의 용례(用例)에 대해서,

㉢ 신정론과, 그 앞에서 잠잠 하라는 말씀에 대해서,

㉣ 애송되는 세 구절에 대해서.

하박국 3장 개관도표

주제 : 나는 구원의 하나님을 인하여 기뻐하리로다

진노 중의 긍휼	1-2 1 시기오놋에 맞춘바 **선지자 하박국의 기도라** 2 여호와여 내가 주께 대한 소문을 듣고 놀랐나이다 ① **여호와여 주는 주의 일을 이 수년 내에 부흥케 하옵소서** **이 수년 내에 나타내시옵소서** ② **진노 중에라도 긍휼을 잊지 마옵소서**
구원하러 오시는 하나님	3-15 3 ③ **하나님이 데만에서부터 오시며** **거룩한 자가 바란산에서부터 오시도다** (셀라) 그 영광이 하늘을 덮었고 그 찬송이 세계에 가득하도다 4 그 광명이 햇빛 같고 광선이 그 손에서 나오니 그 권능이 그 속에 감취었도다 5 온역이 그 앞에서 행하며 불덩이가 그 발밑에서 나오도다 6 그가 서신즉 땅이 진동하며 그가 보신즉 열국이 전률하며 영원한 산이 무너지며 무궁한 작은 산이 엎드러지나니 **그 행하심이 예로부터 그러하시도다** 7 내가 본즉 구산의 장막이 환난을 당하고 미디안 땅의 휘장이 흔들리도다 8 ④ **여호와여 주께서 말을 타시며 구원의 병거를 모시오니** 하수를 분히 여기심이니이까 강을 노여워하심이니이까 바다를 대하여 성내심이니이까 9 주께서 활을 꺼내시고 살을 바로 발하셨나이다 (셀라) 주께서 **하수들로 땅을 쪼개셨나이다** 10 산들이 주를 보고 흔들리며 창수가 넘치고 바다가 소리를 지르며 손을 높이 들었나이다 11 주의 날으는 살의 빛과 주의 번쩍이는 창의 광채로 인하여 해와 달이 그 처소에 멈추었나이다 12 주께서 노를 발하사 땅에 둘리셨으며 **분을 내사 열국을 밟으셨나이다** 13 ⑤ **주께서 주의 백성을 구원하시려고, 기름 받은 자를 구원하시려고 나오사** **악인의 집머리를 치시며 그 기초를 끝까지 드러내셨나이다 (셀라)** 14 그들이 회리바람처럼 이르러 나를 흩으려 하며 가만히 가난한 자 삼키기를 즐거워하나 오직 주께서 그들의 전사의 머리를 **그들의 창으로 찌르셨나이다** 15 주께서 말을 타시고 바다 곧 **큰 물의 파도를 밟으셨나이다**
여호와는 나의 힘이시라	16-19 16 ⑥ **내가 들었으므로 내 창자가 흔들렸고 그 목소리로 인하여 내 입술이 떨렸도다** 무리가 우리를 치러 올라오는 환난 날을 내가 기다리므로 내 뼈에 썩이는 것이 들어 왔으며 내 몸은 내 처소에서 떨리는도다 17 ⑦ **비록 무화과나무가 무성치 못하며 포도나무에 열매가 없으며 감람나무에 소출이 없으며** **밭에 식물이 없으며 우리에 양이 없으며 외양간에 소가 없을지라도** 18 **나는 여호와를 인하여 즐거워하며** **나의 구원의 하나님을 인하여 기뻐하리로다** 19 ⑧ **주 여호와는 나의 힘이시라** **나의 발을 사슴과 같게 하사 나로 나의 높은 곳에 다니게 하시리로다** 이 노래는 영장을 위하여 내 수금에 맞춘 것이니라

3장

나는 구원의 하나님을 인하여 기뻐하리로다

[18]나는 여호와를 인하여 즐거워하며 나의 구원의 하나님을 인하여 기뻐하리로다.

3장의 중심점은, "나의 구원의 하나님을 인하여 기뻐하리로다"에 있습니다. 하박국서의 구도(構圖)는 1장은 "내가 부르짖어도 주께서 듣지 아니하시니 어느 때까지리이까"(1:2) 하는 선지자의 탄원이요, 2장은 탄원에 대해 "그러나 의인은 그 믿음으로 말미암아 살리라" 하시는 하나님의 답변이요, 3장은 하나님의 응답을 받은 선지자가, "나의 구원의 하나님을 인하여 기뻐하리로다" 하는 기도와 찬양으로 되어 있습니다.

도표를 보시면 "나의 구원의 하나님을 인하여 기뻐하리로다"를 중심으로, ① 선지자 하박국의 기도가 나오는데, "수년 내에 부흥케 하소서", ② "진노 중에라도 긍휼을 잊지 마소서" 합니다. ③ 그리고 찬양하기를, "하나님이 데만에서부터 오시며" 하고 "오시는" 하나님으로 묘사하면서, ④ "주께서 말과 병거를 타고" 오시는 전사(戰士)로 표현하여, ⑤ "주께서 백성을 구원하시려고 오사, 그들의 창으로 찌르셨나이다" 하고, "구원하시는 하나님, 승리하시는 하나님"으로 표현합니다. ⑥ 선지자는 하나님의 말씀을 "들었으므로 내 창자가 흔들렸다"고 진술하면서, ⑦ "비록 무화과나무가 무성치 못하며…없을지라도", "나는 여호와를 인하여 즐거워하며 나의 구원의 하나님을 인하여 기뻐하리로다" 하고 고백합니다. ⑧ 그리고 결론을 맺기를 "주 여호와는 나의 힘이시라" 합니다. 이를 세 단원으로 나누어 상고하겠습니다.

첫째 단원(1-2) **진노 중에라도 긍휼을 잊지 마소서**
둘째 단원(3-15) **구원하러 오시는 하나님**
셋째 단원(16-19) **여호와는 나의 힘이시라**

주제(主題) : 나는 구원의 하나님을 인하여 기뻐하리로다

㉠ 이사야 선지자는, "그러나 여호와께서 기다리시나니 이는 너희에게 은혜를 베풀려 하심이요 일어나시리니 이는 너희를 긍휼히 여기려 하심이라"(사 30:18) 하고 "기다리시는 하나님과, 일어나시는 하나님"으로 증거하고 있습니다. 하박국서 1-2장이 "기다리시는 하나님"이라면 3장은, "주께서 주의 백성을 구원하시려고, 기름 받은 자를 구원하시려고 나오사"(13) 하고, 자기 백성을 구원하시려고 "일어나시는 하나님"으로 계시되어 있습니다.

㉡ 선지자는, "나는 여호와를 인(因)하여, 나의 구원의 하나님을 인(因)하여 기뻐하리로다"(18) 하고, "인(因)하여" 라는 말을 두 번이나 고백하고 있는데 이는 "말미암아"라는 뜻입니다. 그러므로 "인하여, 즉 말

미암아"가 무엇과 결부가 되어 있는가 하는 점은 사활적으로 중요한 요점입니다. 이 "인하여"가 세상과 결부가 되고, 문제와 연결이 되면 1장의 탄원이 나오게 되는 것입니다.

㉢ 그런데 선지자는 2장의 해답을 통하여 하나님과 연결을 시킴으로, "비록 무화과나무가 무성치 못하며 포도나무에 열매가 없으며 감람나무에 소출이 없으며 밭에 식물이 없으며 우리에 양이 없으며 외양간에 소가 없을지라도, 나는 여호와를 인하여 즐거워하며, 나의 구원의 하나님을 인하여 기뻐하리로다" 하고 찬양을 하기에 이른 것입니다. 그러므로 "인하여", 즉 말미암음은 기차의 연결고리와 같아서 이것이 끊어지게 되면, "그리스도에게서 끊어지고 은혜에서 떨어진 자"(갈 5:4)가 되고 마는 것입니다.

㉣ "나는 여호와를 인하여, 나의 구원의 하나님을 인하여 기뻐하리로다" 하는 사람이, "믿음으로 말미암아 사는" 사람들입니다. "주 여호와는 나의 힘이시라" 하고 하나님으로 힘을 삼는 사람들입니다. 이 인하여 붙들고 있는 사람들은 "기다리는" 사람들입니다.

첫째 단원(1–2) 진노 중에라도 긍휼을 잊지 마소서

첫째 단원은 선지자의 기도인데 비록 한 절에 불과하지만 많은 내용이 농축이 되어 있습니다. 중심점은, "진노 중에라도 긍휼을 잊지 마옵소서"에 있습니다.

① "시기오놋에 맞춘바 선지자 하박국의 기도라"(1).

㉠ "여호와여 내가 주께 대한 소문을 듣고 놀랐나이다"(2상) 합니다. 선지자가 듣고 놀란 "소문"이란 하나님께서 말씀하신 내용을 가리킵니다. 그 내용은 두 방면으로 나타나는데 첫째는, ㉮ 진노의 심판이

고 둘째는, ㉯ 긍휼히 여기시는 구원입니다. "심판과 구원, 진노와 긍휼"은 동전 앞뒤와 같아서 이 둘 모두가 여호와로 "말미암아" 나오는 속성입니다.

㉡ 선지자는 이를 듣고 "놀랐나이다" 합니다. "놀란 것"은 심판의 참혹함에 대한 놀람이기도 하지만 이는 시편 기자가, "내가 내 마음을 정하게 하며 내 손을 씻어 무죄하다 한 것이 실로 헛되도다" 하고 하나님의 공의에 회의를 품었다가 깨달음을 얻은 후에, "내 마음이 산란하며 내 심장이 찔렸나이다 내가 이같이 우매 무지 하니 주의 앞에 짐승이오나"(시 73:13, 21-22) 한 그런 놀램이 더욱 컸을 것입니다.

㉢ "여호와여 주는 주의 일을 이 수년 내에 부흥케 하옵소서 이 수년 내에 나타내시옵소서"(2중) 합니다. 하나님은 선지자의 질문에 답하시기를 "보라 내가 사납고 성급한 백성, 갈대아 사람을 일으켰나니"(1:6) 하셨습니다. 선지자는 그 말씀을 듣고 징벌의 수위와 결과가 얼마나 참혹할 것인가를 내다보고 있는 것입니다. 그래서 "수년 내에 나타내사, 수년 내에 부흥케 하소서" 하는 것입니다.

㉣ "수년 내"라는 말을 거듭하고 있는데 이는 징벌을 속히 끝내시고, 속히 부흥케, 즉 회복시켜주십시오 하는 간구입니다. 그리고 "진노 중에라도 긍휼을 잊지 마옵소서"(2하) 합니다. 이는 간구의 절정(絕頂)이라 할 수가 있는데, 이는 1:12절에서 "우리가 사망에 이르지 아니 하리이다" 한 고백과 결부가 되는 간구입니다. 하나님께서 징벌을 하시나 긍휼히 여기셔서 진멸하시지는 않으실 것이라는 신뢰를 나타내는 것입니다.

㉤ 이점이 예레미야 애가에도 나타납니다.

내 고초와 재난 곧 쑥과 담즙을 기억하소서
내 심령이 그것을 기억하고 낙심이 되오나

중심에 회상한즉 오히려 소망이 있사옴은
여호와의 자비와 긍휼이 무궁하심으로
우리가 진멸되지 아니 함이니이다.

사람이 여호와의 구원을 바라고 잠잠히 기다림이 좋도다,
저가 비록 근심케 하시나 그 풍부한 자비대로
긍휼히 여기실 것임이라"(애 3:19-22, 26, 32) 합니다.

둘째 단원(3-15) 구원하러 오시는 하나님

둘째 단원의 중심점은, "구원하러 오시는 하나님"에 있습니다.

③ "하나님이 데만에서부터 오시며 거룩한 자가 바란산에서부터 오시는데, 그 영광이 하늘을 덮었고 그 찬송이 세계에 가득하도다"(3) 합니다.

㉠ 3-15절까지는 출애굽 때에 구원하여주신 행사를 들어서 이제도 구원하러 "오시는" 하나님으로 묘사하는 내용입니다. 모세는 그의 마지막 설교에서, "여호와께서 시내(산)에서 오시고 세일산에서 일어나시고 바란산에 비취시고 일만 성도 가운데서 강림하셨고 그 오른손에는 불같은 율법이 있도다 여호와께서 백성을 사랑하시나니 모든 성도가 그 수중에 있으며 주의 발아래에 앉아서 주의 말씀을 받는도다"(신 33:2-3) 하고 고백했습니다.

㉡ 우선적으로 인식해야할 점은 하나님은 안식(安息)하고 계시는 하나님이 아니라 일을 하고 계시는 하나님이시라는 점입니다. "일을 행하는 여호와, 그것을 지어(계획하여) 성취하는 여호와"(렘 33:2)라고 말씀합니다. 이점을 주님께서도, "내 아버지께서 이제까지 일하시니 나

도 일한다"(요 5:17) 하고, "일을 하고 계시는 하나님"이라 말씀하십니다.

ⓒ 그러므로 성경은 하나님을 보좌에 좌정(坐定)하신 분으로만이 아니라 보다 더 행차(行次)하시는 하나님으로 계시하고 있습니다.

하나님께 노래하며 그 이름을 찬양하라
타고 광야에 행(行)하시던 자를 위하여 대로(大路)를 수축하라
그 이름은 여호와시니 그 앞에서 뛰놀지어다.

하나님이여 주의 백성 앞에서 앞서 나가사
광야에 행진(行進)하셨을 때에(셀라),

하나님의 병거가 천천이요 만만이라
주께서 그 중에 계심이 시내산 성소에 계심 같도다

하나님이여 저희가 주의 행차(行次)하심을 보았으니
곧 나의 하나님 나의 왕이 성소에 행차하시는 것이라(시 68:4, 7, 17, 24) 합니다.

ⓓ 창조주 하나님은, "하나님이 지으시던 일이 일곱 째 날이 이를 때에 마치니, 일곱 째 날에 안식하시니라"(창 2:1-2) 하고 "안식"하신 하나님이십니다. 그런데 이 안식이 인간의 범죄로 깨어진 것입니다. 그리하여 "내가…하리니"(창 3:15) 하고 구속사역을 다시 시작하신 것입니다. 그리하여 "나의 구원의 하나님"(18)이 되신 것입니다. 행차하시는 하나님은, "그 광명이 햇빛 같고 광선이 그 손에서 나오니 그 권능이 그 속에 감취었도다 온역이 그 앞에서 행하며 불덩이가 그 발밑에

서 나오도다 그가 서신즉 땅이 진동하며 그가 보신즉 열국이 전률하며 영원한 산이 무너지며 무궁한 작은 산이 엎드러지나니 그 행(行)하심이 예로부터 그러하시도다"(4-6) 하고, 이렇게 행하심이 어제 오늘의 일이 아니라 "예로부터 그러하시다", 즉 출애굽 때부터 그러하셨다는 것입니다.

④ 그러면 하나님은 왜 오시며, 무엇을 위하여 일을 하시는가? 8절 이하에서는 전사(戰士)가 되셔서 포로 된 자기 백성들을 구원하시는 일을 하시는 것으로 계시되어 있습니다. "여호와여 주께서 말을 타시며 구원의 병거(兵車)를 모시오니 하수를 분히 여기심이니이까 강을 노여워하심이니이까 바다를 대하여 성내심이니이까"(8) 합니다.

㉠ 하나님이 "하수(河水), 강(江), 바다"에 대하여 분이 여기시고, 성내시는 분이란 말인가? 아닙니다. 하나님께서 홍해를 가르시고, 요단강을 물러가게 하신 것은 강에게 분내심이 아니라 전적으로 자기 백성들을 구원하시기 위함이었던 것입니다.

㉡ "주께서 활을 꺼내시고 살을 바로 발하셨나이다 (셀라) 주께서 하수들로 땅을 쪼개셨나이다 지파에게 맹세하셨나이다 산들이 주를 보고 흔들리며 창수가 넘치고 바다가 소리를 지르며 손을 높이 들었나이다 주의 날으는 살의 빛과 주의 번쩍이는 창의 광채로 인하여 해와 달이 그 처소에 멈추었나이다 주께서 노를 발하사 땅에 둘리셨으며 분을 내사 열국을 밟으셨나이다"(9-12) 하고 저들을 위하여 "싸워주신 하나님"을 시적으로 묘사하고 있습니다.

⑤ "주께서 주의 백성을 구원하시려고, 기름 받은 자를 구원하시려고 나오사 악인의 집 머리를 치시며 그 기초를 끝까지 드러내셨나이다(셀라)"(13) 합니다.

㉠ 13절의 핵심어는 두 번 강조되어 있는 "구원"(救援)입니다. 그런데 본문에는, "기름 받은 자와, 악인(惡人)의 집 머리"가 대조(對照)

되어 있음을 주목해야만 합니다. "기름 받은 자와, 악인의 집 머리"가 1차적으로는 유대 왕과, 대적 바벨론 왕을 가리킨다하여도 궁극적으로는 여자의 후손이 뱀의 머리를 상하게 함으로 성취될 말씀인 것입니다.

ⓛ 그러므로 다음 절에서도, "그들이 회리바람처럼 이르러 나를 흩으려하며 가만히 가난한 자 삼키기를 즐거워하나 오직 주께서 그들의 전사(戰士)의 머리를 그들의 창으로 찌르셨나이다"(14) 하고 대적의 "머리"를 찌르실 것을 말씀합니다.

ⓒ "주께서 말을 타시고 바다 곧 큰 물의 파도를 밟으셨나이다"(15) 합니다. 도표(圖表)에 나타난 대로 이 대목에는, "머리를 치시며, 머리를 찌르셨나이다, 밟으셨나이다," 즉 "뱀의 머리를 상하게 하실" 승리가 부각이 되어 있습니다. 왜냐하면 그 때에 구원은 온전히 이루어지기 때문입니다.

ⓔ 본 단원을 마치기 전에 우리가 확신해야할 점은, ㉮ "너희 하나님 여호와 그는 너희를 위하여 싸우신 자시니라" 한, 과거(過去)에도 싸워주신 하나님이시며, ㉯ "그가 너희에게 말씀하신 것같이 너희를 위하여 싸우시리라"(수 23:3, 10) 하고, 현재(現在)와 미래(未來)에도 싸워주시는 하나님이시라는 점에 확고해야만 합니다. 느헤미야는 성벽을 복원하는 일이 난관에 부닥치자, "우리 하나님은 우리를 위하여 싸우시리라"(느 4:20) 하고 독려합니다.

ⓜ 그리고 우리를 위하여 싸우시는 하나님을 구속사라는 맥락에서 보면, "여자의 후손은 네 머리를 상하게 할 것이요"(창 3:15) 한 성자 하나님의 싸워주심임을 깨닫게 됩니다. 그리고 이 싸움은, "저희가 어린양으로 더불어 싸우려니와 어린양은 만주의 주시오 만왕의 왕이시므로 저희를 이기실 터이요 또 그와 함께 있는 자들 곧 부르심을 입고 빼내심을 얻고 진실한 자들은 이기리로다"(계 17:14) 하고 우리와 함

께 싸워주시는 그리스도로 적용이 되고 있다는 점에 확고해야만 합니다.

셋째 단원(16-19) 여호와는 나의 힘이시라

셋째 단원은, "그러나 의인은 그 믿음으로 말미암아 살리라" 하신 "믿음의 승리"를 보여주고 있는데 중심점은, "여호와는 나의 힘이시라"는 고백에 있습니다.

⑥ "내가 들었으므로 내 창자가 흔들렸고 그 목소리로 인하여 내 입술이 떨렸도다 무리가 우리를 치러 올라오는 환난 날을 내가 기다리므로 내 뼈에 썩이는 것이 들어 왔으며 내 몸은 내 처소에서 떨리는도다"(16) 합니다.

㉠ 16절은, "창자가 흔들렸고, 입술이 떨렸도다, 뼈가 썩는 듯이, 내 몸이 떨리는도다" 하고 극도의 두려움이 엄습한 모습을 나타내고 있습니다. 왜 이처럼 떨고 있는가? 이는 "우리를 치러 올라오는 환난 날"(16중)을 바라보기 때문입니다. 그런데 "그러나 의인은 그 믿음으로 말미암아 살리라" 한 말씀을 붙잡고 있는 사람은,

⑦ "비록 무화과나무가 무성치 못하며 포도나무에 열매가 없으며 감람나무에 소출이 없으며 밭에 식물이 없으며 우리에 양이 없으며 외양간에 소가 없을지라도"(17) 하고 선언하는 사람입니다.

㉠ 17절은 "못하며, 없으며, 없으며, 없으며, 없으며, 없어도" 합니다. 그러면 그에게 있는 것이 무엇이란 말인가? "나는 여호와를 인하여 즐거워하며 나의 구원의 하나님을 인하여 기뻐하리로다"(18) 한 "여호와"입니다. "구원의 하나님"을 모시고 있기 때문이라는 것입니다. 사도 베드로도, "은과 금은 내게 없거니와 내게 있는 것으로 네게 주노니 곧

나사렛 예수 그리스도의 이름으로 걸으라"(행 3:6) 했습니다. 그러므로 이 말은 우리들이 해야 할 말이기도 합니다.

ⓛ 이렇게 고백하는 사람이 하박국서의 주제인, "그러나 의인은 그 믿음으로 말미암아 살리라" 한 사람입니다. 이것이 어떻게 가능하여지는가? "주 여호와는 나의 힘이시라"(19) 한 하나님을 바라보기 때문입니다. 다윗은 자신을 "모든 원수와 사울의 손에서 구원하신 날에"(시 18편의 표제), "나의 힘이 되신 여호와여 내가 주를 사랑하나이다"(시 18:1) 하고 찬양합니다. 포로에서 귀환한 자들이 율법의 말씀을 듣고 울자 느헤미야는, "여호와를 기뻐하는 것이 너희의 힘이니라"(느 8:10) 하고 격려합니다.

ⓒ 좀 더 설명을 드리면 사람은 누구를 막론하고, "우리를 치러 올라오는 환난 날"을 바라보면 두려움에 사로잡히게 됩니다. 그런데 "그러나" 하고, "나의 힘이 되시는 여호와 하나님"을 바라보게 되면, "비록 무화과나무가 무성치 못하며 포도나무에 열매가 없으며 감람나무에 소출이 없으며 밭에 식물이 없으며 우리에 양이 없으며 외양간에 소가 없을지라도 나는 여호와를 인하여 즐거워하며 나의 구원의 하나님을 인하여 기뻐하리로다"(17-18) 하고 찬양하게 된다는 말씀입니다.

ⓔ 이는 마치 베드로가 주님을 바라보았을 때에는 물위로 걸을 수가 있었지만 성난 파도를 바라보자 빠져 들어간 것과 같은 것입니다. "없고, 없으며, 없어도", "나의 구원의 하나님"만을 소유한다면 나는 이를 인하여 즐거워하고 기뻐하리라는 것입니다. 그렇습니다. "구원의 하나님", 옛적에 유월절 어린양의 피로 구속하여주신 하나님, 홍해를 육지같이 가르시어 구원해주신 하나님, 자기 아들을 아끼지 아니하시고 화목제물로 내어주신 구원의 하나님이 우리와 함께 계시고, 나의 하나님이라고 확신할 수만 있다면 어떠한 경우에서도 "나는 여호와를 인하여 즐거워하며 나의 구원의 하나님을 인하여 기뻐하리로다"(18) 하고 고백

할 수가 있는 것입니다.

ⓜ 선지자는 결정적인 대목에서 인칭대명사(人稱代名詞)를 "나는 여호와를 인하여, 나의 구원의 하나님을 인하여, 주 여호와는 나의 힘이시라"(18, 19) 하고 "나"라고 말씀합니다. "너의 고백도 이러하냐?" 하고, 이것이 하박국서가 우리에게 주는 도전입니다.

⑧ 3장은, 그리고 우리들에게 많은 도전을 주었던 하박국서는, "주 여호와는 나의 힘이시라 나의 발을 사슴과 같게 하사 나로 나의 높은 곳에 다니게 하시리로다"(19) 하고 마치고 있습니다.

㉠ "나의 발을 사슴과 같게" 해달라는 뜻이 무엇인가? 사랑노래인 아가서는,

나의 사랑하는 자야 너는 빨리 달리라
향기로운 산들에서 노루와도 같고
어린 사슴과도 같아여라 (아 8:14) 하고 마치고 있습니다.

㉡ "나의 사랑하는 자야 너는 빨리 달리라"는 말은, 사랑하는 이를 보내면서 가는 듯이 돌아오소서, 즉 "속히 오시옵소서"(계 22:20) 하는 기원입니다. 마치 "노루나 사슴"처럼 껑충 껑충 뛰어서 빨리 오시라는 사랑하는 이의 간구입니다. 사슴은 험한 산도 힘차게 달릴 수가 있습니다.

㉢ 그렇다면 "나의 발을 사슴과 같게 하사 나로 나의 높은 곳에 다니게 하시리로다"(19) 한 뜻은, 신랑을 기다리는 신부가 "믿음으로 사는"(2:4) 동안 높은 곳에 소망을 두고 마치 "사슴"과 같은 승리하는 삶을 살게 해달라는 기원이라 하겠습니다. "이 노래는 영장을 위하여 내 수금에 맞춘 것이니라"(19하) 합니다. 형제도 이 노래를 수금에 맞춰서 부르고 싶은 마음이 되셨습니까?

⑨ 묵상해보겠습니다.

㉠ 진노 중에라도 긍휼을 잊지 마소서에 대해서,

㉡ 행차하시고 싸우시는 하나님에 대해서,

㉢ 17-19절의 즐거움과 기쁨에 대해서.

㉣ 하박국서를 통한 깨달음과 도전에 대해서.

스바냐

스바냐 파노라마

주제 : 여호와의 심판의 날, 여호와의 구원의 날

스바냐서는 세 장에 불과한 짧은 예언서이면서도, "여호와의 심판의 날"(1:18)과, "여호와의 구원의 날"(3:14)이라는 상반(相反)된 주제가 극렬하게 대조되어 있는 예언서입니다. "여호와의 심판"은 인간이 행한 "죄, 특히 반역"에 대한 결과요, "여호와의 구원"은 전적인 하나님의 은혜로 말미암은 것입니다.

스바냐는 예레미야와 같은 시기, 즉 요시아 왕 때(습 1:1, 렘 1:2)에 세움 받은 선지자입니다. 요시아 왕은 31년을 치리했는데 예레미야가 요시아 왕의 말기에 세움을 받았다면 스바냐는 초기로 여겨집니다. 이 때는 악명이 높은 할아버지 므낫세와 아버지 아몬의 패역으로 인하여 극도로 타락한 시기였습니다. 스바냐의 제일성(第一聲)은, "여호와께서 가라사대 내가 지면(地面)에서 모든 것을 진멸(盡滅)하리라"(1:2)는 심판선언입니다. "내가 사람과 짐승을 진멸하고 공중의 새와 바다의 고기와 거치게 하는 것과 악인들을 아울러 진멸할 것이라 내가 사람을 지면에서 멸절하리라"(1:3) 하십니다.

이는 마치 홍수심판 당시에, “나의 창조한 사람을 내가 지면에서 쓸어버리되 사람으로부터 육축과 기는 것과 공중의 새까지 그리하리니”(창 6:7) 하신 선언을 연상하게 합니다. 이런 맥락에서 스바냐 선지자의 심판예언은 예루살렘의 심판에 머물지 않고 이를 예표로 하여 “지면(地面)에서 모든 것을 진멸하리라”(1:2) 하고 최후심판을 내다보고 있는 것입니다. “이 날은 온 지구상에 거하는 모든 사람에게 임하리라”(눅 21:35) 하신 그 날인 것입니다. 그렇다면 인간의 무슨 죄가 이러한 진노를 받아 마땅한가?

1장

이점을 본문에서는, “여호와를 배반(背叛)하고 좇지 아니한 자와, 여호와를 찾지도 아니하며 구하지도 아니한 자를 멸절하리라”(1:6) 하고 말씀합니다. 여기에는 두 방면이 나타나는데 첫째는 교회 내에 있는 “여호와를 배반하고 좇지 아니한 자”와, 둘째는 교회 밖에 있는 “여호와를 찾지도 아니하며 구하지도 아니한 자”, 즉 대적하는 불신자입니다. 이 두 방면에 대한 경고가 교차적으로 나타납니다.

먼저 “여호와를 배반하고 좇지 아니한 자”란 어떤 자들인가? 이는 요즘 말로 교회에 나오지 않는다는 그런 뜻이 아닙니다. 이스라엘은 나라가 곧 교회인 신정왕국(神政王國)입니다. 그러므로 “배반했다”는 말은 하나님을 떠났다는 말이 아니라 아브라함과 다윗에게 세워주신 메시아 언약을 망각한 것을 뜻합니다. 그들은 열심히 모였고 예배(제물)를 드렸습니다. 그러면서 “무릇 지붕에서 하늘의 일월성신에게 경배”(1:5)도 드리는 혼합종교가 된 것입니다. 이렇게 되는 원인이 어디에 있는가? 자기중심적인 기복신앙이 이런 결과를 가져왔던 것입니다.

하나님은 그리스도를 통해서 “천하 만민이 복을 얻으리라” 하고 복을 주시려 하는데, 저들은 우상을 통해서 복을 얻으려고 한 것입니다. 그러므로 구약교회가 우상을 숭배하다가 멸망을 당했다(여호와를 배반했다)는 말을 교훈적으로만 보아서는 아니 됩니다. 이를 구속사의 맥락으로 보면 메시아언약을 배신했다는 뜻이라는 점에 확고해야만 신약교회도 정신을 차리고 복음을 보수(保守)하며 떠나지 않게 되는 것입니다. 그러므로 믿노라하면서도 목적(目的)과 동기(動機)를 "그의 나라와 그의 의", 즉 하나님중심에 두지 않고 자기중심적인 기복신앙에 두게 되면 마치 두 주인을 섬기는 것과 같아서 이것이 영적 간음이요 우상을 숭배하는 것과 같다는 점을 명심해야만 합니다.

"그 때에 내가 등불로 예루살렘에 두루 찾아 무릇 찌끼같이 가라앉아서 심중에 스스로 이르기를 여호와께서는 복도 내리지 아니하시며 화도 내리지 아니하시리라 하는 자를 벌하리니"(1:12) 하십니다. 이는 불신자들을 가리키는 말이 아닙니다. 눌어붙은 "찌끼"는 떨어지지 않습니다. 믿어도 아주 오래 믿은 사람, 그래서 화석(化石)과 같이 된 사람들을 가리킵니다. "등불로 예루살렘에 두루 찾아" 라는 묘사는 심판이 빈틈이 없이 시행될 것을 나타내는데, 알곡은 "한 알갱이도 땅에 떨어지지 아니할"(암 9:9) 것이요, 반면 가라지는 한 알갱이도 예외가 없이 심판에 이르리라는 뜻입니다. 명심해야할 점은 심판이 하나님의 집에서부터 시작된다는 점입니다.

다음은 "여호와를 찾지도 아니하며 구하지도 아니한 자"(6하), 즉 대적하는 불신자들에게 진노가 임한다는 것입니다. 이점을 2:4-15절에서 상론(詳論)합니다. 하나님의 진노가 두 방면으로 나타나게 되는 점을 사도 바울은, "하나님의 진노(震怒)가 불의로 진리를 막는 사람들의 모든 경건치 않음과 불의에 대하여 하늘로 좇아 나타나나니"(롬 1:18) 하고 말씀합니다. 죄에는 억만 가지가 있다하여도 크게는, "경건치 아니함과, 불의" 두 가지 죄뿐입니다. "경건치 아니함"은 하나님과의 관계성에서의 죄인데, 하나님을 인정하지도 않고 구하지 않는 불신앙의 죄와, 믿노라하면서도 하나님의 언약에 성실치 아니한(시 78:37) 형식적인 신앙을 가리킵니다. 그리고 "불의"는 대인관계(對人關係)에서의 죄인데 하나님과의 관계가 잘못되게 되면 필연적으로 불의가 따르게 되는 것입니다.

심판을 경고하시면서 두 번이나 "질투의 불"(1:18, 3:8)이라 말씀함을 유념해야만 합니다. "질투"가 무엇인가? 사전적인 의미는 "강한 새암"이라고 정의합니다. 하나님은 우리들을 사랑하시되 질투가 불일듯 하기까지 사랑하신다는 말씀입니다. 이 사랑은 "자기 아들을 아끼지 아니하시고" 대속제물로 내어주시고 우리를 구원해주시려는 사랑입니다. 그런데 이 메시아언약 곧 복음을 배신하고 우상을 숭배하다니, 그래서 진노의 날에 질투의 불에 삼키우리니 하고 "진노와 질투"를 함께 말씀하시는 것입니다.

2장

"수치를 모르는 백성아 모일 지어다 모일 지어다 명령이 시행되기 전, 광음이 겨같이 날아 지나가기 전, 여호와의 분노의 날이 너희에게 이르기 전에 그러할 지어다"(2:12) 합니다. 이는 심판을 시행하기 전에 다시 한 번 회개할 기회를 준다는 뜻입니다. 그래서 "세상의 모든 겸손한 자들아 너희는 여호와를 찾으며 공의와 겸손을 구하라 너희가 혹시 여호와의 분노의 날에 숨김을 얻으리라"(2:3) 하는 것입니다.

그러므로 2장에는 "유다 족속의 남은 자(7), 나의 남은 국민"(9)이라

하고 "남은 자"가 있을 것을 말씀합니다. 3장에서도, "너희 중에 남겨 두리니(12), 이스라엘의 남은 자"(13)는 하고 말씀합니다. 홍수심판 당시에도 "남은 자"가 있었듯이 어느 시대를 막론하고 남은 자가 있게 하시는 것입니다. 이는 구원계획에는 하나님의 거룩하신 이름과 영예가 걸려있기 때문에 기어코 이루시고야 말겠다는 뜻이기도 합니다.

이어서 이스라엘을 대적한 열방에 대한 심판경고(2:4-15)가 나오는데, 이 열방은 이스라엘을 동서남북으로 둘러있는 이웃 나라들입니다. "그들이 이런 일을 당할 것은 교만하여 스스로 커서 만군의 여호와의 백성을 훼방함이니라"(2:10) 합니다. "여호와의 백성을 훼방한 것"이 곧 하나님을 대적한 것이 되기 때문입니다. 열방에 대한 심판예언은 1장의 심판경고와, 3장의 회복예언의 중간에 끼어있습니다. 이렇게 하시는 의도는 환난 중에 있는 남은 자를 위로하고 격려하기 위해서입니다.

3장

회복을 말씀하시기에 앞서서 먼저 예루살렘이 이처럼 타락한 원인이 누구의 책임인가를 말씀하십니다. "그 가운데 방백들(정치지도자)은 부르짖는 사자요 그 재판장들은 이튿날까지 남겨두는 것이 없는 저녁 이리요 그 선지자들은 위인이 경솔하고 간사한 자요 그 제사장들은 성소를 더럽히고 율법을 범하였도다"(3-4) 합니다.

이리하여 "패역하고 더러운 곳, 포악한 그 성읍이 화가 있을 진저"(1) 합니다. 솔로몬의 성전이 있는 예루살렘이 "패역, 더러운 곳, 포악"한 성이 되었다는 것입니다. "패역"은 반역이고, "더러운 곳"은 창녀를 가리키고, "포악"은 백성에게 불의를 행한 것을 가리킵니다. "그가 명령을 듣지 아니하며 교훈을 받지 아니하며 여호와를 의뢰하지 아니하며 자기 하나님에게 가까이 나아가지 아니 하였도다"(2) 합니다. 이렇게 된 책임이 "왕, 선지자, 제사장"과 같은 지도자들의 책임이라는 말씀입니다.

3장에서 특히 주목해야할 점은 세 번이나 등장하는 "그 중에 거하신 여호와"(5, 15, 17)라는 말씀입니다. 그러면 그들 중에 거하시는 하나님은 그들을 어떤 방도로 다스리시는가? "그 가운데" 세우신 "방백, 재판장, 선지자, 제사장"(3-4)들을 통해서 다스리신다는 점을 명심한다는 것은 중요한 요점이 됩니다. 이를 위해서 하나님은 사람을 지으실 때에 "하나님의 형상"대로 지으신 후에 "만물을 다스리라"(창 1:26) 하신 것입니다. 그러므로 이들 "왕, 선지자, 제사장"은 메시아적 사명의 예표가 되는 인물들입니다. 그런데 이들이 역기능(逆機能)으로 행하고 있는 것입니다. 이것이 타락이요, 반역입니다. 이제도 교회나 가정을 세우신 목사, 장로, 가장(家長)들을 통해서 다스리시는 것입니다. 그러므로 순기능(順機能), 즉 하나님의 뜻대로 섬겨야한다는 것은 그곳에 "하나님의 나라"가 임하느냐 아니냐가 걸려있는 중요한 요점이 되는 것입니다.

"내가 이르기를 너는 오직 나를 경외하고 교훈을 받으라 그리하면 내가 형벌을 내리기로 정하기는 하였거니와 너의 거처가 끊어지지 아니하리라 하였으나 그들이 그 모든 행위를 더럽게 하였느니라"(7) 합니다. 무슨 뜻인가? 마지막으로 주어진 기회마자 거부하고 말았다는 것입니다. 그리하여 "내가 지면에서 모든 것을 진멸하리라"(1:2) 하신 심판은 불가피하게 된 것입니다. 그러면 인류에게 소망은 없단 말인가?

3:9절은 분기점(分岐點)이 되는 말씀인데 우리 성경에는 나타나고 있지 않으나 "그러나"(키) 하고 시작이 됩니다. "그러나 그 때에 내가 열방의 입술을 깨끗케 하여 그들로 다 나 여호와의 이름을 부르며 일심(一心)으로 섬기게 하리니"(9) 하십니다. "그 때에 내가 너의 중에서 교

만하여 자랑하는 자를 제(除)하여 너로 나의 성산에서 다시는 교만하지 않게 할 것임이니라"(11) 합니다. 그리고 "곤고하고 가난한 백성을 너희 중에 남겨 두리니 그들은 여호와의 이름을 의탁하여 보호를 받을 지라"(12) 하고 "남은 자"(13)가 있게 되리라 하십니다.

그리하여 "시온의 딸아 노래할 지어다 이스라엘아 기쁘게 부를 지어다 예루살렘 딸아 전심(全心)으로 기뻐하며 즐거워할 지어다"(14) 하는 것입니다. 왜 이렇게 기뻐하라 하시는가? "여호와가 너의 형벌(刑罰)을 제(除)하였기" 때문이라는 것입니다. 이것이 어떻게 가능하여진단 말인가? 구속사의 맥락에서 보면 "형벌을 제하심"은 오직 예수 그리스도의 구속으로 말미암을 뿐이라는 점에 확고해야만 합니다. 만일 이를 부인한다면 그리스도의 죽음을 헛된 것으로 여기고 복음을 부인하는 것이 되고 말기 때문입니다.

우리의 형벌을 "제하심"이 그냥 되는 것이 아닙니다. 왜냐하면 하나님의 공의가 용납하시지 않기 때문입니다. 이는 그리스도께서 대신 정죄를 당하심으로만이 가능하여 진다는 것이 성경의 증거입니다.

그러므로 "이스라엘의 왕 여호와가 너의 중에 있으니"(15중) 하심은 "임마누엘" 하실 그리스도에 대한 예언이 명백한 것입니다. 임마누엘 하셔서, "형벌은 제하시고, 너의 원수를 쫓아내었으니, 다시는 화(禍)를 당할까 두려워하지 아니할 것이라"(15), 그래서 "시온의 딸아 노래할 지어다, 전심으로 기뻐하며 즐거워할 지어다" 하는 것입니다. 그러므로 "네 손을 늘어뜨리지 말라"(16) 하십니다.

"너의 하나님 여호와가 너의 가운데 계시니",
"그는 구원을 베푸실 전능자시라",

"그가 너로 인하여 기쁨을 이기지 못하여 하시며",
"너를 잠잠히 사랑하시며",
"너로 인하여 즐거이 부르며 기뻐하시리라"(17).

19-20절에는 "그 때에" 라는 말이 4번이나 나옵니다. "그 때에", ㉮ 내가 너를 괴롭게 한 자를 다 벌하고, ㉯ 저는 자를 구원하며, ㉰ 쫓겨난 자를 모으며, ㉱ 온 세상에서 수욕 받는 자로 칭찬과 명성(名聲)을 얻게 하리라 하십니다. 다시 강조합니다만 이는 그리스도의 구속으로 말미암아서만이 가능하여지는 복음의 기쁜 소식입니다.

"진멸하리라, 멸절하리라" 하고 시작된 스바냐서는 "구원하며, 모으며, 칭찬과 명성을 얻게 하리라"는 말씀으로 마치고 있다는 것은 경이로운 일입니다. "진노와 진멸"은 인간의 행위로 말미암은 죄의 값입니다. 그러나 "형벌을 제하시고, 구원하시고, 명성을 얻게 하심"은 하나님의 아들 그리스도의 대속을 통하여 이루어주실 전적인 하나님의 은혜입니다. 우리는 그리스도가 나타나셔서 구원을 베푸신 이후를 살아가고 있습니다. 그렇다면 재림을 목전에 둔 현대교회 지도자들의 결의와 결단은 무엇이어야 하는가?

우리 하나님 여호와가 우리 가운데 계시니,
그는 구원을 베푸신 전능자시라,
그가 너로 인하여 기쁨을 이기지 못하여 하시며,
너를 잠잠히 사랑하시며,
너로 인하여 즐거이 부르며 기뻐하시리라 하고, 복음을 증거하여 성도들로 하여금 우리 주 예수 그리스도로 말미암아 기쁨을 이기지 못하며, 찬양하며 감사하게 해야 할 책임인 것입니다.

스바냐 1장 개관도표

주제 : 여호와를 배반한 자와 구하지 않는 자들의 심판

최후 심판에 대한 예시

1-6

1 아몬의 아들 유다 왕 요시아의 시대에 스바냐에게 임한 여호와의 말씀이라
스바냐는 히스기야의 현손이요 아마랴의 증손이요 그다랴의 손자요 구시의 아들이었더라

2 ① **여호와께서 가라사대 내가 지면에서 모든 것을 진멸하리라**
3 내가 사람과 짐승을 **진멸하고** 공중의 새와 바다의 고기와
거치게 하는 것과 악인들을 아울러 **진멸할 것이라**
내가 사람을 지면에서 **멸절하리라** 나 여호와의 말이니라

4 ② **내가 유다와 예루살렘 모든 거민 위에 손을 펴서**
바알의 남아 있는 것을 그곳에서 멸절하며 그마림이란 이름과 및 **그제사장들을 아울러 멸절하며**
5 **무릇 지붕에서 하늘의 일월성신에게 경배하는** 자와 경배하며 **여호와께 맹세하면서**
말감을 가리켜 맹세하는 자와

6 **여호와를 배반하고 좇지 아니한 자와**
여호와를 찾지도 아니하며 구하지도 아니한 자를 멸절하리라

하나님의 집의 심판

7-13

7 ③ **주 여호와 앞에서 잠잠할 지어다 이는 여호와의 날이 가까왔으므로**
여호와가 희생을 준비하고 그 청할 자를 구별하였음이니라
8 여호와의 희생의 날에 내가 방백들과 왕자들과 이방의 의복을 입은 자들을 **벌할 것이며**
9 그 날에 문턱을 뛰어 넘어서 강포와 궤휼로 자기 주인의 집에 채운 자들을 내가 **벌하리라**

10 나 여호와가 말하노라 그 날에 어문에서는 **곡성이,**
제 이 구역에서는 **부르짖는 소리가,**
작은 산들에서는 **무너지는 소리가 일어나리라**
11 막데스 거민들아 너희는 애곡하라 가나안 백성이 다 패망하고 은을 수운하는 자가 끊어졌음이니라

12 ④ **그 때에 내가 등불로 예루살렘에 두루 찾아 무릇 찌끼 같이 가라앉아서 심중에 스스로 이르기를**
여호와께서는 복도 내리지 아니하시며 화도 내리지 아니하시리라 하는 자를 벌하리니
13 그들의 재물이 노략되며 그들의 집이 황무할 것이라 그들이 집을 건축하나 거기 거하지 못하며
포도원을 심으나 그 포도주를 마시지 못하리라

여호와의 큰 날이 빠르도다

14-18

14 ⑤ **여호와의 큰 날이 가깝도다 가깝고도 심히 빠르도다**
여호와의 날의 소리로다 용사가 거기서 심히 애곡하는도다

15 ⑥ **그 날은 분노의 날이요 환난과 고통의 날이요 황무와 패괴의 날이요**
캄캄하고 어두운 날이요 구름과 흑암의 날이요
16 나팔을 불어 경고하며 견고한 성읍을 치며 높은 망대를 치는 날이로다
17 내가 사람들에게 고난을 내려 소경 같이 행하게 하리니 **이는 그들이 나 여호와께 범죄하였음이라**

또 그들의 피는 흘리워서 티끌 같이 되며 그들의 살은 분토 같이 될 지라
18 그들의 은과 금이 여호와의 분노의 날에 능히 그들을 건지지 못할 것이며
⑦ **이 온 땅이 여호와의 질투의 불에 삼키우리니 이는 여호와가**
이 땅 모든 거민을 멸절하되 놀랍게 멸절할 것임이니라

1장

여호와를 배반한 자와 구하지 않는 자들의 심판

[6]여호와를 배반하고 좇지 아니한 자와 여호와를 찾지도 아니하며 구하지도 아니한 자를 멸절하리라.

1장의 중심점은, “여호와를 배반한자와 구하지 않는 자들의 심판”에 있습니다. “여호와를 배반한 자”란 유다와 예루살렘과 같이 믿노라 하는 자들을 가리키고, “구하지 않는 자들”이란 열방의 불신자들을 가리킵니다. 그러므로 “여호와께서 가라사대 내가 지면에서 모든 것을 진멸하리라”(2) 하시는데 이는 최후심판에 대한 예시가 됩니다.

도표를 보시면, “여호와를 배반한자와 구하지 않는 자들의 심판”을 중심으로, ① “내가 지면(地面)에서 모든 것을 진멸하리라, 멸절(滅絕)하리라” 하십니다. ② “내가 유다와 예루살렘 거민 위에 손을 펴서” 하고, 심판이 선민 이스라엘로부터 시작되어 지면의 모든 사람에게 임하게 될 것을 경고합니다. 그러므로 ③ “여호와 앞에 잠잠 하라 하시면서,

④ "예루살렘의 찌끼"같은 자들을 찾아내서 벌하리라, ⑤ "여호와의 큰 날이 가깝고도 심히 빠르도다", ⑥ "그 날은 분노의 날이요 환난과 고통의 날이요", ⑦ "온 땅이 여호와의 질투의 불에 삼키우리라" 하십니다. 1장에는 "진멸, 멸절"이라는 말이 9번이나 등장합니다. 이처럼 1장은 전체가 두려운 심판의 경고일 뿐 소망은 바늘구멍만큼도 보이지가 않습니다. 이를 세 단원으로 나누어 상고하겠습니다.

첫째 단원(1-6) **지면에서 모든 것을 진멸하리라**
둘째 단원(7-13) **하나님의 집에서 시작되는 심판**
셋째 단원(14-18) **여호와의 큰 날이 빠르도다**

주제(主題) : 여호와를 배반한자와 구하지 않는 자들의 심판

㉠ "최후심판"은 구속사의 대단원을 이루는 것으로 필연적인 귀결입니다. 그리고 명심해야할 점은 하나님의 구원계획에는, "내가 나를 위하며 내가 나를 위하여 이를 이룰 것이라 어찌 내 이름을 욕되게 하리요 내 영광을 다른 자에게 주지 아니하리라"(사 48:11) 하신 하나님의 이름과 영예가 걸려있다는 점입니다.

㉡ 그런데 최후심판이 없다면 우리의 믿음도 헛것이 되고, 하나님의 구원계획도, 하나님의 영예를 회복하심도 미완성에 그치고 말게 됩니다. 그러므로 확고해야할 점은 그리스도의 재림의 날은, "최후심판"만이 아니라, 하나님의 나라가 완성이 되는 날이라는 점입니다. 이날은 죽은 자와 산 자 모두 앞에 다가오고 있는 오직 하나의 미결(未決)로 남아있는 날입니다.

㉢ 그런데 사도 베드로는, "하나님의 집에서 심판을 시작할 때가 되었나니 만일 우리에게 먼저 하면"(벧전 4:17상) 하고 심판이 하나님의

집, 즉 교회로부터 시작된다고 말씀합니다. "하나님은 만홀히 여김을 받으실"(갈 6:7) 분이 아니시기 때문입니다. 교회 출석만 하면, "주여, 주여" 하기만 하면, 내가 주의 이름으로 선지자노릇을 했다고만 하면 무사통과되리라고 안일하게 여겨서는 아니 됩니다. 요한복음 2:23-24절에 의하면, "유월절에 예수께서 예루살렘에 계시니 많은 사람이 그 행하시는 표적을 보고 그 이름을 믿었으나 예수는 그 몸을 저희에게 의탁치 아니하셨으니 이는 친히 모든 사람을 아심이요" 합니다. 즉 표적을 보고 따르는 자들의 믿음을 인정하지 않으셨다는 뜻입니다.

㉣ 이를 알았기에 야고보는, "시험을 참는 자는 복이 있도다 이것에 옳다 인정하심을 받은 후에 주께서 자기를 사랑하는 자들에게 약속하신 생명의 면류관을 얻을 것임이니라"(약 1:12) 하고 말씀했고, 스가랴 선지자는 환난에서 살아남은, "그 삼분지 일을 불 가운데 던져 은같이 연단하며 금같이 시험할 것이라"(슥 13:9) 하는 것입니다. 그러므로 믿노라 하는 자들도 "검증(檢證)을 받을 것을 대비해야만 하는 것입니다.

㉤ 5절에는, "여호와와, 하늘의 일월성신"이 대조되어 있고, "경배와, 맹세"가 각각 두 번씩 등장합니다. 이스라엘은 "여호와도 경배하고 하늘의 일월성신도 경배하고, 여호와께 맹세하고 일월성신에도 맹세하는" 혼합종교가 되었던 것입니다. "이와 같이 저희가 여호와도 경외하고 또한 어디서부터 옮겨왔든지 그 민족의 풍속대로 자기의 신들도 섬겼더라"(왕하 17:33) 합니다. 하나님은 이들 가운데서 "그 가운데서 행하는 모든 가증한 일로 인하여 탄식하며 우는 자"(겔 9:4)를 가려내시려는 것입니다.

㉥ 심판이 "하나님의 집"에서부터 시작될 것을 말씀한 베드로 사도는, "하나님의 복음을 순종치 아니하는 자들의 그 마지막이 어떠하며 또 의인이 겨우 구원을 얻으면 경건치 아니한 자와 죄인이 어디 서리요"(벧전 4:17하-18) 합니다. 이것이 본문에서 "여호와를 배반하고 좇지

아니한 자와 여호와를 찾지도 아니하며 구하지도 아니한 자를 멸절하리라"(6)는 의미입니다. 그러므로 구원을 피상적으로 안일하게 생각하는 것은 금물입니다.

첫째 단원(1-6) 지면에서 모든 것을 진멸하리라

첫째 단원의 중심점은, "지면에서 모든 것을 진멸하리라"는 최후심판에 대한 예시에 있습니다. 즉 우리가 경험하지 못한 최후심판을, "홍수심판, 유황불심판, 예루살렘심판" 등의 역사적으로 이루어진 사실을 통해서 미리 경고하시는 것입니다. 그러므로 본 단원의 묘사는 마치 노아 때에 있었던 홍수심판을 연상하게 합니다.

① "여호와께서 가라사대 내가 지면(地面)에서 모든 것을 진멸(盡滅)하리라"(2).

㉠ 홍수심판 때에도, "가라사대 나의 창조한 사람을 내가 지면(地面)에서 쓸어버리되 사람으로부터 육축과 기는 것과 공중의 새까지 그리하리니, 내가 홍수를 땅에 일으켜 무릇 생명의 기식(氣息)있는 육체를 천하에서 멸절(滅絕)하리니 땅에 있는 자가 다 죽으리라"(창 6:7, 17) 하셨는데,

㉡ 본문에서도, "내가 사람과 짐승을 진멸(盡滅)하고 공중의 새와 바다의 고기와 거치게 하는 것과 악인들을 아울러 진멸할 것이라 내가 사람을 지면에서 멸절(滅絕)하리라 나 여호와의 말이니라"(3) 하십니다. 그러므로 홍수심판이 그러하듯이 본 단원도 "최후심판에 대한 예시"(豫示)라 할 수가 있습니다. 이어지는 말씀을 볼 때 더욱 그러합니다.

② "내가 유다와 예루살렘 모든 거민 위에 손을 펴서"(4상) 합니다.

㉠ "손을 펴서" 라는 말은, "여호와께서 자기 백성에게 노를 발하시

고 손을 들어 그들을 치신지라"(사 5:25) 한 심판을 나타냅니다. 이는 심판이 "유다와 예루살렘", 즉 교회로부터 시작될 것을 가리킵니다. 먼저 예루살렘을 심판하신 후에 바벨론을 심판하심과 같이, 심판은 하나님의 집, 즉 교회로부터 시작이 된다는 것이 성경의 공통된 경고입니다. 심판 당하는 이유가 어디에 있는가?

ⓒ "바알의 남아 있는 것을 그곳에서 멸절하며 그마림이란 이름과 및 그 제사장들을 아울러 멸절하며 무릇 지붕에서 하늘의 일월성신에게 경배하는 자와 경배하며 여호와께 맹세하면서 말감을 가리켜 맹세하는 자와"(4하-5) 합니다. 심판당하는 원인은 한마디로 "바알, 하늘의 일월성신"이라 한 우상을 숭배하기 때문입니다. 여기서 끝인다면 오늘의 우리와는 무관한 듯이 여길 수가 있을 것입니다. 왜냐하면 우리는 이런 우상들을 섬기고 있지 않기 때문입니다. 그러므로 좀 더 구체적으로 관찰해보아야만 합니다.

ⓒ 구약교회가 우상을 숭배한 동기가 무엇인가? 그들의 입으로 말하기를, "우리 선조와 우리 왕들과 우리 방백들이 유다 성읍들과 예루살렘 거리에서 하던 대로 하늘 여신에게 분향하고 그 앞에 전제를 드리리라 대저 그 때에는 우리가 식물이 풍부하며 복(福)을 받고 재앙을 만나지 아니하였더니 우리가 하늘 여신(女神)에게 분향하고 그 앞에 전제 드리던 것을 폐한 후부터는 모든 것이 핍절하고 칼과 기근에 멸망을 당하였느니라"(렘 44:17-18), 그래서 우상을 숭배한다는 것입니다. 한마디로 자기중심적인 신앙, 물질축복이라는 기복신앙 때문이었습니다. "그러므로 땅에 있는 지체를 죽이라 곧 음란과 부정과 사욕과 악한 정욕과 탐심이니 탐심은 우상숭배니라"(골 3:5) 한 바울 사도의 경계가 생각나지 않습니까? 그래도 우리와 무관(無關)하다 하겠습니까?

ⓔ 그러므로 유념할 점은 저들은 여호와 하나님을 섬기기를 폐한 것이 아니라는 점입니다. "너희의 무수(無數)한 제물이 내게 무엇이 유

익하뇨"(사 1:11) 하신데서 알 수가 있듯이 부지런히 제물을 드렸습니다. "내 마음이 너희의 월삭과 정한 절기를 싫어하나니"(사 1:14) 한데서 알 수가 있듯이 부지런히 모였다는 것입니다. 그러면 무엇이 문제인가? 목적(目的)과 동기(動機)가 자기중심적이요, 기복적인데 있었기 때문입니다. 하나님의 계획은, "네 씨로 말미암아 천하 만민이 복을 얻게"(창 22:18) 하시려는 것인데 저들이 우상을 통하여 복을 얻으려 했다는 것은 메시아언약을 배반했다는 증거입니다.

ⓜ 이것이 "여호와를 배반하고 좇지 아니한 자"라는 의미입니다. 그러므로 믿음의 근거를 메시아언약에 두지 아니한다면, 열심히 모이고 기도하고 봉사를 하여도 자신들이 만든 "하나님"이라는 우상을 숭배하는 것이 될 수도 있다는 경각심을 가져야만 하는 것입니다.

둘째 단원(4-13) 하나님의 집에서 시작되는 심판

둘째 단원의 중심점은, "하나님의 집에서 시작되는 심판"에 있습니다. 이점은 이미 4절에서 "내가 유다와 예루살렘 모든 거민 위에 손을 펴서" 하고 말씀한 바입니다.

③ "주 여호와 앞에서 잠잠할 지어다 이는 여호와의 날이 가까왔으므로 여호와가 희생을 준비하고 그 청할 자를 구별하였음이니라"(7) 합니다.

㉠ "잠잠할 지어다" 하시는 것은 자신들의 잘못을 깨닫지를 못하고, "우리가 어떻게 주의 이름을 멸시하였나이까"(말 1:6), 즉 우리가 언제 우상을 숭배하였나이까 하고 항변을 했기 때문일 것입니다. 그런데 "여호와가 희생을 준비하고" 라는 말은 실로 두려운 표현입니다. 왜냐하면 여호와께서 준비하신 "희생"이 생축이 아니라 이스라엘 백성들, 즉 진멸

당할 자들을 가리키는 표현이기 때문입니다. 그러므로 "그 청할 자를 구별하였다"는 표현도 예루살렘을 심판할 "진노의 막대기"(사 10:5)도 선정(選定)이 되었다는 표현인 것입니다.

㉡ 그래서 "여호와의 희생의 날에 내가 방백들과 왕자들과 이방의 의복을 입은 자들을 벌할 것이며"(8) 하는데 이들은 지배계급입니다. 그리고 "이방의 의복을 입은 자들"이란 이방 풍습, 즉 우상숭배 하는데 앞장섰던 자들을 가리킬 것입니다. 또한 "그 날에 문턱을 뛰어 넘어서 강포와 궤휼로 자기 주인의 집에 채운 자들을 내가 벌하리라"(9) 하시는데, "문턱을 뛰어넘어서" 라는 표현도 우상숭배와 관련이 있는 것으로 여겨지는데, 다곤 신전의 문지방을 밟지 않았다(삼상 5:5)는 것이 한 예라 할 수가 있습니다.

㉢ "나 여호와가 말하노라 그 날에 어문에서는 곡성이, 제 이 구역에서는 부르짖는 소리가, 작은 산들에서는 무너지는 소리가 일어나리라 막데스 거민들아 너희는 애곡하라 가나안 백성이 다 패망하고 은을 수운하는 자가 끊어졌음이니라"(10-11) 하고 총체적으로 심판당할 것을 말씀합니다..

④ "그 때에 내가 등불로 예루살렘에 두루 찾아"(12상) 하십니다. 무엇을 찾으시는가?

㉠ "무릇 찌끼 같이 가라앉아있는" 자들을 찾으시겠다 하십니다. "가라앉은 찌끼", 떨어지지도 않고 눌어붙은 찌끼를 보신 적이 있으십니까? 이들이 화석화(化石化)된 종교인들입니다. 이사야 선지자를 통해서도 "내가 또 나의 손을 네게 돌려 너의 찌끼를 온전히 청결하여 버리며 너의 혼잡(混雜)물을 다 제하여 버리고"(사 1:25) 하십니다. 에스겔 선지자를 통해서도 "인자야 이스라엘 족속이 내게 찌끼가 되었나니 곧 풀무 가운데 있는 놋이나 상납이나 철이나 납이며 은의 찌끼로다"(겔 22:18) 하십니다. 이런 "찌끼"같은 자는 평신도들이기보다는 기득권을 주

장하는 교권주의 자들에 있기 마련입니다. 주님 당시의 제사장, 서기관, 장로들처럼 말입니다. 그러면 오늘날에는 찌끼가 없다고 말할 수가 있겠는가?

ⓛ 그들은 "심중에 스스로 이르기를 여호와께서는 복(福)도 내리지 아니하시며 화(禍)도 내리지 아니하시리라 하는 자들"(12하)이라 하십니다. "그들의 재물이 노략되며 그들의 집이 황무할 것이라 그들이 집을 건축하나 거기 거하지 못하며 포도원을 심으나 그 포도주를 마시지 못하리라" 하십니다. 그러면 찌끼를 제하시는 목적이 어디에 있는가? "은에서 찌끼를 제하라 그리하면 장색의 쓸 만한 그릇이 나올 것이요" (잠 25:4) 하십니다. 이것이 "하나님의 집에서 시작되는 심판"입니다.

셋째 단원(14-18) 여호와의 큰 날이 빠르도다

셋째 단원의 중심점은, "가깝고도 심히 빠른 여호와의 날"에 있습니다.

⑤ "여호와의 큰 날이 가깝도다 가깝고도 심히 빠르도다 여호와의 날의 소리로다 용사가 거기서 심히 애곡하는도다"(14).

ⓖ 요엘 선지자도 "이 땅 거민으로 다 떨게 할지니 이는 여호와의 날이 이르게 됨이니라 이제 임박하였으니, 여호와의 날이 크고 심이 두렵도다 당할 자가 누구이랴"(욜 2:1, 11) 합니다. 요엘 당시 "팟종이와 메뚜기"(욜 1:4)가 내습해오던 날도 "여호와의 날"이었습니다. 그런데 예루살렘이 바벨론에 의하여 멸망당할 날은 "여호와의 큰 날"입니다. 그리고 바벨론이 심판을 당하던 날도 여호와의 날이요, 지구 곳곳에 전쟁과 지진과 홍수가 일어나는 날도 분명 여호와의 날입니다. 역사 속에서 "여호와의 날"은 계속되면서 종말에 있을 "여호와의 큰 날" 한 날로

모아지고 있는 것입니다.

⑥ 그래서 "그 날은 분노의 날이요 환난과 고통의 날이요 황무와 패괴의 날이요 캄캄하고 어두운 날이요 구름과 흑암의 날이요"(15) 합니다.

㉠ 어찌하여 여호와의 날이, "분노의 날, 환난과 고통의 날, 황무와 패괴의 날, 캄캄하고 어두운 날, 구름과 흑암의 날"이라 하시는가? 심판의 날이기 때문입니다. 그래서 아모스 선지자는, "화있을진저 여호와의 날을 사모하는 자여 너희가 어찌하여 여호와의 날을 사모하느뇨 그 날은 어둠이요 빛이 아니라"(암 5:18) 한 것입니다. 즉 너는 주님 맞이할 준비를 하고 기다리고 있느냐는 그런 뜻입니다.

㉡ "나팔을 불어 경고하며 견고한 성읍을 치며 높은 망대를 치는 날이로다 내가 사람들에게 고난을 내려 소경 같이 행하게 하리니 이는 그들이 나 여호와께 범죄하였음이라 또 그들의 피는 흘리워서 티끌 같이 되며 그들의 살은 분토 같이 될 지라"(16-17) 하십니다.

㉢ "그들의 은과 금이 여호와의 분노의 날에 능히 그들을 건지지 못할 것이며"(18) 하십니다. 어찌하여 "분노의 날"과 "은과 금"을 결부시켜 말씀하시는가? 저들이 메시아언약을 배신하고 우상숭배를 한 동기가 "은과 금"으로 상징되는 물질축복을 추구한데 있었기 때문입니다. 에스겔 선지자도, "그들이 그 은을 거리에 던지며 그 금을 오예물같이 여기리니 이는 여호와 내가 진노를 베푸는 날에 그 은과 금이 능히 그들을 건지지 못하며 능히 그 심령을 족하게 하거나 그 창자를 채우지 못하고 오직 죄악에 빠치는 것이 됨이로다"(겔 7:19) 합니다.

⑦ 그리하여 "이 온 땅이 여호와의 질투의 불에 삼키우리니 이는 여호와가 이 땅 모든 거민을 멸절하되 놀랍게 멸절할 것임이니라"(18하) 하십니다.

㉠ "여호와의 질투의 불"이라 말씀하는데, "질투와, 사랑"은 동전의

앞뒤와 같은 것으로 사랑이 배신을 당했을 때에 일어나는 분노(憤怒)입니다. 하나님은 지금 "자기 아들을 대속제물로 삼으셔서" 구원하여주시려는 메시아언약을 이루어나가시는 중입니다. 그런데 저들은 메시아언약을 우상과 바꿔치기 하고, "찾지도 구하지도"(6) 않는 것입니다. 그래서 "나의 분한과 모든 진노를 쏟으려고 나라들을 소집하며 열국을 모으리라 온 땅이 나의 질투의 불에 소멸되리라"(3:8) 하시는 것입니다. 그러므로 "진노의 불"만이 아니라, "질투의 불"이라 말씀하시는 하나님의 마음을 헤아려, "질투의 불"이 임하기 전에 "질투하기까지"하시는 하나님의 사랑을 전해주어야만 하는 것입니다.

㉡ 그러므로 성경은 모든 유익하던 것을 "오예물" 같이 여긴 사람의 고백도 기록하고 있습니다. "그러나 무엇이든지 내게 유익하던 것을 내가 그리스도를 위하여 다 해로 여길뿐더러 또한 모든 것을 해로 여김은 내 주 그리스도 예수를 아는 지식이 가장 고상함을 인함이라 내가 그를 위하여 모든 것을 잃어버리고 배설물로 여김은 그리스도를 얻고 그 안에서 발견되려 함이니"(빌 3:7-9) 합니다.

㉢ 우리는 "여호와의 큰 날이 가깝고도 심히 빠른"(14) 때에 살고 있습니다. 형제는 "시기하기까지 사모하시는" 하나님의 사랑으로 만족하시겠습니까? 아니면 금이나 은과 같은 물질축복을 추구하다가 "질투의 불"에 삼킨바가 될 것입니까?

⑧ 묵상해보겠습니다.

㉠ 경종을 울리는 여호와의 날과 마지막 여호와의 한 날에 대해서,

㉡ 심판을 당하게 되는 두 가지 원인에 대해서,

㉢ "질투, 분노의 날과, 사랑, 은혜 받을 날에 대해서.

스바냐 2장 개관도표

주제 : 회개의 권고와 열방의 심판경고

모여서 여호와를 찾으라	1-3 1 ① **수치를 모르는 백성아 모일 지어다 모일 지어다** 2 **명령이 시행되기 전, 광음이 겨 같이 날아 지나가기 전, 여호와의 진노가 너희에게 임하기 전, 여호와의 분노의 날이 너희에게 이르기 전에** 그리할 지어다 3 ② **여호와의 규례를 지키는 세상의 모든 겸손한 자들아 너희는 여호와를 찾으며 공의와 겸손을 구하라** ③ 너희가 혹시 **여호와의 분노의 날에 숨김을 얻으리라**
여호와의 백성을 대적한 열방	4-15 4 ④ **가사**가 버리우며 **아스글론**이 황폐되며 **아스돗**이 백주에 쫓겨나며 **에그론**이 뽑히우리라 5 해변 거민 **그렛 족속**에게 화 있을 진저 **블레셋** 사람의 땅 가나안아 여호와의 말이 너희를 치나니 내가 너를 멸하여 거민이 없게 하리라 6 해변은 초장이 되어 목자의 움과 양떼의 우리가 거기 있을 것이며 7 그 지경은 **유다 족속의 남은 자에게로 돌아갈지라** 그들이 거기서 양떼를 먹이고 저녁에는 아스글론 집들에 누우리니 이는 그들의 하나님 여호와가 그들을 권고하여 **그 사로잡힘을 돌이킬 것임이니라** 8 ⑤ 내가 **모압**의 훼방과 **암몬** 자손의 후욕을 들었나니 그들이 **내 백성을 훼방하고 스스로 커서 그 경계를 침범하였느니라** 9 그러므로 만군의 여호와 이스라엘의 하나님이 말하노라 내가 나의 삶을 두고 맹세하노니 장차 **모압**은 소돔 같으며 **암몬** 자손은 고모라 같을 것이라 찔레가 나며 소금 구덩이가 되어 영원히 황무하리니 나의 끼친 백성이 그들을 노략하며 나의 **남은 국민이 그것을 기업으로 얻을 것이라** 10 **그들이 이런 일을 당할 것은 교만하여 스스로 커서 만군의 여호와의 백성을 훼방함이니라** 11 여호와가 그들에게 두렵게 되어서 세상의 모든 신을 쇠진케 하리니 이방의 모든 해변 사람들이 **각각 자기 처소에서 여호와께 경배하리라** 12 ⑥ **구스** 사람아 너희도 내 칼에 살륙을 당하리라 13 여호와가 북방을 향하여 손을 펴서 ⑦ **앗수르**를 멸하며 **니느웨**로 황무케 하여 사막 같이 메마르게 하리니 14 각양 짐승이 그 가운데 떼로 누울 것이며 당아와 고슴도치가 그 기둥 꼭대기에 깃들일 것이며 창에서 울 것이며 문턱이 적막하리니 백향목으로 지은 것이 벗겨졌음이라 15 이는 기쁜 성이라 염려 없이 거하며 ⑧ **심중에 이르기를 오직 나만 있고 나 외에는 다른이가 없다** 하더니 어찌 이같이 황무하여 들짐승의 엎드릴 곳이 되었는고 지나가는 자마다 치소하여 손을 흔들리로다

2장

회개의 권고와 열방의 심판경고

[10]그들이 이런 일을 당할 것은 교만하여 스스로 커서 만군의 여호와의 백성을 훼방함이니라.

2장의 주제는 크게 두 가지인데, "회개의 권고와, 열방에 대한 심판경고"입니다. 회개를 촉구하는 1-3절은 1장의 결론이라 할 수가 있는데 장(章)을 나눌 때에 1장에 속하였더라면 좋을 뻔했습니다. 도표를 보시면 먼저 "명령이 시행이 되기 전, 여호와의 진노의 날이 이르기 전"에, ① "모일 지어다 모일 지어다" 하고 모여 회개하라고 촉구합니다. ② "세상의 모든 겸손한 자들아, 여호와를 찾으라", ③ "여호와의 분노의 날에 숨김을 얻으리라" 합니다. 그런 후에 열방에 대한 심판경고가 나오는데, "이런 일(심판)을 당할 것은, 여호와의 백성을 훼방했기" 때문이라 하시면서, ④ "블레셋"의 심판, ⑤ "모압과 암몬"의 심판, ⑥ "구스"의 심판, ⑦ "앗수르"의 심판을 경고하면서 이들은, ⑧ "심중에 이르기를 오직 나만 있고 나 외에는 다른 이가 없다" 하는 교만한 자들이라고 말씀합니다. 이를 두 단원으로 나누어 상고하겠습니다.

첫째 단원(1-3) **모여서 여호와를 찾으라**
둘째 단원(4-15) **여호와의 백성을 대적한 열방**

주제(主題) : 회개의 권고와 열방의 심판경고

㉠ 스바냐서는 세 장에 불과하지만 "여호와의 분노의 날(1:18)과, 여호와의 구원의 날"(3:17)이 극렬하게 대조(對照)되어 있는 예언서입니다. 그래서 어떤 학자들은 그 중의 하나, 즉 "그가 너를 인하여 기쁨을 이기지 못하여 하시며"(3:17) 한 말씀은 스바냐의 예언이 아니라고 주장하기도 합니다만 아닙니다. 이처럼 "너로 인하여 기쁨을 이기지 못하신다"는 "너"는 환난을 통과한 "고난(苦難) 중에 낳은 자녀"(사 49:20)들입니다. 그래서 더욱 사랑스러운 것입니다.

㉡ 2장은 "분노(1장)와, 기쁨"(3장) 중간에 끼어 있으면서 "회개와, 심판"을 동시에 선포함으로, 진노를 당하지 말고 "여호와의 분노의 날에 숨김을 얻으라"(3하) 권면하고 있는 구도(構圖)입니다.

㉢ 2장에서 거론하고 있는 열방들, 즉 "서쪽의 블레셋, 동쪽의 암몬과 모압, 남쪽의 구스, 북쪽의 앗수르"는 모두 선민 이스라엘을 둘러 있는(겔 5:5) 이웃들입니다. 그런데 이들이 제사장 나라인 이스라엘을 통하여 하나님 경외하기를 배우게 된 것이 아니라 도리어 끊임없이 대적을 했던 것입니다. 그래서 "그들이 이런 일을 당할 것은 교만하여, 만군의 여호와의 백성을 훼방함이니라"(10) 합니다. 열방에 대한 심판경고는 이사야서(13-23장), 예레미야서(46-51장), 에스겔서(25-32장) 등에도 동일하게 나타납니다. 그 의도가 무엇인가? 하나님은 진노 중에서도 자

기 백성들을 괴롭힌 열방들을 보응하실 것을 말씀하심으로 위로와 격려를 하시는 것입니다. 이것이 우리가 믿는 하나님의 마음이요 긍휼입니다.

첫째 단원(1-3) 모여서 여호와를 찾으라

첫째 단원의 중심점은, "모여서 여호와를 찾으라", 즉 회개하라는 촉구입니다.

① "수치를 모르는 백성아 모일 지어다 모일 지어다"(1) 합니다. 왜 모이라 하시는가?

㉠ "명령이 시행되기 전,

㉡ 광음이 겨같이 날아 지나가기 전,

㉢ 여호와의 진노가 너희에게 임하기 전,

㉣ 여호와의 분노의 날이 너희에게 이르기 전에 그리할 지어다"(2) 합니다.

㉤ 이는 요엘 선지자가, "너희는 시온에서 나팔을 불어 거룩한 금식일을 정하고 성회를 선고하고 백성을 모아 그 회를 거룩케 하고 장로를 모으며 소아와 젖 먹는 자를 모으며 신랑을 그 방에서 나오게 하며 신부도 그 골방에서 나오게 하고 여호와께 수종드는 제사장들은 낭실과 단 사이에서 울며 이르기를 여호와여 주의 백성을 긍휼히 여기소서"(욜 2:15-17) 하고 회개(悔改)하라 한 것과 같은 맥락입니다.

② "여호와의 규례를 지키는 세상의 모든 겸손한 자들아"(3상) 합니다.

㉠ 이는 세상의 모든 겸손한 자들을 배제하지 않는다 하여도 "여호와의 규례"라 한 것으로 보아 1장 둘째 단원에서 말씀한 유다와 예루살

렘 거민들을 향한 회개의 촉구로 보아야만 합니다.

③ "너희는 여호와를 찾으며 공의와 겸손을 구하라 너희가 혹시 여호와의 분노의 날에 숨김을 얻으리라"(3하) 합니다.

㉠ 스바냐는 예레미야와 같은 시대에 활동한(1:1, 램 1:2) 선지자입니다. 하나님은 예레미야 선지자에게 명하시기를, "너희는 예루살렘 거리로 빨리 왕래하며 그 넓은 거리에서 찾아보고 알라 너희가 만일 공의를 행하며 진리를 구하는 자를 한 사람이라도 찾으면 내가 이 성을 사하리라"(렘 5:1) 하셨는데 스바냐 선지자를 통해서도 "공의와 겸손을 구하라 너희가 혹시 여호와의 분노의 날에 숨김을 얻으리라" 하시는 것입니다.

㉡ 에스겔 선지자를 통해서도, "너는 예루살렘 성읍 중에 순행하여 그 가운데서 행하는 모든 가증한 일로 인하여 탄식하며 우는 자의 이마에 표하라"(겔 9:4) 하십니다. 이 시대도 가증한 일로 인하여 탄식하며 우는 자들은 있는 것이며, 하나님은 그런 자들을 찾고 계시는 것입니다.

둘째 단원(4-15) 여호와의 백성을 대적한 열방

둘째 단원은 선민 이스라엘을 동서남북(東西南北)으로 둘러있는 열방에 대한 심판경고입니다.

④ 먼저 서쪽에 있는 "가사가 버리우며 아스글론이 황폐되며 아스돗이 백주에 쫓겨나며 에그론이 뽑히우리라"(4) 합니다. 이는 모두가 블레셋의 도시들입니다.

㉠ "해변 거민 그렛 족속에게 화 있을 진저 블레셋 사람의 땅 가나안아 여호와의 말이 너희를 치나니 내가 너를 멸하여 거민이 없게 하리

라 해변은 초장이 되어 목자의 움과 양떼의 우리가 거기 있을 것이며" (5-6) 합니다.

㉡ 여기 주목할 말씀이 나오는데 열방심판을 경고하는 중에서도, "그 지경은 유다 족속의 남은 자에게로 돌아갈 지라"(7상) 한, "남은 자" 입니다. 도표의 오른 쪽을 보면, "유다 족속의 남은 자, 그 사로잡힘을 돌이킬 것임이니라"(7), "남은 국민이 그것을 기업으로 얻을 것이라"(9), "각각 자기 처소에서 여호와께 경배하리라"(11) 하고, "남은 자, 구원 얻을 자"가 있을 것을 말씀합니다. 3:12-13절에서도, "너희 중에서 남겨 두리니, 이스라엘의 남은 자는 악을 행치 아니하며" 합니다. 이 "남은 자"라는 주제가 지나간 이야기가 아니라, "그런즉 이와 같이 이제도 은혜로 택하심을 따라 남은 자가 있느니라"(롬 11:5) 한 우리들의 이야기 입니다.

㉢ "그들이 거기서 양떼를 먹이고 저녁에는 아스글론 집들에 누우리니 이는 그들의 하나님 여호와가 그들을 권고하여 그 사로잡힘을 돌이킬 것임이니라"(7하) 합니다. 이 말씀이 1차적으로는 포로에서 귀환할 때를 바라보고 한 말씀이라 해도 궁극적으로는 복음시대에 성취될 말씀으로 보아야만 합니다.

⑤ 다음은 동쪽에 위치한, "내가 모압의 훼방과 암몬 자손의 후욕을 들었나니 그들이 내 백성을 훼방하고 스스로 커서 그 경계를 침범하였느니라"(8) 하고 이스라엘을 훼방하고 침략한 것을 보응하실 것이라 말씀하십니다.

㉠ "그러므로 만군의 여호와 이스라엘의 하나님이 말하노라 내가 나의 삶을 두고 맹세하노니 장차 모압은 소돔 같으며 암몬 자손은 고모라 같을 것이라 찔레가 나며 소금 구덩이가 되어 영원히 황무하리니 나의 끼친 백성이 그들을 노략하며 나의 〈남은 국민〉이 그것을 기업으로 얻을 것이라"(9) 하십니다.

㉡ "그들(열방)이 이런 일을 당할 것은" 하고 그 이유를 말씀하시는데, "교만하여 스스로 커서 만군의 여호와의 백성을 훼방함이니라"(10) 합니다. 하나님 앞에서 "교만"과 "스스로 커서" 한 자고(自高)는 치명적인 죄입니다. "여호와가 그들에게 두렵게 되어서 세상의 모든 신을 쇠진케 하리니 이방의 모든 해변 사람들이 〈각각 자기 처소에서 여호와께 경배하리라〉"(11), 이 말씀도 이방인들에게 복음이 전파될 복음시대에 대한 전망입니다.

⑥ 다음은 남쪽에 위치한 에디오피아, 즉 "구스 사람아 너희도 내 칼에 살륙을 당하리라"(12) 합니다.

⑦ 마지막으로 북쪽에 위치한, "여호와가 북방을 향하여 손을 펴서 앗수르를 멸하며 니느웨로 황무케 하여 사막 같이 메마르게 하리니"(13) 합니다.

㉠ "각양 짐승이 그 가운데 떼로 누울 것이며 당아와 고슴도치가 그 기둥 꼭대기에 깃들일 것이며 창에서 울 것이며 문턱이 적막하리니 백향목으로 지은 것이 벗겨졌음이라"(14) 합니다.

⑧ "이는 기쁜 성이라 염려 없이 거하며"(15상) 합니다. 열방들이 심판당할 수밖에 없었던 것은, "염려 없이 거하는 기쁜 성"이라 하면서,

㉠ "심중에 이르기를 오직 나만 있고 나 외에는 다른 이가 없다" 한 자고(自高)와 교만 때문입니다. 10절에서도 "이런 일을 당할 것은 교만하여 스스로 커서" 하고 교만과 자기중심적인 인본주의사상을 심판의 원인으로 꼽고 있습니다. "어찌 이같이 황무하여 들짐승의 엎드릴 곳이 되었는고 지나가는 자마다 치소하여 손을 흔들리로다"(15하) 합니다.

㉡ 다시 말씀드립니다만 이처럼 중간에 열방에 대한 심판예언을 삽입하고 있는 의도는 환난을 통과해야할 "남은 자들"을 위로하고 격려하기 위해서입니다. 2장을 마치기 전에 명심, 또 명심해야할 점은 교만입니다. 교만이 무서운 것은 교만한 자는 자신의 교만을 결코 모른다는데

있습니다. 그러므로 심판 외에는 교만을 깨뜨릴 다른 방도가 없다는 것입니다. 교만은 죽음에 이르는 병입니다.

⑨ 묵상해보겠습니다.

㉠ 2절의 4번의 "…전"(前)에 대해서,

㉡ 열방이 심판 당하는 원인에 대해서,

㉢ 열방의 심판을 말씀하는 의도와 남은 자에 대해서.

스바냐 3장 개관도표

주제 : 그들 중에 거하시는 의로우신 여호와

화 있을진저 더럽고 포악한 성아

1-8
1 ① **패역하고 더러운 곳, 포학한 그 성읍이 화있을진저**
2 그가 명령을 듣지 **아니하며** 교훈을 받지 **아니하며**
여호와를 의뢰하지 **아니하며** 자기 하나님에게 가까이 나아가지 **아니하였도다**
3 ② **그 가운데 방백들은 부르짖는 사자요 그 재판장들은 이튿날까지 남겨 두는 것이 없는 저녁 이리요**
4 그 **선지자들**은 위인이 경솔하고 간사한 자요 그 **제사장들**은 성소를 더럽히고 율법을 범하였도다
5 **그 중에 거하신 여호와는 의로우사 불의를 행치 아니하시고**
아침마다 간단없이 자기의 공의를 나타내시거늘 불의한 자는 수치를 알지 못하는도다
6 내가 열국을 끊어 버렸으므로 그 망대가 황무하였고 내가 그 거리를 비게 하여
지나는 자가 없게 하였으므로 그 모든 성읍이 황폐되며 사람이 없으며 거할 자가 없게 되었느니라
7 내가 이르기를 ③ **너는 오직 나를 경외하고 교훈을 받으라**
그리하면 내가 **형벌을 내리기로 정하기는 하였거니와** 너의 거처가 끊어지지 아니하리라 하였으나
그들이 부지런히 그 모든 행위를 더럽게 하였느니라
8 나 여호와가 말하노라 그러므로 내가 일어나 ④ **벌할 날까지 너희는 나를 기다리라**
내가 뜻을 정하고 나의 분한과 모든 **진노를 쏟으려고 나라들을 소집하며 열국을 모으리라**
온 땅이 나의 질투의 불에 소멸되리라

남은 자가 있으리라

9-13
9 ⑤ **그 때에 내가 열방의 입술을 깨끗케 하여 그들로 다 나 여호와의 이름을 부르며 일심으로 섬기게**
10 내가 구하는 백성들 곧 내가 흩은 자의 딸이 구스 하수 건너편에서부터 **하리니**
예물을 가지고 와서 내게 드릴 지라
11 **그 날에** 네가 내게 범죄한 모든 행위를 인하여 수치를 당하지 아니할 것은 **그 때에** 내가 너의 중에서
교만하여 자랑하는 자를 **제하여** 너로 나의 성산에서 다시는 교만하지 않게 할 것임이니라
12 ⑥ **내가 곤고하고 가난한 백성을 너의 중에 남겨 두리니**
그들이 여호와의 이름을 의탁하여 보호를 받을 지라
13 **이스라엘의 남은 자는** 악을 행치 아니하며 거짓을 말하지 아니하며
입에 궤휼한 혀가 없으며 먹으며 누우나 놀라게 할 자가 없으리라

전심으로 기뻐하며 즐거워하라

14-20
14 ⑦ **시온의 딸아 노래할 지어다 이스라엘아 기쁘게 부를 지어다**
예루살렘 딸아 전심으로 기뻐하며 즐거워할 지어다
15 ⑧ **여호와가 너의 형벌을 제하였고 너의 원수를 쫓아내었으며**
이스라엘 왕 여호와가 너의 중에 있으니 네가 다시는 화를 당할까 두려워하지 아니할 것이라
16 그 날에 사람이 예루살렘에게 이르기를 두려워하지 말라 시온아 네 손을 늘어뜨리지 말라
17 **너의 하나님 여호와가 너의 가운데 계시니**
그는 구원을 베푸실 전능자시라
그가 너로 인하여 기쁨을 이기지 못하여 하시며 너를 잠잠히 사랑하시며
너로 인하여 즐거이 부르며 기뻐하시리라 하리라
18 내가 대회로 인하여 근심하는 자를 모으리니 그들은 네게 속한 자라
너의 치욕이 그들에게 무거운 짐이 되었느니라
19 ⑨ **그 때에** 내가 너를 괴롭게 하는 자를 다 **벌하고** 저는 자를 **구원하며** 쫓겨난 자를 **모으며**
온 세상에서 수욕 받는 자로 칭찬과 **명성을 얻게 하리라**
20 내가 **그 때에** 너희를 이끌고 **그 때에** 너희를 모을 지라 내가 너희 목전에서 너희 사로잡힘을
돌이킬 때에 너희로 천하 만민 중에서 **명성과 칭찬을 얻게 하리라** 나 여호와의 말이니라

3장

그들 중에 거하시는 의로우신 여호와

> [17]너의 하나님 여호와가 너의 가운데 계시니 그는 구원을 베푸실 전능자시라 그가 너로 인하여 기쁨을 이기지 못하여 하시며 너를 잠잠히 사랑하시며 너로 인하여 즐거이 부르며 기뻐하시리라 하리라.

3장을 바르게 이해하기 위해서는 4번(3, 5, 15, 17) 등장하는, "너희 가운데(중에)" 라는 말을 파악하는 일입니다. "하나님 여호와가 너희 가운데 계신다(17). 왕 여호와가 너희 중에 있다(15), 그 중에 거하시는 여호와는"(5) 합니다. 그런데 "그 가운데 방백은, 재판장들은, 선지자들은, 제사장들은"(3-4) 하고 그들도 백성들, "그 가운데"(3) 있다고 말씀합니다. 그러면 "너희 가운데 계시는 하나님과, 그 가운데 있는" 방백들, 재판장들, 선지자들, 제사장들과는 어떻게 결부가 되는가? 이점이 중요한데 그들 중에 거하시는 하나님은, 그들 가운데 세우신 "왕, 제사장, 선지자"들을 통해서 다스리시는 것이 신정왕국의 체제(體制)입니다.

그런데 어찌하여 심판을 당하게 되었는가? 이들 지도자들이 역기능(逆機能)으로 행했기 때문입니다.

도표를 보시면 "그들 중에 거하시는 의로우신 여호와"를 중심으로, ① "패역하고 더러운 곳, 포학한 그 성읍이 화 있을 진저"(1) 하십니다. 이 성은 예루살렘을 가리키는데 어찌하여 이처럼 타락했는가? ② 그들 중에 거하시는 하나님은 공의를 나타내시는데, "그 가운데" 있는 지도자들(방백, 재판장, 선지자, 제사장)이 타락했기 때문이라고 말씀합니다. ③ "형벌을 내리기로 정하였으나 저들이 회개하면 끊어지지 아니하리라" 하고 회개할 기회를 주셨으나 부지런히 더럽혔다고 말씀합니다. ④ 그리하여 "온 땅이 질투의 불에 소멸되리라" 하십니다. 그런데 9절에서 반전(反轉)이 일어나는데, ⑤ "그 때에 내가 열방의 입술을 깨끗케 하며, 교만을 제거하여", ⑥ "곤고하고 가난한 백성을 남겨 두리니", ⑦ 그러므로 "시온의 딸아 기뻐하며 즐거워할 지어다" 하십니다. ⑧ 이는 "여호와가 형벌을 제하시고, 원수를 쫓아내셨기" 때문인데, "너의 가운데 계신 여호와는 구원을 베푸실 전능자시라" 하십니다. ⑨ "그 때에" 대적은 벌하고 너희는 구원하시리니 너희가 명성과 칭찬을 얻으리라 하고, "진멸하리라"(1:2)로 시작된 스바냐서는 "구원"으로 마치고 있습니다. 그렇다면 이런 역전(逆轉)이 어떻게 가능하여지는가? 이를 세 단원으로 나누어 상고하겠습니다.

첫째 단원(1-8) **화있을진저 더럽고 포악한 성아**

둘째 단원(9-13) **남은 자가 있으리라**

셋째 단원(14-20) **전심으로 기뻐하며 즐거워하라**

주제(主題) : 그들 중에 거하시는 의로우신 여호와

㉠ "그들 중에 거하시는 여호와"라는 주제는 성경이 추구하는 궁극적인 주제요 목표입니다. 그러므로 이는 성경의 축(軸)을 이루는 주제입니다. 태초에 하나님께서 천지만물을 창조하시고 인류를 하나님의 형상대로 지으신 목적이 다름 아닌 "그들 중에 거하시기" 위해서였습니다. 그리고 "그들 중에 거하신 때"가 있었습니다. 그것은 창세기 1-2장의 극히 짧은 순간이었을 뿐 함께 거하심이 3장에서 파괴당하고 맙니다.

㉡ 그러므로 하나님의 나라건설이란 "그들 중에 거하시는 것"을 회복하는 것을 뜻합니다. 바로의 노예였던 이스라엘 백성들을 해방시키신 의도도, "내가 이스라엘 중에 거하여 그들의 하나님이 되리니 그들은 내가 그들의 하나님 여호와로서 그들 중에 거하려고 그들을 애굽 땅에서 인도하여 낸 줄을 알리라 나는 그들의 하나님 여호와니라"(출 29:45-46) 하고 말씀하십니다.

㉢ 그러나 하나님께서 "내가 그들 중에 거할 성소를 나를 위하여 지으라"(출 25:8) 하신 성막은 1500년 내내 그 중간(中間)이 막혀있었습니다. 왜 그랬는가? "오직 너희 죄악(罪惡)이 너희와 너희 하나님 사이를 내었고 너희 죄가 그 얼굴을 가리워서 너희를 듣지 않으시게 함이니"(사 59:2) 합니다. 이는 진정한 의미에서 "그들 중에 함께 거하심"은 아니었던 것입니다.

㉣ 본문 5절에서, "그 중에 거하신 여호와는 의로우사 불의를 행치 아니하시고 아침마다 간단없이 자기의 공의를 나타내시거늘 불의한 자는 수치를 알지 못하는도다" 합니다. 무슨 뜻인가? 신정왕국은 메시아 왕국에 대한 예표로 세워진 것입니다. 그러므로 "왕, 제사장, 선지자"들은 메시아 사명의 일면을 예표하는 직분들입니다. 그런데 이들이 그리스도를 닮은 역할을 하지 못하고 도리어 마귀를 닮는 역기능으로 행했

다는 것입니다. 이는 무엇을 말해주고 있느냐 하면 자력구원의 불가능성을 보여줍니다.

ⓜ 그리하여 가로막힌 휘장은 주님께서 십자가상에서 "다 이루었다" 선언하셨을 때에야 비로소 열려지게 되었습니다. 이 구속으로 말미암아 "너희가 하나님의 성전인 것과 하나님의 성령이 너희 안에 거하시는 것을 알지 못하느뇨"(고전 3:16) 하고, 구속함을 얻은 자의 공동체인 교회를 통해서 "그들 중에 함께 거하심"이 가능하여진 것입니다.

ⓑ 그런데 성경은 "혈과 육은 하나님의 나라를 유업으로 받을 수 없고 또한 썩은 것은 썩지 아니한 것을 유업으로 받지 못하느니라"(고전 15:50) 합니다. 그러므로 "그들 중에 함께 거하심"의 완성은 그리스도의 재림으로 말미암아 우리의 낮은 몸이 주님의 영광의 몸과 같이 변화될 영화의 때에 가서야 이루어지게 되는 것입니다. 사도 바울은, "너희 속에 착한 일을 시작하신 이가 그리스도 예수의 날까지 이루실 줄을 우리가 확신(確信)하노라"(빌 1:6) 합니다.

ⓢ 이것이 계시록에서, "보라 하나님의 장막이 사람들과 함께 있으매 하나님이 저희와 함께 거하시리니 저희는 하나님의 백성이 되고 하나님은 친히 저희와 함께 계셔서 모든 눈물을 그 눈에서 씻기시매 다시 사망이 없고 애통하는 것이나 곡하는 것이나 아픈 것이 다시 있지 아니하리니 처음 것들이 다 지나갔음이러라"(계 21:3-4) 한 말씀입니다. 스바냐 3장은 이를 전망(展望)하고 하는 말씀입니다.

첫째 단원(1–8) 화있을진저 더럽고 포악한 성아

첫째 단원의 중심짐은 예루살렘을 향하여, "화있을진저 더럽고 포악한 성아" 하고 책망하시는데 있습니다.

① "패역하고 더러운 곳, 포학한 그 성읍이 화있을진저"(1), 이는 예루살렘을 가리키는 말인데,

㉠ "터가 높고 아름다워 온 세계가 즐거워함이여 큰 왕의 성 곧 북방에 있는 시온산이 그러하도다"(시 48:2) 한 예루살렘이 어찌하여 "패역하고 더러운 곳"이 되었는가? "패역"은 반역(叛逆)이란 뜻이요, "더러운 곳"이란 창기(娼妓)를 일컫는 말입니다. 하나님을 반역하고 우상을 숭배함으로 마치 창기와 같이 되었기 때문입니다.

㉡ 이사야 선지자를 통해서도, "신실하던 성읍이 어찌하여 창기가 되었는고 공평이 거기 충만하였고 의리가 그 가운데 거하였더니 이제는 살인자들뿐이었도다"(사 1:21) 합니다. 에스겔 선지자를 통해서도, "인자야 내가 너를 이스라엘 자손 곧 패역한 백성 나를 배반하는 자에게 보내노라 그들과 그 열조가 범죄하여 오늘날까지 이르렀나니 이 자손은 얼굴이 뻔뻔하고 마음이 강팍한 자니라"(겔 2:3-4) 합니다.

㉢ 이점을 본문 2절에서는,

㉮ "그가 명령을 듣지 아니하며",

㉯ "교훈을 받지 아니하며",

㉰ "여호와를 의뢰하지 아니하며",

㉱ "자기 하나님에게 가까이 나아가지 아니하였도다"(2) 합니다.

② 그러면 하나님의 백성들이 이토록 "듣지 아니하고, 받지 아니하며, 의뢰하지 아니하며, 하나님께 가까이 나아가지 아니한" 반역자들이 된 것이 누구의 책임이란 말인가?

㉠ "그 가운데 방백들은 부르짖는 사자요",

㉡ "그 재판장들은 이튿날까지 남겨 두는 것이 없는 저녁 이리요",

㉢ "그 선지자들은 위인이 경솔하고 간사한 자요",

㉣ "그 제사장들은 성소를 더럽히고 율법을 범하였도다"(3-4) 하고, "방백, 재판장, 선지자, 제사장" 곧 지도자들의 책임임을 말씀합니다.

ⓜ "그 중에 거하신 여호와는 의로우사 불의를 행치 아니하시고 아침마다 간단없이 자기의 공의를 나타내시거늘 불의한 자는 수치를 알지 못하는도다"(5) 합니다. 여기 중요한 요점이 등장하는데 3-4절에 나오는, "그 가운데 방백, 재판장, 선지자, 제사장"이라는 말과, 5절에 나오는 "그 중에 거하신 여호와는" 한 말씀이 어떻게 결부되는가 하는 점입니다. 묻습니다. 하나님은 이스라엘, 즉 구약교회를 어떻게 다스리셨는가? 예루살렘에 성전이 있고 하나님께서 그들 중에 거하시고, 또한 "방백, 재판장, 선지자, 제사장"들이 그들 중에 있습니다. 그러면 예루살렘을 하나님이 다스리시는 것입니까? 아니면 "방백, 재판장, 선지자, 제사장"들이 다스리는 것입니까?

ⓑ 정답은 하나님께서 "방백(왕), 재판장, 선지자, 제사장"들을 통해서 다스리신다는 것입니다. 이것이 신정왕국(神政王國)입니다. 그래서 "왕, 제사장, 선지자"들은 메시아를 예표하는 직분인 것입니다. 그런데 저들 지도자들이 역기능(逆機能)으로 행했다는 것입니다. 하나님은 "의로우사 불의를 행치 아니하시고 아침마다 간단없이 자기의 공의(公義)를 나타내시건만" 저들은 잡아먹는 "사자", 이튿날까지 남겨두는 것이 없는 "이리", "경솔하고 간사한 자", "성소를 더럽히고 율법을 범하는 자"(3, 4) 등으로 정반대로 행하고 있는 것입니다. 이것이 반역(叛逆)입니다.

③ "내가 이르기를 너는 오직 나를 경외하고 교훈을 받으라 그리하면 내가 형벌을 내리기로 정하기는 하였거니와 너의 거처가 끊어지지 아니하리라 하였으나 그들이 부지런히 그 모든 행위를 더럽게 하였느니라"(7) 합니다.

㉠ "부지런히" 라는 말은 난외주가 말해주듯이 "일찍이 일어나서", 즉 새벽부터 더럽혔다는 뜻입니다. 이제라도 "나를 경외하고 교훈을 받으라 그리하면 징벌을 철회(撤回)하겠다"는 하나님의 마지막 권면에도

저들은 못들은 척 한 것만이 아니라, 어격으로 새벽부터 밤중까지 그 모든 행위를 더럽게 하였다는 말씀입니다.

ㄴ 이점을 역대하에서는, "그 백성과 그 거하시는 곳을 아끼사 부지런히 그 사자들을 그 백성에게 보내어 이르셨으나 그 백성이 하나님의 사자를 비웃고 말씀을 멸시하며 그 선지자를 욕하여 여호와의 진노로 그 백성에게 미쳐서 만회(挽回)할 수 없게 하였다"(대하 36:15-16)고 말씀합니다.

④ 그러므로 본문은, "나 여호와가 말하노라 그러므로 내가 일어나 벌할 날까지 너희는 나를 기다리라 내가 뜻을 정하고 나의 분한과 모든 진노를 쏟으려고 나라들을 소집하며 열국을 모으리라 온 땅이 나의 질투의 불에 소멸되리라"(8) 하십니다.

ㄱ 8절은, 1-7절까지의 결론(結論)이라 할 수가 있습니다. "너희는 나를 기다리라" 하십니다. 이점을 아모스 선지자를 통해서는, "이것을 네게 행하리니 이스라엘아 네 하나님 만나기를 예비하라"(암 4:12) 하십니다. "기다리라, 예비하라" 하심은 좋은 뜻에서가 아니라 심판 받을 각오를 하고 준비하고 있으라는 무서운 통보입니다.

ㄴ 그런데 본문은 말씀하기를, "나라를 소집하며 열국(列國)을 모으리라" 하고 심판이 이스라엘에 국한된 것이 아니라 모든 열국에 임하게 될 것을 말씀합니다. "이 날은 온 지구상에 거하는 모든 사람에게 임하리라 이러므로 너희는 장차 올 이 모든 일을 능히 피하고 인자 앞에 서도록 항상 기도하며 깨어 있으라"(눅 21:35-36) 하신 그 날인 것입니다. 그리고 "온 땅이 나의 질투의 불에 소멸되리라" 하십니다. 어찌하여 "진노의 불"이라 하지 않고 "질투의 불"이라 하시는가? 1:18절에서도 "질투의 불"이라 하십니다. 이를 작은 일로 여겨서는 아니 됩니다. 이는 "에브라임이여 내가 어찌 너를 놓겠느냐 이스라엘이여 내가 어찌 너를 버리겠느냐, 나의 긍휼이 온전히 불붙듯 하도다"(호 11:8) 한 그만큼 사랑

하셨다는 증거입니다.

둘째 단원(9–13) 남은 자가 있으리라

둘째 단원부터는 심판을 경고하던 첫째 단원의 분위기가 일변하여, "남은 자가 있으리라"는 회복을 말씀하는 내용입니다.

⑤ "그 때에 내가 열방의 입술을 깨끗케 하여 그들로 다 나 여호와의 이름을 부르며 일심으로 섬기게 하리니"(9) 하십니다.

㉠ 9절은 우리 말 번역에는 나타나 있지 않지만 "그러나"(키)로 시작이 됩니다. "그러나" 하고 이제까지의 상황을 뒤집는 반전(反轉)이 시작된 것입니다. "그 때"란, "온 땅이 나의 질투의 불에 소멸되리라"(8하) 한 심판 이후를 가리킵니다. ㉮ "열방의 입술을 깨끗케 하여", 본래 저들의 입술은 우상을 찬양하던 더러운 입술입니다. ㉯ "여호와의 이름을 부르며", ㉰ "일심으로 섬기게 하리니" 하십니다.

㉡ "내게 구하는 백성들 곧 내가 흩은 자의 딸이 구스 하수 건너편에서부터 예물을 가지고 와서 내게 드릴 지라(10), 그 날에 네가 내게 범죄한 모든 행위를 인하여 수치를 당하지 아니할 것은 그 때에 내가 너의 중에서 교만하여 자랑하는 자를 제하여 너로 나의 성산에서 다시는 교만하지 않게 할 것임이니라"(11) 하십니다. "입술을 깨끗케 하여(9), 교만을 제(除)하여(11), 섬기게 하리니"(9) 하십니다.

㉢ 자, 그러면 이런 반전(反轉)이 어떻게 가능하여지는가? 5절에서, "그 중에 거하시는 여호와는 의로우사 불의(不義)를 행치 아니 하신다" 한 말씀을 기억하시기를 바랍니다. 하나님은 의로우시기 때문에 이끼시는 예루살렘을 심판하셨던 것입니다. 이를 알았기에 예레미야는 폐허가 된 예루살렘을 바라보면서 원망하고 있는 것이 아니라, "여호와는 의로

우시도다"(애 1:18) 하고 고백하는 것입니다. 만일 하나님께서 우리 죄악을 그냥 사해주셨다면 이는 의로운 행위가 되지 못할 것입니다. 그러므로 성경은, "곧 이 때(자기 아들을 대속제물로 세우신 때)에 자기의 의로우심을 나타내사 자기도 의로우시며 또한 예수 믿는 자를 의롭다 하려 하심이니라"(롬 3:26) 하고 말씀합니다. 죄인들을 구원하신 구원행사는 하나님의 의로우심에 손상을 입힌 것이 아니라 도리어 "하나님의 의로우심"(단 9:7, 14)을 나타내신 행사였음을 기억한다는 것은 중요한 요점입니다.

⑥ "내가 곤고하고 가난한 백성을 너의 중에 남겨 두리니 그들이 여호와의 이름을 의탁하여 보호를 받을 지라"(12) 합니다.

㉠ "너희 중에 남겨 두리니(12), 이스라엘의 남은 자는"(13상) 하고 또다시 "남은 자"가 있게 될 것을 말씀하십니다. 남은 자가 있게 될 것은 자격이나 공로가 있어서가 아니라, "그러나 노아는 여호와께 은혜를 입었더라(창 6:8), 그런즉 이와 같이 이제도 은혜로 택하심을 따라 남은 자가 있느니라"(롬 11:5) 한 "은혜"를 입기 때문임을 망각하지 말아야만 합니다.

㉡ "남은 자"를, "곤고하고 가난한 백성"(12상)이라 하십니다. 이는 11절에서 두 번이나 강조한 "교만"과 대조되는 겸비한 자를 가리킵니다. 이들은 "악을 행치 아니하며 거짓을 말하지 아니하며 입에 궤휼한 혀가 없으며 먹으며 누우나 놀라게 할 자가 없으리라"(13) 하십니다. 이처럼 "깨끗케 하여, 여호와의 이름을 부르며, 일심으로 섬기게 하고(9), 남은 자가 있게"(12, 13) 하는 것이 가능케 되는 방도는 하나님이시라도, 아니 의로우신 하나님이시기 때문에 오직 자기 아들의 구속으로 말미암을 뿐임을 명심하십시다.

셋째 단원(14-20) 전심으로 기뻐하며 즐거워하라

셋째 단원의 중심점은, "전심으로 기뻐하며 즐거워하라" 한 환희(歡喜)에 있습니다.

⑦ "시온의 딸아",

㉠ "노래할 지어다"

㉡ "이스라엘아 기쁘게 부를 지어다",

㉢ "예루살렘 딸아 전심으로 기뻐하며 즐거워할 지어다"(14) 합니다.

㉣ 1장에는 "진멸, 멸절하리라"는 말이 9번(2, 3, 3, 3, 4, 4, 6, 18, 18)이나 등장합니다. 그리하여 "곡성(哭聲), 부르짖음, 심히 애곡"(1:10, 14)이 있습니다. 그런데 이것이 어떻게 하여 "노래하라, 기뻐하되, 전심으로 기뻐하라" 하고 반전(反轉)이 되었는가?

㉤ 이것이 9절의 "그러나"로 뒤집어지는 것입니다. 1:1-3:8절까지의 "진멸, 멸절, 애곡, 진노, 심판" 등은 인간이 행한 범죄로 말미암은 결과입니다. 그러나 3:9-20절까지의 "기쁨, 즐거움" 등은 하나님께서 자기 아들을 통하여 행해주실 복음으로 말미암아 가능하여지는 전적인 "은혜"임을 명심해야만 합니다.

⑧ 그러므로 "여호와가",

㉠ "너의 형벌을 제하였고",

㉡ "너의 원수를 쫓아내었으며",

㉢ "이스라엘 왕 여호와가 너의 중에 있으니",

㉣ "네가 다시는 화를 당할까 두려워하지 아니할 것이라"(15) 하시는 것입니다.

㉤ "이스라엘 왕 여호와가 너의 중에 있다"는 말씀은 "임마누엘"에 대한 명백한 계시입니다. 그러므로 이런 "은혜의 해"(禧年)가 오게 될

것은 그리스도의 구속으로 말미암아 가능하여진다는 사실을 나타내주고 있습니다. 이점이 "형벌(刑罰)을 제(除)하였다"는 말씀에 나타납니다. 죄의 대가인 형벌을 그냥 제하심은 하나님의 공의가 용납하실 수가 없는 일입니다. 자기 아들에게 대신 정죄하시고야 제하여주심이 가능하여 지는 것입니다.

ⓑ "그 날에 사람이 예루살렘에게 이르기를 두려워하지 말라 시온아 네 손을 늘어뜨리지 말라"(16) 하리라는 것입니다. 왜 그런가?

너의 하나님 여호와가 너의 가운데 계시니
그는 구원을 베푸실 전능자시라
그가 너로 인하여 기쁨을 이기지 못하여 하시며
너를 잠잠히 사랑하시며
너로 인하여 즐거이 부르며 기뻐하시리라(17) 하기 때문이라는 것입니다.

⑨ "그 때에 내가 너를 괴롭게 하는 자를 다 벌하고 저는 자를 구원하며 쫓겨난 자를 모으며 온 세상에서 수욕 받는 자로 칭찬과 명성을 얻게 하리라"(19) 하십니다. 19-20절에는 "그때" 라는 말이 4번이나 강조되어 있습니다. "그 때에",

㉠ "저는 자를 구원하며"

㉡ "쫓겨난 자를 모으며",

㉢ "세상에서 수욕 받는 자로 칭찬과 명성을 얻게 하리라"(19) 하신 "그때"란 우리 주 예수 그리스도의 구속으로 말미암아 시작이 되어서 그리스도의 재림으로 말미암아 완성이 될 "그때"인 것입니다.

㉣ "내가 그 때에 너희를 이끌고 그 때에 너희를 모을 지라 내가 너희 목전에서 너희 사로잡힘을 돌이킬 때에 너희로 천하 만민 중에서 명

성과 칭찬을 얻게 하리라 나 여호와의 말이니라"(20) 하십니다. "너희 사로잡힘을 돌이킬 때"가 선지자 당대로 하면 바벨론 포로귀환을 염두에 두고 한 말씀이라 하여도 구속사의 맥락에서 보면, "나를 보내사 포로 된 자에게 자유를, 눈먼 자에게 다시 보게 함을 전파"(눅 4:18) 할 복음시대에 되어 질 일임을 부인하지 못할 것입니다.

㉤ 형제여, "시온의 딸아 노래할 지어다 이스라엘아 기쁘게 부를 지어다 예루살렘 딸아 전심으로 기뻐하며 즐거워할 지어다" 하고 초청을 하고 있는데 오늘의 "시온의 딸"들이 이처럼 기뻐하고 있는가? 그렇지 못하다면 그 원인이 어디에 있다고 여겨지십니까? "여호와를 배반"(1:6), 즉 메시아언약, 복음을 상실했기 때문입니다. 복음을 잃어버리고 그 자리를 "축복"이 차지하고 있고, 교훈이 율법으로 둔갑을 하고 있기 때문입니다. 강단에서 복음을 회복하십시다. 그리하여 "네 손을 늘어뜨리지 말고", 전심으로 기뻐하고 찬양하십시다. 아멘.

⑩ 묵상해보겠습니다.

㉠ "더럽고 포악한 성"과 오늘의 도성이 어떠한가에 대해서,

㉡ 그 책임이 누구에게 있는가에 대해서,

㉢ 전심으로 기뻐하며 즐거워하지 못하는 원인이 어디에 있는가에 대해서,

㉣ 스바냐서를 통한 깨달음과 결단에 대해서.

학개

학개 개관도표

주제 : 내가 영광으로 이전에 충만케 하리라

설교	1차 설교 1:1-15절	2차 설교 2:1-9절	3차 설교 2:10-19절	4차 설교 2:20-23절
날짜	다리오 2년 6월 1일	7월 21일(50일 후)	9월 24일(2개월 후)	9월 24일(당일)
책망	1, 여호와의 전을 건축할 시기가 이르지 아니하였다 하느니라(1:2) 2, 이 전이 황무하였거늘 판벽한 집에 거하는 것이 가하냐(1:4) 3, 자기의 소위를 살펴볼지니라(1:5, 7) 4, 각각 자기의 집에 빨랐음이니라(1:9)	1, 이전 영광을 본 자가 누구냐 2, 이것이 너희 눈에는 보잘것없지 아니하냐(2:3)	1, 옷자락에 거룩한 고기를 쌌는데…성물이 되겠느냐 아니니라(2:12). 2, 시체를 만져서 부정하여진 자가 … 부정하겠느냐, 부정하겠느니라(2:13). 3, 이 백성, 이 나라, 손의 모든 일도 부정하니라(2:14).	
징벌	1, 구멍 뚫어진 전대에 넣음이 되느니라(1:6) 2, 내가 불어버렸노라(1:9) 3, 하늘은 이슬을 그쳤고 땅은 산물을 그쳤으며(1:10)		1, 오늘부터 이전을 추억하여 보라(2:18, 15). 2, 모든 일에 폭풍, 곰팡, 우박으로 쳤으나, 3, 너희가 내게로 돌이키지 아니하였느니라(2:17).	
반응과 보장	1, 여호와의 목소리와 선지자의 말을 청종하였으니, 백성이 다 여호와를 경외하매(1:12) 2, 내가 너희와 함께 하노라(1:13) 3, 전 역사를 시작함(1:14)	1, 스룹바벨아 굳세게 할지어다. 2, 여호수아야 굳세게 할지어다. 3, 백성아 굳세게 할지어다. 4, 내가 너희와 함께 하노라(2:4)	1, 오늘부터는 내가 너희에게 복을 주리라(2:19).	
명령과 약속	1, 너희는 산에 올라가서 나무를 가져다가 전을 건축하라 2, 그리하면 내가 그로 인하여 기뻐하고 영광을 얻으리라(1:8)	1, 언약과 나의 신이 너희 중에 있나니 두려워말라(2:5) 2, 만국을 진동시킬 것이며, 3, 만국의 보배가 이르리니, 4, 영광으로 이 전에 충만케 하리라(2:7) 나중 영광이 이전 영광보다 크리라 5, 평강을 주리라(2:9).		1, 내가 하늘과 땅을 진동시킬 것이요(2:21), 2, 열국의 보좌를 엎을 것이요(2;22). 3, 그날에 내가 너를 취하고, 4, 너로 인을 삼으리니, 내가 너를 택하였음이니라(2:23).

학개 파노라마

주제(主題) : 내가 영광으로 이전에 충만케 하리라

성경을 기록한 문서 선지자 16명의 활동 시기를, 포로 이전과 포로기와 포로 이후, 세 시기로 나눌 수가 있습니다. 학개, 스가랴, 말라기는 포로 이후에 활동한 선지자들인데 그 중 제일 먼저 세움을 입은 선지자가 학개입니다.

포로 이후 시기란 회복기를 의미합니다. 선지자들은 예루살렘의 심판을 경고하면서 한결같이 회복을 약속함으로 소망을 주었습니다. 70년 포로기간을 마친 후 총독 스룹바벨과 대제사장 여호수아의 인도 하에 귀환한 이스라엘 백성들은 제일 먼저 번제단을, "그 터에 세우고"(스 3:3) 하나님께 번제를 드렸습니다. 그리고 불타버린 성전 재건에 착수했습니다. 이때에 앗수르 왕의 이주(移住) 정책에 의하여 혼혈족이 된 사마리아 사람들이 함께 건축하자고 요청을 합니다. 혼합종교가 된 저들의 제의를 거부하자 맹렬히 대적을 합니다. 결국 성전 건축은 2년 만에 중단이 되고 말았습니다.

회복기에 처한 이스라엘의 상황은 선지자들의 약속과는 너무나 달랐습니다. 이사야와 미가 선지자는, "말세에 여호와의 전의 산이 모든 산 꼭대기에 굳게 설 것이요 모든 작은 산 위에 뛰어나리니 만방이 그리로 모여들 것이라"(사 2:2, 미 4:1) 하고 말했습니다. 그래서 백성들은 난관에 봉착하게 되자, "여호와의 전을 건축할 시기가 이르지 아니하였다"(1:2) 하고 중단된 책임을 변명을 했던 것입니다. 성전 재건은 14년이나 중단이 된 채 점차 망각 속에 빠져 들어갔습니다. 이때에 하나님의 말씀이 학개로 말미암아 총독 스룹바벨과 대제사장 여호수아에게 임하였던 것입니다.

㉠ "이 전이 황무하였거늘 너희가 이때에 판벽한 집에 거하는 것이 가하냐"(1:4).

㉡ "너희는 자기의 소위를 살펴볼 지니라"(1:5).

㉢ "너희가 많은 것을 뿌릴지라도 수입이 적으며, 그것을 구멍 뚫어진 전대에 넣음이 되느니라"(1:6).

㉣ "이것이 무슨 연고뇨 내 집은 황무하였으되 너희는 각각 자기의 집에 빨랐음이니라"(1:9) 하고 책망하십니다.

학개 선지자의 메시지는, "너희는 산에 올라가서 나무를 가져다가 전을 건축하라 그리하면 내가 그로 인하여 기뻐하고 또 영광을 얻으리라"(1:8)는 것이었습니다. 총독 스룹바벨과 대제사장 여호수아와 남은 바 모든 백성이 하나님의 말씀을 청종하고, 여호와를 경외하고, "하나님의 전 역사"(1:14)를 다시 시작을 합니다.

이점에서 조심해야할 점은 하나님은 무엇이 부족하신 것처럼 사람의 손으로 지은 건물로 인하여 "기뻐하시고, 영광을 얻으실" 분이 아니라는 점입니다. 그러면 어찌하여 "전을 건축하라" 명하시는가? 그 의도를 구속사라는 지평에서 구해야만 합니다. 하나님께서 바로의 노예였던 이스라엘 백성들을 "출애굽"시키신 의도가 무엇이며, 성막을 세우라하신 목적이 어디에 있는가를 상고해보면 깨닫게 됩니다.

하나님은 애굽에서 구원하신 의도에 대해서, "그들은 내가 그들의 하나님 여호와로서 그들 중에 거하려고 그들을 애굽 땅에서 인도하여 낸 줄을 알리라 나는 그들의 하나님 여호와니라"(출 29:46, 레 11:45) 하고 말씀하십니다. 성막을 지으라 하시는 목적도, "내가 그들 중에 거할 성소를 그들을 시켜 나를 위하여 지으라"(출 25:8) 하십니다. 핵심은 "그들 중에 거하심"에 있습니다.

하나님께서 그들 중에 거하신 때가 있었습니다. 그것은 창세기 1-2장의 극히 짧은 순간이었습니다. 이 함께 거하심이 인류의 시조의 범죄로 말미암아 3장에서 깨어지고 말았습니다. 구원계획은 이를 회복하는 역사입니다. 그러므로 선지자들이 약속한 회복도 바벨론으로부터의 귀환을 예표로 하여 사탄의 포로에서 돌아오게 하심으로 하나님의 나라를 회복하시겠다는 것이었습니다. 그런데 귀환한 저들은 그 회복이 자신들의 당대에 다 이루어질 것으로 기대했던 것입니다. 이 회복은 그리스도의 구속을 통해서만이 가능하여지는 것이요, 그리스도의 재림 때에 완성이 될 회복임을 몰랐던 것입니다.

이런 구속사의 맥락에서 볼 때 "성막, 성전"의 참 의미는 "임마누엘"로 성취될 모형이었던 것입니다. 그때까지 성전예배를 통하여 하나님과 교제를 지속하며, 생축으로 드리는 제사를 통해서 그리스도께서 단 번에 드려주실 구속을 대망(待望)케 하셨던 것입니다. 그러므로 성전 건축이 중단이 되고 망각상태에 이르게 되었다는 것은 무엇을 의미하는가? 하나님과의 교제가 끊어지고, 메시아언약을 망각하기에 이르렀다는 증거입니다. 이점이 "너희가 내게로 돌이키지 아니 하였었느니라"(2:17)는 말씀에 나타납니다. 이런 맥락에서 성전을 건축하여 조석으로 상번제를 드리기에 이르면, "그리하면 내가 기뻐하고, 또 영광을 얻으리라"

(1:8) 하시는 것입니다.

학개서는 도표에서 보시는 바대로 네 차례 임한 하나님의 말씀을 대언한 4번의 설교로 되어 있습니다. 그런데 이를 주목해보면 1장은 "성전을 건축하라"는 평면적(平面的)인 말씀으로 되어 있습니다. 그런데 2장, 즉 두 번째로부터 네 번째에 임한 말씀은 그 초점이 물리적인 건물이 아니라 참 성전 되시는 그리스도에게 맞춰져 있는 것을 보게 됩니다.

"너희 중에 남아 있는 자 곧 이 전(殿)의 이전(以前) 영광(솔로몬 성전)을 본 자가 누구냐, 이것이 너희 눈에 보잘 것이 없지 아니 하냐"(2:3) 하십니다. 하나님은 재건되는 성전의 "보잘 것 없음"을 책망하시는 것이 아닙니다. "은도 내 것이요, 금도 내 것이라"(2:8) 하시는 하나님의 마음이 무엇인가? "내가 은이나 금으로 지으면 기뻐하고 영광을 얻는 하나님인 줄 아니냐 아니라" 하시는 것입니다. 오히려 "내가 영광으로 이 전(殿)에 충만(充滿)하게 하리라"(2:7) 하시면서, "이 전(殿)의 나중 영광(榮光)이 이전(以前) 영광보다 크리라"(9) 하십니다. 이는 "말씀이 육신이 되어 우리 가운데 거하시매 우리가 그 영광을 보니 아버지의 독생자의 영광이요 은혜와 진리가 충만하더라"(요 1:14)에서 성취될 메시아언약을 가리킴이 명백한 것입니다.

2:10-14절에 나오는, "성물이 되겠느냐, 부정하겠느냐" 한, 두 가지 질문의 의미가 무엇인가? 이는 성전을 재건하고 있는 도중에 주어진 말씀임을 유념해야만 합니다. 왜냐하면 하나님께서는 솔로몬이 성전을 건축하고 있을 때에도 나타나셔서, "네가 이제 이 전을 건축하니 네가 만일 내 법도를 따르며 내 율례를 행하며 나의 모든 계명을 지켜 그대로 행하면 내가 네 아비 다윗에게 한 말을 네게 확실히 이룰 것이요 내가

또한 이스라엘 자손 가운데 거하며 내 백성 이스라엘을 버리지 아니 하리라"(왕상 6:12-13) 하고 경계하셨습니다. 만일 이를 명심하지 않고 다른 신을 섬기면, "내가 거룩하게 구별한 이 전(殿)이라도 내 앞에서 던져 버리리니"(왕상 9:7) 하고 경고하셨습니다. 하나님은 포로에서 귀환하여 성전을 재건하는 자들을 향해서도 동일하게 물리적인 성전 건물보다 저들의 마음에 있는 성전이 정화(淨化)되어야할 것을 경계(警戒)하시는 것입니다.

학개서는 "성전을 건축하라"(1:8)는 명으로 시작하여 "전 역사를 하였으니"(1:14) 하고, 중단되었던 성전 건축이 재개되었음을 보여주고 있지만 "성전"을 완공(完工)했다는 기사는 없습니다. 그러므로 주목해야할 점은 성전건축으로 시작한 학개서는 성전이라는 "건물"(建物)로 끝맺고 있는 것이 아니라, "내가 너를 취하고 너로 인을 삼으리니 이는 내가 너를 택하였음이라"(2:23) 하고 "너"라는 "인물"(人物)로 결론을 맺고 있다는 점입니다.

이 "너"가 1차적으로는 스룹바벨이라 하여도 그는 예표의 인물이요, "택하여, 인을 삼으신" 궁극적인 "너"는 그리스도를 가리키는 약속의 말씀입니다. 그렇습니다. 하나님의 나라회복은 성전이라는 건물로 이루어지는 것이 아니라, "너"라 하신 그리스도의 대속을 통해서 잃어버렸던 자기 백성들인 "우리"를 찾으심으로 가능하여지기 때문입니다. 성경은 말씀합니다. "그의 안에서 건물마다 서로 연결하여 주 안에서 성전이 되어 가고 너희도 성령 안에서 하나님의 거하실 처소가 되기 위하여 예수 안에서 함께 지어져 가느니라"(엡 2:21-22). 하나님은 금이나 은으로 지은 건물이 아니라 다시 찾은바 된 자기 백성들로 이루어진 성전에 거하시기를 기뻐하심을 명심해야만 합니다. 아멘.

학개 1장 개관도표

주제 : 전을 건축하라 내가 기뻐하리라

너희 소위를 살펴보라	1-6 1 다리오왕 이년 유월 곧 그 달 초하루에 여호와의 말씀이 선지자 학개로 말미암아 ① 스알디엘의 아들 **유다 총독 스룹바벨과** 여호사닥의 아들 **대제사장 여호수아에게 임하니라** 가라사대 2 만군의 여호와가 말하여 이르노라 ② **이 백성이 말하기를 여호와의 전을 건축할 시기가 이르지 아니하였다 하느니라.** 3 여호와의 말씀이 선지자 학개에게 임하여 가라사대 4 ③ **이 전이 황무하였거늘 너희가 이 때에 판벽한 집에 거하는 것이 가하냐** 5 그러므로 이제 나 만군의 여호와가 말하노니 ④ **너희는 자기의 소위를 살펴볼 지니라** 6 ⑤ 너희가 많이 뿌릴지라도 수입이 적으며 먹을지라도 배부르지 못하며 마실지라도 흡족하지 못하며 입어도 따뜻하지 못하며 일군이 삯을 받아도 그것을 구멍 뚫어진 전대에 넣음이 되느니라
전을 건축하라	7-11 7 나 만군의 여호와가 말하노니 너희는 자기의 소위를 살펴볼 지니라 8 **너희는 산에 올라가서 나무를 가져다가 전을 건축하라** **그리하면 내가 그로 인하여 기뻐하고 또 영광을 얻으리라** 나 여호와가 말하였느니라 9 너희가 많은 것을 바랐으나 도리어 적었고 너희가 그것을 집으로 가져갔으나 내가 불어 버렸느니라 나 만군의 여호와가 말하노라 ⑥ **이것이 무슨 연고뇨 내 집은 황무하였으되 너희는 각각 자기의 집에 빨랐음이니라** 10 ⑦ 그러므로 너희로 인하여 하늘은 이슬을 그쳤고 땅은 산물을 그쳤으며 11 내가 한재를 불러 이 땅에, 산에, 곡물에, 새 포도주에, 기름에, 땅의 모든 소산에, 사람에게, 육축에게, 손으로 수고하는 모든 일에 임하게 하였느니라
내가 함께 하리라	12-15 12 스알디엘의 아들 스룹바벨과 여호사닥의 아들 대제사장 여호수아와 남은바 모든 백성이 ⑧ **그 하나님 여호와의 목소리와 선지자 학개의 말을 청종하였으니** **이는 그들의 하나님 여호와께서 그를 보내셨음을 인함이라** **백성이 다 여호와를 경외하매** 13 때에 여호와의 사자 학개가 여호와의 명을 의지하여 백성에게 고하여 가로되 나 여호와가 말하노니 ⑨ **내가 너희와 함께하노라** 하셨느니라 하니라 14 ⑩ 여호와께서 스알디엘의 아들 유다 **총독 스룹바벨의** 마음과 여호사닥의 아들 **대제사장 여호수아의** **마음과 남은바 모든 백성의 마음을 흥분시키시매** 그들이 와서 만군의 여호와 **그들의 하나님의 전 역사를 하였으니** 15 때는 다리오왕 이년 유월 이십 사일이었더라

1장

전을 건축하라 내가 기뻐하리라

[8]너희는 산에 올라가서 나무를 가져다가 전을 건축하라 그리하면 내가 그로 인하여 기뻐하고 또 영광을 얻으리라 나 여호와가 말하였느니라.

학개서에는 여호와의 말씀이 "임했다는 것과 그 날짜"가 기록이 되어 있는데 이를 통해서 관찰해보면 학개 선지자는 네 번(1:1-15, 2:1-9, 2:10-19, 2:20-23) 임한 말씀을 받아서 대언한 것이 됩니다. 첫 번 임한 말씀의 중심점은 "너희는 산에 올라가서 나무를 가져다가 전(殿)을 건축하라 그리하면 내가 기뻐하고 영광을 얻으리라" 하신 말씀에 있습니다. 이 말씀이 학개에게 임한 것은 성전 건축이 중단 된지 14년이 되는 다리오 2년 6월1일이었습니다.

도표를 보시면, "전을 건축하라 내가 기뻐하리라"는 말씀을 중심으로 학개에게 임한 여호와의 말씀이, ① "총독 스룹바벨과 대제사장 여호수아"에게 전하여졌는데, ② "여호와의 전을 건축할 시기가 이르지 아니하였다" 하고 변명하는 저들의 나태함을 책망하시면서, ③ "전은 황무한데 너희는 판벽한 집에 거하는 것이 가하냐" 하고 물으십니다. ④ "자기 소위(所爲)를 살펴보라", ⑤ "많이 뿌릴지라도, 구멍 뚫어진 전대에 넣음" 같았다. ⑥ "무슨 연고뇨 각기 제 집에 빨랐기 때문이라", ⑦ "그러므로 하늘이 이슬을 그쳤다" 하십니다. ⑧ 하나님의 책망을 들은 모든 백성들이 "선지자 학개의 말을 청종(聽從)하고, 여호와를 경외하매", ⑨ "내가 너와 함께 하노라" 하시고, ⑩ 하나님께서 "백성들의 마음을 흥분시키시매, 전(殿) 역사를 시작하였으니"(始作) 합니다. 그러면 성전건축의 구속사적 의미가 무엇인가? 이를 세 단원으로 나누어 상고하겠습니다.

첫째 단원(1-6) **너희 소위를 살펴보라**
둘째 단원(7-11) **전을 건축하라 내가 영광을 얻으리라**
셋째 단원(12-15) **내가 너희와 함께 하리라**

주제 : 전을 건축하라 내가 기뻐하리라

㉠ "전을 건축하라"는 명령을 구속사의 맥락에서 추적해보면 최초(最初)의 말씀은 출애굽 당시 시내산에서 모세에게, "내가 그들 중에 거할 성소(聖所)를 그들을 시켜 나를 위하여 지으라"(출 24:8) 하신 명령입니다. 어찌하여 "그들 중에 거할 성소를 지으라" 하시는가?

㉡ 바로의 노예였던 야곱의 자손들을 유월절 양의 피로 구속(救贖)하여 "하나님의 백성"(출 6:6-7)을 삼으신 목적(目的)이 어디에 있는가? "그들은 내가 그들의 하나님 여호와로서 그들 중(中)에 거하려고 그들을 애굽 땅에서 인도하여 낸 줄을 알리라"(출 29:46) 하십니다. 다시 말하면 하나님은 지금 시내산에 강림하셨습니다. 왜냐하면 그곳에 자기

백성들이 있기 때문입니다. 그런데 하나님은 시내산이 아니라 백성들과 "함께" 거하시기를 원하시는 것입니다. 왜냐하면 이것이 하나님의 나라 회복이기 때문입니다.

ⓒ "함께" 거하신 때가 있었습니다. 그러나 함께 거하심은 창세기 1-2장의 짧은 순간뿐이었고 "한 사람으로 말미암아 세상에 죄가 들어오고", 죄(罪)로 말미암아 함께 거하심이 창세기 3장에서 깨어지고 말았습니다. 구원계획이란 이를 회복하는 역사입니다. 그리하여 "함께" 거할 성소, 성전을 지으라 하시는 것입니다. 그런데 하나님이 그들 중에 거하심을 상징하는 지성소(至聖所)는 휘장으로 막혀있었습니다. 이 상태를 함께 거하시는 것이라 말할 수가 있단 말인가? 문제는 하나님과 백성 사이를 가로막고 있는 휘장이 어떻게 제거될 수가 있느냐에 있습니다. 이는 그리스도의 대속(代贖)을 통해서만이 제거될 수가 있다는 것이 성경의 증거입니다. 이를 계시하기 위해서 성막 식양(式樣)은 주어진 것입니다.

ⓔ 그런데 포로에서 귀환한 저들이 성전건축을 14년이나 중단한 체 망각상태에 있다는 것은 무엇을 말해주고 있는가? 하나님께서 아브라함에게 세워주신 메시아언약을 망각했다는 증거였던 것입니다. 즉 중간에 막힌 담을 제거하여주러 오실 메시아를 대망(待望)하는 믿음을 잃어버렸다는 말씀입니다.

ⓜ 그러므로 "전을 건축하라" 하심은 물리적인 건물(建物)을 세우라는 차원이 아니라 잃어버린 메시아언약을 회복하라는 촉구인 것입니다. 이점이 "내가 너희 손으로 지은 모든 일에 폭풍과 곰팡과 우박으로 쳤으나 너희가 〈내게로 돌이키지〉 아니 하였느니라"(2:17) 하신 말씀에 나타납니다. 그래서 "전을 건축하라 그리하면 내가 그로 인하여 기뻐하고 또 영광을 얻으리라"(1:8) 하시는 것입니다.

첫째 단원(1-6) **너희 소위를 살펴보라**

"그러므로 이제 나 만군의 여호와가 말하노니 너희는 자기의 소위(所爲)를 살펴볼 지니라"(5, 7).

① "다리오왕 이년 유월 곧 그 달 초하루에 여호와의 말씀이 선지자 학개로 말미암아 스알디엘의 아들 유다 총독 스룹바벨과 여호사닥의 아들 대제사장 여호수아에게 임하니라 가라사대"(1),

㉠ 하나님의 말씀은 학개 선지자를 통해서, "총독 스룹바벨과, 대제사장 여호수아"에게 전달이 된 것입니다. 이들은 바벨론으로부터 42,360명의 백성들을 인솔하여 1차로 귀환(스 2:2, 64)한 지도자들입니다. "스룹바벨"은 그 이름이 그리스도의 족보에 올라있는(마 1:12) 다윗의 자손으로 왕족입니다. 그리고 "여호수아"는 대제사장 "스라야→여호사닥→여호수아"(대상 6:14)로 이어지는 아론의 자손입니다.

㉡ 이점이 중요합니다. 하나님의 백성들이 바벨론에 의하여 멸망하게 된 것이 지도자들의 책임임을 인정한다면, 귀환한 후에 이런 악순환이 재연이 되지 않기 위해서는 백성들을 바른 길로 인도할 신실한 지도자들이 필요하기 때문입니다. 그래서 하나님의 말씀이 "스룹바벨과 여호수아에게 임하니라"(1) 하는 것입니다.

㉢ 이점은 부활하신 주님께서 요한을 통해서 7교회에 편지를 하실 때에도 수신자(受信者)들이 "교회의 사자"로 되어 있다는 점에서도 나타납니다. 이런 맥락은 오늘날도 "하나님의 말씀"을 경청해야할 제1차적인 대상이 설교자 자신들이라는 깨달음으로 다가옵니다. 왜냐하면 교회의 타락과 부패의 책임은 변명의 여지가 없이 지도자들에게 있는 것이요, 갱신(更新)을 위해서는 지도자들의 특단(特段)의 결단이 있어야만 가능한 것이기 때문입니다.

여호와의 첫 번 말씀

② "만군의 여호와가 말하여 이르노라 이 백성이 말하기를 여호와의 전을 건축할 시기가 이르지 아니하였다 하느니라"(2). 이것이 하나님의 첫 말씀입니다.

㉠ 그러면 성전재건이 어떻게 시작이 되어서 왜 중단하게 되었는가를 추적해볼 필요가 있습니다. 포로에서 귀환하여 제일 먼저 한 일이 무엇인가? 대제사장 여호수아와 총독 스룹바벨과, "그 형제들이 다 일어나 이스라엘 하나님의 단(壇)을 만들고 하나님의 사람 모세의 율법에 기록된 대로 번제를 그 위에" 드린 일입니다. 성전을 세우기 전에 먼저 "번제단"을 만들고 번제를 드렸습니다. 이렇게 해서 70년 동안 중단되었던 하나님과의 교제가 재개(再開)가 된 것입니다.

㉡ 주목할 점은 번제단을 어디에 세웠는가 하는 점인데, "단을 〈그 터〉 위에 세우고 그 위에 조석으로 여호와께 번제"(스 2:2-3)를 드렸다고 말씀합니다. "그 터"란 솔로몬이 성전을 건축했던 그 터(대하 3:1)요, 다윗이 정한 그 터(대상 21:26)요, 모세가 죽기 전에 유월절 제사는 각 성에서 드리지 말고 "여호와께서 그 이름을 두시려고 택(擇)하신 곳에서 드리라"(신 16:5) 하고 명한 택하신 곳이요, 하나님께서 아브라함에게 네 아들 사랑하는 독자 이삭을 데리고 내가 네게 지시하는 거기서 번제로 드리라(창 22:2)고 지정해주신 거기니, 곧 그리스도께서 대속제물이 되어주실 그 터인 것입니다. "그 터"가 우리들의 유일한 신앙의 근거이기 때문입니다.

㉢ 그렇게 하다가, "예루살렘 하나님의 전에 이른지 2년 2월에, 사로잡혔다가 예루살렘에 돌아온 자들이 역사를 시작하였다"(스 3:8)고 기록하고 있습니다. 그 때에 이스라엘과 앗수르의 혼혈족이 된 "사마리아인"들이 "우리로 너희와 함께 건축하게 하라 우리도 너희같이 너희

하나님을 구하노라" 하고 요청했으나, "너희는 우리와 상관이 없느니라" (스 4:2-3) 하고 단호히 거부합니다. 왜냐하면 이들을 용납한다면 건축하는 일은 용이할 것이지만 또다시 혼합(混合)종교가 될 것을 알았기 때문입니다.

㉣ 이것이 원인이 되어 저들의 방해와 고소로 말미암아, "이에 예루살렘에서 하나님의 전 역사가 그쳐서 바사 왕 다리오 제 2년까지 이르니라"(스 4:24) 하고, 에스라서와 학개서가 연결이 되고 있습니다. 이런 난관에 부닥치게 되자 "구실(口實)과 변명"(辨明)에 능한 인간의 본성은, "여호와의 전을 건축할 시기가 이르지 아니하였다"(2) 하고 말했던 것입니다. 이렇게 14년의 세월이 흐르는 동안 귀환하여 최우선적으로 폐허가 된 "그 터" 위에 단을 쌓고 번제를 드리던 열정(熱情)은 식어지고 이제는 망각(妄覺) 상태로 깊은 잠을 자고 있었던 것입니다.

㉤ 하나님은 이들을, "이 백성이 말하기를"(2중) 하고 마치 남의 백성인 양 부르고 계십니다. 이는 하나님과의 관계가 소원(疎遠)해졌음을 나타냅니다. 반면 하나님을 "만군의 여호와"라 말씀하십니다. "만군(萬軍)의 여호와"라는 말이 전부가 38절 밖에 안 되는 학개서에 무려 13회나 등장합니다. 이는 의도적으로 강조하는 말씀인데 두려워하고 위축되어 있는 저들에게 용기를 주며 격려하기 위해서인 것입니다.

여호와의 두 번째 말씀

③ "여호와의 말씀이 선지자 학개에게 임하여 가라사대 이 전이 황무하였거늘 너희가 이때에 판벽한 집에 거하는 것이 가하냐"(3-4) 하고 물으십니다. 이것이 하나님의 두 번째 말씀입니다.

㉠ "판벽한 집"이란 표현은, "이 전(殿)이 황무"(荒蕪)하다는 말과 대조적으로 한 말씀입니다. "전은 황무"한 채로 버려두고 자신들의 집은

견고하고 아름답게 꾸몄다는 것입니다. 다윗은 나단 선지자에게, "나는 백향목 궁에 거하거늘 하나님의 궤는 휘장 가운데 있도다"(삼하 7:2) 하고 송구해 했습니다.

④ "그러므로 이제 나 만군의 여호와가 말하노니 너희는 자기의 소위를 살펴볼 지니라"(5) 하십니다.

㉠ "소위를 살펴볼 지어다" 하신 말씀이 7절에도 나오는데 여기에는 두 방면으로 나타납니다. 첫째는, ㉮ "너희의 소행, 너희의 하는 짓들"을 반성해 보라는 뜻입니다. 둘째는, ㉯ 그 결과가 어떤 형편, 어떤 처지가 되었는지 살펴보라는 뜻이 있습니다. 이점이,

⑤ "너희가 많이 뿌릴 지라도 수입이 적으며 먹을 지라도 배부르지 못하며 마실 지라도 흡족하지 못하며 입어도 따뜻하지 못하며 일군이 삯을 받아도 그것을 구멍 뚫어진 전대에 넣음이 되느니라"(6) 하신 말씀에 나타납니다.

㉠ 그러니까 저들은 지혜로운 자 같았으나 미련한 자가 되어 헛수고를 하고 있었던 것입니다.

둘째 단원(7-11) 전을 건축하라 내가 영광을 얻으리라

"나 만군의 여호와가 말하노니 너희는 자기의 소위를 살펴볼 지니라"(7) 하고 거듭 촉구하시면서,

㉠ "너희는 산에 올라가서 나무를 가져다가 전을 건축하라 그리하면 내가 그로 인하여 기뻐하고 또 영광(榮光)을 얻으리라 나 여호와가 말하였느니라"(8) 하고 말씀하십니다. 이는 세 마디로 되어 있는데, ㉮ "전을 건축하라". ㉯ "내가 기뻐하고", ㉰ "영광을 얻으리라" 하십니다.

㉡ 포로에서 귀환하여 세운 제2성전은 그 규모나 화려함에 있어서

솔로몬의 성전에 크게 미치지를 못했습니다. 그래서 첫 성전을 보았던 노인들은 "대성통곡"(스 3:12)을 했습니다. 하나님께서도 "이것이 너희에게 어떻게 보이느냐 너희 눈에 보잘 것이 없지 아니 하냐"(2:3) 하십니다. 그런데 창조주 하나님 만군의 여호와께서 이 건물을 통해서, "기뻐하고 또 영광을 얻으리라" 하신단 말씀인가?

ⓒ "산에 올라가서 나무를 가져다가 전을 건축하라"(8) 하신 "나무"는, 2:8절의 "은도 내 것이요, 금도 내 것이라" 한 말씀과 예리하게 대조가 되는 말씀입니다. "나무를 가져다가 전을 건축하라" 하시는 데서 초가(草家)를 연상하게 되기 때문입니다. 그러므로 하나님의 의중(意中)을 구속사의 맥락에서 구해야 하는 것입니다. 하나님은 언제 기뻐하시고, 영광을 얻으시는가? 그것은 소나 양 같은 생축을 통해서도 아니고, 사람이 손으로 지은 건물을 통해서도 아닙니다. 오직 "잃은 양을 찾았노라"(눅 15:6), 즉 잃어버린 자기 백성"이 돌아오게 될 때만이 기뻐하시고 영광을 얻으시게 되는 것입니다.

ⓔ 다시 말씀을 드리면 저들이 성전을 건축하고 예배를 드리게 되어 소원(疏遠)했던 하나님과의 교제가 회복되게 될 때 "기뻐하시고, 영광을 얻으시게" 된다는 말씀입니다. 이를 달리 말하면 인간 편에서는 메시아언약 안에서만이 "기쁨과 구원"이 있고, 하나님 편에서는, 메시아의 대속을 통해서만이 "기쁨과 영광"을 받으시게 된다는 뜻입니다. 주님은 십자가를 앞에 놓고, "아버지여 아버지의 이름을 영화롭게 하옵소서"(요 12:28) 하셨고, 하나님은 "이는 내 사랑하는 아들이요 내 기뻐하는 자라"(마 3:17) 말씀하십니다. 그러므로 "성전"이라는 건물은 내용물(內容物)을 담는 그릇과 같은 역할을 할 뿐입니다.

⑥ "너희가 많은 것을 바랐으나 도리어 적었고 너희가 그것을 집으로 가져갔으나 내가 불어 버렸느니라 나 만군의 여호와가 말하노라 이것이 무슨 연고(緣故)뇨 내 집은 황무하였으되 너희는 각각 자기의 집에 빨

랐음이니라"(9) 하십니다.

㉠ "내 집은 황무하였으되 너희는 각각 자기의 집에 빨랐다"는 말씀을 교훈적으로만 취급하여 "우선순위"(優先順位)가 잘못되었다는 식으로 여기는 것은 핵심을 약화시키고 흐리게 할 우려가 있습니다. 왜냐하면 이에 함의되어 있는 신령한 의미는 외면한 체 자기 집보다 하나님의 성전 건물을 먼저 짓기만 하면 되는 양 물리적으로 인식될 수가 있기 때문입니다. 그렇게 되면 수박 겉핥기식이 되고 맙니다. 하나님께서 성전을 건축하는 솔로몬에게 나타나셔서, "내 이름을 위하여 내가 거룩하게 구별한 이 전(殿)이라도 내 앞에서 던져버리리니"(왕상 9:7) 하신 의중이 무엇인가를 생각해보시기 바랍니다.

㉡ 근본적인 문제는, "내가 너희 손으로 지은 모든 일에 폭풍과 곰팡과 우박으로 쳤으나 너희가 내게로 돌이키지 아니 하였느니라"(2:17) 한, 하나님을 떠난 저들의 마음에 있었던 것입니다. 그러면 형제는 성도들의 마음이 하나님께로 돌아온다는 것이 무엇을 뜻하는지 말해줄 수가 있습니까? 노아는 방주 안에서 구원을 얻었습니다. 이스라엘은 유월절 어린양의 피가 뿌려진 대문 안에서 구원을 얻은 사람들입니다. 그러므로 신구약을 막론하고 하나님께로 돌아온다는 뜻은 메시아언약 안으로, 그리스도 예수 안으로, 복음 안으로 돌아옴을 의미합니다. 구원은, 그리고 하나님과의 교제와 교통은 그리스도 안에만 있기 때문입니다. 밖에는 없습니다.

㉢ 아모스 4장에는, "너희가 내게로 돌아오지 아니 하였느니라"는 말씀이 5번이나 나옵니다. "양식이 떨어지게 하였으나(6), 가뭄으로 쳤으나(8), 풍재로 치셨으나(9), 염병을 임하게 하였으나(10), 전쟁으로 치셨으나"(11), "너희가 내게로 돌아오지 아니 하였느니라" 하십니다. 저들은 끝내 메시아언약 안으로 돌아오지 않고 우상을 숭배하다가 멸망을 당한 것입니다.

⑦ 학개서에서도, "그러므로 너희로 인하여 하늘은 이슬을 그쳤고 땅은 산물을 그쳤으며 내가 한재를 불러 이 땅에, 산에, 곡물에, 새 포도주에, 기름에, 땅의 모든 소산에, 사람에게, 육축에게, 손으로 수고하는 모든 일에 임하게 하였느니라"(10-11) 합니다.

㉠ 이렇게 하심이 성전건물을 짓지 않았기 때문이라는 것은 표면적인 이유입니다. 하나님은 아름다움의 극치라 할 수 있는 솔로몬의 성전을 던져버리신 분이십니다. 하나님은 "내 아들아 네 마음을 내게 주며"(잠 23:26) 하십니다. 그러므로 "이 전이 황무하였거늘" 이라는 말씀을 구속사라는 관점으로 보면 "메시아언약"이 황폐하여졌다는 뜻이요, 그리하여 저들의 마음의 성전, 즉 심령이 "황무지"처럼 되었다는 뜻이 되는 것입니다.

㉡ 성경 주석(註釋)도 필요하고, 강해(講解)도 유익합니다. 그런데 "누가 주의 마음을 알아서 주를 가르치겠느냐 그러나 우리가 그리스도의 마음을 가졌느니라"(고전 2:16) 한 "주의 마음"을 전하는 것이 설교입니다. "마음"이 빠진 설교는 소리 나는 구리와 울리는 꽹과리가 되고 마는 것입니다. 학개서에 나타난 하나님의 마음을 2장에 가서 더욱 분명히 깨닫게 될 것입니다.

셋째 단원(12-15) 내가 너희와 함께 하리라

⑧ "스알디엘의 아들 스룹바벨과 여호사닥의 아들 대제사장 여호수아와 남은바 모든 백성이 그 하나님 여호와의 목소리와 선지자 학개의 말을 청종하였으니 이는 그들의 하나님 여호와께서 그를 보내셨음을 인함이라 백성이 다 여호와를 경외하매"(12),

㉠ 이점에서 선지자들이 세움 받은 시대적인 배경을 생각해보는 것

이 도움이 될 것입니다. 바사 왕 고레스가, "예루살렘으로 올라가서 거기 있는 여호와의 전을 건축하라"(스 1:3) 하고 영을 내린 것이 B.C. 538년입니다. 돌아와서 약 2년의 준비기간을 거친 후에 제2성전을 착공하였다가 2년 후에 중단이 되어 무려 14년이나 방치되어 있던 시점(時點)에 학개가 선지자로 세움을 입었고, 스가랴 선지자는 두 달 후에 세움을 입어 학개와 합세하여 동역을 했습니다.

㉡ 이를 통해서 두 가지를 말씀해주는데 첫째는, 포로에서 귀환한 후 학개가 첫 선지자라는 점이고 둘째는, 선지자를 필요(必要)로 하는 시대는 잘못되어 가고 있다는 증거라는 점입니다. 14년간이나 참고 기다리시던 하나님은 급기야 학개와 스가랴를 동시에 투입을 하신 것입니다. 문제는 저들이 선지자의 말에 어떻게 반응(反應)할 것인가 하는 점입니다.

㉢ 스룹바벨과 여호수아는 물론, "남은바 모든 백성이 그 하나님 여호와의 목소리와 선지자 학개의 말을 청종하였으니 이는 그들의 하나님 여호와께서 그를 보내셨음을 인함이라 백성이 다 여호와를 경외하매"(12) 합니다. 여기서 주목해야할 점은 "남은 바 모든 백성"이라는 표현인데 14절에서도 "남은 바 모든 백성"이라고 거듭 말씀합니다. 이점에서 깨닫게 되는 것은 포로에서 귀환한, "남은 자"들이 이전의 백성들과 다르다는 점이 나타나고 있다는 것입니다.

㉣ 이전에 백성들은, "너희 열조가 애굽 땅에서 나온 날부터 오늘까지 내가 내 종 선지자들을 너희에게 보내었으되 부지런히 보내었으나 너희가 나를 청종치 아니하며 귀를 기울이지 아니하고 목을 굳게 하여 너희 열조보다 악을 더 행하였느니라"(렘 7:25) 하십니다. "내 백성이 결심하고 내게서 물러가나니 비록 저희를 불러 위에 계신 자에게로 돌아오라 할지라도 일어나는 자가 하나도 없도다"(호 11:7) 하고, 청종하지를 않았습니다.

⑨ 그런데 "남은바 모든 백성"들이 선지자로 하신 하나님의 말씀을 청종하고 있다는 것은 놀라운 변화입니다. 이렇게 하자, "때에 여호와의 사자 학개가 여호와의 명을 의지하여 백성에게 고하여 가로되 나 여호와가 말하노니 〈내가 너희와 함께하노라〉"(13) 하시는 것입니다.

㉠ "내가 너희와 함께하노라"는 말씀에 1장의 핵심이 있습니다. 남은바 모든 백성들은 하나님의 말씀을, "칭종(聽從)하고, 여호와를 경외" 하였고, 하나님께서는, "내가 너희와 함께하노라" 하고 응답(應答)하신다면 이미 성전은 세워진 것이나 다름이 없는 것입니다. 구속사에 쓰임받은 모든 하나님의 사람들의 원동력(原動力)은 "내가 너와 함께 있으리라"에서 나온 것입니다.

⑩ "여호와께서 스알디엘의 아들 유다 총독 스룹바벨의 마음과 여호사닥의 아들 대제사장 여호수아의 마음과 남은바 모든 백성의 마음을 흥분시키시매 그들이 와서 만군의 여호와 그들의 하나님의 전 역사를 하였으니"(14),

㉠ "흥분(興奮)시켜셨다"는 것은 "감동시키셨다"는 것과 같은 뜻입니다. 성경은, "여호와께서 예레미야로 하신 말씀을 응하게 하시려고 바사 왕 고레스의 마음을 감동"시키셨다고 말씀하고, "무릇 그 마음이 하나님께 감동을 받고 올라가서 예루살렘 여호와의 전을 건축코자 하는 자가 다 일어나니"(스 1:1, 5) 합니다. "남은바 모든 백성의 마음들을 흥분시키시매", 즉 "다시 불 일듯 하게"(딤후 1:6) 하신 것입니다. 그리하여 "하나님의 전 역사를 시작하였으니 때는 다리오 왕 2년 6월 24일이었더라"(15). B.C. 534년에 중단하였던 공사가 B,C, 520년, 즉 14년 만에 재개가 된 것입니다.

㉡ 이 장면을 에스라서에서는, "선지자들 곧 선지자 학개와 잇도의 손자 스가랴가 이스라엘 하나님의 이름을 받들어 유다와 예루살렘에 거하는 유다 사람에게 예언하였더니 이에 스알디엘의 아들 스룹바벨과 요

사닥의 아들 예수아가 일어나 예루살렘 하나님의 전 건축하기를 시작하매 하나님의 선지자들이 함께 하여 돕더니"(스 5:1-2) 하고 말씀합니다. 형제여, 결론에 이르러 깨닫게 될 것입니다만 지금 우리들도, "성령 안에서 하나님의 거하실 처소가 되기 위하여 예수 안에서 함께 지어져 가는"(엡 2:22) 중임을 믿으시기 바랍니다.

⑪ 묵상해보겠습니다.

㉠ 너희 소위를 살펴보라 한 자신의 소위에 대해서,

㉡ 기뻐하고 영광을 얻으리라 하신 구속사적 의미에 대해서,

㉢ 남은 자의 반응과 하나님의 보장에 대해서.

학개 2:1-9절 개관도표

주제 : 내가 영광으로 이 전에 충만케 하리라

두려워 말고 굳세게 하라

1-5
1 칠월 곧 그 달 이십일일에 여호와의 말씀이 선지자 학개에게 임하니라 가라사대

2 ① 너는 스알디엘의 아들 유다 **총독 스룹바벨과**
여호사닥의 아들 **대제사장 여호수아와**
남은 백성에게 고하여 이르라

3 ② 너희 중에 남아 있는 자 곧 이 전의 이전 영광을 본 자가 누구냐
이제 이것이 너희에게 어떻게 보이느냐
이것이 너희 눈에 보잘 것이 없지 아니 하냐

4 ③ 그러나 나 여호와가 이르노라
스룹바벨아 **스스로 굳세게 할 지어다**
여호사닥의 아들 대제사장 여호수아야 **스스로 굳세게 할 지어다**
나 여호와의 말이니라 이 땅 모든 백성아 **스스로 굳세게 하여 일할 지어다**

④ **내가 너희와 함께 하노라** → **너희는 두려워하지 말지어다**
만군의 여호와의 말이니라

5 ⑤ 너희가 애굽에서 나올 때에
내가 너희와 언약한 말과
나의 신이 오히려 너희 중에 머물러 있나니

나중 영광이 더욱 크리라

6-9
6 나 만군의 여호와가 말하노라

⑥ 조금 있으면 내가
하늘과 땅과 바다와 육지를 진동시킬 것이요
7 **또한 만국을 진동시킬 것이며**

만국의 보배가 이르리니
내가 영광(榮光)으로 이 전(殿)에 충만(充滿)케 하리라

만군의 여호와의 말이니라

8 ⑦ **은도 내 것이요**
금도 내 것이니라

만군의 여호와의 말이니라

9 ⑧ **이 전의 나중 영광이 이전 영광보다 크리라**

만군의 여호와의 말이니라

⑨ **내가 이곳에 평강을 주리라**

만군의 여호와의 말이니라

2:1-9절

내가 영광으로 이 전에 충만케 하리라

7또한 만국을 진동시킬 것이며 만국의 보배가 이르리니 내가 영광으로 이 전에 충만케 하리라 만군의 여호와의 말이니라.

2:1-9절 말씀은 첫 번 말씀이 임하고 약 50일이 지난 후, 성전건축을 시작한지 약 4주 후에 임한 두 번째 말씀입니다. 전부가 아홉 절밖에 안되지만 모두가 주옥같은 보배로운 말씀이기에 문단을 나누어 증거코자 합니다. 그러므로 여기가 학개서의 심장이라 할 수가 있는데 중심점은, "내가 영광으로 이 전(殿)에 충만(充滿)케 하리라"는 말씀에 있습니다. 1장은, "하나님의 전 역사"를 시작하는 것(1:14-15)으로 끝났는데, 건물(建物)이나 인간의 몸은 그릇과 같은 것으로 무엇으로 채우느냐가 중요합니다. 하나님은 "내가 영광으로 이 전에 충만케 하리라" 하십니다. 이 말씀을 하시기 위해서 두 번째 임한 것입니다.

도표를 보시면, "내가 영광으로 이 전에 충만(充滿)케 하리라"는 말씀을 중심으로, ① "총독, 대제사장, 백성들에게 고하라", ② "이것이 너희 눈에 보잘 것이 없지 아니 하냐" 하십니다. ③ "그러나 굳세게 할 지어다" 하고 격려하시면서, ④ "내가 너와 함께 하노라", ⑤ "나의 언약, 나의 신이 너희 중에 머물러 있나니" 두려워하지 말라. ⑥ "조금 있으면 만국을 진동시킬 것이라" 하십니다. 그리고 하신 말씀이 "내가 영광으로 이 전에 충만케 하리라", ⑦ "은도 내 것이요, 금도 내 것이라", ⑧ "이 전(殿)의 나중 영광이 이전(以前) 영광보다 크리라", ⑨ "내가 이곳에 평강을 주리라" 하고 약속하십니다. 이를 두 단원으로 나누어 상고하겠습니다.

첫째 단원(1-5) **두려워말고 굳세게 하라**
둘째 단원(6-9) **나중 영광이 더욱 크리라**

주제(主題) : 내가 영광으로 이 전에 충만케 하리라

㉠ 모세가 하나님께서 명하신 식양(式樣) 대로 성막 세우기를 필하였을 때에, "구름이 회막에 덮이고 여호와의 영광이 성막에 충만하매" (출 40:34), 얼마나 충만했으면 모세가 회막에 들어갈 수가 없었다고 말씀합니다.

㉡ 솔로몬이 하나님이 그려주신 대로 성전을 건축하여 헌당하였을 때에, "여호와의 영광이 그 전에 가득하니 여호와의 영광이 여호와의 전에 가득하므로 제사장이 그 전에 들어가지 못하였고"(대하 7:1-2) 합니다.

㉢ 성막(聖幕)과, 성전(聖殿)은, "말씀이 육신이 되어 우리 가운데 거하실" 임마누엘에 대한 모형으로 주어진 것입니다. 그리하여 "우리가 그 영광을 보니 아버지의 독생자의 영광이요 은혜와 진리가 충만하더

라"(요 1:14) 하고 성취가 된 것입니다. 하나님께서는 지금 이를 이루어 나가시는 중입니다. 그래서 "내가 영광으로 이 전(殿)에 충만케 하리라, 이 전(殿)의 나중 영광이 이전(以前)의 영광보다 크리라"(9) 하시는 것입니다.

㉢ 성전을 건축하라 하시는 의도가 무엇이며, 성전이 왜 필요한가? 이를 세 가지로 요약할 수가 있는데, 첫째는 예배를 통해서 하나님과 교제하기 위해서요, 둘째는 번제, 속죄제 등을 통하여 메시아언약을 망각하지 않게 하기 위해서요, 셋째는 고난과 시련 중에도 메시아를 대망(待望)하는 소망으로 살아가게 하기 위해서입니다.

첫째 단원(1-5) 두려워말고 굳세게 하라

① "칠월 곧 그 달 이십일일에 여호와의 말씀이 선지자 학개에게 임하니라 가라사대 너는 스알디엘의 아들 유다 총독 스룹바벨과 여호사닥의 아들 대제사장 여호수아와 남은 백성에게 고하여 이르라"(1-2) 하십니다. 무엇을 고하라 하시는가?

② "너희 중에 남아 있는 자 곧 이 전(殿)의 이전(以前) 영광을 본 자가 누구냐 이제 이것이 너희에게 어떻게 보이느냐 이것이 너희 눈에 보잘 것이 없지 아니하냐" 하십니다. 포로에서 귀환한 후에 재건되는 제2성전은 솔로몬의 전성시대에 세운 성전에 비해서 너무나 초라했습니다. 그리하여 첫 성전을 목격했던 노인들은 "대성통곡"(스 3:12)을 했다고 기록되어 있습니다.

③ "그러나 나 여호와가 이르노라 스룹비벨아 스스로 굳세게 할 지어다 여호사닥의 아들 대제사장 여호수아야 스스로 굳세게 할 지어다 나 여호와의 말이니라 이 땅 모든 백성아 스스로 굳세게 하여 일할 지어

다"(4상) 하고, 그 초라함을 책망을 하시는 것이 아니라 격려하십니다.

㉠ 이 격려는 성전 건축을 재개(再開)한지 한 달 정도 지난 후에 임한 말씀입니다. 이로 보건대 저들은 두 가지 면에서 낙심하고 있었던 것으로 여겨집니다. 첫째는, 자신들이 하고 있는 일이 너무나 보잘 것이 없는 일이라고 여긴데서 오는 낙심입니다. 이점이 "은도 내 것이요, 금도 내 것이라" 하시면서, "이 전의 나중 영광이 이전의 영광보다 크리라" 하신 말씀에 나타납니다.

㉡ 둘째는 대적의 방해입니다. 그래서 총독, 대제사장, 모든 백성에게 "굳세게 할 지어다"는 말씀을 각각 하시면서 "두려워하지 말지어다"(5) 하십니다. "내우외환"(內憂外患)의 시련은 주의 종 누구에게나 따르는 것입니다. 사도 바울은 "우리가 마게도냐에 이르렀을 때에도 우리 육체가 편치 못하고 사방으로 환난을 당하여 밖으로는 다툼이요 안으로는 두려움이라"(고후 7:5) 합니다. 밖에서 오는 환난보다도 열매의 빈약에서 오는 침체가 주의 종들을 무기력하게 만듭니다. 그래서 바울은, "우리가 선을 행하되 낙심하지 말지니 피곤하지 아니하면 때가 이르매 거두리라"(갈 6:9) 하고 격려합니다.

④ 본문에서도 "내가 너희와 함께 하노라 만군의 여호와의 말이니라"(4하) 하고 보장해주십니다.

㉠ 하나님은 구원계획을 이루시기 위해서, "아브라함, 이삭, 야곱, 모세, 여호수아, 다윗, 베드로, 요한, 바울" 등 많은 종들을 들어 쓰셨습니다. 이들은 육적으로 하면 "약하고, 천하고, 멸시 받고, 없는 자들"(고전 1:26-29)이었습니다. 그런 자들이 자신에게 부여된 사명을 감당할 수 있었던 원동력(原動力)이 어디서 나온 것인가? 오직 한마디, "내가 정녕 너와 함께 있으리라"(출 3:12)에서 온 것입니다.

㉡ 그러므로 주님께서 지상명령(至上命令)을 하시고 보장해주신 말씀이 무엇인가? "내가 너희에게 큰 예배당을 주리라, 선교 자금을 주리

라" 하신 것이 아닙니다. "볼지어다 내가 세상 끝 날까지 너희와 항상 함께 있으리라"(마 28:20)는 말씀입니다. 이에 대한 우리의 응답이 무엇인가? "그가 친히 말씀하시기를 내가 과연 너희를 버리지 아니하고 과연 너희를 떠나지 아니하리라 하셨느니라 그러므로 우리가 담대히 가로되 주는 나를 돕는 자시니 내가 무서워 아니 하겠노라 사람이 내게 어찌 하리요"(히 13:5-6) 하는 "믿음"입니다.

⑤ "너희가 애굽에서 나올 때에 내가 너희와 언약한 말과 나의 신이 오히려 너희 중에 머물러 있나니 너희는 두려워하지 말 지어다"(5) 하십니다.

㉠ 하나님은 두 가지를 들어서 격려하시는데 첫째로 저들에게는, "언약한 말씀"이 있다는 것입니다. 그러면 그 언약이 무엇을 가리키는가? 문맥적으로 보면 바로 앞 절에서 "내가 너희와 함께 하노라"와 결부되는 것으로 볼 수가 있습니다. 한마디로 "나는 너희 하나님이 되고 너희는 내 백성이 되리라"(출 6:7, 29:45, 신 29:13) 하신 언약입니다. 그리고 이는 율법으로 되는 것이 아니라 유월절 어린양의 피, 즉 메시아언약 안에서만이 가능하여 지는 것입니다.

㉡ 둘째는, "나의 신이 오히려 너희 중에 머물러 있나니" 하신 말씀입니다. "나의 신"(神)이란 성신을 가리키는데 구약성경에서 이런 보장을 대한다는 것은 우리에게 큰 도전이 됩니다. 구약시대에도 성령의 역사는 있었습니다. 모세가 "이 모든 백성을 내가 잉태하였나이까, 책임이 심히 중하여 나 혼자는 이 모든 백성을 질 수 없나이다" 하고 탄원하자 하나님은, "네게 임한 신(神)을 그들(70인 장로)에게도 임하게 하리니 그들이 너와 함께 백성의 짐을 담당하고 너 혼자 지지 아니 하리라"(민 11:12, 17) 하고 말씀하셨습니다. 성경은 "여호와의 신이 사울에게서 떠나고, 다윗이 여호와의 신에게 크게 감동되니라"(삼상 16:13-14) 합니다.

㉢ 하물며 "말세에 내가 내 영으로 모든 육체에게 부어주리니"(행 2:17) 한 신약의 성도들이 자신들에게 아들의 피로 세워주신 "새 언약"이 있고, "너희가 하나님의 성전인 것과 하나님의 성령이 너희 안에 거하시는 것을 알지 못하느뇨"(고전 3:16) 한, "성령"을 모셨다는 것은 더 이상은 없는 위로와 격려가 되는 말씀입니다. 좀 더 인용을 한다면, "성도(聖徒)가 세상을 판단할 것을 너희가 알지 못하느냐, 우리가 천사(天使)를 판단할 것을 너희가 알지 못하느냐, 너희 몸이 그리스도의 지체인 줄을 알지 못하느냐, 너희 몸이 성령의 전(殿)인 줄을 알지 못하느냐"(고전 6:2, 3, 15, 19) 하고, 우리 심령을 연속적으로 두드리므로 우리의 정체성을 일깨워줍니다. "언약한 말과 나의 신이 오히려 너희 중에 머물러 있나니 너희는 두려워하지 말지어다" 하신 정체성(正體性)만 망각하지 않는다면 신앙생활에 혁명이 일어날 것입니다.

둘째 단원(6-9) 나중 영광이 더욱 크리라

⑥ "나 만군의 여호와가 말하노라 조금 있으면 내가 하늘과 땅과 바다와 육지를 진동시킬 것이요 또한 만국을 진동시킬 것이며"(6-7상) 하십니다.

㉠ 둘째 단원의 핵심어는 하나님께서 주권적으로 이루시겠다는, "내가"에 있습니다. "내가" 라는 말이 3번(6, 7, 9), "만군의 여호와의 말이니라"가 5번 등장하여 모두가 하나님이 행해주시겠다는 하나님의 행사(行事)입니다. "내가 하늘, 땅, 바다, 육지를 진동시킬 것이요, 또한 만국을 진동시킬 것이며" 하십니다. 21절에서도 "내가 하늘과 땅을 진동시킬 것이요" 하고 거듭 말씀하십니다.

㉡ 먼저 "하늘, 땅, 바다, 만국"을 진동시키실 때가 언제인가 하는

점입니다. 여기에는 복합적인 의미가 있습니다. 첫째는, 그리스도의 초림(初臨) 때를 가리킵니다. 하나님께서 시내산에 갈림하셨을 때에, "우뢰와 번개와 빽빽한 구름이 산 위에 있고 나팔 소리가 심히 크니 진중 모든 백성이 다 떨더라"(출 19:16) 했다면, 성자 하나님께서 영광의 보좌를 떠나 인간의 몸을 입으시고 이 땅에 강림하신 "임마누엘" 사건은 얼마나 더욱 놀라운 사건인가! 이를 "내가 하늘과 땅과 바다와 육지와 만국을 진동시킬 것"이라고 밖에는 달리는 표현할 길이 없었을 것입니다. 얼마나 진동시키셨으면 성전 휘장이 둘로 찢어지고, 세계역사가 주전과 주후로 갈라졌겠는가! 이를 인간의 이성으로 따지려하지 말고 믿으시기 바랍니다.

ⓒ 둘째는, "만국을 진동시킬 것"이란 그리스도의 재림(再臨) 때를 염두에 두고 하신 말씀입니다. 히브리서는 말씀하기를, "그 때(시내산 강림)에는 그 소리가 땅을 진동하였거니와 이제는 약속하여 가라사대 내가 또 한 번 땅만 아니라 하늘도 진동하리라 하셨느니라"(히 12:26) 합니다.

ⓓ 그러면 어찌하여 "진동"(震動)시키신다 하는가? 이에 대한 설명이 히브리서 12:27절에 있습니다. "또 한 번이라 하심은 진동치 아니하는 것을 영존(永存)케 하기 위하여 진동할 것들 곧 만든 것들의 변동(變動)될 것을 나타내심이라"(히 12:27) 합니다. 설명을 부언한다면 현재의 세계는 진동할 것들이요, 쇠하고 시들어버릴 영화이지만 하나님이 건설하시려는 메시아왕국은 진동하지 않을 영원한 나라라는 말씀입니다. 그래서 "또 내가 새 하늘과 새 땅을 보니 처음 하늘과 처음 땅이 없어졌고 바다도 다시 있지 않더라"(계 21:1) 하는 것입니다. 이점을 베드로는 "산 소망"이라 부르면서 "썩지 않고 더럽지 않고 쇠하지 아니하는 기업"(벧전 1:3, 4)이라 말씀합니다.

ⓔ 이렇게 말씀하신 후에 본 문단의 주제(主題)인, "만국의 보배가

이르리니 내가 영광으로 이 전에 충만케 하리라 만군의 여호와의 말이니라"(7하) 하십니다. 문제는, "만국의 보배가 이르리니" 한 "보배"가 무엇을 가리키느냐에 있습니다. 크게 두 가지 해석이 제시되고 있는데 첫째는, 문자적으로 "만국의 보배"가 몰려오게 된다(참고, 사 60:9,. 계21:26)는 뜻으로, 둘째는 "만국이 사모할 그리스도"라는 해석입니다.

ⓑ 7-9절을 간추려보면,

㉮ "만국을 진동시킬 것이며",

㉯ "만국의 보배가 이르리니",

㉰ "내가 영광으로 이 전에 충만케 하리라",

㉱ "이전의 나중 영광이 이전 영광보다 크리라",

㉲ "내가 이곳에 평강을 주리라 만군의 여호와의 말이니라"(7-9) 하고, "진동"으로 시작하여 "평강"으로 마치는 문맥입니다.

⑦ 먼저, "은도 내 것이요 금도 내 것이니라 만군의 여호와의 말이니라"(8) 하신 말씀부터 생각해보겠습니다.

㉠ 이는 재건하는 성전의 보잘 것 없는 외모를 보고 대성통곡을 하는 자들을 염두에 두고 하신 말씀입니다. 즉 내가 원하는 것은 무엇이 부족한 것같이 "은금"에 있는 것이 아니다 하는 뜻입니다. 이런 맥락에서 "만국의 보배가 이르리니" 하셨다면 정답은 그리스도에 대한 상징이라는 쪽에 있다 하겠습니다. 문맥적으로 볼 때 모든 초점이 오직 그리스도에게 맞춰져 있을 뿐, 물질적인 "보배"가 끼어들 틈을 용납하고 있지 아니합니다.

⑧ 이점이 "이 전의 나중 영광이 이전 영광보다 크리라 만군의 여호와의 말이니라"(9상) 하시는 말씀에도 나타납니다.

㉠ "나중 영광이 이전(以前) 영광보다 크리라"는 말씀이 무슨 뜻인가? 이는 제2성전의 영광이 솔로몬 성전의 영광보다 크리라는 것도 아니요, 또한 물리적(物理的)인 측면에서 하신 말씀도 아닙니다. 그래서

"은도 내 것이요 금고 내 것이라" 하고, 그런 의미가 아님을 나타내신 것입니다.

⑨ 그런 후에 "내가 이곳에 평강을 주리라 만군의 여호와의 말이니라"(9하) 하시는데,

㉠ 이는 만국으로부터 몰려들 금은보화로 말미암은 "평강"이 아니라 오직 그리스도로 말미암아 성취될 "은혜와 평강"입니다. 에스겔 선지자를 통해서도, "내 종 다윗이 영원히 그 왕이 되리라 내가 그들과 화평의 언약을 세워서 영원한 언약이 되게 하고, 내 성소를 그 가운데 세워서 영원히 이르게 하리니"(겔 37:25-26) 하고 "화평(和平)의 언약을 세워주겠다"고 약속하십니다. 이런 맥락에서 볼 때에 본 문단의 주제가 그리스도도 보내주시고, 만국의 보배도 이르게 하리라는 두 가지 주제를 말씀하는 것이 아니라, 오직 한 가지 주제(主題)인 그리스도에 집중되어 있는 것으로 보아야 할 것입니다.

㉡ 베드로 사도는, "그러므로 너희에게는 보배이나 믿지 아니하는 자에게는 건축자들이 버린 돌이 모퉁이의 머릿돌이 되고"(벧전 2:7) 하고, 그리스도를 "보배"로 말씀합니다. 사도 바울도, "우리가 이 보배를 질그릇에 가졌으니" 하고, "그리스도의 영광의 복음"(고후 4:7, 4)을 역시 보배라고 말씀합니다. 이는 주님께서 "천국은 마치 밭에 감추인 보화와 같으니, 마치 좋은 진주를 구하는 장사와 같으니"(마 13:44, 45) 하신 말씀과도 상통합니다. 결론은, "이 전의 나중 영광"이, "성전"(聖殿)의 실체(實體)로 오실 그리스도를 가리키는 말씀이 분명하다면 "만국의 보배"도, 만국이 사모해야할 그리스도에 대한 상징으로 보는 것이 옳을 것입니다. 이것이 학개 선지자에게 임한 두 번째 말씀입니다. 우리는 이 보배를 이미 소유한 자들입니다.

㉢ 본 문단(2:1-9)을 마치기 전에 확인해야할 일이 남았습니다. 그것은 하나님이 행해주신 일과, 우리가 행해야할 일이 무엇인가 하는 점

입니다. 먼저 하나님이 행해주실 일입니다.

㉮ "내가 너희와 함께 하노라"(4) 하신 것,

㉯ "언약과 성령"(5)을 주신 일,

㉰ "하늘과 땅과 바다를 진동시킬"(6) 일,

㉱ "영광으로 이 전에 충만케 해주실 일"(7),

㉲ "만국의 보배가 이르세 하실" 일,

㉳ "이곳에 평강을 주리라"(9) 하신 일 등은 모두가 하나님이 행해주시겠다는 약속입니다.

㉣ 이 약속을 믿는 우리가 해야 할 일이 무엇인가? "스룹바벨아 스스로 굳세게 할지어다, 여호수아야 스스로 굳세게 할지어다, 모든 백성아 스스로 굳세게 하여 일할지어다"(4) 하신 말씀입니다. 사도 바울은 격려합니다. "그러므로 내 사랑하는 형제들아 견고하며 흔들리지 말며 항상 주의 일에 더욱 힘쓰는 자들이 되라 이는 너희 수고가 주 안에서 헛되지 않은 줄 앎이니라"(고전 15:58). 아멘.

⑩ 묵상해보겠습니다.

㉠ 두려워말고 굳세게 하라 격려하시는 의도에 대해서,

㉡ "만국을 진동시킬 것"이라는 의미에 대해서,

㉢ "이 전의 나중 영광이 더욱 크리라"에 대해서,

㉣ 하나님의 행해주실 일과, 우리가 해야 할 일에 대해서.

학개 2:10-23절 개관도표

주제 : 그 날에 내가 너로 인을 삼으리라

드리는 것도 부정하니라	10-14 10 다리오왕 이년 구월 이십 사일에 여호와의 말씀이 선지자 학개에게 임하니라 가라사대 11 나 만군의 여호와가 말하노니 너는 제사장에게 율법에 대하여 물어 이르기를 12 ① 사람이 옷자락에 거룩한 고기를 쌌는데 그 옷자락이 만일 떡에나 국에나 포도주에나 기름에나 다른 식물에 닿았으면 **그것이 성물이 되겠느냐** 하라 학개가 물으매 제사장들이 대답하여 가로되 **아니니라** 13 ② 학개가 가로되 시체를 만져서 부정하여진 자가 만일 그것들 중에 하나를 만지면 **그것이 부정하겠느냐** 제사장들이 대답하여 가로되 **부정하겠느니라** 14 ③ 이에 학개가 대답하여 가로되 여호와의 말씀에 **내 앞에서 이 백성이 그러하고** **이 나라가 그러하고** **그 손의 모든 일도 그러하고** **그들이 거기서 드리는 것도 부정하니라**
추억하라 복을 주리라	15-19 15 이제 청컨대 너희는 ④ **오늘부터 이전 곧 여호와의 전에 돌이 돌 위에 첩 놓이지 않았던 때를 추억하라** 16 그 때에는 이십 석 곡식더미에 이른즉 십 석뿐이었고 포도즙 틀에 오십 그릇을 길으려 이른즉 이십 그릇 뿐이었었느니라 17 나 만군의 여호와가 말하노라 내가 너희 손으로 지은 모든 일에 폭풍과 곰팡과 우박으로 쳤으나 ⑤ **너희가 내게로 돌이키지 아니하였었느니라** 18 ⑥ **너희는 오늘부터 이전을 추억하여 보라** 구월 이십 사일 곧 여호와의 전 지대를 쌓던 날부터 추억하여 보라 19 곡식 종자가 오히려 창고에 있느냐 포도나무, 무화과나무, 석류나무, 감람나무에 열매가 맺지 못하였었느니라 ⑦ **그러나 오늘부터는 내가 너희에게 복을 주리라**
내가 인을 삼으리라	20-23 20 그 달 이십 사일에 여호와의 말씀이 다시 학개에게 임하니라 가라사대 21 ⑧ 너는 유다 총독 스룹바벨에게 고하여 이르라 **내가 하늘과 땅을 진동시킬 것이요** 22 **열국의 보좌를 엎을 것이요 열방의 세력을 멸할 것이요** 그 병거들과 그 탄 자를 엎드러뜨리리니 말과 그 탄 자가 각각 그 동무의 칼에 엎드러지리라 23 나 만군의 여호와가 말하노라 스알디엘의 아들 내 종 스룹바벨아 나 여호와가 말하노라 **그 날에 내가 너를 취하고 너로 인을 삼으리니** **이는 내가 너를 택하였음이니라 만군의 여호와의 말이니라**

2:10-23절

그 날에 내가 너로 인을 삼으리라

[23]나 만군의 여호와가 말하노라 스알디엘의 아들 내 종 스
룹바벨아 나 여호와가 말하노라 그 날에 내가 너를 취하고
너로 인을 삼으리니 이는 내가 너를 택하였음이니라 만군
의 여호와의 말이니라.

2장 둘째 문단(10-23)의 내용은 학개에게 임한 세 번째 말씀(10-19)과, 네 번째 임한 말씀(20-23)입니다. 3차, 4차의 말씀들은 성전 역사를 재개한지 3개월 후인 다리오 왕 2년 9월 24일에 임했습니다. 같은 날에 임한 말씀이지만 3차의 말씀은 백성 전체에게 하신 말씀이고, 4차의 말씀은 스룹바벨 한 사람에게 하신 예언임을 유념해야만 합니다. 그리고 본 문단의 핵심은 스룹바벨에게, "그 날에 내가 너로 인을 삼으리라"는 말씀에 있는데 이는 학개서 전체의 핵심(核心)이 여기에 있는 것입니다.

도표를 보시면 "그 날에 내가 너로 인을 삼으리라"는 말씀을 중심으

로, ① "그것이 성물, 즉 거룩하겠느냐, 아니라"는 말씀과, ② "그것이 부정하겠느니라" 말씀하면서, ③ "내 앞에서 이 백성이 그러하다", 즉 거룩하지 못하고 부정하다 하십니다. 그런 후에 ④ "성전이 불타던 때를 추억하여 보라", ⑤ "너희가 내게로 돌아오지 아니 하였느니라". ⑥ 이번에는 성전건축을 중단한 때로부터 오늘까지를 추억해보라 하시면서, ⑦ "그러나 오늘부터 복을 주리라" 하십니다. ⑧ 스룹바벨에게 두 가지를 말씀하시는데, "땅을 진동시키고 보좌를 엎을 것이라, 그 날에 내가 너를 인(印)을 삼으리라" 하십니다. 이에 대한 구속사적 의미가 무엇인가? 이를 세 단원으로 나누어 상고하겠습니다.

첫째 단원(10-14) **드리는 것도 부정하니라**
둘째 단원(15-19) **추억하라, 복을 주리라**
셋째 단원(20-23) **내가 너로 인을 삼으리라**

주제(主題) : 그 날에 내가 너로 인을 삼으리라

㉠ 20-23절은 여호와의 말씀이 임한 대상(對象)이 스룹바벨에 국한(局限)되었음을 유념해야만 합니다. 학개서에 "스룹바벨"의 이름이 7번(1:1, 12, 14, 2:2, 4, 21, 23) 등장하는데, 모두가 대제사장 여호수아와 함께 등장하고 이 대목(20-23)에서만 단독적(單獨的)으로 말씀하는 점을 주목해야만 합니다.

㉡ 이점에서 시대적인 배경(背景)을 염두에 두어야만 합니다. 지금 이스라엘에는 "왕"이 없습니다. 그러면 하나님께서 다윗에게, "네 나라가 네 앞에서 영원히 보전(保全)되고 네 위(位)가 영원히 견고(堅固)하리라"(삼하 7:16) 하고 세워주신 "왕위", 즉 그리스도에게서 성취될 왕위는 끊어졌단 말인가?

ⓒ 이에 대한 답변을 마태복음에 수록된 예수님의 족보가 증언해줍니다. "바벨론으로 이거한 후에 여고냐(여호야긴 왕)는 스알디엘을 낳고 스알디엘은 스룹바벨을 낳고"(마 1:12) 하고 다윗의 왕위가 끊어지지 않고 계승되어 내려온 것을 보여주고 있는데, 본서에서 "스알디엘의 아들 유다 총독 스룹바벨"(1:1, 14)이라 말씀하므로 다윗 왕통(王統)이 스룹바벨로 이어지고 있음을 나타내고 있는 것입니다.

ⓔ 이런 맥락에서 스룹바벨에게, "그 날에 내가 너를 취하여 너로 인(印)을 삼으리니"(23상) 한 말씀은 "왕"을 삼으시겠다는 뜻과 같은 것입니다. 하나님은 여호야긴(고니야) 왕을 가리켜서 "나의 오른 손의 인장 반지"(렘 22:24)라 하십니다. 그런데 "너로 인을 삼으리니" 한 말씀이 스룹바벨에게 이루어진 사실이 없고 이는 그리스도에 대한 예표(슥 3:8)가 분명한 것입니다. 이는 마치 죽은 지 수백 년이나 된 "내 종 다윗이 그들의 왕이 되리니 그들에게 다 한 목자가 있을 것이라"(겔 37:24) 하심과 같은 예언입니다. 학개서는 성전이라는 건물로 시작하여 그리스도에 대한 예표인 "너"라는 인물(人物)로 마치고 있는 것입니다.

첫째 단원(10-14) 드리는 것도 부정하니라

① "다리오왕 이년 구월 이십 사일에 여호와의 말씀이 선지자 학개에게 임하니라 가라사대 나 만군의 여호와가 말하노니 너는 제사장에게 율법에 대하여 물어 이르기를"(10-11), 하고 두 가지를 물어보라 하십니다. 이는 학개에게 임한 세 번째 말씀입니다.

㉠ 첫째는, "사람이 옷자락에 거룩한 고기를 쌌는데 그 옷자락이 만일 떡에나 국에나 포도주에나 기름에나 다른 식물에 닿았으면 그것이 성물이 되겠느냐 하라"(12상) 하십니다. "학개가 물으매 제사장들이 대

답하여 가로되 아니니라"(12하), 즉 거룩하여지지 않는다고 대답합니다.

② 둘째로, "학개가 가로되 시체를 만져서 부정하여진 자가 만일 그것들 중에 하나를 만지면 그것이 부정(不淨)하겠느냐"(13상) 하고 물으라 하십니다. "제사장들이 대답하여 가로되 부정하겠느니라"(13하) 합니다.

㉠ 문제는 이것이 무엇을 의미하며 어떤 의도에서 하신 말씀인가에 있습니다. 결론부터 말씀을 드리면 이스라엘 백성들은, 첫째로 "거룩하지 못하고", 둘째로, "부정하다"는 말씀입니다. 이 말씀이 성전 건축을 하고 있는 중에 임한 말씀임을 유념해야만 합니다. 왜냐하면 하나님께서는 성전을 건축하는 솔로몬에게도 이와 같은 말씀을 하셨기 때문입니다. "네가 만일 내 법도를 따르며 내 율례를 행하면, 내가 또한 이스라엘 자손 가운데 거하며 내 백성 이스라엘을 버리지 아니하리라(왕상 6:12-13), 만일 너희가 다른 신을 섬겨 그것을 숭배하면, 내가 거룩하게 구별한 이 전(殿)이라도 던져버리리니"(왕상 9:6-7) 하고 경고하셨습니다.

㉡ 그러면 이를 말씀하는 의도는 분명해진 것입니다. 하나님이 기뻐하시는 것은 성전건물을 얼마나 아름답게 꾸미느냐에 있는 것이 아니라 백성들의 마음이 거룩하고 깨끗하기를 원하신다는 말씀입니다. 그러므로 다음 단원에서는, "추억(追憶)하라"(15, 18, 18), 즉 돌이켜 생각하라는 말씀을 세 번이나 하시는 것입니다.

③ 그래서 "이에 학개가 대답하여 가로되 여호와의 말씀에 내 앞에서 이 백성이 그러하고 이 나라가 그러하고 그 손의 모든 일도 그러하고 그들이 거기서 드리는 것도 부정하니라"(14) 하는 것입니다. "부정하니라"는 말씀이 교훈적으로는 성화를 촉구하는 것이 되지만, 신학적으로는 자력으로는 거룩하여 질 수가 없다는 자력구원의 불가능성을 드러내는 말씀임을 간과하지 말아야만 합니다.

둘째 단원(15-19) **추억하라, 복을 주리라**

④ "이제 청컨대 너희는 오늘부터 이전 곧 여호와의 전에 돌이 돌 위에 첩 놓이지 않았던 때를 추억하라"(15) 하십니다. 이는 세 번째 임한 말씀의 계속입니다.

㉠ "여호와의 전에 돌이 돌 위에 첩 놓이지 않았던 때"란 예루살렘이 멸망하던 때를 가리킵니다. 이는 약 80년 전 당시의 열조들의 소위(所爲)가 어떠했는가를 추억(追憶)해보라, 즉 생각해보라는 말씀입니다.

㉡ "그 때에는 이십 석 곡식더미에 이른즉 십 석 뿐이었고 포도즙 틀에 오십 그릇을 길으려 이른즉 이십 그릇 뿐이었었느니라 나 만군의 여호와가 말하노라 내가 너희 손으로 지은 모든 일에 폭풍과 곰팡과 우박으로 쳤으나"(16-17상), 즉 하나님께서 징벌을 하셨으나,

⑤ 그러나 "너희가 내게로 돌이키지 아니하였었느니라"(17하) 하십니다. 이런 재난은 하나님께로 돌아오라는 부르심이었던 것입니다.

㉠ 그런데 "내게로 돌아오지 아니하였다"는 구체적인 의미가 무엇인가를 깊이 새겨야 합니다. 왜냐하면, 같은 포로귀환 후에 세움 받은 말라기서에 보면, "우리가 어떻게 하여야 돌아가리이까"(3:7) 하고, 자신들의 잘못도 모르고, 하나님께로 돌아가는 방도도 모른 체 도리어 항변하고 있기 때문입니다. 성경을 상고하다보면 하나의 공통점을 발견하게 되는데 그것은 잘못하고 있으면서도 잘못 된 줄을 모른다는 점입니다.

㉡ 우리도 예외가 아닐 것이기 때문에 "내게로 돌아오지 아니 하였느니라"는 말씀을 경각심을 가지고 돌이켜보아야만 합니다. 그것은 번제, 즉 예배를 드리지 않았다는 뜻도 아니요, 절기를 지키지 않았다는 뜻도 아닙니다. 형식적(形式的)인 종교인들은 도리어 이런 점에 철저합니다. 주님 당시의 바리새인들을 보십시오. 이런 의문들을 지킨다고 하나님과의 관계가 바른 관계라 할 수가 있는가? 아닙니다. 그러므로 하

나님이 원하시는 "돌아옴"은 메시아언약 안으로 돌아오라, 복음을 보수하라는 의미임을 명심해야만 합니다. 하나님과의 바른 관계는 그리스도 안에서만 가능하기 때문입니다.

⑥ "너희는 오늘부터 이전을 추억하여 보라 구월 이십 사일 곧 여호와의 전 지대를 쌓던 날부터 추억하여 보라"(18) 하고, 다시 한 번 촉구합니다.

㉠ 이는 포로에서 귀환한 후에 성전 지대(地臺), 즉 기초만 해놓고 14년이나 방치했던 날들을 추억케 보라는 말씀입니다. "곡식 종자가 오히려 창고에 있느냐 포도나무, 무화과나무, 석류나무, 감람나무에 열매가 맺지 못하였었느니라"(19상), 그렇지 못하지 않았느냐? 그 원인이 어디에 있는지 아느냐? 역시 "내게로 돌아오지 않았기" 때문이라는 말씀입니다.

⑦ "그러나 오늘부터는 내가 너희에게 복을 주리라"(19하) 하십니다.

㉠ 왜냐하면 저들이 선지자 학개의 책망을 받고 각성하여 일제히 일어나 성전건축을 재개했다는 것은 "하나님께로 돌아왔다"는 증거가 되기 때문에, "오늘부터는 내가 너희에게 복을 주리라" 하시는 것입니다. 이상이 세 번째 임한 말씀입니다.

셋째 단원(20-23) 내가 너로 인을 삼으리라

⑧ "그 달 이십 사일에 여호와의 말씀이 다시 학개에게 임하니라 가라사대 너는 유다 총독 스룹바벨에게 고하여 이르라"(20-21상) 하십니다. 이는 네 번째, 즉 마지막으로 임한 말씀입니다.

㉠ 본 단원에는 주님의 초림과 재림이 겹쳐진 그림으로 함께 나타납니다. "내가 하늘과 땅을 진동시킬 것이요 열국의 보좌를 엎을 것이

요 열방의 세력을 멸할 것이요 그 병거들과 그 탄 자를 엎드러뜨리리니 말과 그 탄 자가 각각 그 동무의 칼에 엎드러지리라"(21하-22) 합니다. 이는 열방에 대한 심판경고인데 종말적인 심판을 내다보고 하는 말씀입니다.

ⓛ 선지서들을 보면 한결같이 열방에 대한 심판을 경고하는 것을 보게 됩니다. 왜 이렇게 하시는가? 첫째는, 그리스도가 탄생할 선민 이스라엘을 대적했기 때문이요, 둘째는 열방에 의하여 고난을 당하고 있는 자기 백성들을 위로하고 격려하기 위해서입니다. 그러므로 "내가 하늘과 땅을 진동시킬 것이요 열국의 보좌를 엎을 것이요" 하신 말씀도, "굳세게 할 지어다(4), 너희는 두려워하지 말라"(5) 한 말씀과 결부되는 것으로 격려하는 말씀입니다.

ⓒ 그런데 이는 단순한 격려만이 아니라, "나 만군의 여호와가 말하노라 스알디엘의 아들 내 종 스룹바벨아 나 여호와가 말하노라 그 날에 내가 너를 취하고 너로 인을 삼으리니"(23상) 하는 말씀은 메시아에 대한 약속인 것입니다. 앞에서 말씀드린 대로 "인을 삼으리라"는 것은 "왕"을 삼으시겠다는 뜻인데, "시온의 딸아 크게 기뻐할 지어다, 보라 네 왕이 네게 임하나니"(슥 9:9) 한 그리스도께서 왕으로 오실 것에 대한 예언입니다.

ⓡ 마지막 절(23) 안에는 "내가 너를"이라는 말이 두 번이나 나옵니다. 이점에서 첫째 단원(10-14)에서 제기(提起)했던 "거룩과, 부정"(不淨)에 관한 물음에 대한 해답을 말씀드려야만 하겠습니다. 선지자는 말하기를, "여호와의 말씀에 내 앞에서 이 백성이 그러하고 이 나라가 그러하고 그 손의 모든 일도 그러하고 그들이 거기서 드리는 것도 부정하니라"(14) 하고, 총체적(總體的)으로 부정하다고 말씀했습니다. 그러면 이 "부정"(不淨)이 성전 건축을 재개함으로 정결해진단 말인가? 아닙니다. 그에 대한 답변이 함께 세움을 받은 스가랴서에 나옵니다.

ⓜ 대제사장 "여호수아가 더러운 옷을 입고 천사 앞에 섰는지라", 즉 부정한 모습으로 하나님 앞에 서 있는 것입니다. 하나님이 명하시기를, "그 더러운 옷을 벗기라 하시고 또 여호수아에게 이르시되 내가 네 죄과를 제하여 버렸으니 네게 아름다운 옷을 입히리라"(슥 3:3-4) 하십니다. 즉 부정을 제거해주신 것입니다. 그러면 "죄과를 제하고, 아름다운 옷을 입히시는 것"이 어떻게 가능하여지는가? "내 가 내 종 순을 나게 하리라, 이 땅의 죄악을 하루에 제하리라"(슥 3:8-9) 하신 그리스도께서 단 번에 드려주실 구속을 통해서뿐입니다.

ⓗ 모든 선지서가 그러합니다만 귀환 후에 기록된 "학개, 스가랴, 말라기"의 중심주제는 그리스도를 증거하는데 집중되어있습니다. 성전이라는 건물이 죄를 정결케 해주는 것도 아니요, 하나님의 나라는 은이나 금 같은 물질로 세워지는 것도 아니라 오직, "내가 너를" 통해서만이 가능하여진다는 말씀입니다. 그래서 스룹바벨을 "내 종"이라하시면서, "내가 너를 택하였다"고 말씀하시는 것입니다.

ⓢ 에스라서에 의하면 제2성전은, "유다 사람들의 장로들이 선지자 학개와 잇도의 손자 스가랴의 권면함으로 인하여 전 건축할 일이 형통한지라 이스라엘 하나님의 명령과 바사 왕 고레스와 다리오와 아닥사스다의 조서를 좇아 전을 건축하며 필역하되 다리오 왕 6년 아달월 3일에 전을 필역(畢役)하니라"(스 6:14-15) 하고 재개한 지 약 4년 만에 완공(完工)했다고 말씀하고 있습니다.

ⓞ 그런데 "너희는 산에 올라가서 나무를 가져다가 전을 건축하라"(1:8) 하고 촉구한 학개서에는, 성전건축에 대한 완공(完工)을 언급하고 있지 않다는 점입니다. 학개서는 건물이라는 "그것"으로 마치고 있는 것이 아니라, "너"라는 인칭대명사(人稱代名詞), 즉 한 인물(人物)로 마치고 있는 것입니다. 왜냐하면 우리의 구원은, 그리고 하나님 나라회복은 이 한 분으로 말미암아 가능하여지기 때문입니다. 하나님은 약속하

신 대로 "이 전(殿)의 나중 영광이이전보다 충만케" 해주셨으며 또한 영원히 충만토록 완성하여주실 것입니다. 아멘.

⑨ 묵상해보겠습니다.

㉠ 총체적인 부정이 어떻게 정결해지는가에 대해서,

㉡ 두 번의 추억하라와 우리가 추억해야할 일에 대해서,

㉢ 내가 너로 인을 삼으리라는 구속사적 의미에 대해서,

㉣ 학개서를 통한 깨달음과 도전에 대해서.

스가랴

스가랴서 파노라마

주제 : 여호와께서 천하의 왕이 되시리니

스가랴 선지자는 이사야 다음으로 메시아예언을 많이 증거한 선지자입니다. 그런데 이사야서는 66장이나 되는 반면 스가랴서는 열네 장에 불과합니다. 이처럼 적은 분량 속에 그리스도의 초림으로부터 재림에 이르기까지의 모든 증거가 농축이 되어 있는 메시아예언의 정수(精粹)라 할 수가 있습니다. 이 영광스러움을 잘 드러내고 증거할 수가 있을 것인가? "지혜와 계시의 영"(엡 1:17)을 우리 모두에게 주사 잘 증거하고, 잘 깨닫게 하여주시기를 기원합니다.

스가랴는 학개보다 두 달 정도 뒤에 세움을 받은 선지자입니다. 그의 1차적인 임무는 학개와 함께 14년간이나 중단된 성전을 건축하도록 독려하는 일이었습니다. 에스라 6장에서는, "유다 사람의 장로들이 선지자 학개와 잇도의 손자 스가랴의 권함으로 인하여 전 건축(建築)할 일이 형통한 지라"(스 6:14) 합니다. 그러면 하나님은 어찌하여 "성전재건"을 독려하기 위해서 두 명의 선지자를 동시에 세우셨을까요? 이는 구속사의 맥락에서 성전건축이라는 주제(主題)가 그마 만큼 중대(重大)한 의미를 갖기 때문입니다. 이점이 주님께서 "이 성전을 헐라 내가 사흘 동안에 일으키리라, 그러나 예수는 성전 된 자기 육체를 가리켜 말씀하신 것이라"(요 2:19, 21) 한 말씀에 드러납니다.

이런 맥락에서 학개서와 스가랴서는 공통점과 상이(相異)점이 나타납니다. 학개 선지자의 제일성(第一聲)은, "이 백성이 말하기를 여호와의 전(殿)을 건축할 시기가 이르지 아니하였다 하느니라"(학 1:2) 하고 곧바로 방치된 성전건축을 거론하고 있으나, 스가랴 선지자의 제일성(第一聲)은, "나 여호와가 무리의 열조에게 심히 진노(震怒)하였느니라"(1:2) 하고 시작합니다. 무슨 뜻인가? 하나님께서 조상들의 범죄로 인하여 솔로몬의 성전을 던져 버리셨음을 상기시킴으로 물리적인 성전보다도 우선하는 것이 있음을 일깨우고 있는 것입니다.

그러면 우선적(優先的)인 일이 무엇인가? "너희는 내게로 돌아오라"(1:3) 하신 "돌아옴", 즉 회개입니다. 이는 물리적(物理的)인 성전보다 "마음"의 성전이 더욱 중요함을 나타냅니다. 그런데 "돌아오라"는 말씀을 포로에서 귀환한 후에 세움을 받은, "학개(학 2:17), 스가랴, 말라기"(말 3:7), 세 명의 선지자가 공통적으로 촉구하고 있는 것을 보게 됩니다. 형제는 어떻게 하는 것이 하나님께로 돌아가는 것인가를 말해줄 수가 있습니까? 그것은 메시아언약 안으로 돌아오는 것입니다. 즉 애굽천지를 죽음의 천사가 심판할 때에, "유월절 어린양의 피가 뿌려진 대문 안"에만 안전하고 구원이 있음과 같은 원리입니다. 그런데 저들의 조상들은 메시아언약을 버리고 밖으로 뛰쳐나가 우상을 숭배하다가 심판을 당한 것입니다.

하나님의 구원계획이란 범죄로 인하여 하나님 존전에서 추방당한 인간을 하나님 앞으로 돌아올 수 있게 하는 역사입니다. 그리고 이 "돌아옴"은, "그리스도께서도 한 번 죄를 인하여 죽으사 의인으로서 불의한 자를 대신하셨으니 이는 우리를 하나님 앞으로 인도하려 하심이라"(벧전 3:18) 한 메시아언약 안에서만 가능하여 진다는 사실입니다.

그런데 문제의 심각성은 70년이라는 징벌을 당하고 포로에서 귀환한 후에도 또다시 하나님으로부터 멀어져가고 있다, 다시 말하면 메시아언약을 망각하고 있다는 사실입니다. 그러므로 스가랴 선지자는 물리적인 성전건축보다는 참 성전이신 그리스도를 증거하는데 역점을 두고 있습니다. 왜냐하면 하나님이 거하실 성전이란 금이나 은으로 지은 성전이 아니라 구속함을 얻은 "자기 백성 가운데 거하시는 것"이기 때문입니다. 그러므로 "시온의 딸아 노래하고 기뻐하라 이는 내가 임하여 네 거운데 거할 것임이니라"(2:10) 하십니다. 그런데 놀라운 사실은 이 약속이 유대인에게 한정(限定)된 것이 아니라, "그 날에 많은 나라가 여호와께 속하여 내 백성이 될 것이요 나는 네 가운데 거하리라"(2:10) 하고 이방인에게까지 개방이 될 것을 말씀하신다는 점입니다.

스가랴 1-6장에는 8가지 환상이 전개됩니다. 환상이란 현실(現實)이 어렵고 낙심이 될 때에 그들에게 용기와 소망을 주기 위한 계시의 방편입니다. 포로에서 부푼 꿈을 안고 돌아온 저들 앞에 전개되는 현실은 암담하기만 했습니다. 지금 재건하고 있는 성전건물도 솔로몬의 성전에 비하여 너무나 초라해서 대성통곡을 합니다. 이들에게 환상을 통해서 보여주시는 소망(所望)이 무엇인가? "소망을 품은 갇혔던 자들아 너희는 보장으로 돌아올 지니라"(9:12) 한 그리스도요, 궁극적인 소망은 오직 메시아왕국에 대한 비전입니다.

스가랴서는 그리스도의 탄생을 "순이라 이름 하는 사람이 자기 곳에서 돋아나서"(6:12, 3:8) 하고 말씀합니다. 어찌하여 순이라 하는가? 바벨론에 의하여 "밤나무, 상수리나무가 베임을 당한 그루터기"(사 6:13)

에서 돋아나기 때문입니다. 그래서 이사야 선지자도, "이새의 줄기에서 한 싹이 나며 그 뿌리에서 한 가지가 나서 결실할 것이요"(사 11:1) 하고 "싹, 가지"라 한 것입니다. 어찌하여 나귀새끼를 타고 입성(9:9)하신다고 말씀하는가? 그는 무력으로 정복하는 정치적(政治的)인 왕이 아니라, 노예 한 사람의 값인 은 30에 팔린(11:12) 종(從)이 되어서, "찔림을 당하고"(12:10), "치심"(13:7), 즉 대속적인 죽음을 죽으심으로, "죄와 더러움을 씻는 샘이 열리게"(13:1) 하여 돌아오게 해주실 구속주이시기 때문입니다.

이점이 3-4장에 잘 나타나 있는데, 먼저 3장을 보면, "대제사장 여호수아는 여호와의 사자 앞에 섰고 사단은 그의 우편에 서서 그를 대적하는 것"(3:1)을 보여주십니다. 어찌하여 사탄이 대적하는가? 대제사장 여호수아가 "더러운 옷"을 입고 있기 때문입니다. 뭐라고 대적하는가? 네 주제를 보라는 것입니다. 대제사장의 자격이 없다, 그런 주제로 하나님 앞에 서서 섬길 수가 있단 말이냐? 당장 집어치우라고 대적하는 것입니다. 본문을 보면 대제사장은 유구무언입니다. 대제사장은 백성의 대표자요, 이것이 우리들의 모습인 것입니다.

하나님께서는 사탄을 책망하십니다. "이는 불에서 꺼낸 그슬린 나무가 아니냐"(3:2) 하십니다. 타나 남은 볼품이 없는 그슬린 나무를 보신 적이 있으시겠지요. 이들은 바벨론이라는 불에서 꺼낸 그슬린 나무였습니다. 그냥 놓아 두셨다면 남은 것이 없이 다 타버렸을 터인데 하나님은 "남은 자"가 있게 하셨습니다.

"그 더러운 옷을 벗기라" 하십니다. 무슨 뜻인가? "내가 네 죄과(罪過)를 제하여 버렸으니 네게 아름다운 옷을 입히리라"(3:4) 하십니다. 이것이 어떻게 가능하여지는가? "내 종 순을 나게 하리라, 이 땅의 죄악(罪惡)을 하루에 제하리라"(3:8, 9) 하신 그리스도의 구속(救贖)을 통해서 뿐입니다. 하나님께로 돌아갈 수 있는 방도는 율법의 행위로는 불가능하고 오직 하나님이 마련해주신 "아름다운 옷", 즉 의롭다고 여겨주심을 힘입을 뿐입니다.

3장의 초점이 그리스도의 대제사장적 사명에 맞춰져 있다면, 4장의 총독(總督) 스룹바벨은 그리스도의 왕적(王的)인 사명에 맞춰져 있습니다. 그래서 "큰 산아 네가 무엇이냐 네가 스룹바벨 앞에서 평지가 되리라"(7상) 합니다. "그가 머릿돌을 내어 놓을 때에 무리가 외치기를 은총, 은총이 그에게 있을 지어다 하리라"(7하) 합니다.

"모퉁이 돌"은 건물의 방향을 바로잡기 위해서 제일 처음 놓는 돌이지만, "머릿돌"은 건물이 완공(完工)되었을 때에 맨 마지막으로 올려놓는 돌입니다. "스룹바벨의 손이 이 전(殿)의 지대(모퉁이 돌)를 놓았은즉 그 손이 또한 그것을 마치리라"(9상), 즉 머릿돌을 내어놓게 된다는 것입니다. 이 말씀이 1차적으로는 재건하는 성전의 완공을 가리킨다 하여도 스가랴서 전체와 구속사의 넓은 문맥으로 본다면, "내가 이 반석 위에 내 교회를 세우리니 음부의 권세가 이기지 못하리라(마 16:18), 너희 속에 착한 일을 시작하신 이가 그리스도 예수의 날까지 이루실 줄을 우리가 확신하노라"(빌 1:6) 한 말씀과 결부됨을 깨닫게 됩니다.

주님은, "보라 내가 속히 오리니" 하시면서, "나는 알파와 오메가요 처음과 나중이요 시작과 끝이라"(계 22:12-13) 하십니다. 무슨 뜻인가? 시작하신 것을 또한 완성하신다는 말씀입니다. 그리스도께서 초림(初臨)하셔서 죽으시고 다시 살아나심으로 이루어놓으신 구속사역을, 재림하심으로 완성하시지 않는다면 주님은 "알파는 되시나 오메가는 되지 못하고, 처음은 되시나 나중은 되지 못하고, 시작(始作)은 되시나 끝은 되지 못하는 것"이 되고 말 것입니다. 아닙니다. 만왕의 왕이시며, 우리

주 예수 그리스도는 재림하셔서 "머릿돌"을 올려놓으심으로 하나님의 나라건설을 완성하실 분이십니다. 그 때에 주님의 재림을 대망(待望)하던 모든 성도들은, "은총, 은총이 그에게 있을 지어다" 하고 찬양을 하게 될 것입니다.

그러므로 스가랴는 예언의 말씀을, "나의 하나님 여호와께서 임하실 것이요 모든 거룩한 자가 주와 함께 하리라"(14:5) 하고 주의 재림과, "여호와께서 천하의 왕이 되시리니"(14:5, 9) 하고 메시아왕국의 비전으로 마치고 있습니다. 즉 그리스도께서 고난을 통과하여 영광을 받으시게 될 것을 계시하고 있는 것입니다.

그리고 "예루살렘을 치러왔던 열국 중에서 남은 자가 해마다 올라와서 그 왕 만군의 여호와께 숭배하며 초막절(草幕節)을 지킬 것이라" 하고 "초막절"(14:16, 18, 19)로 마치고 있습니다. 하나님이 명하신 3대 절기, 즉 "유월절"은 주님의 십자가로, "오순절"은 성령강림으로 성취가 되었고 오직 하나 "초막절"만이 남은 것입니다. 주님께서 재림(再臨)하시는 날 우리는 광야생활을 청산하고 약속의 땅에 들어가게 되는 "초막절"을 지키게 될 것입니다. 아멘.

스가랴 1:1-17절 개관도표

주제 : 화석류나무 사이에 선 인자를 통한 위로

열조를 본받지 말라	1-6 1 다리오왕 이년 팔월에 여호와의 말씀이 잇도의 손자 베레갸의 아들 선지자 스가랴에게 임하니라 가라사대 2 ① **나 여호와가 무리의 열조에게 심히 진노하였느니라** 3 그러므로 너는 무리에게 고하기를 만군의 여호와께서 이처럼 이르시되 ② **너희는 내게로 돌아오라** 나 만군의 여호와의 말이니라 그리하면 **내가 너희에게로 돌아가리라** 나 만군의 여호와의 말이니라 4 ③ **너희 열조를 본받지 말라** 옛적 선지자들이 그들에게 외쳐 가로되 만군의 여호와께서 말씀하시기를 너희가 악한 길, 악한 행실을 떠나서 돌아오라 하셨다 하나 그들이 듣지 않고 내게 귀를 기울이지 아니하였느니라 나 여호와의 말이니라 5 너희 열조가 어디 있느냐 선지자들이 영원히 살겠느냐 6 ④ **내가 종 선지자들에게 명한 내 말과 내 전례들이 어찌 네 열조에게 임하지 아니하였느냐** 그러므로 그들이 돌쳐 이르기를 만군의 여호와께서 우리 길대로, 우리 행위대로 우리에게 행하시려고 뜻하신 것을 우리에게 행하셨도다 하였다 하셨느니라 하라
선한 말씀 위로하는 말씀	7-13 7 다리오왕 이년 십일월 곧 스밧월 이십 사일에 잇도의 손자 베레갸의 아들 선지자 스가랴에게 여호와의 말씀이 임하여 이르시니라 8 내가 밤에 보니 **사람이 홍마를 타고 골짜기 속 화석류나무 사이에 섰고** **그 뒤에는 홍마와 자마와 백마가 있기로** 9 내가 가로되 내 주여 이들이 무엇이니이까 내게 말하는 천사가 내게 이르되 이들이 무엇인지 내가 네게 보이리라 하매 10 화석류나무 사이에 선 자가 대답하여 가로되 ⑤ **이는 여호와께서 땅에 두루 다니라고 보내신 자들이니라** 11 그들이 화석류나무 사이에 선 여호와의 사자에게 고하되 **우리가 땅에 두루 다녀보니 온 땅이 평안하여 정온하더이다** 12 여호와의 사자가 응하여 가로되 만군의 여호와여 여호와께서 ⑥ **언제까지 예루살렘과 유다 성읍들을 긍휼히 여기지 아니 하시려나이까** **이를 노하신지 칠십년이 되었나이다 하매** 13 여호와께서 내게 말하는 **천사에게 선한 말씀, 위로하는 말씀으로 대답하시더라**
성전건축과 풍부한 축복	14-17 14 내게 말하는 천사가 내게 이르되 너는 외쳐 이르기를 만군의 여호와의 말씀에 ⑦ **내가 예루살렘을 위하며 시온을 위하여 크게 질투하며** 15 ⑧ **안일한 열국을 심히 진노하나니** **나는 조금만 노하였거늘 그들은 힘을 내어 고난을 더하였음이라** 16 그러므로 여호와가 이처럼 말하노라 ⑨ **내가 긍휼히 여기므로 예루살렘에 돌아왔은즉** **내 집이 그 가운데 건축되리니** 예루살렘 위에 먹줄이 치어지리라 나 만군의 여호와의 말이니라 하셨다 하라 17 다시 외쳐 이르기를 만군의 여호와의 말씀에 **나의 성읍들이 넘치도록 다시 풍부할 것이라** 여호와가 다시 시온을 안위하며 다시 예루살렘을 택하리라 하셨다 하라

1:1-17절

화석류나무 사이에 선 인자를 통한 위로

8내가 밤에 보니 사람이 홍마를 타고 골짜기 속 화석류나
무 사이에 섰고 그 뒤에는 홍마와 자마와 백마가 있기로.

1장 첫째 문단(1-17)은 스가랴서의 명제(命題)와 같은 말씀으로, 권면, 위로, 소망이 다 들어있습니다. 그러므로 이 명제를 바르게 인식한다면 스가랴서를 통해서 말씀하려는 바를 절반은 깨달은 것이라 해도 과언이 아닙니다. 중심점은 "사람이 홍마를 타고 골짜기 속 화석류나무 사이에 섰고"(8)한 말씀에 있습니다. 이는 앞으로 전개될 환상 시리즈의 첫째 환상입니다. 이 "사람"은 구약에 나타난 인자, 즉 그리스도십니다. 출애굽 당시는 "불이 붙은 떨기나무 가운데"(출 3:4)에서 모세를 부르셨으나, 스가랴 선지자에게는 "골짜기 속 화석류나무 사이"에서 말씀하시는 것입니다.

"학개, 스가랴, 말라기" 선지자들은 회복기(回復期)의 선지자들입니

다. 그리고 궁극적인 회복은 그리스도의 구속을 통해서만이 가능하여지는 것입니다. 그러므로 모든 선지자들이 다 그러합니다만 특히 회복기의 세 선지자들로 계시하시려는 바는 "그리스도"에 집중(集中)이 되어 있습니다. 이들은 구약시대의 마지막 선지자들이요, 또한 머지않아 "의로운 해"(말 4:2)가 솟아오를 여명기(黎明期)의 선지자들이라 할 수가 있습니다.

도표를 보시면 "화석류나무 사이에 선 인자"를 중심으로, ① "열조에게 심히 진노하셨음"을 말씀하면서, ② "너희는 내게로 돌아오라", ③ "너희 열조를 본받지 말라", ④ 열조에게 한 경고가 그대로 이루어졌음을 상기시키십니다. 그리고 "화석류나무 사이에 선 인자"의 환상을 보여주시면서, ⑤ 두루 다녀보니 온 땅은 평온한데, ⑥ "예루살렘"은 노하신지 70년이 되었나이다 하니, 위로하는 말로 대답하시더라 합니다. ⑦ "내가 예루살렘을 위하여 크게 질투하며", ⑧ "안일한 열국을 심히 진노한다" 하시면서, ⑨ "내가 예루살렘에 돌아왔은즉" 성전이 건축이 되고, 넘치도록 풍부해질 것이라 하고 약속하십니다. 이에 대한 구속사적 의미가 무엇인가? 이를 세 단원으로 나누어 상고하겠습니다.

첫째 단원(1-6) **너희 열조를 본받지 말라**

둘째 단원(7-13) **선한말씀, 위로하는 말씀**

셋째 단원(14-17) **성전이 건축되고, 풍부하리라**

주제(主題) : 화석류나무 사이에 선 인자를 통한 위로

㉠ 1장의 핵심은 "화석류나무 사이에 선 사람"(8)이 누군가 하는데 있습니다. 이는 스가랴 선지자에게 보여주신 여덟 환상 중 첫째 환상입니다. 11절에서는 이 분을, "여호와의 사자"라 말씀합니다. 성경은 "여

호와와, 여호와의 사자"를 자주 동일한 분으로 말씀합니다(창 16:7, 출 3:2, 수 5:13). 창세기 18:1절에서는 "여호와께서 마므레 상수리 수풀 근처에서 아브라함에게 나타나시니라" 하고는, 2절에서는 "눈을 들어 본즉 사람 셋이 맞은편에 섰는지라" 하고 이를 "세 사람"으로 표현하고 있으며, 아브라함이 아들 이삭을 번제로 드리려 할 때에 "여호와의 사자가 하늘로부터 그를 불러 가라사대"(창 22:11) 하고 급히 만류한 분을 "여호와의 사자"라고 말씀합니다.

㉡ 스가랴도 3:1절에서 "대제사장 여호수아는 여호와의 사자 앞에 섰고" 합니다. 이는 천사 앞에 섰다는 말이 아니라, 여호와 앞에 섰다(3:2)는 뜻입니다. 그러므로 학자들은 "화석류나무 사이에 선 여호와의 사자"를 구약에 나타난 그리스도로 보고 있습니다.

㉢ 본문에는 "화석류나무 사이에 섰다"는 말이 3번(8, 10, 11)이나 등장함으로 강조적입니다. 어찌하여 "화석류나무 사이에" 섰는가? 하나님께서 호렙산에서 모세에게 나타나셨을 때에도, "여호와의 사자가 떨기나무 불꽃 가운데서 그에게 나타나시니라"(출 3:2) 합니다. "떨기나무, 화석류나무"는 모두 구약교회의 상징으로 등장합니다. 애굽 바로의 학대 하에 있을 당시는 상황이 마치 "떨기나무에 불이 붙은" 상태였고, 70년간의 징벌을 마치고 귀환한 당시의 상태는 "밤에 골짜기 속에 있는 화석류나무" 같았던 것입니다.

㉣ "떨기나무나, 화석류나무"는 모두가 백향목 같은 거목(巨木)이 아니라 작은 나무들입니다. 더욱이나 "불이 붙고 있고, 어둠침침한 밤"의 처지에 있었습니다. 그러나 소망이 있는 것은 그들을 도와주실, "여호와의 사자가 불꽃 가운데 있고, 여호와의 사자가 화석류나무 사이에 서" 계시기 때문입니다. 신약의 성도들에세는 그리스도는, "오른손에 일곱 별을 붙잡고 〈일곱 금촛대 사이에〉 다니시는 이"(계 2:1)로 나타나십니다. "화석류나무 사이에 선" 그리스도는 죽으시고 부활 승천하셨다

가 마지막 장에 이르러, "나의 하나님 여호와께서 임하실 것이요"(14:5) 하고 재림하시는 것으로 계시되어 있습니다.

첫째 단원(1-6) 너희 열조를 본받지 말라

① "다리오 왕 이년 팔월에 여호와의 말씀이 잇도의 손자 베레갸의 아들 선지자 스가랴에게 임하니라"(1).

㉠ "다리오 왕 2년 8월"이라면, 하나님의 말씀이 학개에게 처음 임한 "다리오 왕 6월"(학 1:1)보다 2개월 후가 됩니다. 그 때 쯤은 성전건축을 재개하다가 "이것이 너희 눈에 보잘 것이 없지 아니 하냐"(학 2:3) 하신데서 드러나듯이 침체에 빠져있었을 때였을 것입니다. "나 여호와가 무리의 열조에게 심히 진노하였느니라"(2), 이것이 스가랴에게 임한 첫 말씀입니다. 이는 예루살렘을 심판하실 수밖에 없었던 70년 전을 상기시키는 말씀입니다.

② "그러므로 너는 무리에게 고하기를 만군의 여호와께서 이처럼 이르시되 너희는 내게로 돌아오라 나 만군의 여호와의 말이니라 그리하면 내가 너희에게로 돌아가리라 나 만군의 여호와의 말이니라"(3) 하십니다. 한 절 속에서 "만군의 여호와"라는 말을 세 번이나 반복하심으로 말씀을 무게를 더해줍니다.

㉠ 이 말씀은 일견 조건부(條件附)적인 듯이 보이고, 하나님께서 아직 돌아오시지 않은 듯이 보이나 이는 저들의 철저한 회개를 촉구하기 위해서 하신 말씀이지 전체적인 맥락으로 보면 그렇지가 않습니다. 16절에서 "내가 긍휼히 여김으로 예루살렘에 돌아왔은즉 내 집이 그 가운데 건축되리니" 하고 이미 돌아오셨음을 말씀하십니다.

㉡ 하나님은 백성들이 먼저 "돌아와야만, 돌아오시는" 분이 아니십

니다. "우리가 아직 죄인 되었을 때에, 곧 우리가 원수 되었을 때에 그 아들의 죽으심으로 말미암아 하나님으로 더불어 화목"(롬 5:8, 10)하게 해주신 선수적인 사랑을 베푸시는 분이십니다. 에스겔서에 보면 사로잡혀간 백성들을 돌아오게 하실 것을 말씀하시면서도, "내가 이렇게 행함은 너희를 위함이 아니요 너희가 들어간 그 열국에서 더럽힌 나의 거룩한 이름을 위함이라, 너희 행위를 인하여 부끄러워하고 한탄할 지니라"(겔 36:22, 32), 즉 저들에게 그럴만한 자격이나 공로가 있어서가 아니라 하나님의 거룩하신 이름과 명예를 위해서라고 말씀하십니다.

③ "너희 열조를 본받지 말라" 하십니다. 어떤 점을 본받지 말라하시는가?,

㉠ "옛적 선지자들이 그들에게 외쳐 가로되 만군의 여호와께서 말씀하시기를 너희가 악한 길, 악한 행실을 떠나서 돌아오라 하셨다 하나 그들이 듣지 않고 내게 귀를 기울이지 아니 하였느니라 나 여호와의 말이니라"(4) 하십니다. 물론 죄를 범치 말아야만 하지만, 문제는 혹시 잘못을 범했을지라도 견책을 당하면 즉시 청종(聽從)하라는 말씀입니다.

㉡ "너희 열조가 어디 있느냐 선지자들이 영원히 살겠느냐"(5) 하십니다. 무슨 뜻인가? 패역하던 열조들도 없고 그들에게 권면하던 선지자들도 떠났으나, 경고한 대로 성취된 하나님의 말씀은 변함이 없고 이제도 전감(前鑑)이 된다는 그런 뜻입니다. 이점이 6절에 나타나는데,

④ "그러므로 그들이 돌쳐 이르기를 만군의 여호와께서 우리 길대로, 우리 행위대로 우리에게 행하시려고 뜻하신 것을 우리에게 행하셨도다"(6하),

㉠ 즉 경고하신 말씀대로 이루어졌다는 것입니다. 이점을 명심하고 "너희는 내게로 돌아오라, 너희 열조를 본받지 말라" 하고 경계하시는 것입니다. 스가랴 선지자를 통하여 하시는 첫 말씀은 한마디로, "너희 열조를 본받지 말라", 악순환의 고리를 끊어라는 경계입니다.

둘째 단원(7-13) 선한말씀, 위로하는 말씀

"다리오왕 이년 십일월 곧 스밧월 이십 사일에 잇도의 손자 베레갸의 아들 선지자 스가랴에게 여호와의 말씀이 임하여 이르시니라"(7). 약 3개월 후에 두 번째 말씀이 임하였습니다. "내가 밤에 보니 사람이 홍마를 타고 골짜기 속 화석류나무 사이에 섰고 그 뒤에는 홍마와 자마와 백마가 있기로"(8),

㉠ 8절은 "내가 밤에 보니" 하고 시작이 되는데 이는 1-6장에 등장하는 여덟 환상 중 첫 환상입니다. "화석류나무 사이에 섰는" 분에 대해서는 서론에서 말씀했습니다만, "그 뒤에는 홍마와 자마와 백마"가 있었다고 말씀합니다. 이는 아래 설명이 나옵니다만 주께서 부리시는 사자들입니다.

㉡ 어찌하여 밤에 이런 환상을 보여주셨는가?

㉮ "밤에, 골짜기 속에 있는 화석류나무", 이것이 당시 포로에서 귀환한 자들이 처한 영적인 상태였던 것입니다. 그런데

㉯ "사람", 즉 그리스도께서 그 사이에 서 계시기 때문에 소망이 있다는 것입니다. 교회는 외견상(外見上) 초라하고 비천한 "떨기나무, 화석류나무" 같이 보일지라도 그 가운데 그리스도가 계심으로 영광스러운 교회인 것입니다. 그리스도는 계시록에서도, "오른손에 일곱 별을 붙잡고 일곱 금촛대(환난 중에 있는) 사이에 다니시는" 분으로 계시되어 있습니다.

㉢ "내가 밤에 보니" 한 것은 구약시대란 말라기 선지자로 하신 말씀, "내 이름을 경외하는 너희에게는 의로운 해가 떠올라서 치료하는 광선을 발하리니"(말 4:2) 한 아침이 아직 이르지 아니한 밤의 시간(時間)임을 나타냅니다. 그러나 머지않아 "일어나라 빛을 발하라 이는 네 빛이 이르렀고 여호와의 영광이 네 위에 임하였음이니라"(사 60:1) 한

아침이 오게 될 것입니다.

㉣ "내가 가로되 내 주여 이들이 무엇이니이까 내게 말하는 천사가 내게 이르되 이들이 무엇인지 내가 네게 보이리라 하매"(9),

⑤ "화석류나무 사이에 선 자가 대답하여 가로되 이는 여호와께서 땅에 두루 다니라고 보내신 자들이니라"(10), 즉 "홍마, 자마, 백마"는 화석류나무 사이에 선 자가 부리는 사자들이라는 것입니다.

㉠ "그들이 화석류나무 사이에 선 여호와의 사자에게 고하되 우리가 땅에 두루 다녀보니 온 땅이 평안하여 정온하더이다"(11) 합니다. 이는 좋은 뜻으로 하는 말이 아니라 하나님의 백성들이 처한 어려운 처지와 대조적으로 한 말씀입니다. 즉 하나님의 백성들은 설상가상의 시련을 당하고 있는데 세상은 아무 근심 걱정 없이 "평안(平安)하여 정온"(靜穩)하게 잘들 살고 있더라는 것입니다. 이 보고는 하나님의 백성들을 낙심케 하기에 족했을 것입니다.

⑥ 그러므로 이 보고(報告)를 받고는, "여호와의 사자가 응하여 가로되 만군의 여호와여 여호와께서 언제까지 예루살렘과 유다 성읍들을 긍휼히 여기지 아니 하시려나이까 이를 노하신지 칠십년이 되었나이다"(12) 하고 호소합니다.

㉠ 여기서 "화석류나무 사이에 선" 여호와의 사자가 누군가 하는 것이 분명히 드러납니다. 그는 하나님과 백성 사이를 중보하는 자로 등장합니다. 그리고 성경은, "하나님은 한 분이시오 또 하나님과 사람 사이에 중보도 한 분이시니 곧 사람이신 그리스도 예수라"(딤전 2:5) 하고 말씀합니다.

㉡ "여호와께서 내게 말하는 천사에게 선(善)한 말씀, 위로(慰勞)하는 말씀으로 대답하시더라"(13) 합니다. 성경은 말씀합니다. "너희 하나님이 가라사대 너희는 위로하라 내 백성을 위로하라 너희는 정다이 예루살렘에 말하며 그것에게 외쳐 고하라 그 복역의 때가 끝났고 그 죄악

의 사함을 입었느니라"(사 40:1-2). "나 여호와가 말하노라 너희를 향한 나의 생각은 내가 아나니 재앙이 아니라 곧 평안이요 너희 장래에 소망을 주려하는 생각이라"(렘 29:11). 이것이 우리를 징계하시는 하나님 아버지의 마음입니다.

셋째 단원(14-17) **성전이 건축되고, 풍부하리라**

⑦ "내게 말하는 천사가 내게 이르되 너는 외쳐 이르기를 만군의 여호와의 말씀에 내가 예루살렘을 위하며 시온을 위하여 크게 질투하며"(14) 하십니다.

㉠ "질투를 하되 크게 질투한다"는 뜻이 무엇인가? 8:2절에서도, "만군의 여호와가 말하노라 내가 시온을 위하여 크게 질투하며 그를 위하여 크게 분노함으로 질투하노니" 합니다. "너는 다른 신에게 절하지 말라 여호와는 질투라 이름하는 질투의 하나님이니라"(출 34:14) 하십니다. 이는 "크게 사랑하신다"는 다른 표현입니다.

㉡ 이점을 신약성경에서는 "너희가 하나님이 우리 속에 거하게 하신 성령이 시기하기까지 사모(思慕)한다 하신 말씀을 헛된 줄로 생각하느뇨"(약 4:5) 합니다. 이런 하나님을 우리는 얼마나 사모하고 있단 말인가?

⑧ "안일한 열국을 심히 진노하나니"(15상) 하십니다.

㉠ 예루살렘과 시온, 즉 교회를 향하여는 "질투"(嫉妬)하시고, 안일(安逸)한 열국(列國)에 대해서는 "심히 진노"(震怒)하신다고 말씀합니다. 예루살렘을 징벌하신 것은 그들이 다른 신을 섬기기 때문에 "크게 질투" 하셔서, 즉 그만큼 사랑하심이 강렬했기 때문이라는 것이고,

㉡ "평안하고 정온"(11) 하게 살아가고들 있는 열국에 대하여 "크게

진노"하시는 이유는, "나는 조금만 노하였거늘 그들은 힘을 내어 고난을 더하였기"(15하) 때문이라는 것입니다.

주의 대적이 주의 회중에서 훤화하며
자기 기(旗)를 세워 표적을 삼았으니
저희는 마치 도끼를 들어 삼림을 베는 사람같으니이다
이제 저희가 도끼와 철퇴로
성소의 모든 조각품을 쳐서 부수고
주의 성소를 불사르며
주의 이름이 계신 곳을 더럽혀 땅에 엎었나이다(시 74:4-7).

⑨ "그러므로 여호와가 이처럼 말하노라 내가 긍휼히 여기므로 예루살렘에 돌아왔은즉 내 집이 그 가운데 건축되리니 예루살렘 위에 먹줄이 치어지리라 나 만군의 여호와의 말이니라 하셨다 하라"(16).

㉠ "내가 긍휼히 여기므로 예루살렘에 돌아오셨다",

㉡ "내 집이 그 가운데 건축되리니", 이는 학개서와 결부되는 성전 건축에 대한 격려요,

㉢ "예루살렘 위에 먹줄이 치어지리라", 이는 예루살렘 도성이 재건될 것을 가리킵니다.

㉣ 그러므로 "다시 외쳐 이르기를 만군의 여호와의 말씀에 나의 성읍들이 넘치도록 다시 풍부할 것이라 여호와가 다시 시온을 안위(安慰)하며 다시 예루살렘을 택하리라 하셨다 하라"917) 하십니다.

㉤ 이 예언이 언제 이루어질 말씀인가? 언제나 그러하듯이 회복에 대한 약속에는 첫째는 선지자 당시와, 궁극적으로는 그리스도를 통한 회복이라는 복합적인 의미가 있음을 유념해야만 합니다. 하나님은 과정(過程)이 아니라 종말(終末)의 완성을 이루어나가시기 때문입니다. 그

리고 "이제 하는 말에 중요한 것은 이러한 대제사장(중보자)이 우리에게 있는 것이라"(히 8:1), 즉 "화석류나무 사이에 그리스도께서 서 계신다, 일곱 금촛대 사이에 다니신다"는 이점이 중요하다는 것입니다.

⑩ 묵상해보겠습니다.

㉠ 너희 열조를 본받지 말라는 말씀에 대해서,

㉡ 화석류나무 사이에 섰는 중보자에 대해서,

㉢ 선한말씀, 위로하는 말씀으로 대답하심에 대해서,

㉣ 크게 질투하심과, 심히 진노하심에 대해서.

스가랴 1:18-2:13절 개관도표

주제 : 하나님의 영광을 위하여 나를 보내셨다

네 뿔과 네 공장

1:18-21

18 내가 눈을 들어 본즉 ① **네 뿔이 보이기로**

19 이에 내게 말하는 천사에게 묻되 이들이 무엇이니이까
내게 대답하되 이들은 **유다와 이스라엘과 예루살렘을 헤친 뿔이니라**

20 때에 여호와께서 ② **공장 네 명을 내게 보이시기로**

21 내가 가로되 그들이 무엇하러 왔나이까 하매 대답하여 가라사대 그 뿔들이 유다를 헤쳐서 사람으로
능히 머리를 들지 못하게 하매 이 공장들이 와서 그것들을 두렵게 하고 이전에 뿔들을 들어
③ **유다 땅을 헤친 열국의 뿔을 떨어치려 하느니라** 하시더라

척량줄을 잡은 사람

2:1-5

1 내가 또 눈을 들어 본즉 ④ **한 사람이 척량 줄을 그 손에 잡았기로**

2 네가 어디로 가느냐 물은즉 내게 대답하되 **예루살렘을 척량하여 그 장광을 보고자 하노라**
할 때에

3 내게 말하는 천사가 나가매 다른 천사가 나와서 그를 맞으며

4 이르되 너는 달려가서 그 소년에게 고하여 이르기를
⑤ **예루살렘에 사람이 거하리니 그 가운데 사람과 육축이 많으므로**
그것이 성곽 없는 촌락과 같으리라

5 여호와의 말씀에 **내가 그 사면에서 불 성곽이 되며 그 가운데서 영광이 되리라**

시온의 딸아 노래하고 기뻐하라

6-13

6 여호와의 말씀에 ⑥ **내가 너를 하늘의 사방 바람 같이 흩어지게 하였거니와**
이제 너희는 북방 땅에서 도망할 지니라 나 여호와의 말이니라

7 **바벨론 성에 거하는 시온아 이제 너는 피할 지니라**

8 만군의 여호와께서 이같이 말씀하시되
너희를 노략한 열국으로 영광을 위하여 나를 보내셨나니
무릇 너희를 범하는 자는 그의 눈동자를 범하는 것이라

9 내가 손을 그들 위에 움직인즉 그들이 자기를 섬기던 자에게 노략거리가 되리라 하셨나니
너희가 만군의 여호와께서 **나를 보내신 줄 알리라**

10 여호와의 말씀에 ⑦ **시온의 딸아 노래하고 기뻐하라 이는**
내가 임하여 네 가운데 거할 것임이니라

11 ⑧ **그 날에 많은 나라가 여호와께 속하여 내 백성이 될 것이요**
나는 네 가운데 거하리라 네가 만군의 여호와께서 **나를 네게 보내신줄 알리라**

12 여호와께서 장차 유다를 취하여 거룩한 땅에서 자기 소유를 삼으시고 다시 예루살렘을 택하시리니

13 ⑨ **무릇 혈기 있는 자들이 여호와 앞에서 잠잠할 것은**
여호와께서 그 성소에서 일어나심이니라 하라 하더라

1:18-2:13절

하나님의 영광을 위하여 나를 보내셨다

2:8만군의 여호와께서 이같이 말씀하시되 너희를 노략한 열국으로 영광을 위하여 나를 보내셨나니 무릇 너희를 범하는 자는 그의 눈동자를 범하는 것이라.

본 문단(1:18-2:13)에는 두 번째 환상인, "네 뿔 네 공장의 환상"(1:18-21)과, 세 번째 환상인 "척량 줄을 잡은 사람"(2:1-5)의 환상이 있습니다. 중심점은, "하나님의 영광을 위하여 나를 보내셨다"는 말씀에 있습니다. 본문에는 "나를 보내셨다"는 말이 3번(8, 9, 11)이나 반복적으로 강조되어 있습니다. 그러므로 키워드는 보냄을 받은 "나"가 누군가를 인식하는데 있습니다.

도표를 보시면 "하나님의 영광을 위하여 나를 보내셨다"는 말씀을 중심으로 두 번째 환상인, ① "네 뿔이 보이는데 이는 예루살렘을 헤친 뿔이라" 하시고, ② "네 공장"(工匠)이 등장하는데, ③ 이들의 임무는 예루살렘을 헤친 뿔을 떨어치려, 즉 멸하기 위한 것이라 합니다. 세 번째 환상은, ④ "한 사람이 척량 줄"을 잡고 예루살렘을 측량하려고 등장하는데, ⑤ 예루살렘은 흥왕하게 되고, 하나님이 불 성곽이 되어주시겠다 하십니다. ⑥ "바벨론"에 거하는 자들은 피할 지니, 즉 돌아오라 하시면서, "너희를 노략한 열국으로 나를 보냈다, 너희를 범하는 자는 내 눈동자를 범하는 것이라" 하십니다. ⑦ "시온은 노래하고 기뻐하라", ⑧ "그 날에 많은 나라가 내 백성이 될 것이요", ⑨ 모든 육체가 그 앞에서 "잠잠하게 될 것"이라 하십니다. 이에 대한 구속사적 의미가 무엇인가? 이를 세 단원으로 나누어 상고하겠습니다.

첫째 단원(1:18–21) **유다를 헤친 네 뿔을 멸하심**
둘째 단원(2:1–5) **예루살렘을 척량하여 거하게 함**
셋째 단원(6–13) **시온의 딸아 노래하고 기뻐하라**

주제(主題) : 하나님의 영광을 위하여 나를 보내셨다

㉠ 2장을 해석하는 열쇠는 세 번(2:8, 9, 11) 등장하는 보냄을 받은 "나"가 누군가를 규명함에 있습니다. 8-11절에는 "나 또는 내가"가 7번(8, 9, 9, 10, 11, 11, 11)이나 등장합니다. 이를 주의 깊게 관찰해보십시오. 10절의 "네 가운데 거할 것임이니라" 한 "나"는 하나님이신데, 11절에서 "나는 네 가운데 거하리라" 하는 분은 "여호와께서 나를 네게 보내신 줄 알리라" 하고 다른 분인 양 말씀합니다. 그러니까 하나님이 또 다른 하나님을 보내신 것처럼 되어 있습니다.

㉡ 8절에서, ㉮ "너희를 노략한 열국으로" 한 것은 바벨론 또는 앗수르와 같은 대적(對敵)을 가리키는데 그곳으로, ㉯ "나를 보내셨나니" 한 것은 "노략당한", 즉 잃어버린 백성들을 찾아오라고 보내신 것이 됩니다. ㉰ 그래서 "너희를 범하는 자는 그의 눈동자를 범하는 것이라"

하는 것입니다. 그런데 이렇게 하신 이유가, ㉱ "영광을 위하여", 즉 하나님의 명예를 위해서라는 것입니다.

㉢ 출애굽이 영적 출애굽에 대한 예표이듯이, "출바벨론"도 "나를 보내사 마음 상한 자를 고치며 포로 된 자에게 자유를, 갇힌 자에게 놓임을 전파하며"(사 61:1-2, 눅 4:18) 하신 사탄의 포로에서 자유케 하시려는 예표가 되는 것입니다. 그런데 "영광을 위하여"라 하심은, 이 구속 사역에는 하나님의 이름과 명예가 걸려 있다는 말씀입니다. 하나님은 말씀하십니다. "내가 나를 위하며 내가 나를 위하여 이를 이룰 것이라 어찌 내 이름을 욕되게 하리요 내 영광을 다른 자에게 주지 아니하리라"(사 48:11).

㉣ 이를 문맥적으로 보면, 1:8절에서 "화석류나무 사이에 섰던" 인자를, "잃어버린 자를 찾아 구원하실" 구주로 "보내셨다"는 것이 됩니다. 그리하여 3:9절에서는 "이 땅의 죄악을 하루에 제(除)하리라" 하시는 것입니다. 그리스도는 우리를 구원하시기 위해서만 고난을 당하신 것이 아니라, 하나님의 영광을 위해서가 우선임을 인식해야만 합니다.

첫째 단원(1:18-21) 유다를 헤친 네 뿔을 멸하심

① "내가 눈을 들어 본즉 네 뿔이 보이기로"(18),

㉠ "이에 내게 말하는 천사에게 묻되 이들이 무엇이니이까 내게 대답하되 이들은 유다와 이스라엘과 예루살렘을 헤친 뿔이니라"(19) 하십니다. 성경에서 "뿔"은 "권세, 또는 교만"등의 상징입니다. 어찌하여 "네 뿔"인가? 2:6절에 등장하는 "사방"(四方)에 대한 상징입니다. 계시록에서도 "네 천사가 땅 네 모퉁이에 선 것을 보니 땅의 사방의 바람을 붙

잡아, 불지 못하게 하더라"(계 7:1-2) 합니다.

㉡ 어느 시대를 막론하고 하나님의 교회는 "우리가 사방으로 우겨 쌈을 당하여도"(고후 4:8) 한 것과 같이 "네 뿔"의 위험에 처해있는 것입니다. 그러나 우리에게는, "우리를 위하여 구원의 뿔을 그 종 다윗의 집에 일으키셨으니"(눅 1:69, 시 132:17) 한 더 강한 뿔이 있기에 승리할 수가 있는 것입니다. 그리하여 "우리가 사방으로 우겨 쌈을 당하여도 싸이지 아니하며 답답한 일을 당하여도 낙심하지 아니하며 핍박을 받아도 버린바 되지 아니하며 거꾸러뜨림을 당해도 망하지 아니 한다"(고후 4:8-9)고 선언할 수가 있는 것입니다.

② 보십시오. "때에 여호와께서 공장(工匠) 네 명을 내게 보이시기로"(20) 합니다. 공장이란 쇠뿔을 잘라버리고 부서 버릴 철공(鐵工) 기사를 가리킵니다.

③ "내가 가로되 그들이 무엇 하러 왔나이까 하매"(21상),

㉠ "대답하여 가라사대 그 뿔들이 유다를 헤쳐서 사람으로 능히 머리를 들지 못하게 하매 이 공장들이 와서 그것들을 두렵게 하고 이전에 뿔들을 들어 유다 땅을 헤친 열국의 뿔을 떨어치려 하느니라 하시더라"(21하) 합니다.

㉡ 하나님의 하시는 일은 참으로 기이합니다. 바벨론이라는 뿔을 바사라는 공장을 들어서 잘라버리게 하시고, 또 바사라는 뿔은 헬라라는 공장을 들어서 떨어치게 하십니다. 그런데 궁극적인 승리를 가져다 줄 공장(工匠)은, "네가 철장으로 저희를 깨뜨림이여 질그릇같이 부수리라"(시 2:9) 하신 그리스도이십니다.

둘째 단원(2:1-5) 예루살렘을 척량하여 거하게 함

④ "내가 또 눈을 들어 본즉 한 사람이 척량 줄을 그 손에 잡았기로"(2:1),

㉠ "네가 어디로 가느냐 물은즉 내게 대답하되 예루살렘을 척량(尺量)하여 그 장광을 보고자 하노라"(2) 합니다. ㉮ "예루살렘을 척량"한다는 것은 심판하기 위해서가 아니라 재건(再建)하기 위한 설계(設計)입니다. 또한 계시록 11:1-2절에서는, "하나님의 성전과 제단과 그 안에서 경배하는 자들은 척량하되 성전 밖 마당은 척량하지 말고 그냥 두라 이것을 이방인에게 주었은즉" 하십니다. 그러므로 척량한다는 것은 하나님의 통치권(統治權), 보호권 내에 들어있음을 나타냅니다.

㉡ "내게 말하는 천사가 나가매 다른 천사가 나와서 그를 맞으며 이르되 너는 달려가서 그 소년에게 고하여 이르기를 예루살렘에 사람이 거하리니 그 가운데 사람과 육축이 많으므로 그것이 성곽 없는 촌락과 같으리라"(3-4) 하고 "소년", 즉 스가랴에게 말해주라 합니다.

⑤ 그런데 5절을 보십시오. 돌로 쌓은 성곽은 없어도, "여호와의 말씀에 내가 그 사면에서 불 성곽(城郭)이 되며 그 가운데서 영광이 되리라"(5) 하십니다. ㉮ 여호와께서 그 사면(四面)에 불 성곽이 되시고, ㉯ 영광이 되리라 하시면 이는 육적 예루살렘이 아니라 그리스도의 구속으로 말미암아 세워질 신약교회를 가리키는 것이 되고, 궁극적으로는 새 예루살렘에 대한 비전인 것입니다.

셋째 단원(6-13) 시온의 딸아 노래하고 기뻐하라

⑥ "여호와의 말씀에 내가 너를 하늘의 사방 바람같이 흩어지게 하였

거니와 이제 너희는 북방 땅에서 도망할 지니라 나 여호와의 말이니라”(6) 하십니다.

㉠ “너를 하늘의 사방 바람같이 흩어지게 하였다”는 말은 바벨론으로 추방하셨음을 가리키고, “이제 너희는 북방 땅에서 도망할 지니라” 하시는 말씀은 그곳에서 돌아오라는 촉구입니다. 7절에서도, “바벨론 성에 거하는 시온아 이제 너는 피할 지니라” 하시는데, 1차적으로는 바벨론에 남아 있는 자들에게 돌아오라는 말씀이지만, 마지막 책인 계시록에서도 “또 내가 들으니 하늘로서 다른 음성이 나서 가로되 내 백성아 거기서(바벨론) 나와 그의 죄에 참여하지 말고 그의 받을 재앙들을 받지 말라”(계 18:4) 하시는 것으로 볼 때에 이는 “장망성”(將亡城)으로부터 도피하라는 촉구인 것입니다.

㉡ 이사야 선지자도, “너희는 떠날 지어다, 떠날 지어다 거기서 나오고 부정한 것을 만지지 말지어다 그 가운데서 나올 지어다 여호와의 기구를 메는 자여 스스로 정결케 할 지어다”(사 52:11) 합니다. 이 말씀을 받아 사도 바울은, “너희는 저희 중에서 나와서 따로 있고 부정한 것을 만지지 말라 내가 너희를 영접하여 너희에게 아버지가 되고 너희는 내게 자녀가 되리라 전능하신 주의 말씀이니라”(고후 6:17-18) 하고, 성별(聖別)의 삶을 살아야 할 것을 말씀합니다.

㉢ 그리고 중심주제(主題)인, “만군의 여호와께서 이같이 말씀하시되 너희를 노략한 열국으로 영광을 위하여 나를 보내셨나니”(8상) 하십니다. 다시 강조합니다만 “나를 보내셨나니(8), 나를 보내신 줄 알리라(9), 나를 네게 보내신 줄 알리라”(11) 하고 3번이나 강조하신다는 점입니다. 왜 보내시는가? “너희를 노략한 열국”, 즉 사로잡혀간 자기 백성들을 찾아오게 하기 위해서입니다. 어찌하여 하나님은 “독생자”를 보내셨는가? “인자가 온 것은 잃어버린 자를 찾아 구원하려 함이니라” 하십니다. “하나님의 영광을 위하여”!

㉣ 그러므로 피로 값을 주고 사신, “무릇 너희를 범하는 자는 그의 눈동자를 범하는 것이라”(8) 하십니다. 모세도 하나님께서 구속하여 자기 백성 삼으신 자들을, “호위(護衛)하시며 보호(保護)하시며 자기 눈동자 같이 지키셨도다”(신 32:10) 하고 말씀합니다. 그런 하나님의 자녀들을 범하고 무사할 수가 있단 말인가?

⑦ 그러므로 “여호와의 말씀에 시온의 딸아 노래하고 기뻐하라 이는 내가 임하여 네 가운데 거할 것임이니라”(10) 하십니다.

㉠ 이 말씀을 9:9절과 결부시켜 보십시오. 그 의미가 분명해집니다. “시온의 딸아 크게 기뻐할 지어다 예루살렘의 딸아 즐거이 부를 지어다 보라 네 왕이 네게 임하나니 그는 공의로우시며 구원을 베풀며 겸손하여서 나귀를 타나니 나귀의 작은 것 곧 나귀새끼니라” 합니다. 그러므로 “내가 임하여 네 가운데 거할 것임이니라”는 말씀은 “임마누엘”을 가리키는 것이 분명해집니다.

㉡ 이사야 선지자도, “나를 보내사 마음 상한 자를 고치며 포로 된 자에게 자유를, 갇힌 자에게 놓임을 전파하며 여호와의 은혜의 해와 우리 하나님의 신원의 날을 전파하여 모든 슬픈 자를 위로하되 무릇 시온에서 슬퍼하는 자에게 화관(花冠)을 주어 그 재를 대신하며 희락의 기름으로 슬픔을 대신하며 찬송의 옷으로 그 근심을 대신하시고”(사 61:1-3) 합니다.

⑧ “그 날에 많은 나라가 여호와께 속하여 내 백성이 될 것이요 나는 네 가운데 거하리라”(11상) 하십니다.

㉠ “많은 나라가 여호와께 속한다” 하심은 복음이 유대인의 벽을 넘어 이방인들에게까지 확장될 것을 나타냅니다. 이는 일찍이 아브라함에게, “네 씨로 말미암아 천하 만민이 복을 얻으리니”(창 22:18) 하신 언약이요, 이사야 선지자를 통해서, “또 너로 이방의 빛을 삼아 나의 구원을 베풀어서 땅 끝까지 이르게 하리라”(사 49:6) 하고 예언하신 바입니

다. "네가 만군의 여호와께서 나를 네게 보내신 줄 알리라"(11하) 하시는데, 하나님께서 나를 구원하시기 위해서 그리스도를 나에게 보내주셨음을 우리는 확신하고도 남음이 있는 것입니다.

㉡ 구원계획이란 잃어버린 백성들을 찾아 "그 가운데 거하심"입니다. "나는 네 가운데 거하여", 이것이 "임마누엘"이요, 하나님의 나라가 임했다는 증거입니다. 이는 주님의 초림으로 시작하여, "하나님의 장막이 사람들과 함께 있으매 하나님이 저희와 함께 거하시리니 저희는 하나님의 백성이 되고 하나님은 친히 저희와 함께 계셔서"(계 21:3)에서 완성이 될 말씀입니다.

㉡ "여호와께서 장차 유다를 취하여 거룩한 땅에서 자기 소유를 삼으시고 다시 예루살렘을 택하시리니"(12) 하십니다. "장차 유다를 취하여" 라는 뜻이 무엇일까? 이를 11절과 결부시켜본다면, "구원이 유대인에게서 나와서(요 4:22), 많은 나라가 여호와께 속하여 내 백성이 될 것이요"의 뜻이 되는 것입니다.

⑨ "무릇 혈기 있는 자들이 여호와 앞에서 잠잠할 것은 여호와께서 그 성소에서 일어나심이니라 하라"(13) 하십니다.

㉠ "무릇 혈기 있는 자들"이란 모든 불신자들, 특히 대적하던 자들을 가리킵니다. 그들이 "여호와 앞에서 잠잠하게" 될 날이 온다는 것입니다. 이는 "여호와께서 그 성소에서 일어나심", 즉 심판의 날이 이르렀기 때문입니다.

㉡ "네 뿔과 네 공장"의 환상(1:18-21)이 대적을 심판하실 것에 대한 계시라면, "척량 줄을 잡은 사람"의 환상(2:1-6)은 파괴당했던 하나님의 나라에 대한 회복, 확장, 보호를 계시해주고 있습니다. 이는 오직 "내가 임하여 네 가운데 거할 것이라" 하신 임마누엘을 통해서만이 성취될 복음인 것입니다.

⑩ 묵상해보겠습니다.

㉠ 네 뿔, 네 공장의 환상에 대하여,
㉡ 척량 줄을 손에 잡은 사람의 환상에 대하여,
㉢ "하나님의 영광을 위해서 나를 보내셨다"에 대해서,
㉣ 어찌하여 "시온의 딸아 노래하고 기뻐하라" 하시는가에 대해서.

스가랴 3장 개관도표

주제 : 순을 나게 하여 죄악을 하루에 제하리라

더러운 옷 입은 대제사장	1-3 1 ① **대제사장 여호수아는 여호와의 사자 앞에 섰고 사단은 그의 우편에 서서 그를 대적하는 것을** 여호와께서 내게 보이시니라 2 여호와께서 사단에게 이르시되 ③ **사단아 여호와가 너를 책망하노라 예루살렘을 택한 여호와가** 너를 책망하노라 이는 **불에서 꺼낸 그슬린 나무가 아니냐** 하실 때에 3 ② **여호수아가 더러운 옷을 입고 천사 앞에 섰는지라**
아름다운 옷을 입히리라	4-7 4 여호와께서 자기 앞에 선 자들에게 명하사 ④ **그 더러운 옷을 벗기라 하시고** 또 여호수아에게 이르시되 **내가 네 죄과를 제하여 버렸으니** ⑤ **네게 아름다운 옷을 입히리라 하시기로** 5 내가 말하되 ⑥ **정한 관을 그 머리에 씌우소서** 하매 곧 정한 관을 그 머리에 씌우며 옷을 입히고 **여호와의 사자는 곁에 섰더라** 6 여호와의 사자가 여호수아에게 증거하여 가로되 7 만군의 여호와의 말씀에 ⑦ **네가 만일 내 도를 준행하며 내 율례를 지키면 네가 내 집을 다스릴 것이요** 내 뜰을 지킬 것이며 내가 또 너로 여기 섰는 자들 중에 왕래케 하리라
죄악을 하루에 제하리리	8-10 8 대제사장 여호수아야 너와 네 앞에 앉은 네 동료들은 내 말을 들을 것이니라 ⑧ **이들은 예표의 사람이라** **내가 내 종 순을 나게 하리라** 9 만군의 여호와가 말하노라 → 내가 너 여호수아 앞에 세운 돌을 보라 한 돌에 일곱 눈이 있느니라 내가 새길 것을 새기며 **이 땅의 죄악을 하루에 제하리라** 10 만군의 여호와가 말하노라 ⑨ 그 날에 너희가 각각 포도나무와 무화과나무 아래로 **서로 초대하리라** 하셨느니라

3장

순을 나게 하여 죄악을 하루에 제하리라

대제사장 여호수아야 너와 네 앞에 앉은 네 동료들은 내 말을 들을 것이니라 이들은 예표의 사람이라 내가 내 종 순을 나게 하리라.

스가랴와 학개 선지자는 재건하다가 중단된 성전건축을 독려하기 위해서 세움을 받은 선지자임에는 분명합니다. 그런데 하나님이 하시는 일은 그런 물리적(物理的)인 일이 아닙니다. "성전"이 무엇에 대한 모형인가를 망각하지 말아야만 합니다. 그러므로 학개 선지자는 "내가 영광으로 이 전(殿)에 충만케 하리라, 이 전(殿)의 나중 영광이 이전(以前)의 영광보다 크리라"(학 2:7-8) 말씀하고, "내가 너를 취하고 너로 인을 삼으리니"(학 2:23) 하고 "너"라는 메시아 예언으로 마치고 있습니다.

스가랴서에는 메시아예언이 더욱 풍부합니다. 1장에서는 "화석류나무 사이에 서 있는 인자"(1:8)로 계시하시고, 2장에서는 "하나님의 영광을 위하여 보냄을 받은 자(2:8), 내가 임하여 네 가운데 거할 것임이니라"(2:10) 한 임마누엘로 계시하십니다. 그렇다면 그리스도는 왜 보내셔야만 했는가? 3장에서는 더욱 구체적으로 복음의 빛이 밝히 비취고 있습니다. 중심점은, "순을 나게 하여 죄악을 하루에 제하리라"는데 있습니다.

도표를 보시면 "순을 나게 하여 죄악을 하루에 제하리라"는 말씀을 중심으로, ① "대제사장 여호수아"가 여호와의 사자 앞에 서 있는데 사탄이 옆에서 대적, 즉 송사하고 있는 장면을 보여주십니다. 왜 참소를 하는가? ② "더러운 옷"을 입고 있기 때문인데, ③ "사단아 여호와가 너를 책망하노라" 하시면서, ④ "더러운 옷을 벗기라" 하시고, ⑤ "네 죄과를 제하여 버렸으니 아름다운 옷을 입히리라" 하시니, ⑥ 스가랴 선지자가 "정한 관"을 씌우소서 합니다. 그런 후에 ⑦ "네가 내 도를 준행하면" 하시면서, ⑧ "이들은 예표의 사람이라" 하십니다. 그러면 이것이 어떻게 가능하여지는가? 주제인, "내 종 순을 나게 하셔서, 이 땅의 죄악을 하루에 제하심"으로 가능하여진다는 것입니다. 이렇게 되면 ⑨ "포도나무 아래로 서로 초대하리라" 하십니다. 구약성경에서 복음의 빛이 이처럼 찬란하게 비취는 것을 대한다는 것은 경이로운 일입니다. 이를 세 단원으로 나누어 상고하겠습니다.

첫째 단원(1-3) **더러운 옷을 입고 있는 대제사장**
둘째 단원(4-7) **아름다운 옷을 입히리라**
셋째 단원(8-10) **이 땅의 죄악을 하루에 제하리라**

주제(主題) : 순을 나게 하여 죄악을 하루에 제하리라

㉠ 스가랴서에는 "순"이란 말이 두 번(3:8, 6:12) 등장하는데 이 "순"이 누구에 대한 상징인가 하는 점입니다. 이는 "이새의 줄기에서 한 싹

이 나며 그 뿌리에서 한 가지가 나서 결실할 것이요"(사 11:1) 한 메시아 그리스도에 대한 상징입니다. 예레미야 선지자도 "내가 다윗에게 한 의로운 가지를 일으킬 것이라"(렘 23:5) 하고 예언하고 있습니다.

㉡ 그렇다면 어째서 "순, 또는 싹, 혹은 가지"라 하시는가? 이점을 이사야 선지자는, "밤나무, 상수리나무가 베임을 당하여도 그 그루터기는 남아 있는 것같이 거룩한 씨가 이 땅의 그루터기니라"(사 6:13) 합니다. 베임을 당한 "그루터기"에서 돋아나기 때문에 "순"이라 한 것입니다.

㉢ 그러면 그 "순"이 왜 필요한가? "먹는 날에는 정녕 죽으리라" 하고 선언하신 하나님의 "금령"(禁令)은 변개할 수 없는 법이었던 것입니다. 그러므로 첫 창조는 말씀만으로 가능했으나, 재창조는 저질러 놓은 죄에 대한 책임을 누군가가 감당을 해야만 하기 때문입니다. 그리하여 구원의 방도는 "구속(救贖), 또는 대속"(代贖) 외에는 다른 방도가 없었던 것입니다.

㉣ 사탄이 대제사장을 대적(對敵)하는 것을 보십시오. 왜 대적하는가? 더러운 옷을 입고 하나님 앞에 서있기 때문입니다. 그런데 만일 하나님께서 우리 죄를 대속하심이 없이 구원하여주셨다면 사탄이 어떻게 했을까를 생각해보시기 바랍니다. 하나님은 사탄을 책망하시면서 더러운 옷을 벗기고 아름다운 옷을 입히라 하시는데 이것이 어떻게 가능하여 지는가? 만일 하나님께서 우리의 더러운 옷을 그냥 벗겨주셨다면 하나님의 공의가 용납할 수 없는 일만이 아니라, 사탄에게 참소할 원인을 제공해주었을 것입니다. 하나님은 구원사역을 정정당당하게 해주셨기 때문에 대적하는 사탄을 향하여 "너를 책망하노라" 하실 수가 있으신 것입니다.

첫째 단원(1-3) 더러운 옷을 입고 있는 대제사장

① "대제사장 여호수아는 여호와의 사자 앞에 섰고 사단은 그의 우편에 서서 그를 대적하는 것을 여호와께서 내게 보이시니라"(1). 이는 네 반째 환상입니다.

㉠ "대제사장 여호수아"라 한 것은 개인 자격이 아니라, 백성들을 대표(代表) 한 대제사장(大祭司長)으로써 하나님 앞에 서 있음을 인식해야만 합니다. 그런데 3장에는 1:11절에서 화석류나무 사이에 선 "여호와의 사자"라 한 말이 3번(1, 5, 6)이나 등장하면서, "여호와"와 교차적으로 말씀하는 것을 대하게 됩니다. 이는 이제 말씀하시려는 바가 "여호와의 사자", 즉 그리스도께서 이루실 구속사역과 결부된 말씀이기 때문입니다.

㉡ 그런데 어찌하여 "사단은 그의 우편에 서서 그를 대적"(對敵)하고 있는가? 어떤 분은 말하기를 마귀를 찾으려거든 강대상 밑부터 보라고 말했습니다. 계시록 12:10절에서는 사탄을 가리켜, "밤낮 참소하던 자"라 말씀합니다.

② 그런 사탄이 대제사장 "여호수아가 더러운 옷을 입고"(3) 여호와의 사자 앞에 서 있는 것을 묵과할리가 있겠습니까? "옷"은 행위(창 35:2, 엡 4:22)를 나타내는데, "더러운 옷을 입고" 있다는 것은 자기 행위(行爲)로는 그의 앞에 의롭다함을 얻을 수 없음을 나타냅니다.

㉡ 그러면 무엇이라 대적했을까? 그것은 분명합니다. ㉮ "너는 하나님 앞에 서서 섬길 대제사장의 자격이 없다. 네 주제를 보아라. ㉯ 너희들은 하나님의 성전을 건축할 자격이 없다. 건축한다 해도 하나님이 받지 않으실 것이다. 그러니 당장 집어치워라" 하고 송사했을 것입니다.

㉢ 죄를 범한 자가 "양심의 가책"을 느낀다는 것은 마땅한 일입니다. 그런데 오늘날은 "가증한 일을 행할 때에 부끄러워하였느냐 아니라

조금도 부끄러워 아니할 뿐 아니라 얼굴도 붉어지지 않았느니라"(렘 6:15) 한 철면피한 사람들도 참 많습니다. 실수하고 넘어졌을 때는 애통을 하며 회개를 해야 합니다. 회개를 하되 입술로만 하는 것이 아니라 "회개에 합당한 열매"(눅 3:8)를 맺어야만 하는 것입니다.

㉣ 그런데 죄책(罪責)감에 함몰이 되어서는 아니 된다는 점입니다. 저는 지금 습관적으로 죄를 짓는 그런 사람을 놓고 하는 말이 아닙니다. 사탄이 무엇을 통해서 참소하는지 아십니까? 가장 치명적인 것이 우리의 마음, 즉 양심(良心)입니다. 정죄감에 빠지는 사람들은 그래도 잘 믿어보려고 애를 쓰는 사람들입니다. 그래서 정죄감에 사로잡혀서 기쁨도 감사도 일할 의욕도 잃어버리고 좌절하는 사람들이 있습니다. 그런데 그리스도의 구속을 믿는 자들은, "그러나 죄가 더한 곳에 은혜가 더욱 넘쳤나니"(롬 5:20) 하고 벌떡 일어나는 사람들입니다. 얼마나 많은 신실한 주의 종들이 사탄의 대적에 좌절하고 말았던가! 하나님은 형제의 더러운 옷을 벗기시고 아름다운 옷을 입혀주시기 위해서 자기 아들을 대속제물로 내어주셨음을 믿으시기 바랍니다.

③ 그래서 "여호와께서 사단에게 이르시되 사단아 여호와가 너를 책망하노라 예루살렘을 택한 여호와가 너를 책망하노라 이는 불에서 꺼낸 그슬린 나무가 아니냐"(2) 하고 책망하십니다.

㉠ 책망의 말씀 속에는 하나님의 주권적인 행사가 두 번 강조가 되어 있는데, "택하신" 분도 하나님이시고, "불에서 꺼내신" 분도 하나님이시라는 말씀입니다. 만일 하나님께서 택하시지 않으셨다면, 그리하여 불 속에서 꺼내주시지 않으셨다면 타서 없어질 존재들이라는 것입니다.

㉡ "택하심"의 의미가 무엇인가? 이점을 "사울과, 다윗"의 경우를 들어서 설명하는 것이 이해에 도움이 될 것입니다. "사울 왕"을 가리켜, "너희의 구한 왕, 너희의 택한 왕"(삼상 12:13)이라고 말씀합니다. 사울은 하나님이 택하신 유다 지파 왕이 아니라 베냐민 지파 출신입니다.

그러므로 그가 죄를 범했을 때에는 자신이 책임을 질 수밖에 없는 것입니다. 그러나 다윗에게는, "저가 만일 죄를 범하면 내가 사람 막대기와 인생 채찍으로 징계하려니와 내가 네 앞에서 폐한 사울에게서 내 은총을 빼앗은 것 같이 그에게서 빼앗지 아니하리라"(삼하 7:14-15) 하십니다.

㉢ 왜 폐하시지 않으시는가? ㉮ 다윗의 자손으로 그리스도를 보내시려는 구원계획을 기필코 이루시기 위해서입니다. ㉯ 그러면 다윗이 범한 죄 값은 어떻게 하시려는가? 다윗은 하나님이 택하신 왕입니다. 그러므로 택하신 하나님이 책임을 져주셨던 것입니다. 자기 아들의 대속을 통해서! 이는 우리들에게도 적용이 되는 원리입니다. 우리를 택하시되 "창세전에 그리스도 안에서 우리를 택하사"(엡 1:4) 한 뜻이 이를 의미합니다. 형제의 죄 값을 그리스도께서 대신 책임을 져주셨음을 확신하시기를 바랍니다. 이점을 다음 단원에서 보게 될 것입니다.

둘째 단원(4-7) 아름다운 옷을 입히리라

④ "여호와께서 자기 앞에 선 자들에게 명하사 그 더러운 옷을 벗기라"(4상) 하십니다.

㉠ "벗기라" 하심은, "또 여호수아에게 이르시되 내가 네 죄과(罪過)를 제하여 버렸으니"(4중) 하신 대로 "죄"를 다 해결해주셨다는 것을 의미합니다. 그런데 여기 중요한 요점이 있습니다. 대제사장 여호수아는 더러운 옷을 벗기만 하여 "벌거벗은" 상태에 있는 것이 아니라는 점입니다.

⑤ "네게 아름다운 옷을 입히리라"(4하) 하고, 아름다운 옷을 입혀주신 것입니다.

㉠ 이것이 복음의 핵심인 칭의(稱義)입니다. 여호수아 자신이 의롭게 된 것이 아니라, 의롭다고 여겨주심, 즉 아름다운 옷으로 가려주신 것입니다.

㉡ "여호와 하나님이 아담과 그 아내를 위하여 가죽옷을 지어 입히시니라"(창 3:21) 합니다. 노아는 벌거벗은 수치를 가리움을 받고는, "셈의 하나님 여호와를 찬송하리로다"(창 9:26) 하고, 셈의 줄기에서 그리스도를 보내셔서 우리의 벌거벗은 수치를 가려주시려는 하나님을 찬양하고 있습니다. 다윗은 죄책감에 빠져 있다가, "허물의 사함을 얻고 그 죄의 〈가리움〉을 받은 자는 복이 있도다"(시 32:1) 하고 찬양했습니다.

㉢ 우리가 "담대함과 하나님께 당당히 나아감을 얻고(엡 3:12), 은혜의 보좌 앞에 담대히 나아갈 수 있는 것"(히 4:16)은 자격이나 공로가 있어서가 아니라 더러운 옷을 벗기시고 아름다운 옷을 입혀주신 "오직 그 의"를 힘입어서입니다.

⑥ "내가 말하되 정한 관(冠)을 그 머리에 씌우소서 하매 곧 정한 관을 그 머리에 씌우며 옷을 입히고 여호와의 사자는 곁에 섰더라"(5) 합니다.

㉠ "옷을 입히고, 관을 씌워주셨다"는 것은 대제사장으로 신임하여 주심을 의미합니다. 사탄은 대적하여 그를 낙마(落馬)시키려 하였으나 하나님은 주권적으로 그를 세워주신 것입니다.

㉡ 그리하여 1절과, 5절의 변화된 상황을 주목해보시기 바랍니다. 1절에서는, "사단은 그의 우편에 서서 그를 대적"하고 있었는데, 칭의 교리에 굳게 서게 되자 사탄은 온데간데없고, "여호와의 사자가 곁에서" 수종들고 있는 것입니다.

㉢ 계시록 12:10절에서는 "하나님 앞에서 밤낮 참소하던 자가 쫓겨났다"고 말씀합니다. 어떻게 쫓겨나게 되었는가? 그리스도의 구속으로

말미암아 참소할 근거를 상실했기 때문입니다. 이것이 복음의 영광스러운 능력입니다. 3장을 통해서 말씀하시려는 바가 복음의 영광스러움입니다.

㉣ 왜냐하면 포로에서 귀환한 저들은 마치 "불에서 꺼낸 그슬린 나무"(2) 같이 자력구원의 불가능성을 경험한 자들이기 때문입니다. 그리하여 침체와 낙망에 빠질 처지에 있었기 때문입니다. 그런데 잊어서는 아니 될 점이 있습니다. 그것은 "대제사장에게 씌워주신 정한 관" 전면에는, "여호와께 성결"(聖潔, 출 28:36)이라는 패가 부착되어 있다는 점입니다. 왜냐하면 하나님께 의롭다함을 얻은 자들은 의로운 삶을 살기를 열망하는 자들이기 때문입니다.

⑦ 그러므로 "여호와의 사자가 여호수아에게 증거하여 가로되 만군의 여호와의 말씀에 네가 만일 내 도를 준행하며 내 율례를 지키면"(6-7상) 하고, 의롭다함을 얻은 자의 책임을 말씀하십니다.

㉠ "네가 내 집을 다스릴 것이요, 내 뜰을 지킬 것이며, 내가 또 너로 여기 섰는 자들 중에 왕래케 하리라"(6-7) 하시는 것입니다. ㉮ "집을 다스리고, ㉯ 뜰을 지키고, ㉰ 왕래하리라" 하심은 대제사장의 중보사역을 지속적으로 담당하게 된다는 말씀입니다.

셋째 단원(8–10) 이 땅의 죄악을 하루에 제하리라

⑧ "대제사장 여호수아야 너와 네 앞에 앉은 네 동료들은 내 말을 들을 것이니라 이들은 예표의 사람이라 내가 내 종 순을 나게 하리라"(8).

㉠ "너와 네 앞에 앉은 동료들"이란 제사장들을 가리킵니다. 구약교회 성도들은 "제사장"이라는 중보자와, 생축의 피 흘림, 즉 대속을 통해서만이 하나님과 교제를 할 수가 있었는데 이것이 참 것에 대한 "예표"

라는 말씀입니다. 히브리서에서는, "이는 더 좋은 약속으로 세우신 더 좋은 언약의 중보시라, 염소와 송아지의 피로 아니 하고 오직 자기 피로 영원한 속죄를 이루사 단번에 성소에 들어가셨느니라"(히 8:6, 9:12) 합니다.

㉡ 그리고 "순을 나게 하리라(8하), 이 땅의 죄악을 하루에 제하리라"(9하) 하고 중심주제(中心主題)를 말씀하십니다. 오직 여기에 소망이 있는 것입니다. 이점을 사도 바울은 이사야서를 인용하여, "만군의 주께서 우리에게 씨를 남겨 두시지 아니 하셨더면 우리가 소돔 같이 되고 고모라와 같았으리로다"(롬 9:29), 즉 절망이며, 멸망이라는 말씀입니다.

㉢ "만군의 여호와가 말하노라 내가 너 여호수아 앞에 세운 돌을 보라"(9상) 하십니다. 성경은 그리스도를, "한 돌을 시온에 두노니"(사 28:16) 하고 "돌"에 비유해서 말씀을 하십니다. "한 돌에 일곱 눈이 있느니라"(9중) 하심으로 이 돌이 메시아에 대한 상징임이 명백하게 드러납니다. 왜냐하면 4:10절에서는 "이 일곱은 온 세상에 두루 행하는 여호와의 눈이라" 말씀하고, 계시록 4:5절에서는 "하나님의 일곱 영이라" 하고 말씀하기 때문입니다.

⑨ "만군의 여호와가 말하노라 그 날에 너희가 각각 포도나무와 무화과나무 아래로 서로 초대하리라 하셨느니라"(10).

㉠ "포도나무와 무화과나무 아래로"라는 말은 평화(平和)의 시대, 즉 복음(福音)시대를 가리키는 구약적인 표현입니다.

㉡ 우리는 3장을 상고하면서 "놀라고, 부끄러워해야" 마땅합니다. 희미한 계시라 할 수 있는 구약성경에 이처럼 복음이 찬란하게 빛을 발하고 있다는 것이 놀랍고, 복음이 밝히 드러난 신약시대를 살아가고 있으면서도 "그리스도의 영광의 복음의 광채"(고후 4:4)는 보지 못하고 "물질축복"에만 열을 올리고 있는 이것이 부끄럽기 때문입니다.

㉢ 3장은 "초대(招待)하리라" 하고 마치고 있는데 이는 복음초청인 것입니다. 형제도 "포도나무와 무화과나무 아래로" 이웃들을 초대하시기를 바랍니다.

⑩ 묵상해보겠습니다.

㉠ 더러운 옷을 입고 있는 자신과 사탄의 대적에 대해서,

㉡ "죄를 제하리라와 아름다운 옷을 입히리라"에 대해서,

㉢ "순을 나게 하리라와 이 땅의 죄악을 하루에 제하리라"에 대해서,

㉣ 자신이 칭의교리에 굳게 서게 된 것이 언제인가에 대해서.

스가랴 4장 개관도표

주제 : 오직 나의 신(神)으로 되느니라

순금 등대의 계시	1-5 1 내게 말하던 천사가 다시 와서 나를 깨우니 마치 자는 사람이 깨우임 같더라 2 그가 내게 묻되 네가 무엇을 보느냐 내가 대답하되 ① **내가 보니 순금 등대가 있는데 그 등대에 일곱 등잔이 있으며 등잔에는 일곱 관이 있고** 그 꼭대기에 주발 같은 것이 있고 또 그 등대 꼭대기 3 **그 등대 곁에 두 감람나무가 있는데** 하나는 그 주발 우편에 있고 하나는 그 좌편에 있나이다 하고 4 ② **내게 말하는 천사에게 물어 가로되 내 주여 이것들이 무엇이니이까** 5 내게 말하는 천사가 대답하여 가로되 네가 이것들이 무엇인지 알지 못하느냐 내가 대답하되 내 주여 내가 알지 못하나이다
큰 산아 평지가 되리라	6-10 6 그가 내게 일러 가로되 여호와께서 스룹바벨에게 하신 말씀이 이러하니라 만군의 여호와께서 말씀하시되 **이는 힘으로 되지 아니하며 능으로 되지 아니하고 오직 나의 신(神)으로 되느니라** 7 ③ **큰 산아 네가 무엇이냐 네가 스룹바벨 앞에서 평지가 되리라 그가 머릿돌을 내어 놓을 때에 무리가 외치기를 은총, 은총이 그에게 있을 지어다 하리라 하셨고** 8 여호와의 말씀이 또 내게 임하여 가라사대 9 ④ **스룹바벨의 손이 이 전의 지대를 놓았은즉 그 손이 또한 그것을 마치리라 하셨나니 만군의 여호와께서 나를 너희에게 보내신 줄을 네가 알리라** 하셨느니라 10 ⑤ **작은 일의 날이라고 멸시하는 자가 누구냐 이 일곱은 온 세상에 두루 행하는 여호와의 눈이라 다림줄이 스룹바벨의 손에 있음을 보고 기뻐하리라**
주를 모시고 선 자	11-14 11 ⑥ **내가 그에게 물어 가로되 등대 좌우의 두 감람나무는 무슨 뜻이니이까 하고** 12 **다시 그에게 물어 가로되 금 기름을 흘려내는 두 금관 옆에 있는 이 감람나무 두 가지는 무슨 뜻이니이까** 13 그가 내게 대답하여 가로되 네가 이것이 무엇인지 알지 못하느냐 대답하되 내 주여 알지 못하나이다 14 가로되 이는 ⑦ **기름 발리운 자 둘이니 온 세상의 주 앞에 모셔 섰는 자니라 하더라**

4장

오직 나의 신(神)으로 되느니라

그가 내게 일러 가로되 여호와께서 스룹바벨에게 하신 말씀이 이러 하니라 만군의 여호와께서 말씀하시되 이는 힘으로 되지 아니하며 능으로 되지 아니하고 오직 나의 신으로 되느니라.

4장은 스가랴 선지자가 본 다섯 번째 환상입니다. 본장은 결론에 이르러 "이는 기름 발리운 자 둘이니 온 세상의 주 앞에 모셔 섰는 자니라"(14) 하고 마치고 있는데, 이 "둘"은, "대제사장 여호수아와, 총독 스룹바벨"을 가리키는 것으로 이는 3-4장의 결론이라 할 수가 있습니다. 대제사장의 구속사역에 대해서는 3장에서 말씀했고, 4장에서는 그 초점이 총독인 스룹바벨, 즉 왕적(王的)인 권세에 맞춰져 있는데 중심점은, "힘으로 되지 아니하며 능으로 되지 아니하고 오직 나의 신으로 되느니라"(6) 한 말씀에 있습니다. 그리고 유념해야할 점은 "제사장, 왕", 이 두 직분 모두가 기름부음을 받은 자 곧 "그리스도"에 대한 예표의 사람이라는 점입니다.

도표를 보시면 "오직 나의 신(神)으로 되느니라"는 말씀을 중심으로, ① "순금 등대, 일곱 등잔, 두 감람나무"의 환상을 본 선지자가, ② 이것들이 무엇이니이까 하고 물으니, 이는 "힘으로 되지 아니하며 능으로 되지 아니하고 오직 나의 신(성령)으로 되느니라" 하십니다. ③ 그러시면서 "큰 산아, 네가 스룹바벨 앞에서 평지가 되리라", ④ 스룹바벨이 이 전(殿) 지대를 놓았으니 또한 완성하리라, ⑤ "작은 일의 날이라고 멸시하는 이가 누구냐, 다림줄이 스룹바벨의 손에 있음을 보고 기뻐하리라" 하시면서, ⑥ 모든 원동력이 금 기름을 흘러 내는 감람나무, 즉 성령에 있음을 말씀하면서, ⑦ "이는 기름 발리운 자 둘이니" 하고 결론을 맺습니다. 이에 대한 구속사적 의미를 세 단원으로 나누어 상고하겠습니다.

첫째 단원(1-5) **순금 등대와 일곱 등잔의 계시**
둘째 단원(6-10) **큰 산아 네가 평지가 되리라**
셋째 단원(11-14) **주 앞에 모셔 섰는 자니라**

주제(主題) : 오직 나의 신(神)으로 되느니라

㉠ "대제사장과, 왕", 이 두 직분(職分)은 모두가 기름부음을 받은 그리스도에 대한 예표입니다. "제사장" 직에 관해서는 3장에서 말씀하심과 같이 "이 땅의 죄악을 하루에 제하리라"(3:9하) 한 속죄사역이고, "왕"적인 권세는 "큰 산아 네가 무엇이냐, 스룹바벨 앞에서 평지가 되리라" 한 대적을 파하는 권세입니다.

㉡ 이 두 직분, 즉 하나님을 섬기는 제사장적인 사명과, 만물을 다스릴 왕적인 사명이 인류의 시조에게는 하나로 주어졌고, 창세기에 등

장하는 멜기세덱에게도 하나로 나타나는데(창 14:18, 히 7:1), 율법시대에는 둘로 나누어졌다가 멜기세덱의 반차를 좇은 그리스도에게서 다시 하나(6:13)로 합쳐지는 것입니다.

㉢ 본장에서 말씀하고자 하는바는 오직 "나의 신으로 되느니라"(6하) 하심으로 왕적인 사명이 그리스도에 대한 예표임을 드러내는데 있습니다. 이제는 그리스도의 구속으로 말미암아 모든 그리스도인들이 "왕 같은 제사장"들이요, "온 세상의 주 앞에 모셔섰는 자"라는 각성을 하게 될 때에 4장은 우리들에게 더욱 적실성이 있게 되는 것입니다.

첫째 단원(1-5) 순금 등대와 일곱 등잔의 계시

"내게 말하던 천사가 다시 와서 나를 깨우니 마치 자는 사람이 깨우임 같더라"(1).

㉠ "내게 말하던 천사가 다시 와서"란 표현은 4장이 3장과 결부되는 말씀임을 나타냅니다. 그리고 "나를 깨우니" 마치 자다가 깬 사람 같다는 말은 이런 신령한 의미는 "지혜와 계시의 영"(엡 1:17)을 주셔야만 깨달을 수 있음을 나타냅니다.

① "그가 내게 묻되 네가 무엇을 보느냐 내가 대답하되 내가 보니 순금 등대가 있는데 그 꼭대기에 주발 같은 것이 있고 또 그 등대에 일곱 등잔이 있으며 그 등대 꼭대기 등잔에는 일곱 관이 있고 그 등대 곁에 두 감람나무가 있는데 하나는 그 주발 우편에 있고 하나는 그 좌편에 있나이다"(2-3) 하고 대답합니다.

㉠ 선지자가 본 환상은 전체가 하나님께서 이루어나가시는 하나님의 나라, 즉 교회에 대한 상징입니다. 중심점은 "순금(純金) 등대"(燈臺)인데 이는 느부갓네살이 본 "큰 신상"(단 2:31)과 대조되는 "하나님의

나라"를 상징합니다.

ⓛ "일곱 등잔"은 계시록의 "일곱 금촛대"(계 2:1)와 상응하는 것으로 지상의 모든 교회를 상징한다고 말할 수가 있습니다. 그러니까 "순금 등대와 일곱 등잔"은 떼어놓을 수 없는 둘이 아니요 하나입니다.

ⓒ 그리고 "등대 위에 주발이 있다"는 것은 기름 탱크와 같은 것인데, 일곱 등잔은 기름 탱크(주발)와 일곱 관(管)으로 연결이 되어 기름을 공급받고 있으며, 그 등대 좌우에는 기름 탱크에 기름을 공급해주는 감람나무가 있어서 무궁무진하게 기름을 공급해주는 구조(構造)입니다. 이것이 하나님께서 이루어나가시는 하나님의 나라요 교회의 모습입니다.

② "내게 말하는 천사에게 물어 가로되 내 주여 이것들이 무엇이니이까"(4) 하고 묻습니다.

㉠ "내게 말하는 천사가 대답하여 가로되 네가 이것들이 무엇인지 알지 못하느냐 내가 대답하되 내 주여 내가 알지 못하나이다"(5) 합니다. 형제는 환상의 구조와 그 의미를 알고 있습니까?

둘째 단원(6-10) 큰 산아 네가 평지가 되리라

㉠ 그러면 그 의미가 무엇인가? "그가 내게 일러 가로되 여호와께서 스룹바벨에게 하신 말씀이 이러 하니라 만군의 여호와께서 말씀하시되 이는 힘으로 되지 아니하며 능으로 되지 아니하고 오직 나의 신으로 되느니라"(6) 하십니다.

ⓛ 재차 설명을 가한다면, ㉮ "등대"는 당시는 구약교회, 오늘날은 신약교회, 즉 하나님의 나라를 상징합니다. 그리고 ㉯ "일곱 등잔"은, 계시록에서 "일곱 금촛대"라 한 지상의 모든 교회들을 가리킵니다. 그

러니까 형제가 섬기고 있는 교회도 등잔이요, 촛대인 것입니다. "등잔, 촛대"는 불을 밝히기 위해서 존재이유가 있는데, ㉰ 위에 있는 "주발"로부터 일곱 "관"(管)이 연결이 되어 있어서 기름을 공급해주고 있더라는 것입니다. ㉱ 또한 주발에는 좌우에 서 있는 살아있는 감람나무로부터, 그러니까 유전(油田)으로부터 기름이 공급되고 있다는 것입니다. 이처럼 교회란 인간의 힘으로 되는 것이 아니라, "오직 나의 신"이라 하신 "하나님의 영, 그리스도의 영, 성령"(롬 8:9)으로만이 가능한 것입니다.

③ 그래서 "큰 산아 네가 무엇이냐 네가 스룹바벨 앞에서 평지가 되리라"(7상) 하는 것입니다.

㉠ 여기서 "총독 스룹바벨"은 "기름 발리운 자"(14), 즉 그리스도의 예표로 등장합니다. 학개서에서도 스룹바벨을 가리켜서, "내가 너를 취하고 너로 인을 삼으리니"(학 2:23) 하고 말씀한 바입니다.

㉡ 그리고 "큰 산"이란 대적(對敵)의 세력을 가리키는데, 그러나 평지(平地)가 되리라 합니다. 이를 시편에서는, "네가 철장으로 저희를 깨뜨림이여 질그릇같이 부수리라 하시도다"(시 2:9, 계 2:26-27) 하고 예언되어 있습니다.

㉢ "그가 머릿돌을 내어 놓을 때에 무리가 외치기를 은총, 은총이 그에게 있을 지어다 하리라"(7하) 하십니다. "그가 머릿돌을 내어 놓을 때"란 무슨 뜻인가? 엄밀히 말하면 성전을 건축할 때에 제일 처음 놓는 돌은 "모퉁이 돌"(엡 2:20)이고, 맨 마지막으로 올려놓는 돌이 "머릿돌"입니다. 그러므로 "그가 머릿돌을 내어 놓을 때"란, 그리스도께서 재림하시는 완성의 때입니다. 그 때에 "무리가 외치기를 은총, 은총이 그에게 있을 지어다"(7하) 하게 되리라는 것입니다.

④ 그래서 "여호와의 말씀이 또 내게 임하여 가라사대 스룹바벨의 손이 이 전의 시내(모퉁이 돌)를 놓았은즉 그 손이 또한 그것을 마치리라(머릿돌)"(9상) 하시는 것입니다.

㉠ 언제나 그러하듯이 이 계시에는 복합적(複合的)인 의미가 있습니다. ㉮ 지금 재건하고 있는 성전이 대적의 악랄한 방해공작에도 불구하고 성전 지대를 놓은 스룹바벨이 "머릿돌을 내어 놓음", 즉 완공하게 되리라는 말씀입니다. 그러나 궁극적인 성취는 초림하심으로 구속사역을 시작하신 그리스도께서 재림하심으로 완성(完成)하게 될 것을 가리킵니다.

㉡ 그래서 "만군의 여호와께서 나를 너희에게 보내신 줄을 네가 알리라"(9하) 하고, 2장에서 3번(2:8, 9, 11)이나 강조하신 "보내셨다"는 점을 다시 말씀하시는 것입니다. 스룹바벨을 보내신 하나님은, 자기 아들을 우리에게 보내주신 것입니다. 주님은 보냄을 받으신 분이십니다. 사탄의 시험을 이기시고 돌아오신 주님은, "주의 성령이 내게 임하셨으니 이는 가난한 자에게 복음을 전하게 하시려고 내게 기름을 부으시고 나를 보내셨다"(눅 4:18) 하고 말씀하십니다. 보냄을 받은 주님은 "오직 나의 신"이라 하신 성령으로만 역사하신 것입니다. 우리들도 보냄을 받고, "오직 나의 신"만을 의뢰해야하는 것입니다.

⑤ "작은 일의 날이라고 멸시하는 자가 누구냐"(10상),

㉠ 그렇습니다. 저들은 초라한 제2성전을 보면서 대성통곡을 했습니다. 얼마나 "작은 일의 날"로 보였던가? 우리가 하고 있는 사역도 "작은 일"로 여기고 낙심할 때가 많이 있습니다. 그러나 하나님께서 "이 전(殿)의 나중 영광이 이전(以前) 영광(榮光)보다 크리라"(학 2:9) 하신 대로 얼마나 "큰 일의 날, 위대한 일, 영광스러운 일의 날"로 이루어주셨는가!

㉡ 그래서 "이 일곱은 온 세상에 두루 행하는 여호와의 눈이라 다림줄이 스룹바벨의 손에 있음을 보고 기뻐하리라"(10하) 하십니다. "일곱"은 하나님의 완전성을 나타내는데 "일곱 눈"에 대해서 계시록은 설명하기를, "이 눈은 온 땅에 보내심을 입은 하나님의 일곱 영이더라"(계 5:6)

합니다. 그리고 "다림줄"이란 건축할 때에 바르게 세워졌는가를 검증하는 기구로 도목수의 권한에 속한 것입니다. 그러므로 다림줄이 스룹바벨의 손에 있다는 것은 그가 주도적으로 시작한 것을 완성하게 될 것을 나타냅니다. 그래서 "기뻐하리라" 하시는 것입니다.

셋째 단원(11-14) 주 앞에 모셔 섰는 자니라

⑥ "내가 그에게 물어 가로되 등대 좌우의 두 감람나무는 무슨 뜻이니이까"(11) 하고 묻습니다.

㉠ "다시 그에게 물어 가로되 금 기름을 흘려내는 두 금관 옆에 있는 이 감람나무 두 가지는 무슨 뜻이니이까"(12) 하고 재차 묻습니다. 이는 선지자가 알고자 하여 질문을 한 것이지만, 성령께서는 모든 성도들로 하여금 이에 대한 확신을 갖기를 원하시기 때문에 이처럼 문제를 제기하는 것입니다.

㉡ 그러면 그 의미가 무엇인가? "기름, 관" 등을 "금 기름, 금관"(管)이라 한 것은 하나님께 쓰임을 받기 때문인데 모두가 거룩하고 순전해야함을 나타냅니다. "금" 기름을 흘려내는 감람나무"라 한 것은 모든 힘의 원천(源泉), 은혜와 능력의 공급원(供給源)이 주 성령에 있음을 나타냅니다.

㉢ 그런데 주목해보면 11설과 12절의 질문에는 차이가 있음을 발견하게 됩니다. 11절에서는 "두 감람나무는 무슨 뜻이냐" 했는데, 12절에서는 "이 감람나무 두 가지는 무슨 뜻이니이까" 하고 "가지"라 말씀하고 있기 때문입니다. 이는 무심한 것으로 여길 수가 없습니다. 이 말씀은 우리로 하여금, "나는 포도나무요 너희는 가지니 저가 내 안에, 내가 저 안에 있으면 이 사람은 과실을 많이 맺나니 나를 떠나서는 너희가 아무

것도 할 수 없음이라"(요 15:5) 한 말씀으로 인도해줍니다.

㉣ 성경을 구속사의 관점으로 본다는 것은 구속 주되시는 "그리스도 중심"으로 본다는 뜻입니다. 그런데 그리스도에게서 멈춰서는 아니 됩니다. 그리스도의 구속으로 말미암아 "머리와 몸, 신랑과 신부", 즉 그리스도와 연합(聯合)한 자들은, 그리스도에게 되어 진 일은 모든 그리스도인들에게도 되어 신 일이라는 데까지 나아가야만 하는 것입니다. 모든 은혜와 은사와 능력의 공급원은 그리스도입니다. 그런데 이 본체(本體)의 은혜가 "가지" 된 자를 통해서 전달이 된다는 점입니다. 5병2어의 기적이 주님께서 제자들에게 떼어주시고, 제자들이 무리들에게 나눠줌으로 5천명이 먹고도 열 두 광주리가 남은 것 같이 말입니다. 그러므로 이렇게 쓰임을 받는 자들은 "금"처럼 순전해야한다는 점입니다.

⑦ "가로되 이는 기름 발리운 자 둘이니 온 세상의 주 앞에 모셔 섰는 자니라 하더라"(14).

㉠ 14절은 총 결론입니다. 선지자 당시에 "기름 발리운 자 둘"이 되어 "온 세상의 주 앞에 모셔 섰는 자"는 대제사장 여호수아와, 총독(왕) 스룹바벨이었습니다. 이들은 자기 시대에 주어진 사명을 완수하고 구속사의 무대에서 떠났습니다.

㉡ 그런데 이 예표의 두 직분(職分)이 그리스도 안에서 하나가 되어 주님은, ㉮ 우리의 대제사장이 되시어 우리 죄를 단 번에 제하여주셨고, ㉯ 왕이 되셔서 사망권세를 잡은 이 세상 임금인 사탄, 즉 "뱀의 머리"를 상하게 해주셨습니다.

㉢ 이제는 그리스도의 구속으로 말미암아 형제에게 "왕 같은 제사장"이라는 도저히 실감이 나지 않는 영광스러운 지위와 직분이 주어진 것입니다. 그리스도인이란, "머리에 있는 보배로운 기름이 옷깃까지 내림 같은"(시 133:2) "기름 발리운 자"들입니다. 이제 명심해야할 점은 주님께서 "나는 포도나무요, 너희는 가지다"(요 15:5) 하신 말씀에 대한

확신과 이에 대한 전적인 신뢰입니다.

ⓡ 주님은 말씀하십니다. "이기는 자와 끝까지 내 일을 지키는 그에게 만국을 다스리는 권세를 주리니 그가 철장을 가지고 저희를 다스려 질그릇 깨뜨리는 것과 같이 하리라 나도 내 아버지께 받은 것이 그러하니라"(계 2:26-27). 주님은 아버지께 받은 권세를 가지고 승천하신 것이 아니라, "이기는 자"(참고, 요일 5:4-5), 즉 교회에 위임해주셨습니다. 이 시대의 여호수아와 스룹바벨은 바로 당신입니다. 형제는 금 기름을 흘려내는 "가지"입니다. 또한 "큰 산"도 형제 앞에서 평지가 될 것을 확신하시기를 바랍니다.

⑧ 묵상해보겠습니다.

㉠ 순금 등대, 주발, 일곱 등잔, 일곱 관의 구조와 의미에 대해서,

㉡ 작은 일의 날이라는 말과, 큰 산아 네가 평지가 되리라는 말씀에 대해서,

㉢ 오늘날 주 앞에 모셔 섰는 기름 발리운 자가 누군가에 대해서.

스가랴 5장 개관도표

주제 : 날아가는 두루마리에 의한 심판

온 지면에 행하는 저주

1-4
1 내가 다시 눈을 든즉 **날아가는 두루마리가 보이더라**
2 그가 내게 묻되 네가 무엇을 보느냐 하기로 내가 대답하되 **날아가는 두루마리를 보나이다**
그 장이 이십 규빗이요 광이 십 규빗이니이다

3 그가 내게 이르되 ① **이는 온 지면에 두루 행하는 저주라**

무릇 도적질하는 자는 그 **이편 글대로** 끊쳐 지고
무릇 맹세하는 자는 그 **저편 글대로** 끊쳐 지리라

4 만군의 여호와께서 가라사대 ② **내가 이것을 발하였나니**
도적의 집에도 들어가며
내 이름을 가리켜 망령되이 맹세하는 자의
집에도 들어가서 그 집에 머무르며

그 집을 그 나무와 그 돌을
아울러 사르리라 하셨느니라

에바 속에 갇힌 여인

5-11
5 내게 말하던 천사가 나아와서 내게 이르되 너는 눈을 들어 나오는 이것이 무엇인가 보라 하기로
6 내가 묻되 이것이 무엇이니이까 그가 가로되 나오는

③ **이것이 에바니라 또 가로되**
온 땅에서 그들의 모양이 이러하니라
7 **이 에바 가운데에는 한 여인이 앉았느니라** 하는 동시에 둥근 납 한 조각이 들리더라

8 그가 가로되 ④ **이는 악이라 하고**
그 여인을 에바 속으로 던져 넣고
납 조각을 에바 아구리 위에 던져 덮더라

9 내가 또 눈을 들어 본즉 ⑤ **두 여인이 나왔는데 학의 날개 같은 날개가 있고**
그 날개에 바람이 있더라
그들이 그 에바를 천지 사이에 들었기로

10 내가 내게 말하는 천사에게 묻되 ⑥ **그들이 에바를 어디로 옮겨 가나이까 하매**
11 내게 이르되 그들이 **시날 땅으로 가서 그를 위하여 집을 지으려함이니라**
준공되면 그가 제 처소에 머물게 되리라 하더라

5장

날아가는 두루마리에 의한 심판

[3]그가 내게 이르되 이는 온 지면에 두루 행하는 저주라 무릇 도적질하는 자는 그 이편 글대로 끊쳐지고 무릇 맹세하는 자는 그 저편 글대로 끊쳐 지리라.

5장은 선지자에게 보여주신 여섯 번째와 일곱 번째 환상입니다. 중심점은, "이는 온 지면에 두루 행하는 저주라"(3) 하신 대로 심판의 경고입니다. 이는 3-4장의 복음과는 대조되는 것으로, 성경은 언제나 "복음과, 심판"을 함께 말씀하고 있습니다. 도표를 보시면, "날아가는 두루마리에 의한 심판"을 중심으로, ① "이는 지면에 두루 행하는 저주라", "이편 글과 저편 글", 즉 두루마리에 기록된 대로 심판을 받게 될 것을 말씀하면서, ② "내가 이것을 발하였나니 (저주가) 각 집에 들어가서 머물게 될" 것이라 경고합니다. 그리고 두 번째로, ③ "에비 환상"을 보세 되는데, "에바 속에 갇힌 여인"을 보여주십니다. 에바는 말(斗)과 같은 도량(度量)기구인데, ④ "그 여인을 에바 속으로 던져 넣고, 납으로 봉해서", 우리나라 말로 표현하면 뒤주 속에 가두어, ⑤ "두 여인"이 그를 옮기는데, ⑥ 시날 땅 그의 처소에 머물게 하려 함"이라 하십니다. 이에 대한 구속사적 의미가 무엇인가? 이를 두 단원으로 나누어 상고하겠습니다.

첫째 단원(1–4) **온 지면에 행하는 저주**

둘째 단원(5–11) **에바 속에 갇힌 여인**

주제(主題) : 날아가는 두루마리에 의한 심판

㉠ 1-4장까지는 이스라엘에게 하신, "선한 말씀, 위로하는 말씀"(1:13), 즉 축복이요, 복음이었습니다. 그런데 5장은 "온 지면에 두루 행하는 저주"(3)를 말씀하십니다. 참으로 불길하고 두려운 말씀입니다. "복음과, 진노"는 동전 앞뒤와 같아서 언제나 함께 가고 있습니다.

㉡ 본장의 "저주"는 1:11절에서, "여호와의 사자에게 고하되 우리가 땅에 두루 다녀보니 온 땅이 평안(平安)하여 정온(靜穩)하더이다", 즉 하나님의 백성들은 온갖 시련에 직면해 있는데 저들은 평안하고 염려 없이 살아가고들 있더라 한 보고에 대한 응답이라 할 수가 있습니다.

㉢ 어찌하여 장(長)이 20규빗이요, 광(廣)이 10규빗이나 되는 크고 넓은 "두루마리가 날아 다닌다" 하시는가? 이는 첫째로, 심판의 확실성과 피할 자가 없다는 보편성을 나타냅니다. 둘째로, "이편 글, 저편 글"이라 하심같이 기록된 대로 심판을 받게 될 것을 가리키고 셋째로, "날아가는" 것으로 표현한 것은 심판의 신속(迅速)성을 나타낸다 하겠습니다.

㉣ "에바 속에 갇힌 여인"의 환상은, "악"(惡)의 세력이 득세하고 있다하여도 결국 감금당하게 될 것을 나타냅니다. 그 악도 "날아가는 두

루마리"에 기록된 대로 심판을 당하게 될 것이라는 점에서 두 환상은 결부되는 것입니다.

첫째 단원(1-4) 온 지면에 행하는 저주

"내가 다시 눈을 든즉 날아가는 두루마리가 보이더라, 그가 내게 묻되 네가 무엇을 보느냐 하기로 내가 대답하되 날아가는 두루마리를 보나이다 그 장이 이십 규빗이요 광이 십 규빗이니이다"(1-2). 이는 선지자에게 보여주신 여섯 번째 환상입니다.

① "그가 내게 이르되 이는 온 지면에 두루 행하는 저주(詛呪)라"(3상) 합니다.

㉠ "무릇 도적질하는 자는 그 이편 글대로 끊쳐지고 무릇 맹세하는 자는 그 저편 글대로 끊쳐 지리라"(3하) 합니다. 이로 보건대 "두루마리"에는 글이 양면(兩面)에 기록되어 있음을 알게 됩니다. 에스겔 선지자에게 보여주신 두루마리에도, "그 안팎에 글이 있는데 애가와 애곡과 재앙의 말이 기록 되었더라"(겔 2:9-10) 합니다. 이처럼 안팎으로 기록되었다는 점을 말씀하는 의도는 심판이 즉흥적으로 되는 것이 아니라 기록된 대로, 경고한 대로 시행될 것을 나타냅니다.

㉡ 어찌하여 "도적질하는 자와, 맹세하는 자"의 두 가지 죄를 들고 있는가? 도적질은 대인관계(對人關係)의 죄를 나타내고, "맹세"는 4절에서 "내 이름을 가리켜 망령되이 맹세하는 자"라 하심같이 하나님과의 관계에서의 죄임을 나타냅니다. 억만 가지 죄들이 있다 해도 모든 죄는 두 관계성에 해당되는 두 가지 죄뿐입니다. 하나님의 진노는 "모든 경건치 않음과 불의에 대하여 하늘로 좇아 나타나나니"(롬 1:18) 합니다.

② "만군의 여호와께서 가라사대 내가 이것을 발하였나니 도적의 집

에도 들어가며 내 이름을 가리켜 망령되이 맹세하는 자의 집에도 들어가서"(4상),

㉠ "그 집에 머무르며"(4중) 합니다. 저주가 날아가다가 어느 집으로 들어가서 "머무르게" 될 것이라니 얼마나 비극적인 일인가? 머무를 뿐만이 아니라 "그 집을 그 나무와 그 돌을 아울러 사르리라"(4하) 하시니 얼마나 비참한 일인가?

㉡ 이는 2:10절에서 "시온의 딸아 노래하고 기뻐하라 이는 내가 임하여 네 가운데 거할 것임이니라" 한 그리스도인 가정과는 정반대(正反對)의 경우인 것입니다. 왜 저주가 임하게 되는가? 확신을 가지고 말씀드릴 수 있는 것은, "내가 임하여 네 가운데 거할 것임이라" 하시는 그리스도를 배척하고 대적하기 때문이라는 것입니다.

㉢ 그러면 "저주"가 어떤 방도로 "날아가며, 각 집에 들어가게" 되는가를 생각해보아야만 우리에게 적실성이 있게 됩니다. 계시록에 보면 "공중에 날아가는 독수리가 큰 소리로 이르되 땅에 거하는 자들에게 화, 화, 화가 있으리로다"(8:13) 하는 장면과, "천사가 공중에 날아가는데 땅에 거하는 자들 곧 여러 나라와 족속과 방언과 백성에게 전할 영원한 복음을 가졌더라"(계 14:6) 하는 장면을 보게 됩니다. 그러면 복음은 천사가 전하고, 저주는 독수리가 전한단 말인가? 묵시는 상징을 들어서 표현하는 경우가 많습니다.

㉣ 이에 빛을 비춰주는 말씀이 있는데 주님께서 제자들을 파송하시면서, "또 집에 들어가면서 평안하기를 빌라 그 집이 이에 합당하면 너희 빈 평안이 거기 임할 것이요 만일 합당치 아니하면 그 평안이 너희에게 돌아올 것이니라 누구든지 너희를 영접도 아니 하고 너희 말을 듣지도 아니 하거든 그 집이나 성에서 나가 너희 발의 먼지를 떨어 버리라 내가 진실로 너희에게 이르노니 심판 날에 소돔과 고모라 땅이 그 성보다 견디기 쉬우리라"(마 10:12-15) 하신 말씀입니다. 그러니까 제자

들은 복을 가지고 찾아갔는데 이를 배척하는 집에는 복 대신 저주가 임하게 된다는 말씀이 됩니다. 이처럼 "복과, 저주"는 전도자들을 통해서 임하게 된다는 깨달음입니다. 그러므로 전도자는 신속(迅速)하기를 마치 날아가는 두루마리와 같아야 하는 것입니다.

㉤ 이는 "온 지면에 두루 행하는 저주라"(3) 하십니다. 다시 강조합니다만 3-4장의 복음을 배척한다면 진공상태로 남아있는 것이 아니라 복이 임할 그 자리에 "저주"가 임한다는 사실입니다. 이제도 전도자들을 통해서 "복과, 저주"는 온 지면을 날아다니면서 임할 곳을 찾고 있는 셈입니다.

둘째 단원(5-11) 에바 속에 갇힌 여인

"내게 말하던 천사가 나아와서 내게 이르되 너는 눈을 들어 나오는 이것이 무엇인가 보라 하기로"(5), 이것은 선지자에게 보여주신 일곱 번째 환상입니다.

③ "내가 묻되 이것이 무엇이니이까 그가 가로되 나오는 이것이 에바니라 또 가로되 온 땅에서 그들의 모양이 이러 하니라"(6) 하십니다. 7절 이하에 그들의 모양에 대한 설명이 나오는데,

㉠ "에바 가운데에는 한 여인이 앉아있는"(7상) 것이 아니가? 이 여인은 무엇에 대한 상징인가?

④ "그가 가로되 이는 악(惡)이라" 합니다.

㉠ 어찌하여 "악"을 여인으로 표현하고 있는가? 이는 하나님께 대한 인간의 악 중에 치명적인 것이 영적인 "행음"(行淫), 즉 우상숭배이기 때문으로 여겨집니다. 계시록에서도 "여자로 더불어 더럽히지 아니하고(계 14:4), 많은 물 위에 앉은 큰 음녀(계 17:1)라 하고 악을 여인으로

표현하고 있는 것을 보게 됩니다.

㉡ 그리하여 "그 여인을 에바 속으로 던져 넣고 납 조각을 에바 아구리 위에 던져 덮더라"(8하) 합니다. 그러니까 말(斗)과 같이 생긴 상자 속에 여인으로 상징 된 "악"이 감금을 당한 것입니다. 그런데 이는 단순한 감금이 아니라, 무거운 납으로 덮어버렸다는 것은 영원한 멸망을 나타냅니다. 이는 마치 계시록에서, "용을 잡으니 곧 옛 뱀이요 마귀요 사단이라 잡아 일천 년 동안 결박하여 무저갱에 던져 잠그고 그 위에 인봉하여"(계 20:2-3) 한 말씀을 연상하게 합니다. 이렇게 해서 어떻게 하시려는가?

⑤ "내가 또 눈을 들어 본즉 두 여인이 나왔는데 학의 날개 같은 날개가 있고 그 날개에 바람이 있더라 그들이 그 에바를 천지 사이에 들었기로"(9),

⑥ "내가 내게 말하는 천사에게 묻되 그들이 에바를 어디로 옮겨 가나이까 하매"(10),

㉠ "내게 이르되 그들이 시날 땅으로 가서 그를 위하여 집을 지으려 함이니라 준공되면 그가 제 처소에 머물게 되리라"(11) 하십니다. "시날 땅"이란 하나님을 대항하여 바벨탑을 쌓은 땅이요, 바벨론의 본거지입니다. 그러므로 계시록에서는 "무너졌도다 무너졌도다 큰 성 바벨론이여 귀신의 처소와 각종 더러운 영이 모이는 곳과 각종 더럽고 가증한 새의 모이는 곳이 되었도다"(계 18:2) 합니다. 여기가 "악"들이 거할 처소(處所)인 셈입니다.

㉡ 주목할 점은, "그를 위하여 집을 지으려함이니라" 하신 말씀인데 이는 포로에서 귀환한 자들이 하나님의 전을 건축하는 것(4:9)과 날카롭게 대조를 이루고, "준공되면 그가 제 처소에 머물게 되리라"(11)는 말씀도 "내가 임하여 네 가운데 거할 것임이니라"(2:10) 한 말씀과 대조를 이루고 있습니다. 나아가 이 말씀은 주님께서, "내가 너희를 위하여

처소를 예비하러 가노니 가서 너희를 위하여 처소를 예비하면 내가 다시 와서 너희를 내게로 영접하여 나 있는 곳에 너희도 있게 하리라"(요 14:2-3) 하신 말씀으로 인도해줍니다.

ⓒ 그렇다면 "날아가는 두루마리 곧 저주와, 에바 속에 갇힌 여인"의 환상은, "시온의 딸아 노래하고 기뻐하라"와 대조되는 두 종말을 보여주는 것이라는 결론에 이르게 됩니다. 주님은 말씀하십니다. "내 아버지께 복 받을 자들이여 나아와 창세로부터 너희를 위하여 예비 된 나라를 상속하라", "저주를 받은 자들아 나를 떠나 마귀와 그 사자들을 위하여 예비 된 영영한 불에 들어가라"(마 25:34, 41).

ⓔ 이런 맥락에서 "날아가는 두루마리" 환상과, "에바 속의 여인"의 환상을 보여주시는 의도는 14년간이나 중단되었던 성전건축을 재개한 "시온의 딸"들에게는 경종이 됨과 동시에 격려가 되었을 것입니다.

⑦ 묵상해보겠습니다.

ⓐ 날아가는 저주가 어디에 어떻게 임하는가에 대해서,

ⓑ 에바 속에 갇힌 여인의 상징성에 대해서,

ⓒ 이 환상들을 보여주신 의도에 대해서.

스가랴 6장 개관도표

주제 : 순이 돋아나서 여호와의 전을 건축하리라

주 앞에 모셨다가 나가는 네 병거

1-8

1 내가 또 눈을 들어본즉 ① **네 병거가 두 산 사이에서 나왔는데 그 산은 놋산이더라**

2 **첫째 병거는 홍마들이, 둘째 병거는 흑마들이,**
3 **셋째 병거는 백마들이, 넷째 병거는 어룽지고 건장한 말들이 메었는지라**

4 내가 내게 말하는 천사에게 물어 가로되 내 주여 이것들이 무엇이니이까
5 천사가 대답하여 가로되 이는 ② **하늘의 네 바람인데 온 세상의 주 앞에 모셨다가 나가는 것이라 하더라**

6 흑마는 북편 땅으로 나가매 백마가 그 뒤를 따르고 어룽진 말은 남편 땅으로 나가고
7 건장한 말은 나가서 땅에 두루 다니고자 하니 그가 이르되
너희는 여기서 나가서 땅에 두루 다니라 하매 곧 땅에 두루 다니더라

8 그가 외쳐 내게 일러 가로되 ③ **북방으로 나간 자들이 북방에서 내 마음을 시원케 하였느니라 하더라**

왕이요 제사장인 그리스도

9-15

9 여호와의 말씀이 내게 임하여 이르시되
10 ④ **사로잡힌 자 중 바벨론에서부터 돌아온 헬대와 도비야와 여다야가 스바냐의 아들 요시아의 집에 들었나니 너는 이 날에 그 집에 들어가서 그들에게서 취하되**

11 ⑤ **은과 금을 취하여 면류관을 만들어 여호사닥의 아들 대제사장 여호수아의 머리에 씌우고**

12 고하여 이르기를 만군의 여호와께서 말씀하시되 보라

순이라 이름 하는 사람이 자기 곳에서 돋아나서 여호와의 전을 건축하리라

13 ⑥ **그가 여호와의 전을 건축하고 영광도 얻고 그 위에 앉아서 다스릴 것이요 또 제사장이 자기 위에 있으리니 이 두 사이에 평화의 의논이 있으리라** 하셨다 하고

14 그 면류관은 헬렘과 도비야와 여다야와 스바냐의 아들 헨을 기념하기 위하여
여호와의 전 안에 두라 하시니라

15 ⑦ **먼데 사람이 와서 여호와의 전을 건축하리니 만군의 여호와께서 나를 너희에게 보내신 줄을 너희가 알리라**

너희가 만일 너희 하나님 여호와의 말씀을 청종할진대 이같이 되리라

6장

순이 돋아나서 여호와의 전을 건축하리라

[12]고하여 이르기를 만군의 여호와께서 말씀하시되 보라 순이라 이름 하는 사람이 자기 곳에서 돋아나서 여호와의 전을 건축하리라.

6장은 여덟 번째 환상이면서, 1:15절에서부터 시작된 "환상 시리즈"를 끝맺는 결론적인 장입니다. 내용은, "네 병거의 환상과, 대제사장 여호수아에게 면류관을 씌우라"는 내용입니다. 대제사장 여호수아는 그리스도를 예표로 하여 왕위(대관식)에 오르게 되는데 이는 환상 시리즈의 합당한 결론입니다. 그러면서 이미 3:8절에서 말씀한바 있는, "순이라 이름 하는 사람이 자기 곳에서 돋아나서 여호와의 전을 건축하리라"(12) 말씀하는데 여기에 중심점이 있습니다.

도표를 보시면, "순이 돋아나서 여호와의 전을 건축하리라"는 말씀을 중심으로, ① "네 병거"가 나오는 것을 보여주시는데, ② 이는 "네 바람으로 주 앞에 모셨다가 나가는 것이라" 합니다. ③ 그리고 "북방으로 나간 자가 내 마음을 시원케 하였느니라" 하신 후에, ④ "바벨론으로부터 돌아온 자들로부터", ⑤ "은과 금을 취하여 면류관을 만들어 대제사장 여호수아에게 씌우라" 하십니다. 그런 후에 중심주제(主題)인 "순이 돋아나서 여호와의 전을 건축하리라" 하시면서, ⑥ "그가 위(位)에 앉아서 다스릴 것(왕)이요, 또 제사장"이 되리라 하심으로 "왕과, 제사장"이 돋아난 "순"에게서 하나로 합쳐지게 될 것을 말씀하십니다. ⑦ 그리고 결론을 맺기를, "먼데 사람이 와서 여호와의 전을 건축하리라" 하십니다. 이에 대한 구속사적 의미가 무엇인가? 이를 두 단원으로 나누어 상고하겠습니다.

첫째 단원(1-8) **주 앞에 모셨다가 나가는 네 병거**
둘째 단원(9-15) **왕이요 제사장인 그리스도**

주제(主題) : 순이 돋아나서 여호와의 전을 건축하리라

㉠ 먼저, "순이 돋아난다"는 말씀이 무엇을 의미하는가에 확고해야만 합니다. 이미 3장에서 "내 종 순을 나게 하리라, 이 땅의 죄악을 하루에 제하리라"(3:8, 9) 하고, "순"이 그리스도에 대한 예표임을 말씀하셨습니다. 그런데 중단했던 성전건축을 재개하고 있는 중에 그들을 향해서, "순이라 이름 하는 사람이 전을 건축하리라" 하고 말씀하시는 의도가 무엇인가?

㉡ 이는 그들이 건축하는 성전이 참 것의 그림자임을 나타내기 위해서입니다. 이점은 학개 선지자를 통해서도, "이 전(殿)의 나중 영광이 이전(以前) 영광보다 크리라"(학 2:9) 하심으로 분명히 드러내셨습니다.

㉢ 그렇다면 결론적인 말씀인 "먼데 사람이 와서 여호와의 전을 건축하리라"(15)는 말씀은 무엇인가? 이는 "그 날에 많은 나라가 여호와께

속(屬)하여 내 백성이 될 것이요 나는 네 가운데 거하리라"(2:11) 하신 말씀과 결부되는 것인데, 많은 이방인들이 구원에 참여하게 되어 이루게 될 "공동체", 즉 교회가 "하나님의 거하실 처소가 되기 위하여 예수 안에서 함께 지어져 가게"(엡 2:22) 될 것을 나타냅니다.

ㄹ 이처럼 여덟 가지 환상들이, "화석류나무 사이에 선 사람"(1:8)으로부터 시작하여, "순이라 이름 하는 사람"(12)에 이르기까지 모든 초점이 오직 그리스도를 증거하는데 맞춰져 있습니다. 이런 맥락에서 "네 병거"의 환상도 해석되어야 마땅합니다. 그러면 "네 바람"(5), 즉 "흑마, 백마, 어룽진 말, 건장한 말"(6-7)이란 무엇인가? 이는 그리스도가 탄생하게 될 역사적인 배경을 나타내는 것이라 할 수가 있습니다. 즉 다니엘서에서 "황금신상"을 "금, 은, 놋, 철", 네 부분으로 말씀하신 후에 "이 열왕의 때에 하늘의 하나님이 한 나라를 세우시리니"(단 2:44) 하신 것과 맥을 같이 한다는 말씀입니다.

첫째 단원(1–8) 주 앞에 모셨다가 나가는 네 병거

① "내가 또 눈을 들어본즉 네 병거가 두 산 사이에서 나왔는데 그 산은 놋산이더라".

ㄱ "두 산 사이"란 감람산과 성전이 세워진 모리아산 사이를 가리키는 것이고, 성경에서 "놋"은 심판을 상징하고 있는데 "놋으로 된 산"이라 함은 "네 병거"의 임무가 심판과 결부되었기 때문입니다.

ㄴ "첫째 병거는 홍마들이, 둘째 병거는 흑마들이, 셋째 병거는 백마들이, 넷째 병거는 어룽지고 건장한 말들이 메었는지라" 합니다. 계시록 6장에서도 이 이미지를 그대로 차용하여, "흰 말, 붉은 말, 검은 말, 청황색 말"(계 6:2-8)이 등장합니다. "내가 내게 말하는 천사에게 물

어 가로되 내 주여 이것들이 무엇이니이까"(4) 하고 묻습니다.

② "천사가 대답하여 가로되 이는 하늘의 네 바람인데 온 세상의 주 앞에 모셨다가 나가는 것이라 하더라"(5) 하고 네 병거를 "네 바람"이라고 설명해줍니다.

㉠ 이들을 "병거, 바람"으로 표현한 것은 하나님이 부리시는 방편(方便)이기 때문일 것입니다. 이사야 선지자를 통해서는 바사 왕 고레스를, "나의 목자라, 기름 받은 고레스"(사 44:28, 45:1)라 하십니다. 이는 하나님이 들어서 쓰시는 도구가 되기 때문입니다. 그래서 본문에서도 네 바람, 네 병거를 "온 세상의 주 앞에 모셨다가 나가는 것이라" 하는 것입니다.

㉡ 두 산 "사이"라면 이는 성전에 인접해 있는 기드론 골짜기로 하나님의 근위병(近衛兵)들이 주둔해 있다가 명령이 떨어지면 곧바로 출동(出動)하는 것과 같다 하겠습니다. 그러므로 시편에서는 "하나님의 병거가 천천이요 만만이라 주께서 그 중에 계심이 시내산 성소에 계심 같도다"(시 68:17) 합니다.

㉢ "흑마는 북편 땅으로 나가매 백마가 그 뒤를 따르고 어룽진 말은 남편 땅으로 나가고 건장한 말은 나가서 땅에 두루 다니고자 하니 그가 이르되 너희는 여기서 나가서 땅에 두루 다니라 하매 곧 땅에 두루 다니더라"(7) 합니다. 이는 명령이 발하여졌기 때문인데 "두루 다니다"라는 말이 세 번이나 강조되어 있습니다. 이는 하나님의 명령을 수행하는 것을 나타내는데, 그 대표적인 예가 8절에 나옵니다.

③ "그가 외쳐 내게 일러 가로되 북방으로 나간 자들이 북방에서 내 마음을 시원케 하였느니라"(8) 하십니다.

㉠ "북방"이란 예레미야 선지자가 "끓는 가마를 보나이다 그 면이 북에서부터 기울어졌나이다"(렘 1:13) 함과 같이 바벨론을 가리킵니다. "시원케 하였다"는 것은 하나님의 뜻을 이루어 드렸기 때문인데 이는

바벨론을 심판했음을 가리킵니다. 하나님께서는 이미 1:15절에서, "안일한 열국을 심히 진노하나니 나는 조금만 노하였거늘 그들은 힘을 내어 고난을 더하였음이라" 하셨습니다.

㉡ 그런데 병거가 하나가 아니라 넷이요, "흑마는 북편 땅으로 나가고, 어룽진 말은 남편 땅으로 나가고(6), 건장한 말은 나가서 땅에 두루 다니고자"(7) 했다는 것은 심판의 대상이 바벨론 만에 국한 된 것이 아님을 나타냅니다. 바벨론은 "신상"(神像)의 머리일 뿐입니다.

㉢ 그러므로 "네 병거"를 "순이 돋아난다"는 중심주제와 결부시켜 생각한다면 그리스도가 탄생하기까지의 종주국들인, "바벨론→바사→헬라→로마"로 이어지는 열국을 상징한다고 볼 수가 있습니다. 그리고 이런 "네 병거, 네 바람"의 활동은 과거지사가 아니라 주님의 재림 때까지 계속되다가 최후심판이 시행된 후에야 임무가 끝나게 될 것입니다. 왜냐하면, "나 여호와의 노는 내 마음의 뜻하는 바를 행하여 이루기까지는 쉬지 아니하나니 너희가 말일에 그것을 완전히 깨달으리라"(렘 23:20) 하고 말씀하고 있기 때문입니다.

둘째 단원(9-15) 왕이요 제사장인 그리스도

④ "여호와의 말씀이 내게 임하여 이르시되"(9),

㉠ "사로잡힌 자 중 바벨론에서부터 돌아온 헬대와 도비야와 여다야가 스바냐의 아들 요시아의 집에 들었나니 너는 이 날에 그 집에 들어가서 그들에게서 취하되"(10),

⑤ "은과 금을 취하여 면류관을 만들어 여호사닥의 아들 대세사상 여호수아의 머리에 씌우라"(11하) 하십니다. 그러니까 바벨론으로부터 돌아온 자들이 하나님께 드리려고 "은과 금"을 가지고 온 모양입니다.

㉠ 이 예물로 만든 "면류관"은 3:5절에서 씌워준 "정한 관"(冠)과는 다른 왕관(王冠)을 의미합니다. 그러니까 여호수아는 두 번 관(冠)을 쓴 것이 되는데, "제사장이면서 왕"이 된 것입니다. 이런 분이 있었습니다. 그는 살렘 왕 멜기세덱인데, "떡과 포도주를 가지고 나왔으니 그는 지극히 높으신 하나님의 제사장이었더라"(창 14:18) 하고 "왕과, 제사장" 임을 말씀합니다.

㉡ 하나님은 이를 예표로 하여 그리스도에 대해서 예언하시기를, "너는 멜기세덱의 반차를 좇아 영원한 제사장이라"(시 110:4) 하셨습니다. 이 예언이 응하여 주님은 "의의 왕, 평강의 왕"이면서 아론의 반차를 좇지 않고 멜기세덱의 반차를 좇은(히 7:11) 제사장이 되셨던 것입니다. 멜기세덱의 반차를 좇은 제사장이라 한 것은 이스라엘의 왕을 뛰어넘어 온 인류의 왕이 되심을 나타냅니다.

㉢ 본문 13절도 이를 계시해주고 있는데 "면류관을 만들어, 대제사장 여호수아의 머리에 씌우라"(11하) 하심은 왕의 대관식(戴冠式)과 같은 것입니다.

⑥ 그런 후에, "그가 여호와의 전을 건축하고 영광도 얻고 그 위에 앉아서 다스릴 것이요"(13상) 합니다.

㉠ "그 위에 앉아서 다스릴 것이요" 한 말씀은, "왕적"인 사명입니다.

㉡ "또 제사장이 자기 위에 있으리니"(13중) 한 말씀은, 제사장적인 사명입니다.

㉢ "이 두 사이에 평화의 의논이 있으리라"(13하) 하심은, "왕적인 사명과, 제사장적인 사명"이 하나로 합쳐지게 될 것을 가리킵니다.

㉣ 누구에게서 이렇게 되리라 하시는가? "만군의 여호와께서 말씀하시되 보라 순이라 이름 하는 사람이 자기 곳에서 돋아나서"(12중) 하고, "돋아날 순"에게서 이렇게 되리라 하십니다. "순"이라 함은 "그는 주

앞에서 자라나기를 연한 순 같고 마른 땅에서 나온 줄기"(사 53:2) 같다 한 그리스도를 가리킵니다.

ⓜ "그가 여호와의 전을 건축하리라"(12하) 하십니다. 하나님은 다윗에게, "내가 네 몸에서 날 자식을 네 뒤에 세워 그 나라를 견고케 하리라 저는 내 이름을 위하여 집을 건축할 것이요"(삼하 7:12-13) 하고 언약을 세워주셨는데, 이 언약이 1차적으로는 솔로몬으로 성취되었으나 궁극적인 성취는 "내가 이 반석 위에 교회를 세우리니"(마 16:18) 하신 그리스도에게서 성취될 언약이었던 것입니다.

⑦ 그러므로 결론의 말씀은, "먼데 사람이 와서 여호와의 전을 건축하리니"(15상) 합니다.

㉠ 사도 바울은 증거하기를, "또 오셔서 먼데 있는 너희에게 평안을 전하고 가까운데 있는 자들에게 평안을 전하셨으니"(엡 2:17) 하고, 유대인들을 가까운데 있는 자들로, 이방인들을 "먼데 있는 자들"이라 말씀합니다. 이 예언이 그대로 성취가 되어 "하나님의 교회"가 이방인들로 건설이 되었고, 이제도 확장되어 나가고 있는 것입니다.

㉡ 이렇게 응하여지는 것을 보게 될 때에, "만군의 여호와께서 나를 너희에게 보내신 줄을 너희가 알리라"(15하) 합니다. 문제는 "나를 너희에게 보내신 줄을 너희가 알리라" 한 "나"가 누군가 하는 점입니다. 1차적으로는 스가랴 선지자로 볼 수가 있습니다만, 그러나 이 "나"를, "영광을 위하여 나를 보내셨나니"(2:8) 한 말씀을 시작으로, 스가랴서 전체에 5번(2:8, 9, 11, 4:9, 6:15)이나 강조되어 있는 점과, 다른 선지서에서 "나를 보내사 마음 상한 자를 고치며"(사 61:1) 하고 예언하는 말씀들과, 주님께서 "하나님의 보내신 자를 믿는 것이 하나님의 일이니라"(요 6:29) 한 구속사의 넓은 맥락으로 볼 때, 우리에게 보내심을 받은 분은 그리스도시다 하는 결론에 이르게 되는 것입니다.

㉢ 본 단원을 마치기 전에 우리가 명심해야할 점이 있는데, 이제는

그리스도의 구속으로 말미암아 형제가 "왕 같은 제사장"이라는 사실입니다. "왕 같은 제사장"의 직무는 하나님의 형상대로 지음을 받은 아담에게 주셨던 영광스러움입니다. 범죄로 말미암아 사탄의 노예로 전락했던 것을 그리스도께서 "기업무를 자"가 되셔서 회복시켜주신다는 것이 구원계획입니다. "왕"도 귀하고, "제사장"도 귀합니다. 그런데 이 둘이 합쳐져서 "왕 같은 제사장"이 되었다는 것이 형제의 지위(地位)요 사명(使命)이라는 정체성(正體性)을 망각하지 말아야만 하겠습니다. 이를 잊지 않는 비결은 나 같은 비천한 자가 "왕 같은 제사장"이 되었다는 것이 어떻게 해서 가능하여졌는가를 주야로 묵상하는 일입니다.

⑧ 묵상해보겠습니다.

㉠ 주 앞에 모셨다가 나가는 네 병거의 구속사적 의미에 대해서,

㉡ 순이 돋아나서 전을 건축하리라는 의미에 대해서,

㉢ 먼데 사람이 와서 전을 건축하리라는 의미에 대해서,

㉣ "왕 같은 제사장"의 구속사적 의미와 자신의 지위에 대해서.

스가랴 7장 개관도표

주제 : 금식, 애통이 나를 위하여 한 것이냐

이제도 금식하며 애통해야 하는가

1-7

1 다리오 왕 사년 구월 곧 기슬래 월 사일에 여호와의 말씀이 스가랴에게 임하니라

2 때에 벧엘 사람이 사례셀과 레겜멜렉과 그 종자를 보내어 여호와께 은혜를 구하고

3 ① **만군의 여호와의 전에 있는 제사장들과 선지자들에게 물어 가로되 우리가 여러 해 동안에 행한 대로 오월 간에 울며 재계 하리이까 하매**

4 만군의 여호와의 말씀이 내게 임하여 이르시되

5 온 땅의 백성과 제사장들에게 이르라

너희가 칠십년 동안 오월과 칠월에 금식하고 애통하였거니와 그 금식이 나를 위하여, 나를 위하여 한 것이냐

6 ② **너희의 먹으며 마심이 전혀 자기를 위하여 먹으며 자기를 위하여 마심이 아니냐**

7 ③ **여호와가 이전 선지자로 외친 말을 너희가 청종할 것이 아니냐**

그 때에는 예루살렘과 사면 읍에 백성이 거하여 형통하였고 남방과 평원에도 사람이 거하였었느니라

청종치 아니함으로 심판을 당했다

8-14

8 여호와의 말씀이 스가랴에게 임하여 이르시되

9 만군의 여호와가 이미 말하여 이르기를

④ **너희는 진실한 재판을 행하며 피차에 인애와 긍휼을 베풀며**

10 **과부와 고아와 나그네와 궁핍한 자를 압제하지 말며 남을 해하려하여 심중에 도모하지 말라 하였으나**

⑤ **그들이 청종하기를 싫어하여 등으로 향하며 듣지 아니하려고 귀를 막으며 굳은 어깨로 향하며**

12 **그 마음을 금강석 같게 하여 율법과 만군의 여호와가 신으로 이전 선지자를 빙자하여 전한 말을 듣지 아니하므로**

⑥ **큰 노가 나 만군의 여호와께로서 나왔도다**

13 만군의 여호와가 말하였었노라 ⑦ **내가 불러도 그들이 듣지 아니하였은즉 그들이 불러도 내가 듣지 아니하고**

14 회리바람으로 그들을 그 알지 못하던 모든 열국에 헤치리라 한 후로
이 땅이 황무하여 왕래하는 사람이 없었나니
이는 그들이 아름다운 땅으로 황무하게 하였음이니라 하시니라

7장

금식, 애통이 나를 위하여 한 것이냐

온 땅의 백성과 제사장들에게 이르라 너희가 칠십년 동안 오월과 칠월에 금식하고 애통하였거니와 그 금식이 나를 위하여, 나를 위하여 한 것이냐.

7장의 중심점은 "금식, 애통이 나를 위하여 한 것이냐"에 있습니다. 어째서 "금식"(禁食)문제가 대두되었느냐 하면, 벧엘에서 사람을 보내어 이제도 "오월 간에 울며 재계(齋戒)하리이까"(3), 즉 성전을 재건하고 있는 이 마당에도 느부갓네살 왕이 5월 7일에 성전을 불태워버린(왕하 25:8) 것을 생각하며 금식하고 애통해야 되느냐 하고 물어왔기 때문입니다.

도표를 보시면, "금식, 애통이 나를 위하여 한 것이냐"를 중심으로, ① 벧엘에서 사람을 보내어 "우리가 여러 해 동안에 행한 대로 오월 간에 울며 재계(齋戒)하리이까" 하고 묻습니다. ② 하나님은 금식과 애통이 나를 위하여 한 것이냐 반문하시면서, "전혀 너희를 위하여" 한 것이라 책망하십니다. ③ 그리고 하나님이 기뻐하시는 금식은 "선지자로 하신 말씀을 청종"(聽從)하는 것이라 하시면서, ④ "인애와 긍휼을 베풀라" 하였으나, ⑤ "그들이 청종하기를 싫어함으로", ⑥ "큰 노"를 발하여, ⑦ "내가 불러도 그들이 듣지 아니함과 같이 그들이 불러도 내가 듣지 아니하고" 경고하신 대로 심판하셨다고 말씀합니다. 이를 두 단원으로 나누어 상고하겠습니다.

첫째 단원(1-7) **이제도 금식하며 애통해야하는가**

둘째 단원(8-14) **청종치 아니함으로 심판을 당했다**

주제(主題) : 금식, 애통이 나를 위하여 한 것이냐

㉠ "금식" 문제는 주님 당시도, "우리와 바리새인들은 금식하는데 어찌하여 당신의 제자들은 금식하지 아니 하나이까"(마 9:14) 하고 비판한 문제요, 오늘날도 여전히 이슈가 되어 있습니다.

㉡ 그런데 하나님의 답변은 금식과 애통이 "나를 위하여, 나를 위하여 한 것이냐" 하고 반문하시면서, "전혀 자기를 위하여"(5-6) 한 것이 아니냐 하십니다. 어찌하여 "자기를 위한 것"이라 하시는가?

㉢ 첫째로, 하나님의 뜻을 알지 못하고 자기 뜻대로 했기 때문입니다. 즉 예루살렘이 심판을 당하게 된 원인(原因)이 어디에 있는가를 깨달아 결단하고 회개하는 마음으로 한 것이 아니라 의문(儀文)으로 했던 것입니다. 둘째로, 그리하여 결국은 "금식"이 자기 자랑이나 공로로 변질이 되었고, 셋째로 내가 금식하면 하나님이 갚아주시리라는 보상(報償)의식에서 했기 때문이요, 넷째로 금식하면 만사가 형통한 양 미신적(迷信的)으로 행했기 때문입니다.

㉣ 그러므로 하나님이 원하시는 "금식"이 무엇인가는 자명해지는 것

입니다. 하나님의 말씀을 청종(7)하는 것이요, "인애와 긍휼"을 베푸는 것(9)이라 하십니다.

첫째 단원(1-7) 이제도 금식하며 애통해야하는가

"다리오왕 사년 구월 곧 기슬래월 사일에 여호와의 말씀이 스가랴에게 임하니라"(1).

① "때에 벧엘 사람이 사레셀과 레겜멜렉과 그 종자를 보내어 여호와께 은혜를 구하고 만군의 여호와의 전에 있는 제사장들과 선지자들에게 물어 가로되 우리가 여러 해 동안에 행한 대로 오월 간에 울며 재계하리이까 하매"(2-3),

㉠ "다리오 왕 4년"이라 하면 스가랴에게 처음으로 말씀이 임한지 2년이 지난 후(1:1)요, 성전재건이 거의 완성이 되어갈 무렵입니다. 이처럼 성전이 재건이 되고 있는 이 마당에 이제도 성전이 파괴당한 것을 기념하여 "금식하며 통곡"해야 하는가 하는 물음이 제기되었던 것입니다.

② "만군의 여호와의 말씀이 내게 임하여 이르시되 온 땅의 백성과 제사장들에게 이르라 너희가 칠십년 동안 오월과 칠월에 금식하고 애통하였거니와 그 금식이 나를 위하여, 나를 위하여 한 것이냐"(4-5).

㉠ 하나님의 대답은 벧엘 사람들에게만이 아니라, "온 땅의 백성과 제사장들에게 이르라" 하십니다. 그러면 우리도 해당이 된다는 말씀입니다. "5월의 금식"은, "바벨론 왕 느부갓네살의 19년 5월 7일에, 여호와의 전과 왕궁을 사르고"(왕상 25:7-8) 한 것을 애통하며 한 금식이고, "7월의 금식"은 유대인들이 대량 학살을 당한 것(렘 41:1-3)을 기념하여 금식한 것을 가리킵니다. 8:19절에 보면 저들은, "4월의 금식, 5월의 금

식, 7월의 금식, 10월의 금식"을 한 것을 볼 수가 있습니다.

㉡ 그런데 이렇게 한 것이 "나를 위하여, 나를 위하여 한 것이냐" 하심을 명심해야만 합니다. 이는 의외다 싶은 대답이요, 우리의 골수를 찌르는 말씀이기 때문입니다. 이들이 행한 금식에는 "공로의식, 보상의식"이 작용하고 있었던 것입니다. 즉 이렇게 몸을 괴롭히면 하나님이 보상(報償)해주시리라고 여긴 것입니다. 오늘날도 이슬람권과 유대인들은 금식을 자주하면서 금식이 구원에 이르게 하는 공로가 되는 양 여기고 있는 것입니다. 문제는 그리스도인들 중에도 금식, 작정기도 등에 대한 공로의식, 보상의식이 있다는 점입니다.

㉢ 그래서 "너희의 먹으며 마심이 전혀 자기를 위하여 먹으며 자기를 위하여 마심이 아니냐"(6) 하십니다. 5절의 "나를 위하여 한 것이냐"와, 6절의 "전혀 자기를 위하여" 라는 말씀이 날카롭게 대조를 이루고 있음을 깊이 유념해야만 할 것입니다.

③ "여호와가 이전 선지자로 외친 말을 너희가 청종할 것이 아니냐" (7상) 하십니다. 여기에 핵심이 있습니다.

㉠ "그 때에는 예루살렘과 사면 읍에 백성이 거하여 형통(亨通)하였고 남방과 평원에도 사람이 거하였었느니라"(7하) 하십니다. 즉 선지자들로 하신 말씀을 청종했을 때는 지금의 황폐한 예루살렘과는 정반대로 형통하고 평안했다는 말씀입니다. 역사서를 보면 하나님의 말씀을 청종한 선한 왕의 치세에는 나라가 번영하고 평안하였던 것을 볼 수가 있습니다.

둘째 단원(8-14) 청종치 아니함으로 심판을 당했다

"여호와의 말씀이 스가랴에게 임하여 이르시되"(8),

④ "만군의 여호와가 이미 말하여 이르기를 너희는 진실한 재판을 행하며 피차에 인애와 긍휼을 베풀며"(9) 하십니다.

㉠ 9-10절은 하나님께서 원하시는 바가 무엇인가를 말씀하는 내용인데, "공의(公義), 인애(仁愛), 긍휼"(矜恤), 즉 "공의와, 사랑"을 베푸는 것이라 하십니다. 다시 말하면 "금식"하지 않아서 멸망한 것이 아니라 하나님의 말씀을 청종치 아니했기 때문에 심판을 당한 것이라는 말씀입니다. 이는 율법의 정신을 한마디로 요약한 말씀으로 대단히 중요한 의미가 있습니다.

㉡ 그러므로 주님께서도 당시의 의식주의자(儀式主義者)들에게 자주 인용하셔서 책망하신 말씀인데, "어찌하여 너희 선생은 세리와 죄인들과 함께 잡수시느냐" 하고 비난하는 자들을 향해서, "너희는 가서 내가 긍휼을 원하고 제사를 원치 아니하노라 하신 뜻이 무엇인지 배우라"(마 9:11, 13) 하셨고, 안식일에 밀 이삭을 잘라먹은 것을 시비하는 자들에게, "나는 자비를 원하고 제사를 원치 아니하노라 하신 뜻을 너희가 알았더면 무죄한 자를 죄로 정치 아니하였으리라"(마 12:2, 7) 하고 저들의 외식적인 신앙을 책망하셨습니다.

⑤ "과부와 고아와 나그네와 궁핍한 자를 압제하지 말며 남을 해하려하여 심중에 도모하지 말라 하였으나 그들이 청종(聽從)하기를 싫어하여 등으로 향하며 듣지 아니하려고 귀를 막으며 굳은 어깨로 향하며"(10-11),

㉠ "그 마음을 금강석 같게 하여",

㉡ "율법과 만군의 여호와가 신으로 이전 선지자를 빙자하여 전한 말을 듣지 아니하므로"(12상) 하십니다. 여기 하나님께서 백성들에게 말씀하시는 세 가지 요소가 있는데, ㉮ 내용은 하나님의 말씀(율법)이고, ㉯ "여호와의 신"(神)은 성령을 가리키고, ㉰ 전달하는 통로는 "선지자를 빙자하여", 즉 하나님의 말씀을 성령께서 선지자들을 통하여 대언

케 하셨으나 듣지 아니하였다는 것입니다.

㉢ 하나님은 예레미야 선지자로 말씀하시기를, "너희 열조가 애굽 땅에서 나온 날부터 오늘까지 내가 내 종 선지자들을 너희에게 보내었으되 부지런히 보내었으나 너희가 나를 청종치 아니하며 귀를 기울이지 아니하고 목을 굳게 하여 너희 열조보다 악을 더 행하였느니라"(렘 7:25-26) 하십니다.

⑥ 그리하여 "큰 노(怒)가 나 만군의 여호와께로서 나왔도다" 하십니다.

㉠ 이 진노는 폭군의 포악한 노가 아니라, "시온을 위하여 크게 질투(嫉妬)하며 그를 위하여 크게 분노"(8:1) 하신 사랑의 발로(發露)였던 것입니다. 그들은 하나님을 우상으로 바꿔치기 함으로 마치 음부같이 되어서 "질투와 분노"를 일으키시게 한 것입니다.

⑦ "만군의 여호와가 말하였었노라 내가 불러도 그들이 듣지 아니하였은즉 그들이 불러도 내가 듣지 아니하고"(13),

㉠ "회리바람으로 그들을 그 알지 못하던 모든 열국에 헤치리라 한 후로 이 땅이 황무하여 왕래하는 사람이 없었나니 이는 그들이 아름다운 땅으로 황무하게 하였음이니라 하시니라"(14). 이렇게 되어서 "열국에 헤침을 당함", 즉 바벨론에 포로가 되었다는 점을 회상케 하십니다.

㉡ "금식"이라는 주제를 마치기 전에 한 가지 부언할 말씀이 있습니다. 하나님은 이사야 선지자를 통해서, "나의 기뻐하는 금식은 흉악의 결박을 풀어주며 멍에의 줄을 끌러주며 압제당하는 자를 자유케 하며 모든 멍에를 꺾는 것이 아니겠느냐"(58:6) 하셨습니다. 이를 윤리나 교훈으로만 여겨서는 아니 됩니다. 우리 중에, "흉악의 결박을 풀어주며 멍에의 줄을 끌러주며 압제당하는 자를 자유케 하며 모든 멍에를 꺾어" 줄 수 있는 자는 아무도 없습니다. 이는 그리스도께서 이루어주신 구속사역, 즉 복음의 능력으로만이 가능하여질 말씀입니다.

㉢ 성경은 크게, "하나님이 자기 아들 그리스도를 통하여 해주신 일과, 그 은혜를 입은 성도들이 해야 할 일", 두 가지 내용으로 되어 있습니다. 주님은 광야에서 40일을 금식하시면서 마귀의 시험을 이기시고, 죽으시고 다시 사심으로 사망의 권세를 잡은 자 "사탄의 머리를 상하게" 하셨습니다. 그러므로 우리가 힘써야할 일은 금식이라는 고행이 아니라, 힘을 얻고 더 얻어 주님이 이루어 놓으신 "복음"을 전파 하는 일이라는 점을 명심해야만 하겠습니다.

⑧ 묵상해보겠습니다.

㉠ 이제도 금식하며 애통해야하는가에 대해서,

㉡ 하나님이 원하시는 바가 무엇인가에 대해서,

㉢ 그리스도께서 해주신 일과 우리들이 해야 할 일에 대해서.

스가랴 8장 개관도표

주제 : 나는 성실과 정의로 그들의 하나님이 되리라

시온에 돌아오신 하나님	1-8 1 **만군의 여호와의 말씀이** 임하여 이르시되 2 **만군의 여호와가 말하노라** ① **내가 시온을 위하여 크게 질투하며 그를 위하여 크게 분노함으로 질투하노라** 3 **나 여호와가 말하노라** **내가 시온에 돌아왔은즉 예루살렘 가운데 거하리니** 예루살렘은 진리의 성읍이라 일컫겠고 만군의 여호와의 산은 성산이라 일컫게 되리라 4 **만군의 여호와가 말하노라** 예루살렘 길거리에 늙은 지아비와 늙은 지어미가 다시 앉을 것이라 다 나이 많으므로 각기 손에 지팡이를 잡을 것이요 5 그 성읍 거리에 동남과 동녀가 가득하여 거기서 장난하리라 6 **만군의 여호와가 말하노라** 이 일이 그 날에 남은 백성의 눈에는 기이하려니와 내 눈에 어찌 기이하겠느냐 **만군의 여호와의 말이니라** 7 **만군의 여호와가 말하노라** ② **내가 내 백성을 동방에서부터, 서방에서부터 구원하여 내고** 8 인도하여다가 예루살렘 가운데 거하게 하리니 **그들은 내 백성이 되고** **나는 성실과 정의로 그들의 하나님이 되리라**
전에는 저주 이제는 축복	9-17 9 **만군의 여호와가 말하노라** 만군의 여호와의 집 곧 전을 건축하려고 그 지대를 쌓던 날에 일어난 ③ **선지자들의 입의 말을 이때에 듣는 너희는 손을 견고히 할지어다** 10 그 날 전에는 사람도 삯을 얻지 못하였고 짐승도 삯을 받지 못하였으며 사람이 대적을 인하여 출입에 평안치 못하였었나니 이는 내가 뭇 사람으로 서로 치게 하였음이어니와 11 **만군의 여호와가 말하노니** ④ **이제는 내가 이 남은 백성을 대하기를 전일과 같이 아니할 것인즉** 12 곧 평안한 추수를 얻을 것이라 포도나무가 열매를 맺으며 땅이 산물을 내며 하늘은 이슬을 내리리니 내가 이 남은 백성으로 이 모든 것을 누리게 하리라 평안의 종자가 있을 것이라 13 유다 족속아, 이스라엘 족속아, ⑤ **너희가 이방 가운데서 저주가 되었었으나** **이제는 내가 너희를 구원하여 너희로 축복이 되게 하리니** **두려워 말지니라 손을 견고히 할지니라** 14 만군의 여호와가 말하노라 전에 너희 열조가 나의 노를 격발할 때에 내가 그들에게 **재앙을 내리기로 뜻하고 뉘우치지 아니하였었으나** 15 이제 내가 예루살렘과 유다 족속에게 **은혜를 베풀기로 뜻하였나니 너희는 두려워 말지니라** 16 ⑥ **너희가 행할 일은 이러 하니라** 너희는 각기 이웃으로 더불어 진실을 말하며 너희 성문에서 진실하고 화평한 재판을 베풀고 17 심중에 서로 해하기를 도모하지 말며 거짓 맹세를 좋아하지 말라 이 모든 일은 나의 미워하는 것임이니라 **나 여호와의 말이니라**
금식이 희락의 절기가 됨	18-23 18 **만군의 여호와의 말씀**이 내게 임하여 이르시되 19 **만군의 여호와가 말하노라** ⑦ 사월의 **금식**과 오월의 **금식**과 칠월의 **금식**과 시월의 **금식이 변하여** 유다 족속에게 **기쁨과 즐거움과** **희락의 절기가 되리니 오직 너희는 진실과 화평을 사랑할 지니라** 20 **만군의 여호와가 말하노라** ⑧ **그 후에 여러 백성과 많은 성읍의 거민이 올 것이라** 21 이 성읍 거민이 저 성읍에 가서 이르기를 우리가 속히 가서 만군의 여호와를 찾고 여호와께 은혜를 구하자 할 것이면 나도 가겠노라 하겠으며 22 많은 백성과 강대한 나라들이 예루살렘으로 와서 만군의 여호와를 찾고 여호와께 은혜를 구하리라 23 **만군의 여호와가 말하노라** ⑨ **그 날에는 방언이 다른 열국 백성 열 명이** **유다 사람 하나의 옷자락을 잡을 것이라** 곧 잡고 말하기를 하나님이 너희와 함께하심을 들었나니 우리가 **너희와 함께 가려 하노라 하리라 하시니라**

8장

나는 성실과 정의로 그들의 하나님이 되리라

8인도하여 다가 예루살렘 가운데 거하게 하리니 그들은 내 백성이 되고 나는 성실과 정의로 그들의 하나님이 되리라.

8장은 1장부터 말씀한 것에 대한 요약이요, 결론이라 할 수가 있습니다. 왜냐하면 9장부터는 분류(分類)를 달리하여 주로 미래(未來)에 대한 예언으로 구분이 되어 있기 때문입니다. 본문에는 "만군의 여호와의 말이니라"는 뜻의 말씀이 14번이나 집중이 되어 있어서 내용의 무게를 더해줍니다. 그러므로 본문을 이해하는 첩경은, "하나님이 해주시겠다는 일과, 사람이 할 일"을 구분(區分)하는 일이고, "전(前)에와, 이제"를 분별(分別)하는 일입니다. 성경을 상고하다 느끼게 되는 점은 놀라움과 부끄러움입니다. 여호와의 말씀의 "완전(完全)하고, 확실(確實)하고, 정직하고, 순결"(純潔)(시 19:7-8)함에 놀라게 되고, 이처럼 영광스러움으로 충만한 성경을 주셨음에도 눈이 어두워 보지 못하고 바로 증거(證

據)하지 못한데 대한 부끄러움입니다. 중심점은, "그들은 내 백성이 되고 나는 성실과 정의로 그들의 하나님이 되리라"는 말씀에 있습니다. 이는 성경전체의 축(軸)을 이루는 대주제이기도 합니다. 왜냐하면 이것이 하나님의 나라건설이기 때문입니다.

도표를 보시면, "나는 성실(誠實)과 정의(正義)로 그들의 하나님이 되리라"는 말씀을 중심으로, ① 첫 말씀이 "내가 시온에 돌아왔다" 하시면서, ② "내가 동방, 서방으로부터 내 백성을 구원하여 내겠다" 하십니다. ③ "선지자들의 말을 듣는 너희는 손을 견고히 하라" 하고 격려하시면서, ④ "이제는 남은 백성 대하기를 전(前)과 같이 아니 하겠다" 하시고, ⑤ "전에는 저주였으나 이제는 구원하여 축복(祝福)이 되리라" 하시면서, ⑥ "너희가 행할 일은 이러 하니라" 하십니다. ⑦ 그리고 "금식이 변하여 기쁨, 즐거움, 희락의 절기"가 될 것이요, ⑧ "그 후에 여러 백성과 많은 성읍의 거민이 오리라" 하시면서, ⑨ "열국 백성 열 명이 유다 사람 한 사람의 옷자락을 붙잡고" 은혜를 구하게 되리라 하십니다. 이에 대한 구속사적 의미가 무엇인가?

첫째 단원(1-8) **시온에 돌아오신 하나님**
둘째 단원(9-17) **전에는 저주, 이제는 축복**
셋째 단원(18-23) **금식이 변하여 희락의 절기가 됨**

주제(主題) : 나는 성실과 정의로 그들의 하나님이 되리라

㉠ "그들은 내 백성이 되고 나는 그들의 하나님이 되리라"는 명제(命題)는 깊이 묵상하고 계속적으로 붙잡고 있어야할 성경의 축과도 같은 말씀입니다. 하나님이 우리 하나님이 되시고 우리가 하나님의 백성이 되어서 함께 산 때가 있었습니다. 그것은 창세기 1-2장의 극히 짧은

순간뿐이었습니다. 왜냐하면 3장에서 함께 사는 것이 깨어졌기 때문입니다. 구원계획이란 다름이 아니라 잃어버린 자기 백성을 찾아 함께 거하시려는 회복운동인 것입니다.

ⓛ 그러므로 하나님은 아브라함에게 언약하시기를, ㉮ "내가 내 언약을 나와 너와 네 대대 후손의 사이에 세워서 영원한 언약을 삼고 너와 네 후손의 하나님이 되리라"(창 17:7) 하셨고, ㉯ 모세에게 "너희를 구속하여 너희로 내 백성을 삼고 나는 너희 하나님이 되리니"(출 6:6-7) 하셨고, ㉰ 애굽에서 구원하여 내신 목적도 "그들은 내가 그들의 하나님 여호와로서 그들 중에 거하려고 그들을 애굽 땅에서 인도하여 낸 줄을 알리라 나는 그들의 하나님 여호와니라"(출 29:46) 하셨습니다. ㉱ 선지자들을 통해서도, "너희는 내 백성이 되고 나는 너희 하나님이 되리라"(렘 30:22, 31:33, 32:28, 겔 36:28) 하고 계속적으로 말씀하시고, 이 축(軸)이 신구약 성경을 관통(貫通)하여 내려오다가 계시록에 이르러서, ㉱ "하나님이 저희와 함께 거하시리니 저희는 하나님의 백성이 되고 하나님은 친히 저희와 함께 계셔서 모든 눈물을 그 눈에서 씻기시매"(계 21:3-4) 하고 완성이 될 말씀인 것입니다. 그리고 이것이 하나님이 건설해나가시는 하나님의 나라입니다.

ⓒ 그런데 이 시점에서 "그들은 내 백성이 되고 나는 그들의 하나님이 되리라"는 말씀을 하시는 의도가 무엇인가 하는 점입니다. 하나님의 형상대로 지음을 받은 인류의 시조가 사탄의 유혹을 추종하여 에덴에서 추방을 당함으로 하나님께서 자기 백성을 잃어버리셨듯이, 이스라엘 백성들이 우상을 추종하다가 바벨론으로 추방을 당함으로 그 악순환이 반복이 되었기 때문입니다.

ⓔ 그러면 "그들은 내 백성이 되고 나는 그들의 하나님이 되리라"는 "회복, 구원, 돌아옴"이 어떻게 해서 가능하여지는가 하는 점입니다. ㉮ 자력(自力)으로는 불가능하고, ㉯ 주권적으로 하나님께서 행해주셔야만

가능하다는 점과, ㉰ 하나님께서도 비공식적으로 행해주신 것이 아니라 자기 아들의 대속을 통해서 행해주신, ㉱ 정정당당한 구원행사임을 명심해야만 합니다.

ⓜ 그렇다면 하나님은 구속사역을 어떻게 이루어주시는가? 한마디로 "성실과, 정의로 그들의 하나님이 되리라"(8하) 하심을 주목해야 합니다. ㉮ "성실"(誠實)은 아브라함과 다윗에게 세워주신 언약을 지켜주시겠다는 의미이고, ㉯ "정의"(正義)는 정정당당하게, 즉 하나님의 공의(公義)에 모순이 되지 않게 해주시겠다는 그런 뜻입니다. 우리의 구원은 하나님의 아들 그리스도의 대속을 통하여 이루어주신 "성실과 정의"로 행해주신 일입니다.

ⓑ 시편에서도, "여호와께서 그 백성에게 구속을 베푸시며 그 언약을 영원히 세우셨으니" 하시면서, 이렇게 행하신 "그 손의 행사는 진실(眞實)과 공의(公義)며 그 법도는 다 확실하니 영원 무궁히 정하신 바요 진실(眞實)과 정의(正義)로 행하신 바로다"(시 111:7-9) 하고 거듭 말씀합니다. 그러므로 하나님이시라도, 아니 의로우신 하나님이시기 때문에 죄 값에 팔린, "잃어버린 자를 찾으시는" 방도는 "구속"(救贖) 외에는 다른 방도가 없었던 것입니다.

ⓢ 이점을 사도 바울은, "곧 이때(자기 아들을 화목제물로 세우신 때)에 자기의 의로움을 나타내사 자기도 의로우시며 또한 예수 믿는 자를 의롭다 하려 하심이니라"(롬 3:26) 하고 증거합니다. 만일 자기 아들의 대속을 통해서 행해주신 구원이 아니라면 하나님의 의로우심은 손상(損傷)이 되었을 것이요, 이는 "성실과 정의"로 행해주신 것이 아닌 것이 됩니다.

ⓞ 왜 이렇게 해주셨는가? 첫째는 하나님의 거룩하신 이름과 영예를 위해서입니다. 구원계획에는 하나님의 명예가 걸려있음을 명심해야만 합니다. 그러므로 기필코 이루시고야 맙니다. 둘째는, 아브라함과

다윗에게 세워주신 언약을 지켜주시기 위해서라는 것입니다. 이것이 하나님의 "성실"입니다. 이런 맥락에서 "나는 성실과 정의로 그들의 하나님이 되리라"는 것이 8장의 중심주제가 될 수가 있는 것입니다.

첫째 단원(1-8) 시온에 돌아오신 하나님

"만군의 여호와의 말씀이 임하여 이르시되"(1),

① "만군의 여호와가 말하노라 내가 시온을 위하여 크게 질투하며 그를 위하여 크게 분노함으로 질투하노라"(2).

㉠ 2절 안에는 "질투 한다"는 말과, "분노 한다"는 말이 "2대1"로 등장하는데 여기에 우리를 향하신 하나님의 마음이 나타나 있다고 할 수가 있습니다. "질투"란, "너희가 하나님이 우리 속에 거하게 하신 성령이 시기하기까지 사모한다 하신 말씀을 헛된 줄로 생각하느뇨"(약 4:5) 한 사랑의 발로입니다. 그러므로 "남편"되시는 하나님만을 사랑하지 않고 다른 "남자"(우상)에게 마음을 주었을 때 일어나는 것이 질투입니다. 그런데 그 "질투"가 "분노"보다 두 배나 된다는 것입니다.

㉡ 누구를 그렇게 사랑하셨는가? "시온을 위하여"(2) 라고 말씀합니다. 그래서 어떻게 하셨는가? "시온으로 돌아왔다"(3) 하고 "시온"을 두 번(2, 3)이나 거론하십니다. 그러면 1:16절에서는 "내가 긍휼히 여김으로 예루살렘에 돌아왔다" 하고 말씀하고, 8장에서는 "시온에 돌아왔다" 하고 말씀하는 것이 같은 의미인가 하는 점입니다. 다시 말하면 "예루살렘을, 시온"으로 바꿔서 말씀함이 무심한 일이란 말인가 하는 점입니다. 물론 "시온과, 예루살렘"을 동의어로 교차적으로 사용하고 있는 것은 사실입니다만, 이를 주의 깊게 관찰해 보면 1장의 돌아옴은 선지자 당시, 즉 바벨론으로 떠나셨던 하나님의 영광이 예루살렘으로 돌아옴

(겔 43:2)을 가리키는 것이라면, "시온에 돌아왔다"는 말씀은 미래에 성취될 그리스도에 대한 예언(8:3, 9:9)과 결부되어 있음을 깨닫게 됩니다. 즉 "시온"이란 신약교회를 의중에 두고 하는 말씀이라는 뜻입니다.

ⓒ 그러므로 하나님께서 "시온"을 통해서 하시려는 계획을 인식해야만 합니다. 하나님은 "나의 왕을 내 거룩한 산 시온에 세웠다(시 2:6), 구원이 시온에서 나오기를 원하노라"(시 2:6, 14:7) 하고 "시온"을 통한 구원계획을 갖고 계시는 것입니다. 이사야서에서도, "그들이 소리를 높여 일제히 노래하리니 이는 여호와께서 시온으로 돌아오실 때에 그들의 눈이 마주 봄이로다(사 52:8), 구속자가 시온에 임하며 야곱 중에 죄과를 떠나는 자에게 임하리라"(사 59:20) 하고 말씀합니다. 이점을 강조하는 이유는 본문 말씀들을 종말의 짧은 기간에 문자적으로 유대인들과 예루살렘에 되어 질 것으로 여기는 세대주의적인 해석이 있기 때문입니다.

ⓡ "예루살렘은 진리의 성읍이라 일컫겠고, 만군의 여호와의 산은 성산이라 일컫게 되리라"(3), "예루살렘 거리에", 늙은이(4), 동남동녀가 가득하게(5) 되리라 하시면서, "이 일이 그 날에 남은 백성의 눈에는 기이하려니와 내 눈에 어찌 기이하겠느냐"(6) 하십니다.

② "만군의 여호와가 말하노라 내가 내 백성을 동방에서부터, 서방에서부터 구원하여 내고"(7),

ⓖ "인도하여 다가 예루살렘 가운데 거하게 하리니 그들은 내 백성이 되고 나는 성실과 정의로 그들의 하나님이 되리라"(8) 하십니다. 이는 그리스도의 구속으로 말미암은 복음시대에 이루어질 말씀으로 보아야만 합니다. "동방에서부터, 서방에서부터" 라는 표현도 동방과 서방에서만 구원하여 낸다는 지리적인 의미가 아니라, "사람들이 동서남북으로부터 와서 하나님의 나라 잔치에 참여하리니"(눅 13:29) 하신 그런 의미인 것입니다. 이점을 이어지는 말씀을 통해서 분명히 깨닫게 될 것

입니다.

둘째 단원(9-17) 전에는 저주, 이제는 축복

③ "만군의 여호와가 말하노라 만군의 여호와의 집 곧 전을 건축(재건)하려고 그 지대를 쌓던 날에 일어난 선지자들의 입의 말을 이때에 듣는 너희는 손을 견고히 할 지어다"(9) 하십니다.

㉠ 성전재건이 14년 동안이나 중단되었다가 학개와 스가랴 선지자들의 격려로 "마음이 흥분"(학 1:14)이 되어 분연히 일어나 다시 시작을 했는데, 성전재건을 시작하기 이전과 시작한 이후의 상황이 어떻게 달라졌는가를 생각해보라 하심으로 저들을 격려하시려는 것입니다. 그러므로 본 단원에서 유념해야할 점은 "이전과, 이제"의 대조를 주목해보는 일입니다.

㉡ "그 날 전에는 사람도 삯을 얻지 못하였고 짐승도 삯을 받지 못하였으며 사람이 대적을 인하여 출입에 평안치 못하였었나니 이는 내가 뭇 사람으로 서로 치게 하였음이어니와"(10),

④ "만군의 여호와가 말하노니 이제는 내가 이 남은 백성을 대하기를 전일(前日)과 같이 아니할 것인즉"(11) 하십니다. 여기 "이제와, 전일"(前日)이 대조되어 있는데, 전에는 평안치 못했으나 이제는,

㉠ "곧 평안한 추수를 얻을 것이라 포도나무가 열매를 맺으며 땅이 산물을 내며 하늘은 이슬을 내리리니 내가 이 남은 백성으로 이 모든 것을 누리게 하리라 평안의 종자가 있을 것이라"(12) 하십니다. 이점에서 두 번이나 "남은 백성"이라 하심도 유념해야만 합니다. 어떤 절망적인 상황에서도 하나님은 "남은 자"가 있게 하셨는데, 이는 그럴만한 자격이나 공로가 있어서가 아니라 이들을 통해서 "그들은 내 백성이 되고

나는 그들의 하나님이 되리라" 하신 구속사역을 이루시기 위해서인 것입니다.

⑤ "유다 족속아, 이스라엘 족속아, 너희가 이방 가운데서 저주가 되었었으나 이제는 내가 너희를 구원하여 너희로 축복이 되게 하리니 두려워 말지니라 손을 견고히 할지니라"(13) 하십니다.

㉠ 여기서도 전에는 "저주"끼리가 되었으나, "이제는 내가 너희를 구원하여 너희로 축복이 되게 하리라" 하십니다. "저주"가 된 것은 인간의 범죄 때문이었으나, "구원과 축복"은 하나님이 행해주신 "은혜"인 것입니다. 어떻게 해주셨는가? "성실(誠實)과 정의"(正義), 즉 그리스도의 구속으로 말미암아 가능하여진 것입니다. 그러므로 이 "구원과, 축복"은 복음인 것입니다.

㉡ "만군의 여호와가 말하노라 전에 너희 열조가 나의 노를 격발할 때에 내가 그들에게 재앙을 내리기로 뜻하고 뉘우치지 아니하였었으나 이제 내가 예루살렘과 유다 족속에게 은혜를 베풀기로 뜻하였나니 너희는 두려워 말지니라" 하십니다. 또다시 "전과, 이제"를 대조하시어 말씀하시는데, ㉮ "전에"가 지나가고 "이제"가 오고, ㉯ "재앙"이 변하여 "은혜"가 되는 것이 율법으로 이루어질 수 있는 것인가? 인간의 행위로 말미암아 가능하여진단 말인가?

㉢ 사도 바울은, "이제는 율법(정죄) 외에 하나님의 한 의(은혜)가 나타났으니"(롬 3:21) 하고 소리 높여 증거합니다. 즉 율법시대가 지나고 복음시대가 개막이 되었다는 것입니다. 이는 하나님이 자기 아들의 대속을 통하여 "성실과 정의"로 행해주신 복음인 것입니다. 그래서 "너희는 손을 견고히 할지어다(9하), 두려워 말지니라 손을 견고히 할지니라"(13) 하고 거듭 말씀합니다. 이 복음의 빛이 다음 단원에서 더욱 밝히 드러날 것입니다.

⑥ 이처럼 하나님이 행해주실 일을 말씀한 후에, "너희가 행할 일은

이러 하나라"(16상) 하고 우리가 해야 할 일을 말씀하십니다.

㉠ "너희는 각기 이웃으로 더불어 진실을 말하며 너희 성문에서 진실하고 화평한 재판을 베풀고"(16하),

㉡ "심중에 서로 해하기를 도모하지 말며 거짓 맹세를 좋아하지 말라 이 모든 일은 나의 미워하는 것임이니라 나 여호와의 말이니라"(17) 하십니다. 하나님께서 자기 아들을 통하여 "성실과 정의"로 행해주신 은혜를 입어서 구원에 이르렀다면 매사에 "성실과 정의"로 행해야 한다는 것은 너무나 당연한 것입니다.

셋째 단원(18-23) 금식이 변하여 희락의 절기가 됨

"만군의 여호와의 말씀이 내게 임하여 이르시되"(18),

⑦ "만군의 여호와가 말하노라 사월의 금식과 오월의 금식과 칠월의 금식과 시월의 금식이 변(變)하여 유다 족속에게 기쁨과 즐거움과 희락의 절기가 되리니 오직 너희는 진실과 화평을 사랑할 지니라"(19).

㉠ 19절 말씀은, 7:3절에서 이제도 "울며 재계(齋戒)하리이까", 즉 금식하며 통곡하리이까 한 질문에 대한 답변이 됩니다. 이제까지는 간접적인 답변을 했으나 이제 직접적인 답변을 하시는 것입니다.

㉡ "금식이 변하여 기쁨과 즐거움과 희락의 절기가 되리니" 한 말씀은 금식하며 애통하던 시대는 지나고 새로운 시대가 도래(到來)했다는 말씀입니다. 즉 율법시대가 지나고 복음시대가 오게 되리라는 말씀입니다. 이점을 주님은, "우리가 너희를 향하여 피리를 불어도 너희가 춤추지 않고 우리가 애곡하여도 너희가 가슴을 치지 아니하였다"(마 11:17) 하고 말씀하십니다. 이 말씀을 문맥적으로 보면 세례 요한을 "애곡"하는 사람으로, 그리스도를 "피리를 부는 분"으로 비유하신 것입니다. 복

음시대는 기쁨과 즐거움으로 춤을 추는 절기라는 말씀입니다. "금식"은 인간이 하는 일이지만 "슬퍼하는 자에게 화관을 주어 그 재를 대신하며 희락의 기름으로 그 슬픔을 대신하며 찬송의 옷으로 그 근심을 대신"(사 61:3)케 해주시는 일은 하나님께서 "순을 돋아나게 하여"(3:8, 6:12), 즉 자기 아들을 통해서 해주실 은혜인 것입니다.

⑧ "만군의 여호와가 말하노라 그 후에 여러 백성과 많은 성읍의 거민이 올 것이라"(20).

㉠ 미가 선지자도, "많은 이방이 가며 이르기를 오라 우리가 여호와의 산에 올라가서 야곱의 하나님의 전에 이르자 그가 그 도로 우리에게 가르치실 것이라 우리가 그 길로 행하리라 하리니"(미 4:2) 하고 예언했는데, 포로에서 귀환한 후에 이런 일들이 언제 있었는가? 그러면 이 일이 종말의 어느 순간에 유대인들에게 되어 질 일이란 말인가? 아닙니다. 이는 그리스도의 초림으로 개막이 되어서 재림으로 완성이 될 복음시대 전 기간 동안에 이루어질 일입니다.

㉡ "이 성읍 거민이 저 성읍에 가서 이르기를 우리가 속히 가서 만군의 여호와를 찾고 여호와께 은혜를 구하자 할 것이면 나도 가겠노라 하겠으며 많은 백성과 강대한 나라들이 예루살렘으로 와서 만군의 여호와를 찾고 여호와께 은혜를 구하리라"(21-22) 합니다. 이사야 선지자도 예언하기를, "만일에 여호와의 전의 산이 모든 산꼭대기에 굳게 설 것이요 모든 작은 산 위에 뛰어나리니 만방이 그리로 모여들 것이라 많은 백성이 가며 이르기를 오라 우리가 여호와의 산에 오르며 야곱의 하나님의 전에 이르자 그가 그 도로 우리에게 가르치실 것이라 우리가 그 길로 행하리라 하리니 이는 율법이 시온에서부터 나올 것이요 여호와의 말씀이 예루살렘에서부터 나올 것임이니라"(사 2:2-3) 하고 예언했는데 이는 복음시대에 이루어질 말씀입니다.

⑨ "만군의 여호와가 말하노라 그 날에는 방언이 다른 열국 백성 열

명이 유다 사람 하나의 옷자락을 잡을 것이라"(23상) 합니다.

㉠ "곧 잡고 말하기를 하나님이 너희와 함께하심을 들었나니 우리가 너희와 함께 가려 하노라 하리라"(23하). 본문이 나타내고자 하는 핵심은 많은 이방인들이 구원에 참여하게 되리라는데 있습니다.

㉡ 이점을 오순절 성령강림 후에 일어난 복음운동에서 보게 됩니다. 사도행전 2장에서는 무려 15곳 지방을 열거하면서 "우리가 다 우리의 각 방언으로 하나님의 큰 일을 말함을 듣는도다"(행 2:9-11) 하고 말합니다. 그리고 베드로라는 유대인 한 사람의 설교를 듣고는 "형제들아 우리가 어찌할꼬" 하고 회개한 사람이 3000명이나 되었다고 말씀하고 있으니, 유대 사람 한 사람의 옷자락을 3천명이 붙잡은 셈입니다. 많은 이방인들이 바울이라는 유대인 한 사람을 통해서 구원에 이르게 되었습니다. 이런 맥락에서 이 말씀은 복음 선교와 관련이 있는 것입니다. 만일 베드로나 바울이 전해주지 않았어도 이런 회개운동이 있어났을 것인가? 그러므로 이제는 형제가 "그 한 사람"임을 확신하시기를 바랍니다.

㉢ 영광스러움으로 가득 차 있는 8장을 상고하면서 형제도 놀라움과 부끄러움을 느끼셨습니까? 주님은 "성경이 곧 내게 대하여 증거하는 것이로다"(요 5:39) 하십니다. 그리고 그리스도께서 이루어주신 복음이 드러나고 빛을 발하는 신약시대란 "저주가 변하여 축복이 되고(13), 재앙이 은혜로 변하고(14-15), 금식이 기쁨과 즐거움과 희락으로 변한"(19), 마치 가나 혼인잔치 집에 결례(潔禮)로 쓰던 물이 변하여 포도주가 된 것과 같은 것입니다. 그리고 이 복음은 하나님께서 "성실과 정의"로 이루어주신 것임을 잊지 마시기 바랍니다.

㉣ 그럼에도 불구하고 우리가 복음을 옆으로 밀어놓은 체 자랑하지(23) 않고, "손을 견고히"(9, 13) 하지 못하고 있다면 이전의 열조와 같이 배은망덕한 자가 될 것입니다.

⑩ 묵상해보겠습니다.

㉠ 예루살렘과, 시온에 돌아오신 하나님의 구별에 대해서,

㉡ 전과 이제, 저주와 축복, 재앙이 은혜로 변하는 것이 어떻게 가능한가에 대해서,

㉢ 금식이 변하여 희락의 절기가 된 것에 대해서.

스가랴 9장 개관도표

주제 : 열국의 때에 임할 메시아왕국의 도래

열방의 심판경고	1-8 1 ① **여호와의 말씀의 경고가 하드락 땅에 임하며 다메섹에 머물리니** 세상 사람과 이스라엘 모든 지파의 눈이 **여호와를 우러러 봄이니라** 2 그 접경된 ② **하맛에도 임하겠고 두로와 시돈은 넓은 지혜가 있으니 그들에게도 임하리라** 3 **두로**는 자기를 위하여 보장을 건축하며 은을 티끌 같이, 정금을 거리의 진흙 같이 쌓았은즉 4 주께서 그를 쫓아내시며 그의 바다 권세를 치시리니 그가 불에 삼키울지라 5 ③ **아스글론**이 보고 무서워하며 **가사**도 심히 아파할 것이며 **에그론**은 그 소망이 수치가 되므로 역시 그러하리라 **가사**에는 임금이 끊칠 것이며 **아스글론**에는 거민이 없을 것이며 6 **아스돗**에는 잡족이 거하리라 내가 **블레셋** 사람의 교만을 끊고 7 그 입에서 그 피를, 그 잇사이에서 그 가증한 것을 제하리니 **그도 남아서 우리 하나님께로 돌아와서** 유다의 한 두목 같이 되겠고 **에그론**은 **여부스** 사람 같이 되리라 8 ④ **내가 내 집을 둘러 진을 쳐서 적군을 막아 거기 왕래하지 못하게 할 것이라** 포학한 자가 다시는 그 지경으로 지나지 못하리니 이는 내가 눈으로 친히 봄이니라
네 왕이 임하신다	9 **시온의 딸아 크게 기뻐할 지어다 예루살렘의 딸아 즐거이 부를 지어다 보라 네 왕이 네게 임하나니** ⑤ **그는 공의로우며 구원을 베풀며 겸손하여서 나귀를 타나니 나귀의 작은 것 곧 나귀새끼니라** 10 내가 에브라임의 병거와 예루살렘의 말을 끊겠고 전쟁하는 활도 끊으리니 ⑥ **그가 이방 사람에게 화평을 전할 것이요 그의 정권은 바다에서 바다까지 이르고** 유브라데 강에서 땅 끝까지 이르리라
보석같이 빛날 하나님의 백성들	11-17 11 또 너로 말할진대 ⑦ **네 언약의 피를 인하여** 내가 너의 **갇힌 자들을** 물 없는 구덩이에서 놓았나니 12 **소망을 품은 갇혔던 자들아** 너희는 보장으로 돌아올 지니라 내가 오늘날도 이르노라 내가 배나 네게 갚을 것이라 13 ⑧ **내가 유다로 당긴 활을 삼고** 에브라임으로 먹인 살을 삼았으니 시온아 내가 네 자식을 격동시켜 **헬라 자식을 치게 하며** 너로 용사의 칼과 같게 하리라 14 여호와께서 그 위에 나타나서 그 살을 번개 같이 쏘아내실 것이며 주 여호와께서 나팔을 불리시며 남방 회리바람을 타고 행하실 것이라 15 만군의 여호와께서 **그들을 호위하시리니** 그들이 원수를 삼키며 물매 돌을 밟을 것이며 그들이 피를 마시고 즐거이 부르기를 술 취한 것 같이 할 것인즉 피가 가득한 동이와도 같고 피 묻은 제단 모퉁이와도 같을 것이라 16 ⑨ **이 날에 그들의 하나님 여호와께서 그들을 자기 백성의 양떼 같이 구원하시리니 그들이 면류관의 보석 같이 여호와의 땅에 빛나리로다** 17 그의 형통함과 그의 아름다움이 어찌 그리 큰지 소년은 곡식으로 강건하며 처녀는 새 포도주로 그러하리로다

9장

열국의 때에 임할 메시아왕국의 도래

> 9시온의 딸아 크게 기뻐할 지어다 예루살렘의 딸아 즐거이 부를 지어다 보라 네 왕이 네게 임하나니 그는 공의로우며 구원을 베풀며 겸손하여서 나귀를 타나니 나귀의 작은 것 곧 나귀새끼니라.

스가랴서는 크게 세 부분으로 나누어지는데, 1-6장은 8개의 환상 시리즈이고, 7-8장은 교훈적인 권면이고, 9-14장은 미래적인 예언으로 되어 있습니다. 이제 우리는 마지막 문단에 접어들었습니다. 이는 스가랴서에 나타난 계시록이라 할 만큼 묵시적인 말씀으로 되어 있습니다. 그런 의미에서 해석 상 어려움도 있고, 관점(觀點)이 나누이기도 합니다. 그런데 분명한 것은 예언의 중심점이 그리스도의 초림(9:9)과, 재림(14:5-6)에 맞춰져있다는 점입니다. 그리고 스가랴 선지자는 예언을 "초막절을 지킬 것이라"(14:16, 18, 19) 하고 미치고 있는데 이는 그리스도의 재림으로 성취될 분명한 전망(展望)입니다. 그러므로 9장은 "보라 네 왕이 네게 임하나니"(9) 한 예언에 의하여 해석이 되어야 하고 중심점은, "열국의 때에 임할 메시아왕국의 도래"라 할 수가 있습니다.

도표를 보시면 "열국의 때에 임할 메시아왕국의 도래"를 중심으로 이스라엘과 이웃하고 있는 열국에, "여호와의 말씀의 경고", 즉 심판의 경고가 임합니다. 1-7절에 등장하는 이웃나라들을 간추려보면, ① "하드락, 다메섹"이라한 아람(수리아), ② "두로와 시돈"이라 한 베니게, ③ "아스글론, 가사"라 한 블레셋 등으로 요약이 됩니다. 이들은 이스라엘과 이웃하고 있으면서 적대관계에 있었는데, 이를 구속사의 관점에서 보면 "여자의 후손"이 태어나지 못하게 하려는 "뱀의 후손"의 대적이었던 것입니다. 그러므로 대적은 심판하시고, ④ "내 집을 둘러 진을 쳐서" 보호해주시겠다 하시는데 왜 이렇게 해주시는가? 이는, "보라 네 왕이 임하나니" 한 메시아가 탄생할 민족이기 때문입니다. 그런데 메시아의 임함은 무력으로 정복하기 위해서가 아니라, ⑤ "나귀새끼를 타고", ⑥ "화평을 전하기" 위해서 오시며, ⑦ "언약의 피를 인하여" 갇힌 자들을 구원하기 위해서라고 말씀하십니다. ⑧ "내가 유다로 당긴 활을 삼아 헬라를 치게" 하겠다 하시면서, ⑨ "이 날에 구원 얻은 양 무리들은 면류관의 보석"같이 빛나리라 하십니다. 이에 대한 구속사적 의미가 무엇인가? 이를 세 단원으로 나누어 상고하겠습니다.

첫째 단원(1-8) **대적하는 열방에 대한 심판경고**
둘째 단원(9-10) **기뻐하라 네 왕이 임하신다**
셋째 단원(11-17) **보석같이 빛날 하나님의 백성들**

주제(主題) : 열국의 때에 임할 메시아왕국의 도래

㉠ 먼저 확실히 해두어야 할 점은 첫째로, 이 예언들이 문자적으로

"이스라엘" 민족에게 국한된 말씀인가 하는 점이고, 둘째는 18번이나 등장하는 "그 날", 즉 이 예언이 성취될 날이 언제인가 하는 점입니다. 세대주의적인 해석은 이를 문자적으로 보아 재림 직전의 어느 짧은 기간에 유대인들에게 이루어질 예언으로 보고 있습니다.

ⓛ 이럴 경우 구속사(救贖史)라는 넓은 문맥과, 성경의 중심주제와, 밝히 드러난 복음의 빛에 의하여 해석함이 안전할 것입니다. 이런 의미에서 우선적으로 하나님께서 이스라엘을 선민으로 택하신 의도가 어디에 있는가를 살펴보는 것이 도움이 될 것입니다. 그것은 분명합니다. 아브라함과 다윗의 자손으로 그리스도를 보내셔서 천하 만민을 구원하시려는 계획을 이루시기 위해서입니다. 그래서 "너희가 내게 대하여 제사장 나라"(출 19:6)가 되리라 하신 것입니다.

ⓒ 이런 의도로 선택된 이스라엘은 계속적으로 하나님의 언약(言約)을 망각하고 반역하여 다른 신을 섬기곤 했습니다. 몇 번의 결정적인 고비를 든다면, ㉮ 금송아지 우상을 만들어 놓고 "너희를 애굽 땅에서 인도하여 낸 너희 신이로다" 한 사건입니다. 그때 하나님은 모세에게 "이 백성은 목이 곧은 백성이로다. 그들을 진멸하고 너로 큰 나라가 되게 하리라"(출 32:4, 10) 하셨습니다. ㉯ 또한 10족장이 "한 장관을 세우고 애굽으로 돌아가자" 하고 반역했을 때에도, "내가 전염병으로 그들을 쳐서 멸하고 너로 그들보다 크고 강한 나라를 이루게 하리라"(민 14:12) 하셨습니다.

ⓔ 무슨 뜻인가? 이스라엘의 "선민"(選民)됨을 철회하고 다른 민족(民族)을 통해서 구원계획을 이루시겠다는 말씀입니다. 그러나 하나님은 맹세로 보증하신 하나님의 거룩하신 이름을 위해서 이스라엘의 선민됨을 철회하시지 않고 "구원이 유대인에게서 니게"(요 4:22) 하심으로 약속을 지키셨습니다. 이로써 이스라엘을 선민으로 택하신 목적을 성취하신 것입니다. 이점에서 유념해야할 요점은 "민족(民族)과, 개인"(個人)

을 혼동하지 말아야 한다는 점입니다. 이스라엘을 선민으로 택하신 이후라 해도 모든 개인들이 이스라엘 민족으로 태어나기만 하면 자동적으로 구원을 얻은 것이 아닙니다. 하나님께서 세워주신 메시아언약 안에서만 구원을 얻은 것이며, 그러므로 하나님께서 "민족"은 버리시지 않으셨으나 불신앙(不信仰) 한 개인(個人)은 멸망했다는 점입니다.

㉤ 그런데 이번에는 "사기 땅에 오신 그리스도"(요 1:11)를 어떻게 대했는가? 배척하여 십자가에 못을 박아 죽임으로, "너희가 너희 조상의 양을 채우라 뱀들아 독사의 새끼들아 너희가 어떻게 지옥의 판결을 피하겠느냐"(마 23:32-33) 하신 주님의 말씀에 나타남과 같이 조상들이 범한 배은망덕한 "진노의 양"(量)을 채우고야 말았던 것입니다. 그리하여 주님은 "하나님의 나라를 너희는 빼앗기고 그 나라의 열매 맺는 백성이 받으리라"(마 21:43) 하고 선언(宣言)하셨습니다.

선민 이스라엘의 사명

㉠ 그러면 구속사의 맥락에서 볼 때에 유대인을 통하여 이루셔야할 구원계획이 남아있단 말인가? 만일 그렇게 주장한다면 그리스도를 믿는 믿음에다가 할례를 더해야 한다고 주장한 "할례당"의 과오를 범하게 될 것입니다. 그러므로 "민족"으로서의 사명이 완결이 된 신약시대에는, "하나님은 홀로 유대인의 하나님 뿐이시뇨 또 이방인의 하나님은 아니시뇨 진실로 이방인의 하나님도 되시느니라 할례자(유대인)도 믿음으로 말미암아 또는 무할례자도 믿음으로 말미암아 의롭다 하실 하나님은 한 분이시니라"(롬 3:29-30) 하고 말씀합니다.

㉡ 다시 말씀드리면 유대인과 이방인의 차별이 없이 모든 사람들이 오직 예수 그리스도의 구속을 믿음으로만이 구원에 이를 수가 있다는 말씀입니다. 사도들 당시 믿는 유대인들은 구원에 참여하였고, 배척하

는 자는 멸망을 당했습니다. 이후에도 동일한 것입니다. 그러므로 "유대인과 이방인, 구약교회와 신약교회"를 별개인 양 갈라놓아서는 아니됩니다. 사도 바울은, "이 둘로 자기의 안에서 한 새 사람을 지어 화평하게 하셨다"(엡 2:15) 하고 말씀하면서, "너희가 그리스도께 속한 자면 곧 아브라함의 자손이요 약속대로 유업을 이을 자니라(갈 3:29). 또한, 가지 얼마가 꺾여 졌는데 돌감람나무인 네가 그들 중에 접붙임이 되어 참 감람나무 뿌리의 진액을 함께 받는 자 되었다"(롬 11:17) 하고 말씀합니다. "꺾여 진 가지와, 접붙임을 받은 가지"는 달라도 "뿌리는 하나"라는 것입니다. 이점에 확고해야만 합니다.

㉢ 그러므로 그리스도가 오심으로 "옛 언약은 새 언약으로, 이스라엘은 영적 이스라엘로, 예루살렘은 새예루살렘"으로 "개혁"(改革)이 되었음을 인식해야만 합니다. 사도 바울은, 이스라엘을 가리켜서 "육신을 따라 난 이스라엘"(고전 10:18)이라 말씀하면서 "너희(이방인들)가 그리스도께 속한 자면 곧 아브라함의 자손이요 약속대로 유업을 이을 자니라"(갈 3:29) 하고, 신약의 성도들이 "아브라함의 자손"이라고 말씀합니다. 또한 "이스라엘이 다 이스라엘이 아니라, 약속의 자녀"(롬 9:7), 즉 "남은 자"가 참 이스라엘이라고 말씀합니다. 그러므로 베드로는 이제는 이스라엘이 제사장 나라가 아니라 그리스도인들을 가리켜, "오직 너희는 택하신 족속이요 왕 같은 제사장들"(벧전 2:9)이라고 말씀합니다.

㉣ 그러면 어떤 분은 "이스라엘의 선민 됨을 폐했단 말이냐" 할 것입니다. 폐한 것이 아니라 선민으로 택하신 목적을 이루신 것입니다. 저는 이렇게 대답할 것입니다. 이스라엘이라는 민족은 아브라함과 이삭과 야곱 때에 택함을 받았지만, 그리스도인들은 "곧 창세전에 그리스도 안에서"(엡 1:4) 택함을 받은 사람들이라고. 여기 중요한 요점은 "그리스도 안에서" 라는 조건부입니다. 이스라엘이라는 민족을 택하신 것은 그리스도를 보내시고 "말씀을 계시"(롬 3:2)하기 위한 통로로 택하셨고

또한 이를 이루셨으나, "구원하시기로 택하심"은 유대인과, 이방인을 막론하고 오직 "그리스도 안에서" 창세전에 택함을 받은 자뿐이라는 것입니다.

창세전에 그리스도 안에서 택하심

㉠ 이런 맥락에서 선지서는 한결같이, "그 날에 많은 나라가 여호와께 속하여 내 백성이 될 것이라"(2:11) 하고 이방인들이 구원에 참여하게 될 것을 예언하고 있습니다. 이사야 선지자도, "내가 또 너로 이방의 빛을 삼아 나의 구원을 베풀어서 땅 끝까지 이르게 하리라"(사 49:6, 42:6) 하십니다. 구약성경의 마지막 책인 말라기서에서도, "해 뜨는 곳에서부터 해 지는 곳까지의 이방 민족 중에서 내 이름이 크게 될 것이라"(말 1:11) 합니다. 분명한 것은 이들은 "창세전에 그리스도 안에서 택함을 받은 자"들이라는 점입니다. 이 "창세전"의 선택이 이스라엘의 선민됨보다 우선하다는 것은 재론의 여지가 없는 것입니다.

㉡ 그러므로 이 문단에 18회나 등장하는 "그날"도 종말의 어는 짧은 기간으로 볼 것이 아니라, "네 왕이 임하나니" 한 초림으로부터 시작하여, "나의 하나님 여호와께서 임하실 것이요 모든 거룩한 자가 주와 함께 하리라"(14:5) 하신 재림까지의 전 기간을 가리키는 것으로 보아야 할 것입니다. 스가랴서에는 그리스도를 "왕(9:9)과, 목자"(13:7)로 계시하고 있는데, 왜냐하면 메시아 왕국이 이루기 위해서는 목자가 양을 위하여 치심, 곧 고난(苦難)을 당하여야 하기 때문입니다. 이는 유대인들이 바라고 있던 이스라엘에 국한한 정치적인 메시아가 아니라, 아브라함에게 언약하신 천하 만민을 구원하러 임하시는 그리스도이기 때문입니다.

㉢ 이상의 말씀으로 모든 의문이 다 해소가 되었다고 여기지는 않

습니다. 왜냐하면 사도 바울이, "이 비밀은 이방인의 충만한 수가 들어오기까지 이스라엘의 더러는 완악하게 된 것이라 그리하여 온 이스라엘이 구원을 얻으리라"(롬 11:25-26) 한 말씀 등에 대한 의문이 남아 있기 때문입니다. 이는 지금까지도 예수를 그리스도로 인정을 하지 않고 있는 유대인들이 종말에 이르러 민족적으로 일어나게 될 회개운동을 가리킬 것입니다. 그렇다고 이런 회개운동은 유대인들에게만 국한된 것은 아닙니다. 한국에서도 일어났고, 오늘날 중국에서도 일어나고 있는 성령의 역사하심입니다.

㉣ 이를 강조하는 이유는 성경의 전체적인 의미는 무시한 채 문자(文字)만을 보고 선지서와 특히 계시록의 대부분이 종말의 "한 이레", 즉 7년 동안에 유대인들에게 이루어질 것이라는 해석을 경계하기 위해서입니다. 이런 세대주의적 해석은 우리나라에서도 주도적인 영향을 끼치고 있는 실정입니다. 계시록 4장 이하를 유대인들에 대한 말씀으로 한정을 한다면 제자들이 부활하신 주님께, "이스라엘 나라를 회복하심이 이 때니이까"(행 1:6) 한 근시안적인 질문의 재판(再版)이 되고야 말 것입니다.

첫째 단원(1–10) 대적하는 열방에 대한 심판경고

① 9장은 "여호와의 말씀의 경고"(1상)로 시작이 됩니다. 이는 이스라엘과 이웃하고 있는 "수리아, 베니게, 블레셋" 등에 임할 심판경고입니다.

㉠ "하드락 땅에 임하며 다메섹(이상 수리아)에 머물리니 세상 사람과 이스라엘 모든 지파의 눈이 여호와를 우러러 봄이니라"(1하), 여기서 주목해야할 점은 "임하리라"는 말씀인데, "하드락 땅에 임하며"(1),

② "그 접경된 하맛에도 임하겠고 두로와 시돈(이상 베니게)은 넓은 지혜가 있으니 그들에게도 임하리라"(2) 합니다.

㉠ "두로는 자기를 위하여 보장을 건축하며 은을 티끌 같이, 정금을 거리의 진흙 같이 쌓았은즉 주께서 그를 쫓아내시며 그의 바다 권세를 치시리니 그가 불에 삼키울지라"(3-4) 합니다. "두로와 시돈"의 심판은 에스겔 선지자도 두 장(겔 27-28장)이나 할애하여 강력하게 예언하고 있습니다.

③ "아스글론이 보고 무서워하며 가사도 심히 아파할 것이며 에그론(이상 블레셋)은 그 소망이 수치가 되므로 역시 그러하리라 가사에는 임금이 끊칠 것이며 아스글론에는 거민이 없을 것이며"(5),

㉠ "아스돗에는 잡족이 거하리라 내가 블레셋 사람의 교만을 끊고 그 입에서 그 피를, 그 잇사이에서 그 가증한 것을 제하리니"(6-7상) 합니다.

㉡ 그런데 주목하게 되는 것은 심판을 경고하는 중에, "그도 남아서 우리 하나님께로 돌아와서 유다의 한 두목 같이 되겠고 에그론은 여부스 사람 같이 되리라"(7하) 한 말씀입니다. 그러니까 이방인들 중에서도 하나님께로 돌아오는 "남은 자"가 있게 되리라는 것입니다. ㉮ "한 두목같이 된다"는 말은 개인이 아닌 집단(集團)적으로 돌아올 것을 가리키는데, ㉯ "에그론은 여부스 사람 같이 되리라"는 뜻이 무엇인가? "여브스 사람"은 가나안 7족속 중 하나인데 쫓겨나지 않고 있다가 이스라엘에 부속이 된 자들입니다. 그러니까 함께 살게 된다는 뜻입니다.

이방인 중에도 남은 자가 있음

④ "내가 내 집을 둘러 진을 쳐서 적군을 막아 거기 왕래하지 못하게 할 것이라"(8상) 합니다. 1-7절에서 이스라엘을 대적하는 이웃 나라에

대하여 경고한 후에 이제는 앵글을 “내가 내 집을” 하고 이스라엘로 향하고 있습니다.

㉠ 그런데 중심점이 이스라엘에 있는 것이 아니라 “내 집”에 있다는 점을 놓쳐서는 아니 됩니다. 그러면 “내 집”이 무엇을 가리키는가? 이를 문자적으로 보면 “성전”(聖殿)을 가리키는 것이 되는데, 만군의 여호와께서 성전이라는 건물을 둘러 진을 쳐서 보호하시겠다는 말씀이란 말인가? 이점을 다음 절에서 “네 왕이 임하나니”(9) 하는 문맥적으로 보게 되면, “적군”(敵軍)이 제아무리 “메시아 그리스도”가 오시지 못하도록 대적한다 하여도 하나님은 기어코 “내 집”, 즉 하나님의 나라건설을 이루시고야만다는 뜻이 되는 것입니다.

㉡ 그러므로 “내 집”이란 다윗에게, “내가 네 몸에서 날 자식을 네 뒤에 세워 그 나라를 견고케 하리라 저는 내 이름을 위하여 집을 건축할 것이요”(삼하 7:12-13) 하신 하나님의 나라건설을 의미한다 하겠습니다. 이점이, “포학한 자가 다시는 그 지경으로 지나지 못하리니 이는 내가 눈으로 친히 봄이니라”(8하) 하시는 말씀에 나타납니다.

㉢ 그러면, “보라 네 왕이 임하신다”(9) 하고 그리스도의 초림을 예언하기 전에 어찌하여 열방에 대한 심판예언이 먼저 나오고 있는가 하는 점입니다. 하나님은 선민 이스라엘을 중심으로, “열방으로 둘러 있게”(겔 5:5, 6, 7, 14, 15), 즉 세계의 중심이 되게 하셨다고 말씀합니다. 이는 이스라엘을 통하여 구주가 나게 하시려는 계획이 있으시기 때문입니다. 그런데 그 둘리 있는 열국들이 이스라엘을 대적했던 것입니다.

㉣ 이는 이스라엘이라는 나라를 대적한 차원이 아니라 이를 통해서 “여자의 후손을 탄생시키시려는 하나님의 계획”을 대적한 것임을 인식해야만 합니다. 이점을 시편에서는, “어찌하여 열방이 분노하며 민족들이 허사(虛事)를 경영하는고 세상의 군왕들이 나서며 관원들이 서로 꾀하여 여호와와 그 기름 받은 자를 대적하며”(시 2:1-2) 라고 말씀합니

다. 그러므로 열방 심판을 먼저 말씀하는 의도는 첫째로, 어떤 방해와 대적에도 불구하고 하나님의 뜻은 이루시고야 만다는 것을 나타내기 위해서요, 둘째는 포로에서 귀환한 후 여러 가지 난관에 직면하여 실의에 빠져있는 자기 백성들을 위로하고 격려하기 위해서입니다. 이것이 "대적하는 열방에 대한 심판경고"입니다.

둘째 단원(9-10) 기뻐하라 네 왕이 임하신다

⑤ "시온의 딸아 크게 기뻐할 지어다 예루살렘의 딸아 즐거이 부를 지어다 보라 네 왕이 네게 임하나니"(9상) 합니다.

㉠ 드디어 "시온의 딸아 크게 기뻐할 지어다 예루살렘의 딸아 즐거이 부를 지어다" 하는 팡파르가 울려 퍼집니다. 2:10절에서, "시온의 딸아 노래하고 기뻐하라 이는 내가 임하여 네 가운데 거할 것임이니라" 하고 미리 말씀하신 바입니다. 이사야 선지자도 "아름다운 소식을 시온에 전하는 자여 너는 높은 산에 오르라 아름다운 소식을 예루살렘에 전하는 자여 너는 힘써 소리를 높이라 두려워 말고 소리를 높여 유다의 성읍들에 이르기를 너희 하나님을 보라 하라 보라 주 여호와께서 장차 강한 자로 임하실 것이요 친히 그 팔로 다스리실 것이라 보라 상급이 그에게 있고 보응이 그 앞에 있으며"(사 40:9-10) 합니다. 이는 그리스도 강림에 대한 명백한 예언인 것입니다.

㉡ "그는 공의로우며 구원을 베풀며 겸손하여서 나귀를 타나니 나귀의 작은 것 곧 나귀새끼니라" 합니다. 나귀, 그것도 새끼를 타고 입성하는 왕을 본적이 있는가? 그런데 신약성경의 네 개의 복음서가 다 같이 그리스도께서 예루살렘에 입성하실 때에 "나귀새끼"를 타고 입성하신 것을 기록하고 있습니다. 이는 우연의 일치가 아닙니다. "이는 선지

자로 하신 말씀을 이루려 하심이라"(마 21:4) 합니다. 즉 이를 보아서도 예수가 그리스도이심이 입증이 된다는 뜻입니다.

㉢ 나아가 여기에는 첫째로, ㉮ 대속적인 죽음을 위하여 오시는 고난의 종임이 암시되어 있습니다. 왜냐하면 "나귀"는 부정한 동물로 분류가 되어, "나귀의 첫 새끼는 다 어린양으로 대속(代贖)할 것이요 그렇게 아니하려면 그 목을 꺾을 것이며"(출 13:13), 즉 죽이라 하고 말씀하시기 때문입니다. 이 말씀이 이스라엘을 유월절 양의 피로 대속한 문맥에서 주어진 말씀임을 유념해야만 합니다. 그러므로 둘째는, ㉯ 무력으로 정복하는 왕이 아니라 평강의 왕으로 오심을 나타냅니다.

⑥ 그래서 "내가 에브라임의 병거와 예루살렘의 말을 끊겠고 전쟁하는 활도 끊으리니"(10상) 하시는 것입니다. 즉 "무리가 그 칼을 쳐서 보습을 만들고 그 창을 쳐서 낫을 만들 것이며 이 나라와 저 나라가 다시는 칼을 들고 서로 치지 아니하며 다시는 전쟁을 연습지 아니하리라"(사 2:4)는 것입니다.

㉠ "그가 이방 사람에게 화평을 전할 것이요"(10중) 합니다. 사도 바울은 증거하기를, "또 십자가로 이 둘(유대인과 이방인)을 한 몸으로 하나님과 화목하게 하려 하심이라 원수 된 것을 십자가로 소멸하시고 또 오셔서 먼데 있는 너희(이방인)에게 평안을 전하고 가까운데 있는 자들(유대인)에게 평안을 전하셨으니"(엡 2:16-17) 하고 복음을 "평안"이라 말씀합니다.

㉡ "그의 정권은 바다에서 바다까지 이르고 유브라데 강에서 땅 끝까지 이르리라"(10하) 합니다. 즉 구원이 해 뜨는 데서부터 해지는 데까지 이르게 된다는 뜻입니다. "네 왕"은 이를 이루시기 위해서 나귀새끼를 타고 오신다는 말씀입니다. 이는 유대인들이 바라고 기대하던 정치적인 메시아상과는 전연 다른, 복음으로 세계를 정복할 평강의 왕이심을 나타냅니다.

셋째 단원(11-17) 보석같이 빛날 하나님의 백성들

셋째 단원의 중심점은, "보석같이 빛날 하나님의 백성들"에 있습니다. 얼마나 귀한 존재들이면 "면류관의 보석"(16)이라 하시겠는가? 이사야 선지자를 통해서는, "너는 또 여호와의 손의 아름다운 면류관, 네 하나님의 손의 왕관(王冠)이 될 것이라"(사 62:3) 하십니다. 이처럼 존귀한 자가 되리라는 말씀인데, 어떤 처지에 있던 자들이 누구에 의하여 이렇게 될 것이라고 말씀하는가?

⑦ "또 너로 말할진대 네 언약의 피를 인하여 내가 너의 갇힌 자들을 물 없는 구덩이에서 놓았나니"(11) 하십니다. 그러면 "갇힌 자들"은 누구며, "언약의 피"는 무엇을 가리키는가?

㉠ 먼저 이들은 "물 없는 구덩이에 갇혔던 자들"이라 하십니다. 12절에서도 "갇혔던 자들"이라 하십니다. 이점을 사도 바울은, "믿음이 오기 전에 우리가 율법 아래 매인바 되고 계시될 믿음의 때까지 갇혔느니라"(갈 3:23) 하고 해설해줍니다. 율법 아래 있는 동안이란 "결박되어 갇혀 있는" 기간이라는 것입니다. 이들을 "믿음", 곧 그리스도가 오셔서 "죄와 사망의 법에서 너를 해방"(롬 8:2)시켜주셨다는 것입니다. 시편에서는, "흑암과 사망의 그늘에서 인도하여 내시고 그 얽은 줄을 끊으셨도다 여호와의 인자하심과 인생에게 행하신 기이한 일을 인하여 그를 찬송할지로다 저가 놋문을 깨뜨리시며 쇠 빗장을 꺾으셨음이로다"(시 107:14-16) 합니다.

㉡ 이것이 어떻게 가능하여지는가? "네 언약의 피를 인하여" 가능하여진다고 말씀합니다. 그러므로 성경은 "이러므로 첫 언약도 피 없이 세운 것이 아니니"(히 9:18) 합니다. 이를 달리 표현하면 "피 흘림"이 없으면 언약(言約)이 세워질 수가 없다는 뜻이기도 합니다. 왜 그런지 형제는 말해줄 수가 있습니까? 의로우신 하나님께서 죄인들에게 언약(言

約)을 세워주시기 위해서는, 다시 말하면 교제(交際)하기 위해서는 먼저 "죄"가 해결이 되어야 하기 때문인데 "피"는 죄 값인 죽음을 상징하기 때문입니다. 그래서 "피 흘림이 없은즉 사함이 없느니라"(히 9:22) 하는 것입니다.

㉢ 그러므로 "네 언약의 피"가 무슨 언약인가는 분명해진다 하겠습니다. 짐승의 피로 세운 언약도 그리스도의 피로 세우실 언약에 대한 그림자이기 때문입니다. 그리고 "갇힌 자들을, 놓았나니"(11)가 가능하여지는 것은 새 언약의 피로만이 가능하여 지는 것입니다.

㉣ 그러므로 "소망을 품은 갇혔던 자들아 너희는 보장으로 돌아올지니라"(12상) 하시는 것입니다. 율법은 "갇혔던 자들"을 놓아주지도 못하거니와, 우리에게 "보장"(保障)을 해주지도 못합니다. 오직 맹세로 보증하여 주신 메시아언약만이 구원을 보장해줍니다. 그래서 "소망을 품은 갇혔던 자들아" 하시는 것입니다. 우리에게 "소망"(所望)이 있음은 오직 피로 세워주신 "언약"(言約)이 있기 때문입니다.

㉤ 그러므로 "내가 오늘날도 이르노라 내가 배나 네게 갚을 것이라"(12하) 하십니다. 이사야 선지자를 통해서도 "그 복역의 때가 끝났다" 하시면서, "여호와의 손에서 배나 받았느니라"(사 40:2) 하십니다. 하나님의 구언계획은 겨우 원상태로 회복하는 것이 아닙니다. "더욱 넘치게"(롬 5:9, 10, 15, 17, 20) 하시는 역사입니다.

⑧ "내가 유다로 당긴 활을 삼고 에브라임으로 먹인 살을 삼았으니 시온아 내가 네 자식을 격동시켜 헬라 자식을 치게 하며 너로 용사의 칼과 같게 하리라"(13). 이 말씀도 중심주제인 "네 왕이 나귀새끼를 타고 임한다"는 9절에 의하여 해석되어야 합니다.

㉠ "네 왕은 겸손하셔서 나귀새끼를 타고 오신다" 했는데 무력으로 헬리를 공격하세 하신단 말인가? 그러므로 이를 "마카비" 운동으로 볼 수가 없습니다. 만일 그렇게 여긴다면 10절에서 "화평을 전할 것이요"

한 말씀과 상충될 뿐만이 아니라 마카비운동이 하나님께서 주도하신 것인가 하는 정당성의 문제가 대두되기 때문입니다. 13절 안에는 "시온의 자식과, 헬라 자식"이 대조되어 있고, 전에는 공격, 침략만 당하던 "시온의 자식들"이 반대로 이제부터는 헬라 자식들을 공격하게 되리라는 것입니다.

ⓛ 앞에서도 말씀을 드렸습니다만 성경에 나타난 용례(用例)를 보면 "시온"은 메시아언약과 결부되어 있습니다. 단순논리로 말씀을 드린다면 "예루살렘"이 구약교회를 상징하는 것이라면, "시온의 딸들아 노래하고 기뻐하라(2:10), 시온의 딸아 크게 기뻐할 지어다"(9) 하는 "시온"은 신약교회에 대한 상징이라는 말씀입니다. 왜 기뻐하라 하시는가? 그리스도가 오시기 때문입니다. 이처럼 "시온"은 메시아언약과 결부되고 있습니다.

ⓒ 이런 맥락에서 시온의 자식들이 헬라 자식들을 공격하리라는 것(13)은 복음운동임을 깨닫게 되는 것입니다. 사도 바울은 고백하기를, "헬라인이나 야만이나 지혜 있는 자나 어리석은 자에게 다 내가 빚진 자라"(롬 1:14) 합니다. 그리하여 "시온의 자식"인 바울은 이방인의 사도로 세움을 받아 복음으로 헬라를 공격하고 정복해나갔던 것입니다.

ⓡ 그러므로 14-15절에서, "여호와께서 그 위에 나타나서, 여호와께서 나팔을 불리시며(14), 만군의 여호와께서 그들을 호위하시리니 그들이 원수를 삼키며 물매 돌을 밟을 것이며"(15) 하고 진두지휘하실 것이라 말씀하시는데 이는 복음운동에 대한 구약적인 표현으로 보아야 할 것입니다.

ⓜ 복음전파는 "선한 싸움이요, 영적 싸움"입니다. 그리고 "우리의 씨름은 혈과 육에 대한 것"(엡 6:12)이 아닙니다. 계시록 17:14절, 19:11-16절을 보십시오. 세상 끝 날까지 우리와 함께 계셔서 진두지휘하시면서 싸워주시는 그리스도를 만나게 될 것입니다.

⑨ "이 날에 그들의 하나님 여호와께서 그들을 자기 백성의 양떼 같이 구원하시리니 그들이 면류관의 보석 같이 여호와의 땅에 빛나리로다"(16).

㉠ 하나님의 자녀 된 그리스도인들, 특히 복음의 전사들의 영광스러움을 이처럼 귀중하게 표현하고 있는 말씀은 많이 있습니다. "네 눈을 들어 사방을 보라 그들이 다 모여 네게로 오느니라 여호와가 이르노라 내가 나의 삶으로 맹세하노니 네가 반드시 그 모든 무리로 장식을 삼아 몸에 차며 띠기를 신부처럼 할 것이라"(사 49:18) 하십니다.

㉡ "그의 형통함과 그의 아름다움이 어찌 그리 큰지 소년은 곡식으로 강건하며 처녀는 새 포도주로 그러 하리로다"(17) 합니다. "형통, 아름다움, 곡식으로 강건, 새 포도주"라는 묘사들은 하나님께서 복음을 통하여, "그리스도 안에서 하늘에 속한 모든 신령한 복"을 주실 것에 대한 구약적인 표현들입니다. 그래도 모자랍니까? 그래도 부족합니까? 이제 분명합니까?

⑩ 묵상해보겠습니다.

㉠ 열방에 대한 심판을 먼저 말씀하는 의도에 대해서,

㉡ 네 왕이 나귀새끼를 타고 오신다는 의미와 성취에 대해서,

㉢ 보석같이 빛날 하나님의 백성들의 귀중성에 대해서.

스가랴 10장 개관도표

주제 : 내가 모으리니 내가 구속하였음이라

모퉁이 돌이 나와 구원하리라

1-7

1 **봄비 때에** 여호와 곧 번개를 내는 ① **여호와께 비를 구하라**
소낙비를 내려서 무리에게
밭의 채소를 각 사람에게 주리라

2 ② **대저 드라빔들은 허탄한 것을 말하며 복술자는 진실치 않은 것을 보고** 거짓 꿈을 말한즉
그 위로함이 헛되므로

③ **백성이 양 같이 유리하며 목자가 없으므로 곤고를 당하나니**
3 **내가 목자들에게 노를 발하며 내가 수염소들을 벌하리라**

만군의 여호와가 그 무리 곧 유다 족속을 권고하여 그들로 전쟁의 준마와 같게 하리니

4 ④ **모퉁이 돌이 그에게로서, 말뚝이 그에게로서,**
다 일제히 그에게 로서 나와서 **싸우는 활이** 그에게로서, 권세 잡은 자가
싸울 때에 용사 같이 거리의 진흙 중에
대적을 밟을 것이라
여호와가 그들과 함께한즉 그들이 싸와 말 탄 자들로 부끄러워하게 하리라

6 **내가** 유다 족속을 견고하게 하며 요셉 족속을 ⑤ **구원할 지라**
내가 그들을 긍휼히 여김으로 그들로 **돌아오게 하리니**
그들이 내게 **내어 버리움이 없었음 같이 되리라**
나는 그들의 하나님 여호와라
내가 ---- **그들을 들으리라**

7 에브라임이 용사 같아서 포도주를 마심 같이 마음이 즐거울 것이요 그 자손은 보고 기뻐하며
여호와를 인하여 마음에 즐거워하리라

원방에서 휘파람소리를 듣고 돌아옴

8-12

8 **내가 그들을 향하여 휘파람 불어 모을 것은**
내가 그들을 구속하였음이라
그들이 전에 번성하던 것 같이 번성하리라

9 **내가** 그들을 열방에 뿌리려니와 그들이 원방에서 나를 기억하고
⑥ **그들의 자녀와 함께 다 생존하여 돌아올 지라**

10 **내가** ---- 그들을 **애굽** 땅에서 이끌어 **돌아오며**
그들을 **앗수르**에서부터 **모으며**

⑦ **길르앗 땅과 레바논으로 그들을 이끌어 가리니 그 거할 곳이 부족하리라**

11 **내가** 그들로 고해를 지나게 하며 바다 물결을 치리니 나일의 깊은 곳이 다 마르겠고
앗수르의 교만이 낮아지겠고 애굽의 홀이 없어지리라

12 **내가** ⑧ **그들로 나 여호와를 의지하여 견고케 하리니**
그들이 내 이름을 받들어 왕래하리라 나 여호와의 말이니라

10장

내가 모으리니 내가 구속하였음이라

[8]내가 그들을 향하여 휘파람 불어 모을 것은 내가 그들을 구속하였음이라 그들이 전에 번성하던 것 같이 번성하리라.

10장의 중심점은, "내가 모으리니 내가 구속하였음이라"에 있습니다. 10장은 회복의 말씀으로 가득 차 있습니다. 문제는 이것이 세대주의적인 해석처럼 종말에 가서 유대인들의 회복을 가리키는 말씀인가? 아니면 그리스도의 구속으로 말미암은 복음운동을 가리키느냐에 있습니다.

선지자들의 예언에는 3중적인 의미가 있는데, 첫째는 선지자 당대요, 둘째는 주님의 초림 때요, 셋째는 종말의 재림하실 때입니다. 그러니까 근래(近來)에 되어 질 것을 들어서 먼 장래(將來)에 되어 질 것을 말씀하는 복합적(複合的)인 의미가 있는 것입니다. 주님께서도 로마에 의한 예루살렘의 멸망과 최후심판을 겹쳐진 그림(마 24장)으로 말씀하셨습니다.

도표를 보시면, "내가 구속하였기 때문에 내가 모은다"는 말씀을 중심으로, ① "여호와께 비를 구하라" 하시는데 이는, ② "드라빔", 즉 우상과 대조적으로 한 말씀으로 저들은 우상숭배를 하다가, ③ "곤고를 당하나니", 이는 목자들의 책임임으로 목자에게 노를 발하며, ④ "모퉁이 돌"이 나와서 대적을 밟고, ⑤ "구원할 지라, 돌아오게 하리니, 휘파람을 불어 모을 것은 내가 그들을 구속하였음이라" 하십니다. 이는 "목자가 없다" 한 말씀과 대조를 이루어 참 목자를 일으켜, ⑥ "그들을 자녀와 함께 돌아오게" 하시겠다, ⑦ 그리하여 "길르앗 땅과 레바논", 즉 고토(古土)로 이끌고 가서, ⑧ 결론은 "그들로 나 여호와를 의지하여 견고케 하리니" 하십니다. 이에 대한 구속사적 의미가 무엇인가? 이를 두 단원으로 나누어 상고하겠습니다.

첫째 단원(1-7) **모퉁이 돌이 나와 구원하리라**

둘째 단원(8-12) **원방에서 휘파람소리를 듣고 돌아옴**

주제(主題) : 내가 모으리니 내가 구속하였음이라

㉠ "내가 그들을 휘파람을 불어 모으겠다" 하시는데 구원계획이란 추방당한 자, 흩어진 자들을 모으는 운동입니다. 인류의 시조는 에덴에서 추방을 당하였고, 선민 이스라엘은 앗수르와 바벨론으로 흩어졌습니다. 이스라엘이 바벨론으로 사로잡혀 갔다가 돌아오는 것을 예표로 하여 사탄에게 포로 되었던 자들이 돌아오는 것을 계시하시려는 것입니다.

㉡ 그런데 "모으고, 돌아옴"이 그냥 되는 것이 아니라 "구속"으로만이 가능하여 진다는 점입니다. 그래서 "내가 휘파람을 불어 모을 것은 내가 그들을 구속하였음이라" 하시는 것입니다. 그러면 "구속자"가 누군

가 하는데 초점이 모아지게 됩니다.

ⓒ 그러므로 스가랴서의 묵시부분인 9-14장에는 그리스도의 초림과 재림에 집중이 되어 있습니다. 초림의 주님은 "양을 위하여 목숨을 버릴" 구속주로 오시나, 재림의 주님은 세상을 심판하시고 구속하신 양 무리들을 모아 영원한 우리로 인도하기 위해서 오시는 것입니다. 그러므로 이 예언이 1차적으로는 바벨론에서 아직 돌아오지 않은 자들을 모을 것을 가리킨다 하여도 궁극적으로는 복음시대에 이루어질 말씀입니다.

첫째 단원(1–7) 모퉁이 돌이 나와 구원하리라

이런 맥락에서 첫째 단원의 중심점은, "모퉁이 돌이 나와 구원하리라"에 있습니다.

① "봄비 때에 여호와 곧 번개를 내는 여호와께 비를 구하라 무리에게 소낙비를 내려서 밭의 채소를 각 사람에게 주리라"(1) 하십니다.

㉠ "봄비 때에…구하라" 하십니다. 이는 "보라 지금은 은혜 받을만한 때요 보라 지금은 구원의 날이로다"(고후 6:2) 한 "은혜 받을 때"라는 뜻입니다. 그래서 "무리에게 소낙비를 주리라" 하시는 것입니다. 에스겔서에서는 "내가 그들에게 복을 내리며 내 산 사면 모든 곳도 복되게 하여 때를 따라 비를 내리되 복된 장마비를 내리리라"(겔 34:26) 하십니다. 문맥적으로 보면 "소낙비, 장마비"의 은혜는 "네 왕이 네게 임하나니"(9:9) 한 그리스도의 오심으로 임하게 되는 것입니다.

② 그리고 "여호와께 비를 구하라"는 말씀은, "대저 드라빔들은 허탄한 것을 말하며 복술자는 진실지 않은 것을 보고"(2상) 한 말씀과 대조적으로 한 말씀입니다.

㉠ 저들은 "번개를 내는" 하나님께 비를 구한 것이 아니라, 바알과 같은 우상에게 비를 구했고, 메시아언약 안에서 복을 받으려 한 것이 아니라, 우상을 통해서 복을 받으려 숭배했던 것입니다.

㉡ 왜 이렇게 되었는가? 지도자들이 "거짓 꿈을 말한즉 그 위로함이 헛되므로 백성이 양 같이 유리하며 목자가 없으므로 곤고를 당하나니"(2하) 하고 목자들이 "거짓 꿈을 말하기" 때문이라 하십니다.

③ 그러므로 "내가 목자들에게 노를 발하며 내가 수염소들을 벌하리라"(3상) 하십니다.

㉠ 이는 백성들이 이처럼 유리방황하게 된 것이 목자들의 책임임을 나타냅니다. 예루살렘이 바벨론에 의하여 멸망을 당한 것도 목자들의 책임이요, 앞으로 로마에 의하여 멸망하게 될 것도 목자들의 책임이라는 말씀입니다. 그렇다면 이제 남은 재림 때에는 이런 악순환이 되풀이 되지 않는다고 장담할 수가 있단 말인가?

㉡ 어느 시대를 막론하고 메시아언약을 망각하게 되면 그 자리를 "거짓된 꿈"이 차지하게 되는 것입니다. 에스겔서에서도, "목자가 없으므로 그것들이 흩어지며 흩어져서 모든 들짐승의 밥이 되었도다"(겔 34:5) 하십니다. 주님 당시도 그러했던 것입니다. 그리하여 "노를 발하며, 벌하리라" 하시는데 주님께서, "뱀들아 독사의 새끼들아 너희가 어떻게 지옥의 판결을 피하겠느냐"(마 24:33) 하고 진노하신 것도 이 때문입니다.

㉢ "만군의 여호와가 그 무리 곧 유다 족속을 권고하여 그들로 전쟁의 준마와 같게 하리니"(3하) 하십니다. "양같이 유리방황"(2) 하던 자들을 장수가 타고 달리는 "준마"(駿馬)와 같게 하시겠다는 것입니다. 이것이 어떻게 가능하여지는가? "유다 족속을 권고하여" 라고 말씀합니다.

④ "모퉁이 돌이 그에게로서, 말뚝이 그에게로서, 싸우는 활이 그에게로서, 권세 잡은 자가 다 일제히 그에게로서 나와서"(4),

㉠ 유다 족속에서 나온다는 점을 얼마나 강조하고 있는가를 보십시오. ㉮ 모퉁이 돌이 그에게서 나오고, ㉯ 말뚝이 그에게서 나오고, ㉰ 싸우는 활이 그에게서 나오고, ㉱ 권세 잡은 자가 다 일제히 그에게서 나온다 하고 4번이나 강조되어 있습니다. 성경전체로 보아도 이런 강조는 흔한 일이 아닙니다.

㉡ "그에게로서" 나온다 한 "그"는 유다 지파를 가리키는데 유다 지파에서 나온다 한, "모퉁이 돌, 말뚝, 활, 권세 잡은 자"는 모두가 "이는 구원이 유대인에게서 남이니라"(요 4:22) 한 메시아에 대한 상징들입니다. "말뚝"이란 천막을 견고하게 해주는 것을 가리키는데 아모스 선지자로 말씀하시기를, "그 날에 내가 다윗의 무너진 천막(天幕)을 일으키고 그 틈을 막으며 그 퇴락한 것을 일으켜서 옛적과 같이 세우고"(암 9:11) 하십니다. "모퉁이 돌과 말뚝"은 교회를 견고하게 세우는 것과 관련이 있고, "싸우는 활과 권세 잡은 자"는 선한 싸움과 관련이 있는 것입니다.

㉢ 그리하여 "싸울 때에 용사 같이 거리의 진흙 중에 대적을 밟을 것이라 여호와가 그들과 함께한즉 그들이 싸와 말 탄 자들로 부끄러워 하게 하리라"(5) 하십니다. 다시 상기시킵니다만 스가랴서에서는 그리스도가 "대제사장 여호수아와, 총독(왕) 스룹바벨"로 예표되어 있습니다. 그리하여 "네 왕이 임한다"(9:9) 하는가 하면, "내 목자를 치라"(13:7) 하고 고난당하는 종으로 나타납니다. "구속"(救贖)은 대제사장적인 사역이나, 싸울 때에 용사같이 거리의 진흙 중에 대적을 밟을 것이라"(5) 한 것은 왕적인 권세인 것입니다.

⑤ "내가 유다 족속을 견고하게 하며 요셉 족속을 구원할 지라 내가 그들을 긍휼히 여김으로 그들로 돌아오게 하리니 그들이 내게 내어 버리움이 없었음 같이 되리라 나는 그들의 하나님 여호와라 내가 그들을 들으리라"(6) 합니다.

㉠ "견고하게 하며, 구원할 지라, 돌아오게 하리니, 버리지 않은 자 같이 되리라, 내가 그들을 들으리라" 하시는데, 이는 인간의 자력으로는 불가능한 하나님의 주권에 속한 것이요, 율법으로는 불가능한 하나님의 은혜인 것입니다.

㉡ "에브라임이 용사 같아서 포도주를 마심 같이 마음이 즐거울 것이요 그 자손은 보고 기뻐하며 여호와를 인하여 마음에 즐거워하리라"(7) 합니다. "즐거울 것이요, 기뻐하며, 마음에 즐거워하리라", 이는 복음만이 줄 수 있는 기쁨이요 즐거움입니다.

둘째 단원(8-12) **원방에서 휘파람소리를 듣고 돌아옴**

둘째 단원의 중심점은 양떼들이, "원방에서 휘파람소리를 듣고 돌아온다"는데 있습니다.

㉠ "내가 그들을 향하여 휘파람을 불어 모을 것은"(8상) 하시는데 여기서 목가적(牧歌的)인 낭만(浪漫)까지 느끼게 합니다. 이는 천국잔치와 같은 복음시대에 되어 질 일이기 때문입니다. 주님은 "그가 자기 양의 이름을 각각 불러 인도하여 내느니라 자기 양을 다 내어놓은 후에 앞서 가면 양들이 그의 음성을 아는 고로 따라오되"(요 10:3-4) 하십니다.

㉡ "내가 그들을 구속하였음이라"(8중), 값을 주고 "구속"하셨기 때문에 "내 양"이요, 양들은 휘파람 소리만 들어도 목자임을 알게 되는 것입니다. "그들이 전에 번성하던 것같이 번성하리라"(8하) 하십니다. 이는 한 알의 밀이 죽음으로 가능하여 지는 번성입니다. 10장의 핵심은 "구속"(救贖)에 있고, 신구약을 막론하고 구속 주는 오직 그리스도 한 분이시라는 것과, "돌아오고, 모으고, 즐거워하고, 기뻐하는" 모든 회복

들이 오직 그리스도의 구속으로 말미암아 가능하여진다는 점에 확고해야만 합니다.

⑥ "내가 그들을 열방에 뿌리려니와"(9상) 한 것은 무슨 뜻인가? 본 단원을 해석하는 열쇠는 각 절(8, 9, 10, 11, 12)마다 등장하는 "내가", 즉 주권적으로 이루실 하나님의 행사를 주목해보는 일입니다.

㉠ 부정적인 의미로는 그들을 열방에 흩었다는 뜻일 것입니다만 하나님은 그들을 버리신 것이 아닙니다. 그러므로 긍정적으로는 추수를 위하여 씨를 심는 것같이 "뿌렸다" 하시는 것입니다. 예레미야로 하신 말씀에, "여호와께서 가라사대 보라 내가 사람의 씨와 짐승의 씨를 이스라엘 집과 유다 집에 뿌릴 날이 이르리니"(렘 31:27) 하신 말씀이 있습니다. 이는 징벌로 인하여 감소한 인구를 번성케 해주시겠다는 말씀인데 이 말씀이 "새 언약을 세우리라"는 문맥에서 주어졌다면 이는 복음시대에 이루어질 말씀으로 받아야 할 것입니다.

㉡ 그러므로 "내가 그들을 열방에 뿌리리니" 한 뜻도 복음의 씨가 열방에 뿌려져서 결실하게 될 것을 가리킨다 하겠습니다. 그래서 "그들이 원방에서 나를 기억하고 그들의 자녀와 함께 다 생존하여 돌아올 지라"(9하) 하시는 것입니다. 이점이 이어지는 말씀에 분명히 나타나는데, "내가 그들을 애굽 땅에서 이끌어 돌아오며 그들을 앗수르에서부터 모으며"(10상) 하십니다. "애굽, 앗수르"는 모두 하나님의 백성들을 억류했던 나라들입니다. 그러니까 "출 앗수르, 출애굽"의 역사가 다시 일어나게 된다는 것입니다.

⑦ 그리하여 "길르앗 땅과 레바논으로 그들을 이끌어 가리니"(10중) 하십니다. 어찌하여 "길르앗과 레바논"인가?

㉠ 예루살렘이라는 호칭 대신에 "시온"이라 하심과 같이, "길르앗과 레바논"도 새 이스라엘이 거할 곳을 상징적으로 나타내고 있습니다. 예레미야 선지자는, "길르앗에는 유향이 있지 아니 한가 그곳에는 의사가

있지 아니 한가 딸 내 백성이 치료를 받지 못함은 어찜인고"(렘 8:22) 합니다. "의사와, 유향"이 있는 곳이 길르앗입니다. 그런가 하면 "내가 이스라엘에게 이슬과 같으리니 저가 백합화같이 피겠고 레바논의 백향목 같이 뿌리가 박힐 것이라"(호 14:5) 합니다. 새 이스라엘이 백향목같이 번성할 곳이 레바논입니다.

㉡ 그 돌아오는 수가 얼마나 많으면, "그 거할 곳이 부족하리라"(10하) 하십니다. 이는 "고난 중에 낳은 자녀가 후일에 네 귀에 말하기를 이곳이 우리에게 좁으니 넓혀서 우리로 거처하게 하라 하리니"(사 49:20) 한 말씀과 상통합니다. 그리고 이 약속은 메시아예언의 문맥에서 하신 말씀입니다. 그러므로 이 말씀도 아브라함에게 "하늘을 우러러 뭇별을 셀 수 있나 보라, 네 자손이 이와 같으리라"(창 15:5) 한 언약의 성취로 보아야 할 것입니다.

㉢ "내가 그들로 고해(苦海)를 지나게 하며 바다 물결을 치리니 나일의 깊은 곳이 다 마르겠고 앗수르의 교만이 낮아지겠고 애굽의 홀이 없어지리라"(11) 하시는데 이는 "구속함을 얻은 자들"(8)에게 주시는 위로와 격려입니다. 육적 이스라엘은 홍해를 건넜으나 새 이스라엘 백성들은 고해(苦海)를 거너게 될 것입니다. 하나님은 말씀하시기를, "네가 물 가운데로 지날 때에 내가 함께 할 것이라 강을 건널 때에 물이 너를 침몰치 못할 것이며 네가 불 가운데로 행할 때에 타지도 아니할 것이요 불꽃이 너를 사르지도 못하리니" 하십니다. 이 말씀도 "내가 너를 구속하였고 내가 너를 지명하여 불렀나니 너는 내 것이라"(사 43:3, 2) 한 "구속"에 이어서 하신 말씀입니다.

⑧ "내가 그들로 나 여호와를 의지하여 견고케 하리니 그들이 내 이름을 받들어 왕래하리라 나 여호와의 말이니라"(12).

㉠ 9절에서 "나를 기억하고 돌아온다" 했는데, 본문에서는 "여호와를 의지하여, 내 이름을 받들어 왕래하리라" 하십니다. "왕래"(往來)하

리라는 뜻은 하나님과의 교제와 교통을 의미합니다. 왕래가 끊어진 때가 있었습니다. "봄비 때에 여호와께 비를 구하라"(1) 하고 시작된 10장은, "여호와를 의지하여 견고케 되고, 여호와의 이름을 받들어 왕래하리라"(12) 하고 마치고 있습니다.

㉡ 10장을 마치기 전에 현대교회 지도자들은, "내가 목자들에게 노를 발하며 내가 수염소를 벌하리라"(3) 한 말씀을 깊이 음미해야할 것입니다. 해답은 전체가 열 두절 밖에 안 되는 짧은 장에서 8번이나 강조하고 있는 "내가", 즉 하나님이 해주신 일을 붙잡는 일입니다. 하나님께서 해주신 일은 우리를 구속하시고 휘파람을 불어 모으셔서 여호와를 의지하여 견고케 하시는 일입니다. 이제는 그리스도의 구속으로 말미암아 형제가 휘파람을 불어 모아야할 목동이요, 형제가 불어야 할 휘파람은 "복음"임을 명심하시기를 바랍니다.

⑨ 묵상해보겠습니다.

㉠ "목자들에게 노를 발하고 벌하리라"에 대해서,

㉡ "내가 모으리니 내가 구속하였음이라"에 대해서,

㉢ 8번이나 등장하는 "내가", 즉 하나님이 해주신 일에 대해서.

스가랴 11장 개관도표

주제 : 그리스도의 값을 은 30을 쳐준 못된 목자

심판경고 (1-3)

1 ① 레바논아 네 문을 열고 **불이 네 백향목을 사르게 하라**
2 너 잣나무여 **곡할 지어다** 백향목이 **넘어졌고** 아름다운 나무가 **훼멸되었도다**
바산의 상수리나무여 곡할 지어다 무성한 삼림이 **엎드러졌도다**
3 ② **목자의 곡하는 소리가 남이여** 그 영화로운 것이 **훼멸되었음이로다**
어린 사자의 부르짖는 소리가 남이여 이는 요단의 자랑이 **황무하였음이로다**

은총이라는 막대기를 잘라버림 (4-11)

4 여호와 나의 하나님이 가라사대 ③ **너는 잡힐 양떼를 먹이라**
5 **산 자들은** 그들을 잡아도 죄가 없다 하고
판자들은 말하기를 내가 부요케 되었은즉 여호와께 찬송하리라 하고
그 목자들은 그들을 불쌍히 여기지 아니 하는도다
6 여호와가 말하노라 ④ **내가 다시는 이 땅 거민을 불쌍히 여기지 아니하고**
그 사람을 각각 **그 이웃의 손과 임금의 손에 붙이리니**
그들이 이 땅을 칠지라도 내가 그 손에서 건져내지 아니하리라 하시기로
7 ⑤ **내가 이 잡힐 양떼를 먹이니 참으로 가련한 양이라**
내가 이에 **막대기 둘을 취하여 하나는 은총이라 하며 하나는 연락이라** 하고 양떼를 먹일 새
8 한 달 동안에 내가 그 세 목자를 끊었으니 **이는 내 마음에 그들을 싫어하였고**
그들의 마음에도 나를 미워하였음이라
9 내가 가로되 **내가 너희를 먹이지 아니하고 죽는 자는 죽는 대로,**
망할 자는 망할 대로 그 나머지는 피차 살을 먹는 대로 두리라 하고
10 ⑥ **이에 은총이라 하는 막대기를 취하여 잘랐으니**
이는 모든 백성과 세운 언약을 폐하려 하였음이라
11 당일에 곧 폐하매 내게 청종하던 가련한 양들은 이것이 여호와의 말씀이었던 줄 안지라

연락이라는 막대기를 잘라버림 (12-17)

12 **내가 그들에게 이르되 너희가 좋게 여기거든 내 고가를 내게 주고**
그렇지 아니하거든 말라 그들이 곧 은 삼십을 달아서 내 고가를 삼은지라
13 여호와께서 내게 이르시되 그들이
⑦ **나를 헤아린바 그 준가를 토기장이에게 던지라 하시기로**
내가 곧 그 은 삼십을 여호와의 전에서 토기장이에게 던지고
14 ⑧ **내가 또 연락이라 하는 둘째 막대기를 잘랐으니**
이는 유다와 이스라엘 형제의 의를 끊으려 함이었느니라
15 여호와께서 내게 이르시되 ⑨ **너는 또 우매한 목자의 기구들을 취할 지니라**
16 보라 **내가 한 목자를 이 땅에 일으키리니**
그가 없어진 자를 마음에 두지 아니하며 흩어진 자를 찾지 아니하며 상한 자를 고치지 아니하며
강건한 자를 먹이지 아니하고 오히려 살찐 자의 고기를 먹으며 또 그 굽을 찢으리라
17 ⑩ **화 있을 진저 양떼를 버린 못된 목자여**
칼이 그 팔에, 우편 눈에 임하리니 그 팔이 아주 마르고 그 우편 눈이 아주 어두우리라

11장

그리스도의 값을 은 30을 쳐준 못된 목자

[12]내가 그들에게 이르되 너희가 좋게 여기거든 내 고가를 내게 주고 그렇지 아니하거든 말라 그들이 곧 은 삼십을 달아서 내 고가를 삼은지라.

11장을 해석하는 열쇠는 6번(3, 5, 8, 15, 16, 17)이나 등장하는 "목자"라는 말을 분별하는데 있습니다. 왜냐하면 거짓 목자가 선한 목자를 축출하는 내용이기 때문입니다. 이는 그리스도가 당하실 수난을 가리킵니다. 그리하여 5번(4, 7, 7, 11, 17) 등장하는 "양"을, "잡힐 양떼, 가련한 양이라"(4, 7) 하는 것입니다. 왜냐하면 목자를 잘못 만나 그리스도를 배척한 죄로 멸망을 당하게 되었기 때문입니다.

도표를 보시면 "그리스도의 값을 은 30을 쳐준 못된 목자"를 중심으로, ① "불이 네 백향목을 사르게 하라" 히고 도싱이 불에 날 것과, ② "목자의 곡하는 소리"로 시작이 되면서, ③ 백성들을 "잡아먹힐 양떼"라 합니다. ④ "내가 다시는 불쌍히 여기지 아니하고 대적에게 붙이리라"

하면서, ⑤ "은총과 연락"이라는 두 막대기 중에서, ⑥ "은총(恩寵)이라는 막대기"를 잘라버립니다. ⑦ 저들이 참 목자의 고가로 쳐준 "은 삼십을 토기장이에게 던지고", ⑧ "연락(宴樂)이라는 둘째 막대기"를 잘라버립니다. "은총과, 연락"을 거두어버리신 것입니다. 그렇게 한 후에 저들을 벌하기 위하여, ⑨ "내가 한 목자를 이 땅에 일으키리니" 하는데 이는 적그리스도를 가리킵니다. 결론은, ⑩ "양떼를 버린 못된 목자여" 합니다. 이는 양 무리들이 잡아먹히게 된 책임이 목자에게 있음을 나타냅니다. 이 예언은 그리스도를 배척한 예루살렘이 로마의 티투스에 의하여 멸망당함으로 성취가 되었습니다. 이를 세 단원으로 나누어 상고하겠습니다.

첫째 단원(1-3) **예루살렘에 대한 심판경고**
둘째 단원(4-11) **은총이라는 막대기를 잘라버림**
셋째 단원(12-17) **연락이라는 막대기를 잘라버림**

주제(主題) : 그리스도의 값을 은 30을 쳐준 못된 목자

㉠ 11장은 "은 삼십을 달아서 내 고가를 삼은지라"는 말씀에 의하여 지배를 받아야만 합니다. 왜냐하면 "은 30을 달아준 것, 그것을 토기장이의 밭 값으로 준 것"(마 27:9-10) 등이 그리스도에게서 성취되었음을 복음서가 증거하고 있기 때문입니다.

㉡ 어찌하여 예루살렘이 심판을 당하게 되었는가? 하나님의 아들의 고가를 노예 한 사람의 값인 은 삼십으로 쳐주고 십자가에 못을 박아 죽였기 때문입니다. 그리하여 하나님과의 관계를 뜻하는 "은총"(恩寵)이라는 막대기를 잘라버렸고, 형제간의 관계를 상징하는 "연락"(連絡)이라는 막대기도 잘라버림으로 온전히 버림을 당하게 됩니다.

㉢ 11장에는 "목자"라는 말이 6번이나 나오는데 여기에는, "참 목자와, 거짓 목자", 두 부류의 목자가 있습니다. 예루살렘이 멸망을 당하고, 백성들이 "잡힐 양떼"가 된 책임이 "화 있을 진저 양떼를 버린 못된 목자여" 하심으로 지도자에게 있음을 지적하십니다. 스가랴 선지자는 먼저는 참 목자(4), 즉 그리스도의 예표 역할을 하고, 나중에는 거짓 목자(15)의 예표 노릇을 함으로 두 부류 목자를 모두 계시해줍니다. 이 예언이 역사적으로 성취된 이후를 살아가는 우리들은 더욱 경각심을 가져야할 것입니다.

첫째 단원(1–3) 예루살렘에 대한 심판경고

① "레바논아 네 문을 열고 불이 네 백향목을 사르게 하라"(1), 이는 예루살렘에 대한 심판경고입니다.

㉠ "너 잣나무여 곡할 지어다 백향목이 넘어졌고 아름다운 나무가 훼멸 되었도다 바산의 상수리나무여 곡할 지어다 무성한 삼림이 엎드러졌도다"(2) 합니다. 2절에 등장하는 "백향목, 잣나무, 상수리나무, 무성한 삼림" 등은 모두가 "이스라엘 백성, 예루살렘"을 상징합니다. 그리고 "불사르다, 넘어짐, 훼멸, 엎드러짐" 등은 멸망을 의미하는데 삼림이 벌목(伐木)을 당하듯 하는 심판이 임하게 될 것을 가리킵니다.

② 그래서 "목자의 곡하는 소리가 남이여 그 영화로운 것이 훼멸되었음이로다 어린 사자의 부르짖는 소리가 남이여 이는 요단의 자랑이 황무하였음이로다"(3) 합니다.

㉠ 주목하게 되는 것은 "그 영화로운 것이 훼멸되었음이로다" 한 말씀입니다. 이를 통해서 46년이나 걸려서 지은 헤롯 성전이 돌 하나도 돌 위에 첩 놓이지 않도록 파괴당할 것을 연상하게 됩니다. 왜 이런 심

판을 당하게 되는가?

둘째 단원(4-11) 은총이라는 막대기를 잘라버림

둘째 단원의 중심점은 "은총이라는 막대기를 잘라버림"에 있습니다. "목자"의 기구 중에는 막대기(시 23:4)가 있는데 "은총과, 연락"이라는 두 막대기 중에 첫째 단원에서는, "은총"이라는 막대기를 잘라버렸다는 것입니다.

③ "여호와 나의 하나님이 가라사대 너는 잡힐 양떼를 먹이라"(4) 하십니다.

㉠ 7절에서도 "잡힐 양떼"라 하면서 "가련한 양"이라 합니다. 어찌하여 양이 가련하고 잡힐 양이 되었는가? 목자를 잘못 만나서 그렇게 된 것입니다. 그리하여 스가랴를 "목자"로 세우셨는데 이는 참 목자인 그리스도의 예표입니다.

㉡ 이스라엘 백성들의 앞날을 예시(豫示)하기를, "산(買) 자들은 그들을 잡아도 죄가 없다 하고, 판(賣) 자들은 말하기를 내가 부요케 되었은즉 여호와께 찬송하리라 하고, 그 목자들은 그들을 불쌍히 여기지 아니 하는도다"(5) 합니다. 목자들이 이 모양이기 때문에 양떼를 "가련한 양"이라 한 것입니다.

㉢ 그러면 양떼를 "산 자와, 판 자"는 누구를 가리키는가? 성경은 범죄로 인하여 추방당하게 되는 것을, "팔았다"(삿 2:14, 3:8, 4:2) 하십니다. 그러므로 여기서 잡힐 양떼를 "산 자"가 티도가 이끈 로마군을 가리키는 것이라면, "판 자"는 이스라엘의 지도자들이 됩니다. 저들은 목자로 세움을 받았으면서도 양떼들을 보호해준 것이 아니라 죄 값에 팔아먹었다는 것입니다.

④ "여호와가 말하노라 내가 다시는 이 땅 거민을 불쌍히 여기지 아니하고 그 사람을 각각 그 이웃의 손과 임금의 손에 붙이리니 그들이 이 땅을 칠지라도 내가 그 손에서 건져내지 아니하리라 하시기로"(6),

㉠ 여기 중요한 요점이 등장하는데 그것은, "임금의 손에 붙이리니" 한 말씀입니다. 다니엘서에서도, "그것(적그리스도)에게 붙인바 되었고, 내어준바 되며 짓밟히게"(단 8:12, 13) 되었다고 말씀합니다. 이는 대적(對敵)의 손에 내어주시겠다는 뜻인데 하나님의 백성들이 바벨론이나 로마에 의하여 멸망을 당한 것은 하나님의 힘이 모자라서가 아니라 "내어주고 붙이셨기" 때문입니다.

⑤ "내가 이 잡힐 양떼를 먹이니 참으로 가련한 양이라 내가 이에 막대기 둘을 취하여 하나는 은총이라 하며 하나는 연락이라 하고 양떼를 먹일 새"(7),

㉠ 목자의 손에 "은총과, 연락"이라는 막대기가 있다는 것은 참으로 복스러운 일입니다. 그런데 결과는, "한 달 동안에 내가 그 세 목자를 끊었으니 이는 내 마음에 그들을 싫어하였고 그들의 마음에도 나를 미워하였음이라"(8) 하는 것이 아닌가? 하나님의 백성들에게 세워주신 "세 목자"가 누구들인가? "왕, 제사장, 선지자"로 보아야할 것입니다.

㉡ 이 "세 목자"는 모두가 메시아의 일면을 예표하는 자들입니다. 그런데 이들을 "한 달" 내에 모두 잃게 된다는 것은 비극적인 일입니다. 이처럼 한꺼번에 끊어버렸다는 표현은 모든 은총을 거두어버리셨음을 의미합니다. 왜 그렇게 하셨는가? "이는 내 마음에 그들을 싫어하였고 그들의 마음에도 나를 미워하였음이라"(8하), 적대관계(敵對關係)가 되었기 때문이라는 것입니다.

㉢ 그래서 "내가 가로되 내가 너희를 먹이지 아니하고 죽는 자는 죽는 대로, 망할 자는 망할 대로, 그 나머지는 피차 살을 먹는 대로 두리라"(9) 하십니다. 이는 "내어버려 두심"(롬 1:24, 26)을 의미하는데 징벌

에는 가망(可望)이 있으나, "유기"(遺棄)에는 절망뿐입니다. 이점이 다음 절에 나타나는데,

⑥ "이에 은총이라 하는 막대기를 취하여 잘랐으니 이는 모든 백성과 세운 언약을 폐하려 하였음이라"(10) 합니다.

㉠ "은총"이라는 막대기를 잘랐다는 것을 "언약을 폐하려함"이라 하십니다. 이는 9절에서 말씀한 대로 "죽는 자는 죽는 대로, 망할 자는 망할 대로" 버려두시겠다는 결의를 나타냅니다.

㉡ "당일에 곧 폐하매"(11상), 즉 은총의 막대기를 잘라버리고, 언약을 폐하매, "내게 청종하던 가련한 양들은 이것이 여호와의 말씀이었던 줄 안지라"(11하) 합니다. "내게 청종하던 가련한 양들"이란, 13:7절에서 "양이 흩어지려니와 작은 자들 위에는 내가 내 손을 드리우리라" 한 경건한 "적은 무리"를 가리킵니다. 주님께서도 "적은 무리여 무서워 말라 너희 아버지께서 그 나라를 너희에게 주시기를 기뻐하시느니라"(눅 12:32) 하셨습니다.

㉢ "청종하던 자들"은 은총이라는 막대기를 자르고, 언약을 폐했다는 것이 얼마나 비극적인 결과를 가져오게 될 것인가를 알았다는 그런 뜻입니다. 무지한 백성들이 "그 피를 우리와 우리 자손에게 돌릴 지어다"(마 27:25) 하고 외치면서 자신들이 입으로 내뱉고 있는 그 말이 어떤 결과를 가져올 것인가를 알고 있었단 말인가?

셋째 단원(12-17) 연락이라는 막대기를 잘라버림

"내가 그들에게 이르되 너희가 좋게 여기거든 내 고가를 내게 주고 그렇지 아니하거든 말라"(12상) 합니다.

㉠ 이제 은총이라는 막대기를 꺾어버리고 언약을 폐한 마당에 그

동안 목자로 섬긴 고가(雇價)를 달라 한 것입니다. 이는 값을 받고자 하는데 의미가 있는 것이 아니라 목자에 대한 저들의 평가가 어떠했는가를 들어내기 위해서인 것입니다.

㉡ "그들이 곧 은 삼십을 달아서 내 고가를 삼은지라"(12하) 합니다. "은 삼십"은 죽임을 당한 종에 대한 배상액(출 21:32)이었습니다. 이는 참 목자이신 그리스도를 얼마나 멸시했는가에 대한 증거입니다.

⑦ "여호와께서 내게 이르시되 그들이 나를 헤아린바 그 준가를 토기장이에게 던지라 하시기로 내가 곧 그 은 삼십을 여호와의 전에서 토기장이에게 던지고"(13),

㉠ 통찰력을 가지고 보아야 할 점은, 저들이 고용의 대가로 선지자에게 쳐준 은 30을, 하나님은 "그들이 나를 헤아린바" 라고 말씀하신다는 점입니다. 이는 스가랴는 예표의 인물이었을 뿐이요 이 예언이 하나님의 아들 그리스도에 대한 예언임을 나타내는 대목입니다.

㉡ 그 은 30일을 "토기장이에게 던지라" 하심은 저들의 멸시에 대한 반감을 나타냅니다. 이점이 "이것으로 토기장이의 밭을 사서 나그네의 묘지를 삼았다"(마 27:7)는 데서 드러납니다.

⑧ 그렇게 한 후에 "내가 또 연락이라 하는 둘째 막대기를 잘랐으니 이는 유다와 이스라엘 형제의 의를 끊으려 함이었느니라"(14) 합니다.

㉠ "은총"이란 막대기를 잘라버린 것이 하나님과의 수직적(垂直的)인 관계를 파하는 것을 의미하는 것이라면, "연락"(連絡)이란 막대기를 잘라버린 상징적인 의미는 수평적(水平的)인 관계의 단절을 의미합니다. 사람은 이 두 관계성을 유지할 때만이 존재의미가 있는 것입니다. 그런데 두 관계성이 다 파기되었다는 것은 무서운 저주인 것입니다.

⑨ "여호와께서 내게 이르시되 너는 또 우매한 목자의 기구들을 취할지니라"(15) 하십니다.

㉠ "우매한 목자"란 거짓목자를 가리키는데 어찌하여 우매한 목자의

기구를 취하라 하시는가? 이번에는 스가랴를, "보라 내가 한 목자를 이 땅에 일으키리니"16상) 한 거짓목자의 예표로 세우시기 위해서입니다.

ⓛ 그러면 거짓 목자의 특성이 무엇인가? "그가 없어진 자를 마음에 두지 아니하며, 흩어진 자를 찾지 아니하며, 상한 자를 고치지 아니하며, 강건한 자를 먹이지 아니하고, 오히려 살찐 자의 고기를 먹으며 또 그 굽을 찢으리라"(1616하) 하십니다. 양을 먹여야 할 사명이 있는 목자가 도리어 "살찐 자의 고기를 먹고, 그 굽을 찢으리라" 함은 포악한 것을 나타냅니다. 이런 의미에서 참 목자를 배척한 이스라엘은 "로마"라는 포악한 목자를 만나게 되리라는 것입니다. 그런데 이것이 과거지사가 아니라 종말에 있을 적그리스도에 대한 예표라는 점입니다.

ⓒ 재차 삼차 강조하는 바는 교회가 적그리스도에게 박해를 당하게 되는 것은 하나님께서 "내어준바, 붙인바" 되기 때문이라는 점입니다. 왜 "붙인바" 되는가? 구약교회는 메시아언약을 배신하고 우상을 숭배했기 때문이요, 신약교회는 그리스도께서 자기 피로 세워주신 새 언약, 즉 복음진리를 등한히 여기고 세속화되기 때문입니다. 신구약을 막론하고 "남은 자"를 추리시기 위해서 적그리스도에게 내어준바 된다는 점을 명심해야만 합니다. 그러므로 "내가 한 목자를 이 땅에 일으키리니" 한 말씀은 복음을 상실해가는 현대교회가 "적그리스도"라는 "한 목자"를 만나게 되리라는 경고가 되는 것입니다.

⑩ 끝으로, "화 있을 진저 양떼를 버린 못된 목자여"(17상) 한 말씀은 주님께서 당시의 지도자들을 향하여 7번이나 "화 있을 진저"(마 23장) 하고 책망하신 말씀과 맥을 같이 합니다.

㉠ 그들은 양떼들 앞에 천국 문을 닫아버린 "못된 목자"요, 예루살렘을 멸망으로 이끈 "화를 받아 마땅한" 목자였던 것입니다. 이들이 4절에서 말씀한 양떼를 "팔아먹은 자들"입니다. 그러면서도 뻔뻔스럽게 "부요케 되었은즉 여호와께 찬송하리라" 하고 하나님의 이름을 들먹이

고 있는 자들입니다.

㉡ 에서는 팥죽 한 그릇에 장자의 직분을 팔아먹었고, 이스라엘은 은 삼십에 하나님의 아들 메시아를 팔아먹고 하나님의 나라를 빼앗긴 셈입니다. 현대교회는 그리스도의 영광의 복음을 축복으로 바꿔먹고 있는 것은 아닌지 심각하게 물어야 할 것입니다.

⑪ 묵상해보겠습니다.

㉠ "은 30으로 내 고가를 삼았다"는 의미와 성취에 대해서,

㉡ 은총과 연락이라는 막대기를 잘라버린 의미에 대해서,

㉢ 어찌하여 잡힐 양떼, 가련한 양떼가 되었는지에 대해서,

㉣ 양떼를 버린 못된 목자에 대해서.

스가랴 12장 개관도표

주제 : 은총과 간구하는 심령을 부어 주리니

유다 장막은 구원하리라

1-9
1 이스라엘에 관한 여호와의 말씀의 경고라 여호와 곧 하늘을 펴시며 땅의 터를 세우시며
사람 안에 심령을 지으신 자가 가라사대
2 ① **보라 내가 예루살렘으로 그 사면 국민에게 혼취케 하는 잔이 되게 할 것이라**
예루살렘이 에워싸일 때에
유다에까지 미치리라
3 **그 날에는** 내가 ② **예루살렘으로 모든 국민에게 무거운 돌이 되게 하리니**
무릇 그것을 드는 자는 크게 상할 것이라 천하만국이 그것을 치려고 모이리라
4 여호와가 말하노라 **그 날에** 내가 모든 말을 쳐서 놀라게 하며 그 탄 자를 쳐서 미치게 하되
③ **유다 족속은 내가 돌아보고**
모든 국민의 말을 쳐서 눈이 멀게 하리니
5 **유다의 두목들이 심중에 이르기를**
예루살렘 거민이 그들의 하나님 만군의 여호와로 말미암아 힘을 얻었다 할지라
6 **그 날에** 내가 **유다 두목들로 나무 가운데 화로 같게 하며**
곡식단 사이에 횃불 같게 하리니 그들이 그 좌우에 에워싼 모든 국민을 사를 것이요
예루살렘 사람은 다시 그 본 곳 예루살렘에 거하게 되리라
7 여호와가 먼저 ④ **유다 장막을 구원하리니**
이는 다윗의 집의 영광과 예루살렘 거민의 영광이 **유다보다 더하지 못하게 하려 함이니라**
8 **그 날에** 여호와가 예루살렘 거민을 보호하리니
⑤ **그 중에 약한 자가 그 날에는 다윗 같겠고**
다윗의 족속은 하나님 같고 무리 앞에 있는 여호와의 사자 같을 것이라
9 예루살렘을 치러 오는 열국을 그 날에 내가 멸하기를 힘쓰리라

찌른바 그를 바라보고 애통함

10-14
10 **내가 다윗의 집과 예루살렘 거민에게 은총과 간구하는 심령을 부어 주리니**
⑥ **그들이 그 찌른바 그를 바라보고 그를 위하여 애통하기를**
독자를 위하여 애통하듯 하며
그를 위하여 통곡하기를 장자를 위하여 통곡하듯 하리로다
11 **그 날에** ⑦ **예루살렘에 큰 애통이 있으리니 므깃도 골짜기 하다드림몬에 있던 애통과 같을 것이라**
12 **온 땅 각 족속이 따로 애통하되 다윗의 족속이 따로 하고 그 아내들이 따로 하며**
나단의 족속이 따로 하고 그 아내들이 따로 하며
13 레위의 족속이 따로 하고 그 아내들이 따로 하며 시므이의 족속이 따로 하고 그 아내들이 따로 하며
14 **모든 남은 족속도 각기 따로 하고 그 아내들이 따로 하리라**

12장

은총과 간구하는 심령을 부어 주리니

[10]내가 다윗의 집과 예루살렘 거민에게 은총과 간구하는 심령을 부어 주리니 그들이 그 찌른바 그를 바라보고 그를 위하여 애통하기를 독자를 위하여 애통하듯 하며 그를 위하여 통곡하기를 장자를 위하여 통곡하듯 하리로다.

12장의 중심주제는 "내가 다윗의 집과 예루살렘 거민에게 은총과 간구하는 심령을 부어 주리니" 한 말씀에 있습니다. 앞에서도 말씀드렸습니다만 이런 예언이 문자적으로 유대인들에게 종말(終末)의 어느 짧은 기간에 되어 질 일인가? 아니면 주님의 초림으로부터 재림까지의 전 기간을 포괄(包括)하고 있는가 하는 점입니다. 이럴 경우 구속사라는 전체적인 맥락에서 보아야만 군맹무상(群盲撫象)과 같은 우를 범하지 않게 되는 것입니다. 본문을 문맥적으로 보면 그리스도께서 나귀타고 입성하셔서(9장), 은 30에 팔리어 고난당하신 후에(11장), 오순절 성령강림으로 성취될(12장) 예언이 되는 것입니다.

도표를 보시면 "은총과 간구하는 심령을 부어 주리니" 한 말씀을 중심으로, ① "예루살렘으로 사면 국민에게 혼취(昏醉)케 하는 잔"이 되게 하겠다, ② "예루살렘으로 모든 국민에게 무거운 돌이 되게 하겠다" 하시면서, ③ "유다 족속은 내가 돌아보고", ④ "유다 장막을 구원하리니" 하고 "유다"가 부각이 되고 있음을 보게 됩니다. ⑤ 그리고 예루살렘 거민이 "다윗, 여호와의 사자"같이 강해지리라 하시면서 중심주제인 "다윗의 집과 예루살렘 거민에게 은총과 간구하는 심령을 부어 주리니" 하십니다. 그리하여 ⑥ "그들이 그 찌른바 그를 바라보고" 애통하게 되리라, ⑦ "그날에 예루살렘에 큰 애통이 있으리라" 합니다. 이는 멸망에 대한 애통이 아니라 회개의 애통인데, "은총과 간구하는 심령을 부어준" 결과입니다. 이를 구속사의 관점에서 보면 어떤 의미가 되는가? 이를 두 단원으로 나누어 상고하겠습니다.

첫째 단원(1-9) **유다 장막은 구원하리라**
둘째 단원(10-14) **찌른바 그를 바라보고 애통함**

주제(主題) : 은총과 간구하는 심령을 부어 주리니

㉠ 구속사의 맥락에서 대 전제(前提)가 되어야 할 점은 "성령으로 아니하고는 누구든지 예수를 주시라 할 수가 없다"(고전 12:3)는 점입니다. 그러니까 유대인들만이 아니라 이방인들과 누구든지, "은총과 간구하는 심령", 즉 성령의 역사하심을 통하지 않고는 죄를 애통하면서 그리스도를 주로 고백한다는 것은 불가능한 일이라는 것입니다.

㉡ 이점에서 구원계획에 있어서 성삼위 하나님의 사역분담을 생각하게 됩니다. 이점이 에베소서 1장에 명백하게 나타나고 있는데,

㉮ "찬송하리로다 하나님", 곧 창세전에 우리를 택하사 자기 아들

들이 되게 하시려고 예정하셨다(엡 1:3-5) 합니다. 구원계획의 주관자는 성부 하나님이십니다. 그 하나님께서 우리를 택하셔서 구원계획 가운데 넣어주신 것입니다.

㉯ "우리가 그리스도 안에서 그의 은혜의 풍성함을 따라 그의 피로 말미암아 구속 곧 죄 사함을 받았으니"(7), 즉 하나님께서 택해놓은 자들을 그리스도께서 피로 값을 주고 사셨다(구속)는 말씀입니다.

㉰ "너희도 진리의 말씀 곧 구원의 복음을 듣고 그 안에서 또한 믿어 약속의 성령으로 인치심을 받았으니"(13), 즉 하나님이 택하시고 주님께서 구속해놓으신 자들을 성령께서 회개케 하시고 믿음주시고 거듭나게 하심으로 구원 얻었음을 보증하는 인(印)을 쳐주셨다는 것입니다. 이와 같은 성 삼위 하나님의 사역을 통하지 않고 하나님의 자녀가 될 수 있는 자는 한 사람도 없습니다.

ㄷ 이를 위해서 예수 그리스도는 대속제물이 되기 위해서 오셨고, 십자가상에서 "다 이루었다" 선언하셨습니다. 그리고 구속사역을 완수하신 주님은 사도행전 1장에서 "아버지의 약속하신 것을 기다리라"는 분부를 하시면서 승천하신 후, 2장에서는 약속하신 대로 성령은 강림하셨던 것입니다.

ㄹ 그리하여 부활하신 주님께서 제자들에게 하신 말씀, "또 그의 이름으로 죄 사함을 얻게 하는 회개가 예루살렘으로부터 시작하여 모든 족속에게 전파될 것이 기록되었으니"(눅 24:47) 하신 복음운동이 전개되었던 것입니다. 이런 구속사의 맥락에서 본문을 접근하게 되면, "은총과 간구하는 심령을 부어 주리니" 한 약속이, 종말에 가서 유대인들에게 일어날 일이 아니라 오순절 성령강림으로 성취되었음을 인정하게 되는 것입니다.

첫째 단원(1-9) 유다 장막은 구원하리라

첫째 단원의 핵심은 "예루살렘과, 유다"에 있습니다. "예루살렘"이라는 말이 아홉 절 안에 9번이나 나오고, "유다"라는 말도 6번 등장합니다. "예루살렘과 유다"가 어떤 연관이 있으면서, 어떻게 다르기에 이처럼 강조하고 있는가를 관찰하는 것이 해석의 포인트가 됩니다.

㉠ "이스라엘에 관한 여호와의 말씀의 경고라 여호와 곧 하늘을 펴시며 땅의 터를 세우시며 사람 안에 심령을 지으신 자가 가라사대"(1), ㉮ 하나님을 "하늘을 펴시며 땅의 터를 세우신" 분이라 함은, "태초에 하나님이 천지를 창조하시니라" 한 창조주 하나님을 가리키고, ㉯ "사람 안에 심령을 지으신 자"란 "흙으로 사람을 지으시고 생기를 불어넣으심으로 생령"(창 1:1, 2:7)이 되게 하신 것을 상기시키는 것으로 이는 10절의, ㉰ "간구하는 심령을 부어 주리니" 한 말씀과 결부되는 것입니다. 서두에서 "사람 안에 심령을 지으신" 하나님이라 함은, 이제부터 말씀하시려는 바가 "심령"(心靈)과 결부되어 있다는 전제(前提)로 볼 수가 있습니다.

① "보라 내가 예루살렘으로 그 사면 국민에게 혼취케 하는 잔이 되게 할 것이라"(2상) 하십니다.

㉠ 무슨 뜻인가? 이는 "사면(四面) 국민"이 예루살렘을 공격하려 하지만 "혼취케 하는 잔", 마치 최루탄과 같아서 접근할 수가 없고 비틀거리면서 쓰러지게 될 것이라는 말씀입니다. 그런데 ㉮ "예루살렘이 에워싸일 때에 유다에까지 미치리라"(2하) 하고 "유다"를 거론하시는 의도가 무엇인가? 이는 무심한 말이 아니라 대적들의 공격목표가 어디에 있는가를 암시해주고 있습니다. 대적들의 공격목표는 물리적인 예루살렘 성이 아니라 "여자의 후손"의 탄생을 저지하려는 "유다"라는 것입니다. 이 점을 계속되는 말씀에서 확인하게 될 것입니다.

② "그 날에는 내가 예루살렘으로 모든 국민에게 무거운 돌이 되게 하리니"(3상) 합니다.

㉠ 먼저 구속사의 관점에서 볼 때 "돌"이 누구에 대한 상징인가 하는 점입니다. "그러므로 주 여호와께서 가라사대 보라 내가 한 돌을 시온에 두어 기초를 삼았노니 곧 시험한 돌이요 귀하고 견고한 기초 돌이라 그것을 믿는 자는 급절(다급)하게 되지 아니하리라"(사 28:16) 하십니다. 이로 보아 이 돌이 그리스도에 대한 상징임을 알 수가 있는데, "모든 국민에게 무거운 돌이 되게 하리니" 하신 뜻은 무엇인가? 들려고 해도 무거워서 옮길 수 없게 하시겠다는 뜻인데 그래서, "무릇 그것을 드는 자는 크게 상할 것이라 천하만국이 그것을 치려고 모이리라"(3하) 하시는 것입니다. 이사야서에서도, "거치는 돌, 걸리는 반석이 되실 것이며, 많은 사람들이 그로 인하여 거칠 것이며 넘어질 것이며 부러질 것이며 걸릴 것이며 잡힐 것이니라"(사 8:14-15) 합니다.

㉡ 문제는 "천하만국"이 어찌하여 "돌을 치려고" 하느냐를 인식해야만 합니다. 이는 정치적인 이야기가 아니라 구속사라는 점입니다. 그러면 답은 분명해지는 것입니다. "서로 꾀하여 여호와와 그 기름 받은 자(메시아)를 대적"(시 2:2)하기 위해서입니다. 이 싸움은 창세기 3:15절에서부터 시작된 싸움입니다.

㉢ "여호와가 말하노라 그 날에 내가 모든 말을 쳐서 놀라게 하며 그 탄 자를 쳐서 미치게 하되"(4상) 하십니다. 9절에서도, "예루살렘을 치러오는 열국을 그날에 내가 멸하기를 힘쓰리라" 하십니다.

③ 그러시면서 "유다 족속은 내가 돌아보고 모든 국민(대적)의 말을 쳐서 눈이 멀게 하리니"(4하) 하십니다.

㉠ 주목할 점은, "예루살렘이 에워싸일 때에 유다에까지 미치리라(2), 유다 족속은 내가 돌아보고(4), 유다의 두목들이 심중에 이르기를(5), 유다 장막을 구원하리니"(7) 하고 유별나게 "유다"에 관심을 쏟고

있는데 그 의중이 무엇인가 하는 점입니다.

ⓛ 이점을 "네 왕이 네게 임하나니(9:9), 은 30을 달아서 내 고가를 삼은지라(11:12), 은총과 간구하는 심령을 부어 주리니(12:10), 내 목자, 내 짝된 자를 치라"(13:7) 하고 이어지는 일련(一連)의 문맥을 통해서 볼 때에, 하나님께서 계시하시려는 바가, 그리고 대적의 공격목표도 물리적인 예루살렘 성에 있는 것이 아니라 "유다 지파"에서 나오게 될 "여자의 후손", 곧 그리스도에 있음이 분명해지는 것입니다. 이는 마치 헤롯이 "베들레헴과 그 모든 지경 안에 있는 사내 아이를, 두 살부터 그 아래로 다 죽인"(마 2:16) 목적과 맥을 같이 하는 것입니다.

ⓒ 좀 더 말씀을 드린다면 솔로몬의 범죄로 나라를 빼앗으실 때에도, "오직 내가 이 나라를 다 빼앗지 아니하고 나의 종 다윗과 나의 뺀 예루살렘을 위하여 한 지파를 네 아들에게 주리라 하셨더라"(왕상 11:13) 한 의미입니다. 그 한 지파가 "유다 지파"였는데 이는 유다에서 나시게 될 그리스도를 통하여 천하 만민을 구원하시려는 계획을 기필코 이루시기 위해서입니다. "유다의 두목들이 심중에 이르기를 예루살렘 거민이 그들의 하나님 만군의 여호와로 말미암아 힘을 얻었다 할 찌라"(5), 즉 자신들이 대적에게 멸망당하지 않는 것이 하나님의 보호하심 때문임을 인정하게 되리라는 뜻입니다.

ⓔ 그러므로 "그 날에 내가 유다 두목들로 나무 가운데 화로 같게 하며 곡식 단 사이에 횃불 같게 하리니 그들이 그 좌우에 에워싼 모든 국민을 사를 것이요 예루살렘 사람은 다시 그 본 곳 예루살렘에 거하게 되리라"(6) 하는데, "나무 가운데 화로, 곡식 단 사이에 횃불"같다는 의미가 무엇일까? "유다 두목들로" 이렇게 하시겠다는 것으로 보아 이는 죽이는 불이 아니라 오순절의 성령강림으로 충만하여진 성령의 불로 볼 수도 있을 것입니다.

④ "여호와가 먼저 유다 장막을 구원하리니 이는 다윗의 집의 영광과

예루살렘 거민의 영광이 유다보다 더하지 못하게 하려 함이니라”(7) 합니다.

㉠ 이는 〈유다 장막의 영광〉과, 〈다윗 집의 영광, 예루살렘의 영광〉을 대조적(對照的)으로 한 말씀으로 여기에 핵심이 있는데 이렇게 말씀하는 의도가 무엇인가? 이는 다윗 왕 시대에 누렸던 영광보다, 다윗의 위에 앉아서 영원토록 왕 노릇 하실 메시아왕국의 영광(참고, 눅 1:32-33)이 더욱 크리라는 뜻입니다. 이점이 유다를 “장막”(帳幕)이라 하고 다윗을 “집”이라 표현한데서도 드러납니다. “유다 장막을 구원하리니” 라는 말씀은 인간의 몸을 입고 오실 그리스도를 암시해주고 있기 때문입니다.

⑤ 그리하여 “그 날에 여호와가 예루살렘 거민을 보호하리니 그 중에 약한 자가 그 날에는 다윗 같겠고 다윗의 족속은 하나님 같고 무리 앞에 있는 여호와의 사자 같을 것이라”(8) 합니다.

㉠ 이런 뜻입니다. 다윗이 거느렸던 용사들보다 그리스도께서 거느리실 십자가 군병들이 더욱 막강하리라는 말씀입니다. 이런 맥락에서 다윗 왕국의 영광은, 주님께서 “이 반석 위에 내 교회를 세우리니 하신, 교회의 영광스러움”(엡 5:27)에 족히 비교할 수가 없고, 다윗의 “30 두목”(대상 11:15)보다, 베드로, 스데반, 바울, 디모데, 그리고 형제가 더욱 큰 용사임을 확신하시기를 바랍니다.

둘째 단원(10–14) 찌른바 그를 바라보고 애통함

둘째 단원의 중심점은 “찌른바 그를 바라보고 애통함”, 즉 회개운동에 있습니다. 다시 강조합니다만 이런 애통은 하나님께서 “내가 다윗의 집과 예루살렘 거민에게 은총과 간구하는 심령을 부어 주리니”(10) 하심으로만이 일어나게 될 회개운동이라는 점입니다.

⑥ "그들이 그 찌른바 그를 바라보고 그를 위하여 애통하기를 독자를 위하여 애통하듯 하며 그를 위하여 통곡하기를 장자를 위하여 통곡하듯 하리로다"(10하) 합니다.

㉠ 여기 "찌른바 그", 또는 다른 사본에서와 같이 "찌른 바 나"란 십자가에 못 박히신 그리스도를 가리킵니다. 요한복음은 십자가에 달리신 주님의 "뼈가 하나도 꺾이지 아니 한 것"과, 로마 군병이 창으로 옆구리를 찌르자 곧 피와 물이 나온 것을 가리켜, "성경에 저희가 그 찌른 자를 보리라"(요 19:37) 한 성취라고 증거하고 있습니다. 그러므로 "찌른 바 그를 바라보고 애통한다"는 것은 유대인들에게 한정(限定)된 것이 아닙니다. "모든 그리스도인들은 누구를 막론하고 하나님의 아들 그리스도를 십자가에 못을 박은 자들입니다. 왜냐하면 주님께서 나의 죄를 인하여, 나 때문에 십자가에 달리셨기 때문입니다.

㉡ 이를 생각할 때에 마치 독자(獨子)를 잃었을 때처럼 애통하게 된다는 것입니다. 이는 우리 신앙의 진정성을 점검하게 합니다. 사랑하는 자식이 큰 수술을 받게 된다면 자식이 당할 고통을 생각하면서 부모의 마음은 찢어지듯 아픈 것입니다. 그러다가 그 자식이 죽었다면 그 애통이 어떠하겠는가? 그런데 주님의 십자가를 바라보는 우리에게 이런 애통이 있는가? 형제에게는 이런 애통이 있었습니까? 이런 애통이 진정한 회개의 증표라는 의미도 됩니다. 구원의 기쁨은 이런 애통 후에 주어지는 감사와 감격인 것입니다.

⑦ "그 날에 예루살렘에 큰 애통이 있으리니 므깃도 골짜기 하다드림몬에 있던 애통과 같을 것이라"(11).

㉠ "그 날"에 일어나는 "큰 애통"은 종말의 어느 짧은 기간에, 그것도 유대인들에게 한정된 애통이 아니라, "은총과 간구하는 심령"을 부어 주심으로, "형제들아 우리가 어찌 할꼬"(행 2:37) 한 오순절 성령강림으

로부터 시작하여, "볼지어다 구름을 타고 오시리라 각인의 눈이 그를 보겠고 그를 찌른 자들도 볼 터이요 땅에 있는 모든 족속이 그를 인하여 애곡하리니 그러하리라"(계 1:7) 하신 재림까지를 포괄(包括)하는 기간으로 보아야 할 것입니다.

㉡ 그런데 "므깃도 골짜기 하다드림몬에 있던 애통과 같을 것"이란 무슨 뜻인가? 유다의 마지막으로 선한 왕 요시야가 애굽 왕 느고를 맞아 싸우다가 "므깃도 골짜기"에서 전사(戰死)하자, "온 유다와 예루살렘 사람들이 요시야를 슬퍼하고 예레미야는 저를 위하여 애가를 지었다"(대상 35:22, 24)는 잘 알려진 역사적인 사실을 들어서 앞으로 있게 될 회개운동을 설명하는 것입니다.

㉢ "온 땅 각 족속이 따로 애통하되 다윗의 족속이 따로 하고 그 아내들이 따로 하며 나단의 족속이 따로 하고 그 아내들이 따로 하며 레위의 족속이 따로 하고 그 아내들이 따로 하며 시므이의 족속이 따로 하고 그 아내들이 따로 하며 모든 남은 족속도 각기 따로 하고 그 아내들이 따로 하리라"(12-14). 여기 주목할 점이 있는데 11번이나 반복적으로 강조하고 있는 "따로, 따로" 애통한다는 점입니다.

㉣ 여기에는 중요한 의미가 있습니다. "은총과 간구하는 심령"을 받아 애통하고 회개하며 하나님의 자녀로 태어나는 중생(重生)은 "따로, 따로" 개별적(個別的)이라는 점입니다. 다시 말하면 "유대인"이라는 특권으로 인하여 집단적(集團的)으로 일어나는 일도 아니요, 부모가 대신 해줄 수 있는 혈통으로 되는 것도 절대로 아니라는 점입니다.

㉤ 이점을 사도 바울도 지적하고 있는데, "이는 그리스도 예수 안에 있는 생명의 성령의 법이 죄와 사망의 법에서 〈너〉를 해방하였음이라(롬 8:2), 너희가 아들인 고로 하나님이 그 아들의 영을 우리 마음 가운데 보내사 아바 아버지라 부르게 하셨느니라 그러므로 〈네〉가 이후로는 종이 아니요 아들이니"(갈 4:6-7) 하고 구원이 개별적인 행위임을 드

러냅니다. 그러나 일단 태어나면 그는 더 이상 개인(個人)이 아니라 몸된 교회의 지체(肢體)요, 공동체의 일원이 된다는 점을 유념해야만 합니다. 이런 회개운동은 오순절 성령강림으로부터 시작하여 주님의 재림 때까지 일어나게 될 것입니다.

⑧ 묵상해보겠습니다.

㉠ 대적의 공격목표는 무엇이며, "유다 족속은 돌아보겠다"는 구속사적 의미에 대해서,

㉡ "은총과 간구하는 심령을 부어주리니"의 구속사적 의미에 대해서,

㉢ "따로, 따로" 애통한다는 의미와, 자신이 따로 애통했는지에 대해서.

스가랴 13장 개관도표

주제 : 칼아 깨어서 내 목자 내 짝된 자를 치라

죄와 더러움을 씻는 샘이 열림

1-6

1 **그 날에** ① **죄와 더러움을 씻는 샘이 다윗의 족속과 예루살렘 거민을 위하여 열리리라**

2 만군의 여호와가 말하노라

그 날에 ② **내가 우상의 이름을 거짓 선지자와 더러운 사귀를** 이 땅에서 끊어서 기억도 되지 못하게 할 것이며 이 땅에서 떠나게 할 것이라

3 사람이 오히려 ③ **예언할 것 같으면** 그 낳은 부모가 그에게 이르기를 네가 여호와의 이름을 빙자하여 거짓말을 하니 살지 못하리라 하고 낳은 부모가

그 **예언할 때에 칼로 찌르리라**

4 **그 날에** **선지자들이 예언할 때에** 그 이상을 각기 부끄러워할 것이며 사람을 속이려고 털옷도 입지 아니할 것이며

5 말하기를 나는 **선지자가 아니요** 나는 농부라
내가 어려서부터 사람의 종이 되었노라 할 것이요

6 혹이 그에게 묻기를 네 두 팔 사이에 상처는 어찜이냐 하면
대답하기를 이는 나의 친구의 집에서 받은 상처라 하리라

금같이 연단하며 시험하심

7-9

7 만군의 여호와가 말하노라 **칼아 깨어서 내 목자, 내 짝된 자를 치라**

④ **목자를 치면 양이 흩어지려니와 작은 자들 위에는 내가 내 손을 드리우리라**

8 여호와가 말하노라 이 온 땅에서 ⑤ **삼분지 이는 멸절하고 삼분지 일은 거기 남으리니**

9 내가 **그 삼분지 일을 불 가운데 던져 은 같이 연단하며 금 같이 시험할 것이라**

⑥ **그들이 내 이름을 부르리니 내가 들을 것이며**

⑦ **나는 말하기를 이는 내 백성이라 할 것이요 그들은 말하기를 여호와는 내 하나님이시라 하리라**

13장

칼아 깨어서 내 목자 내 짝된 자를 치라

[7]만군의 여호와가 말하노라 칼아 깨어서 내 목자, 내 짝된 자를 치라 목자를 치면 양이 흩어지려니와 작은 자들 위에는 내가 내 손을 드리우리라.

13장의 중심점은, "칼아 깨어서 내 목자 내 짝된 자를 치라"는데 있습니다. 이 구절은 주님께서 최후만찬을 드신 후에, "오늘 밤에 너희가 다 나를 버리리라 기록된바 내가 목자를 치리니 양의 떼가 흩어지리라 하였느니라"(마 26:31) 하고 인용(引用)하셔서 자신에게 적용을 시키심으로 메시아예언임이 확증이 된 말씀입니다. 그러므로 13장은 분명히 드러난 이 말씀에 근거하여 해석이 되어야 마땅합니다.

도표를 보시면, "칼아 깨어서 내 목자 내 짝된 자를 치라"는 말씀을 중심으로, ① "그날에 죄와 더러움을 씻는 샘이 열리리라" 하시면서, ② 그날에는 "우상과, 거짓 선지자"가 끊어지게 될 것이라, ③ 누가 거짓 예언을 하면 부모라도 그를 죽이리라 합니다. ④ "목자를 치면 양이 흩어지러니와 작은 자들"은 보호를 받게 되리라 하시면서, ⑤ $\frac{2}{3}$는 죽임을 당하고, $\frac{1}{3}$이 남게 될 터인데 이들도 은, 금같이 연단을 받으리라 하십니다. ⑥ 그들은 "내 이름을 부르리니" 한 신실한 자들임을 말씀하면서, ⑦ "그들은 내 백성이 되고, 나는 그들의 하나님이 되리라" 하십니다. 여기서도 "내 짝된 자를 치라"하고 그리스도의 수난이 선명하게 드러나고 있습니다. 이를 두 단원으로 나누어 상고하겠습니다.

첫째 단원(1-6) **죄와 더러움을 씻는 샘이 열림**
둘째 단원(7-9) **금같이 연단하며 시험할 것이라**

주제(主題) : 칼아 깨어서 내 목자 내 짝된 자를 치라

㉠ "내 목자, 내 짝된 자"가 누군가? "내 짝"이란 가장 가까운 자를 가리키는 말인데, 하나님의 "가장 가까운 자"가 누군가? "이는 내 사랑하는 아들이요 내 기뻐하는 자라"(마 3:17) 하신 메시아 그리스도이십니다.

㉡ "치라" 하심은, "너는 반석을 치라 그것에서 물이 나리니 백성이 마시리라"(출 17:6) 하심같이 그리스도께서 당하실 고난을 가리킵니다. 이는 주님에 의하여 확증된 바입니다.

㉢ 그렇다면 "칼아 깨어서"란 무슨 뜻인가? "칼"은 "그가 공연히 칼을 가지지 아니하였으니 곧 하나님의 사자(使者)가 되어 악을 행하는 자에게 진노하심을 위하여 보응하는 자라"(롬 13:4), 즉 "법을 집행하는 자"에 대한 상징입니다. 하나님의 짝된 자는 하나님께서 "먹는 날에는 네가 정녕 죽으리라(창 2:17), 즉 죄 값은 사망이라"(롬 6:23) 하고 선포하신 법(法)에 의하여 처형을 당하게 된다는 말씀입니다.

㉣ 우리는 11장에서 무리를 가리켜서 "잡힐 양떼", 즉 죽을 수밖에

없는 양떼, 그래서 "가련한 양"(11:7)이라 말씀하면서, "은총과, 연락"을 끊어버리는 것을 보았습니다. 어찌하여 이처럼 절망적이고 가련한 신세가 되었는가? 첫째는 하나님을 배신하고 "우상"(2상)을 숭배했기 때문이요, 둘째는 "거짓 선지자"(2하), 즉 "목자"들이 그들을 팔아먹었기(11:5) 때문입니다. 그런데 하나님은 끊어진 "은총과, 연락"을 다시 회복시켜주시기 위해서 "내 목자, 내 짝된 자를 치라", 즉 대신 형벌을 당하게 하신다는 말씀인 것입니다. 그리스도가 치심을 당하시게 됨으로 어떤 일이 일어나게 되는가? 성경은, "그가 찔림은 우리의 허물을 인함이요 그가 상함은 우리의 죄악을 인함이라 그가 징계를 받음으로 우리가 평화를 누리고 그가 채찍에 맞음으로 우리가 나음을 입었도다"(사 53:5) 합니다. 이점을 본문에서는 "죄와 더러움을 씻는 샘이 열리리라"(1) 하고 말씀합니다.

첫째 단원(1-6) 죄와 더러움을 씻는 샘이 열림

① 첫째 단원의 중심점은, "그 날에 죄와 더러움을 씻는 샘이 다윗의 족속과 예루살렘 거민을 위하여 열리리라"(1)는데 있습니다.

㉠ 그냥 "더러움"이라 하지 않고, "죄와 더러움을 씻는 샘"이라고 말씀한다면 이는 그리스도의 대속의 피 외에는 다른 것은 상상도 할 수 없는 것입니다. "이는 황소와 염소의 피가 능히 죄를 없이하지 못함이라(히 10:4), 염소와 송아지의 피로 아니 하시고 오직 자기 피로 영원한 속죄를 이루사 단번에 성소에 들어 가셨느니라"(히 9:12) 합니다. 이점에 확고해야만 합니다.

㉡ "그날"이란 다름 아닌 "목자가 치심을 당하는" 그날이요, 그리하여 "이 땅의 죄악을 하루에 제하리라"(3:9) 하신 그날인 것입니다. "그

날"은 사도 바울이, "이 예수를 하나님이 그의 피로 인하여 믿음으로 말미암은 화목제물로 세우셨으니"(롬 3:25) 한 그날이요, "곧 이 때에 자기의 의로우심을 나타내사 자기도 의로우시며 또한 예수 믿는 자를 의롭다 하려 하심이니라"(롬 3:26) 한 "이 때"인 것입니다.

㉢ 이점을 이사야 선지자는, "그때에 저는 자는 사슴같이 뛸 것이며 벙어리의 혀는 노래하리니 이는 광야에서 물이 솟겠고 사막에서 시내가 흐를 것임이라"(사 35:6) 하고 말씀하고, 에스겔 선지자는 "맑은 물로 너희에게 뿌려서 너희로 정결케 하되 곧 너희 모든 더러운 것에서와 모든 우상을 섬김에서 너희를 정결케 할 것이며"(겔 36:25) 한 "그날"인 것입니다.

㉣ 민수기 19장에는 정결케 하는 물 만드는 규례가 있는데, "흠 없는 붉은 송아지"를 불살라 재를 만들어 두었다가 필요할 때마다 맑은 물에 타서 부정한 자에게 뿌림으로 정결케 된다 하십니다. 이를 가리켜 "부정을 깨끗케 하는 물을 만드는데 쓸 것이니 곧 속죄제(贖罪祭)니라"(민 19:9) 합니다. 이는 "속죄제"를 광야생활에 적합하도록 간소화하신 조치일 뿐 근본은 그리스도께서 이루실 구속에 대한 그림자인 것입니다. 그래서 "이런 것은 먹고 마시는 것과 여러 가지 씻는 것과 육체의 예법만 되어 개혁(改革)할 때까지 맡겨 둔 것이니라"(히 9:10) 합니다.

㉤ "다윗의 족속과 예루살렘 거민을 위하여 열리리라"(1하) 합니다. 이를 유대인으로 한정을 해서는 아니 됩니다. 왜냐하면 "내 목자, 내 짝된 자"가 치심을 당한 것은 유대인들만을 위해서가 아니기 때문입니다. 이런 맥락에서 오순절 성령 강림도, "다윗의 집과 예루살렘 거민들에게만 은총과 간구하는 심령을 부어 주기"(12:10) 위해서 오신 것이 아닙니다. 요엘 선지자로 말씀하시기를, "그 후에 내가 내 신을 만민(萬民)에게 부어 주리니"(욜 2:28) 하십니다. 형제에게도 은총과 간구하는 심령을 부어주심으로 "예수를 주시라"(고전 12:3) 고백하기에 이른 것입니다

다. "다윗의 족속과 예루살렘 거민"이란 언약백성들을 일컫는 구약적인 표현일 뿐입니다.

② "만군의 여호와가 말하노라 그 날에 내가 우상의 이름을 이 땅에서 끊어서 기억도 되지 못하게 할 것이며 거짓 선지자와 더러운 사귀를 이 땅에서 떠나게 할 것이라"(2) 하십니다.

㉠ 구약교회를 괴롭힌 것은 크게 두 가지인데 그것은 "우상과, 거짓 선지자"입니다. "우상숭배"를 했다는 것은 아브라함→다윗으로 계승(繼承)되어 내려온 메시아언약을 배신했다는 증거요, 이렇게 된 책임은 하나님의 말씀을 곡해(曲解)한 "거짓 선지자들"에게 있음을 유념해야만 합니다. 이 두 가지 요소가 예루살렘이 멸망당하게 된 원인입니다.

㉡ 그런데 "거짓 선지자와 더러운 사귀"(邪鬼, 2하)가 결부되어 있음을 주목해야만 합니다. 계시록 16:13절에는 "용, 짐승, 거짓 선지자의 입에서 귀신의 영"이 나온다고 말씀합니다. 거짓 선지자의 폐해가 심각함은 그들이 말로만 하는 것이 아니라 거짓말 하는 영(왕상 22:22)이 그 입에서 나오기 때문입니다.

㉢ 그러므로 "내 목자, 내 짝된 자"가 치심을 당함으로 의문(儀文)에 가려있던 복음이 밝히 드러난 신약시대에는 "우상과, 거짓 선지자"를 이 땅에서 추방해버리시겠다는 것입니다. 이 말씀은 역설적(逆說的)으로 우리에게 "우상숭배와, 거짓 선지자의 미혹"만은 용납해서는 안 된다는 경계이면서 우상숭배와, 거짓 선지자의 준동이 더욱 극심하리라는 경고도 되는 것입니다. 이점이 아래 상론(詳論)에 드러납니다.

③ "사람이 오히려 예언할 것 같으면 그 낳은 부모가 그에게 이르기를 네가 여호와의 이름을 빙자하여 거짓말을 하니 살지 못하리라 하고 낳은 부모가 그 예언할 때에 칼로 찌르리라"(3) 합니다.

㉠ 무슨 뜻인가? "여호와의 이름을 빙자하여 거짓말"을 하는 자는 자기 자식이라 해도 "칼로 찔러" 죽일 정도로 용납해서는 아니 된다는

경계인 것입니다. 이는 마치 주님께서, "만일 네 오른 손이 너로 실족케 하면 찍어버리라 네 백체 중 하나가 없어지고 온 몸이 지옥에 던지우지 않는 것이 유익하니라"(마 5:30) 한 결의를 나타낸다 하겠습니다. 왜냐하면 이로 말미암아 예루살렘이 멸망하고 성전이 불에 타고 수많은 백성들이 포로가 되고 죽임을 당했다는 비극적인 역사를 기억한다면 이런 결단이 있어야 하기 때문입니다.

㉡ "그 날에 선지자들이 예언할 때에 그 이상을 각기 부끄러워할 것이며 사람을 속이려고 털옷도 입지 아니할 것이며 말하기를 나는 선지자가 아니요 나는 농부라 내가 어려서부터 사람의 종이 되었노라 할 것이요 혹이 그에게 묻기를 네 두 팔 사이에 상처는 어찜이냐 하면 대답하기를 이는 나의 친구의 집에서 받은 상처라 하리라"(4-6) 합니다. "거짓 선지자들"은 자신들의 과거를 부끄러워하게 되고, 한마디로 거짓 목자는 발을 붙이지 못하게 하라는 경계인 것입니다. 왜냐하면 하나님의 아들 그리스도께서 치심을 당하심으로 열어놓으신, "죄와 더러움을 씻는 샘", 즉 복음을 훼손하는 일은 용납될 수가 없기 때문입니다.

둘째 단원(7-9) 금같이 연단하며 시험할 것이라

둘째 단원의 중심점은 "은 같이 연단하며 금 같이 시험할 것이라" 한 말씀에 있습니다.

"만군의 여호와가 말하노라 칼아 깨어서 내 목자, 내 짝된 자를 치라" (7상) 합니다. "내 목자, 내 짝된 자를 치라" 하신 분은 하나님 자신임을 잊지 마시기를 바랍니다. 그렇습니다. 자기 아들을 화목제물로 내어주신 이는 하나님 자신이었던 것입니다.

④ "목자를 치면 양이 흩어지려니와 작은 자들 위에는 내가 내 손을

드리우리라"(7하) 하십니다.

㉠ 이 말씀의 핵심은, "작은 자들"에 있습니다. 이들이 "남은 자"(14:2, 16)요, 11:11절에서 말씀한 "내게 청종하던 가련한 양들"이요, 주님께서 "적은 무리여 무서워 말라 너희 아버지께서 그 나라를 너희에게 주시기를 기뻐하시느니라"(눅 12:32) 한 "적은 무리"이기도 합니다.

⑤ "여호와가 말하노라 이 온 땅에서 삼분지 이는 멸절하고 삼분지 일은 거기 남으리니"(8),

㉠ "이 온 땅"은 1차적으로 그리스도를 배척한 유대 지경(地境)을 가리키는 말씀으로 볼 수가 있습니다. 그리고 우선적인 성취도 예루살렘이 로마에 의하여 멸망당할 때를 내다보고 하는 말씀일 것입니다. 그런데 9-14장의 예언의 초점이, 그리스도의 초림만이 아니라 재림까지에 맞춰져 있음을 고려할 때 이 "온 땅"은 유대로 한정해서는 아니 될 것입니다. 계시록에서도 이와 유사한 "땅 $\frac{1}{4}$, $\frac{1}{3}$"(계 6:8, 8:12)이 징벌을 당할 것을 말씀하고 있는 것으로 보아 지구상에 거하는 모든 자들에 대한 경계도 되는 것입니다. 왜냐하면 복음이 땅 끝까지 전파되어야 한다면 이에 대한 추수도 땅 끝까지 미치게 될 것이기 때문입니다.

㉡ 이점에서 유의해야할 점은 본문을 교회가 당하게 될 "박해"(迫害)라는 측면으로만 보아서는 아니 된다는 점입니다. 왜냐하면, "내가 그 삼분지 일을 불 가운데 던져 은 같이 연단하며 금 같이 시험할 것이라"(9상) 하고, "연단, 시험"이라 말씀하기 때문입니다. 이는 제품을 생산한 후에 최종적으로 테스트하여 ㊇자를 붙이는 것과 같은 과정인 것입니다. 그러니까 남은 $\frac{1}{3}$도 "연단과 시험"을 통과한 후에야 구원에 이르게 되리라는 말씀입니다. 이는 혹독한 시험을 당하던 욥이, "그가 나를 단련하신 후에 내가 정금같이 나오리라"(욥 23:10) 한 것과 상통하는 것으로, "정금"(正金)을 얻기 위한 제련(製鍊)과정이라 할 수가 있습니다. 계시록에서도, "이는 큰 환난에서 나오는 자들인데 어린양의 피에 그

옷을 씻어 희게 하였느니라"(계 7:14) 하고 "큰 환난"을 말씀하고 있습니다.

㉢ 생각나는 말씀이 있는데, "그 불이 각 사람의 공력이 어떠한 것을 시험할 것임이니라"(고전 3:13) 한 말씀입니다. 바울은 각자가 행한 "공력"이 시험 당할 날이 이른다고 말씀하면서, "금, 은, 보석"으로 세운 사람과, "나무, 풀, 짚"으로 세우는 사람을 예로 듭니다. 평안할 때는 모든 것이 안전해 보일 수가 있습니다만 불이 공력을 시험하는 날에는 "금, 은, 보석"은 더욱 빛을 발할 것이나, "나무, 풀, 짚"은 견뎌낼 수가 없을 것입니다.

㉣ 그러므로 구원문제를 심각하게 생각해야 할 것입니다. 어떤 사람이 주님께 묻기를, "주여 구원을 얻는 자가 적으니이까" 했습니다. 주님은 "좁은 문으로 들어가기를 힘쓰라 내가 너희에게 이르노니 들어가기를 구하여도 못하는 자가 많으리라"(눅 13:23-24) 하고 답변하십니다. "들어가기를 구하는 자"는 불신자들이 아니라 믿노라 하는 사람들입니다. 이에 대한 형제의 깨달음은 무엇입니까?

⑥ "그들이 내 이름을 부르리니 내가 들을 것이며"(9중) 한 "그들"이란 "은, 금"같은 연단과 시험을 통과한 신실한 자들을 가리키는 것이 됩니다.

⑦ "나는 말하기를 이는 내 백성이라 할 것이요 그들은 말하기를 여호와는 내 하나님이시라 하리라"(9하) 하십니다.

㉠ 13장의 결론은 "그들은 내 백성이 되고, 나는 그들의 하나님이 되리라"는 말씀에 이르게 되는데, 이는 성경의 축(軸)과 같은 주제요, 이것이 하나님께서 이루어 나가시는 하나님의 나라인 것입니다.

㉡ 이것이 어떻게 가능하여지는가? 9-13장에 나타난 것을 요약을 하면, ㉮ 구원을 베풀기 위하여 왕이 나귀를 타고 입성하셔서(9:9), ㉯ "은 삼십에 팔이어"(11:12), ㉰ "치심을 당함"(13:7)으로, ㉱ "죄와 더러

움을 씻는 샘이 열리게 되고"(13:1), ㉶ "은총과 간구하는 심령을 부어 주심으로"(12:10), ㉷ 독자를 위하여 애통하듯 하는 회개와, ㉸ "연단과 시험"을 통과함으로만이 가능하여진다는 것입니다.

⑧ 묵상해보겠습니다.

㉠ "칼아 깨어서 내 목자 내 짝된 자를 치라"에 함축된 구속사적 의미에 대해서,

㉡ 죄와 더러움을 씻는 샘이 열리리라에 대해서,

㉢ 자신의 신앙이 연단과 시험을 통과한 믿음인가에 대해서.

스가랴 14장 개관도표

주제 : 여호와께서 천하(天下)의 왕(王)이 되시리니

남은 자가 있으리라

1-5상
1 ① **여호와의 날이 이르리라** 그 날에 네 재물이 약탈되어 너의 중에서 나누이리라
2 **내가 열국을 모아 예루살렘과 싸우게 하리니** 성읍이 함락되며 가옥이 약탈되며 부녀가 욕을 보며
성읍 백성이 절반이나 사로잡혀 가려니와 ② **남은 백성은 성읍에서 끊쳐지지 아니하리라**
3 ③ **그 때에 여호와께서 나가사 그 열국을 치시되** 이왕 전쟁 날에 싸운 것 같이 하시리라
4 **그 날에 그의 발이 예루살렘 앞 곧 동편 감람산에 서실 것이요** 감람산은 그 한가운데가
동서로 갈라져 매우 큰 골짜기가 되어서 산 절반은 북으로, 절반은 남으로 옮기고
5상 그 산 골짜기는 아셀까지 미칠찌라 너희가 그의 **산골짜기로 도망하되** 유다 왕 웃시야 때에
지진을 피하여 도망하던 것 같이 하리라

여호와께서 임하신다

5하-11
5하 나의 하나님 ④ **여호와께서 임하실 것이요 모든 거룩한 자가 주와 함께하리라**
6 **그 날에는 빛이 없겠고 광명한 자들이 떠날 것이라**
7 여호와의 아시는 한 날이 있으리니 낮도 아니요 밤도 아니라 어두워 갈 때에 빛이 있으리로다
8 **그 날에 생수가 예루살렘에서 솟아나서** 절반은 동해로, 절반은 서해로 흐를 것이라
여름에도 겨울에도 그러하리라
9 **여호와께서 천하의 왕이 되시리니 그 날에는**
여호와께서 홀로 하나이실 것이요 그 이름이 홀로 하나이실 것이며
10 온 땅이 아라바 같이 되되 게바에서 예루살렘 남편 림몬까지 미칠 것이며 예루살렘이 높이 들려
그 본처에 있으리니 베냐민 문에서부터 첫 문 자리와 성 모퉁이 문까지 또 하나넬 망대에서부터
왕의 포도주 짜는 곳까지라
11 사람이 그 가운데 거하며 ⑤ **다시는 저주가 있지 아니하리니 예루살렘이 안연히 서리로다**

열국 중에 남은 자의 경배

12-21
12 ⑥ **예루살렘을 친 모든 백성에게 여호와께서 내리실 재앙이 이러하니**
곧 섰을 때에 그 살이 썩으며 그 눈이 구멍 속에서 썩으며 그 혀가 입속에서 썩을 것이요
13 그 날에 여호와께서 그들로 크게 요란케 하시리니 피차 손으로 붙잡으며 피차 손을 들어 칠 것이며
14 유다도 예루살렘에서 싸우리니 이때에 사면에 있는
열국의 보화 곧 금 은과 의복이 심히 많이 모여질 것이요
15 또 말과 노새와 약대와 나귀와 그 진에 있는 모든 육축에게 미칠 재앙도 그 재앙과 같으리라
16 예루살렘을 치러 왔던 ⑦ **열국 중에 남은 자가 해마다 올라와서**
그 왕 만군의 여호와께 숭배하며 초막절을 지킬 것이라
17 천하만국 중에 그 왕 만군의 여호와께 숭배하러 예루살렘에 올라오지 아니하는 자에게는
비를 내리지 아니하실 것인즉
18 만일 애굽 족속이 올라오지 아니할 때에는 창일함이 있지 아니하리니
여호와께서 초막절을 지키러 올라오지 아니하는 열국 사람을 치시는 재앙을 그에게 내리실 것이라
19 애굽 사람이나 열국 사람이나 초막절을 지키러 올라오지 아니하는 자의 **받을 벌이 이러 하니라**
20 ⑧ **그 날에는 말방울에까지 여호와께 성결이라 기록될 것이라**
여호와의 전에 모든 솥이 제단 앞 주발과 다름이 없을 것이니
21 예루살렘과 유다의 모든 솥이 만군의 여호와의 성물이 될 것인즉 제사 드리는 자가 와서 이 솥을 취하여
그 가운데 고기를 삶으리라 그 날에는 만군의 여호와의 전에 가나안 사람이 다시 있지 아니하리라

14장

여호와께서 천하(天下)의 왕(王)이 되시리니

[9]여호와께서 천하의 왕이 되시리니 그 날에는 여호와께서 홀로 하나이실 것이요 그 이름이 홀로 하나이실 것이며.

마지막 장에 이르렀습니다. 마지막의 중심점은, "여호와께서 천하의 왕이 되시리니"에 있습니다. 이는 신약성경 마지막 책에서 뇌성처럼 울려 퍼지는, "할렐루야 주 우리 하나님 곧 전능하신 이가 통치(統治)하시도다"(계 19:6) 하는 선언과 맥을 같이 하는 말씀으로, 메시아왕국이 건설되었다는 선언으로 합당한 결론인 것입니다.

도표를 보시면 "여호와께서 천하의 왕(王)이 되시리니" 한 말씀을 중심으로, ① 하나님께서 "열국을 모아 예루살렘과 싸우게 한다" 말씀하는데 이는 ② "하나님의 집에서 심판을 시작할 때가 되었다"(벧전 4:17)는 것과 같은 뜻으로 여겨지고, ③ 그런 후에 반대로 "여호와께서 열국을 치신다"고 말씀하는 것은" 남은 자"들을 보호하기 위해서입니다. 이렇게 하신 후에 ④ "여호와께서 임하셔서, 천하의 왕이 되시리니" 합니다. ⑤ "다시는 저주가 없고", ⑥ 대적은 행한 대로 보응을 받게 되고, ⑦ "열국 중에서도 남은 자"가 해마다 올라와서 초막절을 지킬 것이라 하면서, ⑧ 그날에는 그 왕국 전체가, "여호와께 성결"이 되리라 하고 마치고 있습니다. 이를 세 단원으로 나누어 상고하겠습니다.

첫째 단원(1-5상) **남은 자가 있으리라**
둘째 단원(5하-11) **여호와께서 임하신다**
셋째 단원(12-21) **열국 중에 남은 자의 경배**

주제(主題) : 여호와께서 천하의 왕이 되시리니

㉠ 본장은 해석상 이설(異說)이 많은 장인데 이럴 경우 유념해야할 점은, 밝히 드러난 보다 중요한 주제를 통해서 먼저, 골격(骨格)을 확고하게 세우는 일입니다. 14장의 중심주제는 "하나님 여호와께서 임하셔서(5하), 천하의 왕이 되시리니"(9상) 한 말씀에 있습니다. 그렇다면 그 이전에는 하나님께서 "천하의 왕"이 아니셨다는 말인가 하는 물음이 제기되는데, 이는 구속사의 맥락에서 이해되어야 할 말씀입니다. 주님은 예루살렘에 입성(入城)하신 후에, "이 세상(世上) 임금이 쫓겨나리라"(요 12:31) 하고 선언하셨고, 잡히시던 날 밤에 재차, "이 세상 임금이 심판을 받았음이니라"(요 16:11) 하셨습니다. 하나님이 "천하의 왕"이 되신다는 말은 "이 세상 임금" 노릇을 한 사탄을 완전히 정복했다는 의미인 것입니다.

㉡ 그러면 사탄이 어떻게 해서 "이 세상 임금" 노릇을 하게 되었는가? "한 사람으로 말미암아 죄가 세상에 들어오고 죄로 말미암아 사망(死亡)이 왕(王) 노릇"(롬 5:12, 14) 한데서 비롯된 것입니다. 하나님은

"대적자, 파괴자, 하나님의 영광을 찬탈하려는 자"를 용납하실 수가 없으신 것입니다. 그래서 "내가 너로 여자와 원수가 되게 하고 너의 후손도 여자의 후손과 원수가 되게 하리니 여자의 후손은 네 머리를 상하게 할 것이요 너는 그의 발꿈치를 상하게 할 것이니라"(창 3:15) 하고 선언하신 것입니다. 이는 사탄에 대한 선전포고(宣戰布告)였던 것입니다.

㉢ "내가…하리니", 즉 하나님이 하시겠다는 "원복음"은 세 마디로 되어 있는데, ㉮ 이제 후로는 인류가 여자의 후손과 뱀의 후손, 두 부류(部類)로 갈라지게 될 것이다. ㉯ 그리고 두 진영(陣營) 간에는 원수, 즉 싸움이 있게 될 것이다. ㉰ 그 싸움은 여자의 후손의 승리(勝利)로 끝나게 될 것이라는 말씀입니다.

㉣ 그러므로 성경의 종말적(終末的)인 예언은, "용을 잡으니 곧 옛 뱀이요 마귀요 사단이라 잡아 일천년 동안 결박하여 무저갱에 던져 잠그고"(계 20:2-3) 하는 승전보로 끝나고 있습니다. 이는 약속하신 원복음을 성취하셨다는 선언인 셈입니다. 그런 후에 "이루었도다 나는 알파와 오메가요 처음과 나중이라"(계 21:6) 하시는 것입니다.

㉤ 본문 14장은 이와 같은 승리(勝利)를 드러내는데 초점이 맞춰져 있습니다. 그러므로 "여호와께서 천하의 왕이 되시리니 그 날에는 여호와께서 홀로 하나이실 것이요 그 이름이 홀로 하나이실 것이며" 한 말씀은 하나님의 나라가 회복되었음을 나타내는 표현입니다.

㉥ 그런데 유념해야할 점은 승리란, "불 가운데 던져 은같이 연단하며 금같이 시험할 것이라"(13:9) 한 "연단과 시험"을 통과한 후에야 주어진다는 점입니다. 이를 달리 말하면 하나님의 승리 곧 성도들의 승리는 사탄의 시험을 넉넉히 이긴 정정당당한 승리라는 뜻입니다. 이점을 1-5절의 강해에서 보게 될 것입니다.

첫째 단원(1–5상) 남은 자가 있으리라

첫째 단원의 중심점은, "남은 백성은 성읍에서 끊어지지 아니 하리라"(2하)는데 있습니다.

① "여호와의 날이 이르리라 그 날에 네 재물이 약탈되어 너의 중에서 나누이리라 내가 열국을 모아 예루살렘과 싸우게 하리니"(1-2상) 합니다.

㉠ "열국을 모아 예루살렘과 싸우게 하리니" 한 말씀은 이제까지 상고한 문맥적으로 볼 때에 지리적인 예루살렘이 아니라 하나님의 교회를 가리키는 것으로 보아야할 것입니다. 그런데 "성읍이 함락되며 가옥이 약탈되며 부녀가 욕을 보며 성읍 백성이 절반이나 사로잡혀 가려니와"(2중) 한 말씀은 우리를 당황하게 만듭니다. 대적이 침략을 해와도 막아주셔야 할 하나님께서 "열국 백성을 모아 예루살렘과 싸우게 하신다"니 어찌하여 이렇게 하시는가? 이를 단순히 열국을 심판하기 위한 조치로 여겨서는 부족합니다. 왜냐하면 "재물이 약탈이 되고, 성읍이 함락이 되며, 성읍 백성이 절반이나 사로잡혀 가게 된다"는 것은 예루살렘에 대한 명백한 심판이기 때문입니다.

㉡ 에스겔서에서도, "마곡 땅에 있는 곡 곧 로스와 메섹과 두발 왕"을, "내가 너를 이끌어다가 내 땅을 치게 하리니"(겔 38:1, 16-17) 하십니다. 그렇게 하시는 의도가 다니엘서를 통해서 깨닫게 되는데, "범죄함을 인하여 백성과 매일 드리는 제사가 그것(적 그리스도)에게 붙인바 되었고, 죄악에 대한 일로 성소와 백성이 내어준바 되며 짓밟히게"(단 8:12, 13) 되리라는 것입니다. "붙인바 되고, 내어준바 되며, 짓밟히게 된다" 하심을 주목하시기를 바랍니다. 그렇다면 이는 13:9절에서 "내가 그 삼분지 일을 불 가운데 던져 은같이 연단하며 금같이 시험할 것이라" 한 말씀과 결부되는 것으로 볼 수가 있습니다.

ⓒ 본문에서도 "성읍이 함락이 되며, 성읍 백성이 절반이나 사로잡혀가려니와"(2중) 합니다. 하나님이 힘이 모자라서 이런 일을 당하게 되는 것이 아닙니다. 도리어 "내어준바 되고, 붙인바 되었다" 하십니다. 이것이 베드로가, "하나님의 집에서 심판을 시작할 때가 되었나니 만일 우리에게 먼저 하면"(벧전 4:17) 한 까부르는 심판인 것입니다. 이점이 어째서 중요하냐 하면, "누가 아무렇게 하여도 너희기 미혹하지 말라 먼저 배도(背道)하는 일이 있고 저 불법의 사람 곧 멸망의 아들이 나타나기 전에는 이르지 아니하리라"(살후 2:3) 한 종말에 나타나리라 한 적그리스도와 결부되는 말씀이기 때문입니다.

ⓔ 이런 맥락에서 교회가 종말에 이르러 적그리스도를 통한 환난을 당하게 되리라는 것은 알곡과 쭉정이를 가르기 위한 환난이라 할 수가 있습니다. 그러므로 "남은 자"의 교리를 "작은 일"(4:10)로 여겨서는 아니 됩니다. 광부가 광석을 채굴하여 제련하는 수고를 아끼지 않는 까닭은 최종적으로 아주 조금 남게 되는 순금(純金)을 얻기 위해서임을 유념하시기를 바랍니다. 이점이 홍수심판을 통해서도 나타나고 있는데 남은 자가, "겨우 여덟 명이라"(벧전 3:20) 말씀하면서 이들을 "의의 후사"(히 11:7)라 하십니다. 소돔 고모라의 심판 때에도, 예루살렘이 바벨론에 의하여 심판 당한 때에도 "남은 자"는 있었습니다. 그러므로 성경은 "이스라엘 뭇 자손의 수가 비록 바다의 모래 같을지라도 남은 자만 구원을 얻으리니"(사 10:22, 롬 9:27) 합니다. 그렇다면 최후심판 때에는 더욱 그러할 것입니다. 주님은, "적은 무리여 무서워 말라 너희 아버지께서 그 나라를 너희에게 주시기를 기뻐하시느니라"(눅 12:32) 하고 말씀하십니다.

② 그러므로 핵심은 "남은 백성은 성읍에서 끊쳐지지 아니하리라"(2하) 한 "남은 자"에 있는 것입니다. 이점을 좀 더 말씀을 드려야만 하겠습니다.

㉠ 인류의 시조는 부족함이 없는 에덴 낙원에서 사탄의 미혹에 넘어갔습니다. 그때에 하나님의 거룩하신 이름은 모독을 받으신 것입니다. 구원계획이란 이를 회복하는 운동입니다. 계시록 20장에는 "용 곧 옛 뱀이요 마귀요 사단"을 잡아 쇠사슬로 결박을 하여 무저갱에 가두었던 자를 "잠간 놓아주는 것"(계 20:1-3, 7)을 보게 됩니다. 그리하여 땅의 사방 백성을 미혹하고 싸움을 붙입니다. 왜 이렇게 하시는가?

㉡ 최종적으로 "남은 자들"을 미혹할 수 있으면 미혹해보라는 것입니다. 하나님은 "여자의 후손"의 정정당당하고 완전무결한 승리를 보여주기를 원하시는 것입니다. 이렇게 될 때에 하나님의 이름이 거룩히 여김을 받으시게 되기 때문입니다.

㉢ 욥이 혹독한 시험을 당한 이유가 어디에 있는가? 욥기 1-2장에 5번(욥 1:1, 8, 2:3, 3, 9)이나 등장하는 하나님께 대한 "순전"(純全)을 시험하기 위해서였습니다. 우리의 새로운 대표자요, 재창조의 시조(始祖)로 오신 그리스도께서 우선적으로 광야에서 마귀에게 시험을 당하신 이유가 무엇인가? 첫 시조(始祖)가 에덴 낙원에서 사탄의 시험에 패배한 것을 완전히 회복하기 위해서인 것입니다. 주님은 첫 시조가 실패한 그 지점에서 "뱀의 후손"과의 싸움을 시작하신 것입니다.

③ "그 때에 여호와께서 나가사 그 열국을 치시되 이왕 전쟁 날에 싸운 것 같이 하시리라"(3) 하십니다.

㉠ 여기서 학자들은 혼란해합니다. 1-2절에서 싸움을 붙이셨던 하나님께서 3절에서는 싸움에 개입을 하셔서 열국을 치신다고 말씀하기 때문입니다. 이에 대한 해답을 주님께서, "그 날들을 감하지 아니할 것이면 모든 육체가 구원을 얻지 못할 것이나 그러나 택하신 자들을 위하여 그 날들을 감하시리라"(마 24:22) 하신 말씀에서 찾을 수가 있습니다. 이는 "남은 자"들을 보호하시기 위해서입니다.

㉡ "그 날에 그의 발이 예루살렘 앞 곧 동편 감람산에 서실 것이요

감람산은 그 한가운데가 동서로 갈라져 매우 큰 골짜기가 되어서 산 절반은 북으로, 절반은 남으로 옮기고"(4) 합니다. 감람산의 한가운데가 갈라진다니 무슨 뜻인가? 그 답이 이어지는 말씀에 나타납니다.

㉢ "그 산 골짜기는 아셀까지 미칠찌라 너희가 그의 산 골짜기로 도망하되 유다 왕 웃시야 때에 지진을 피하여 도망하던 것 같이 하리라"(5상) 합니다. 예루살렘 동편에 길게 뻗어있는 감람산은 유사시(有事時)에 피란하는데 장애물 역할을 했던 것입니다. 이런 맥락에서 "감람산 한가운데를 갈라지게 한다"는 것은 문자적인 의미가 아니라, "하나님은 미쁘사 너희가 감당치 못할 시험 당함을 허락지 아니하시고 시험당할 즈음에 또한 피할 길을 내사 너희로 능히 감당하게 하신다"(고전 10:13), 즉 피할 길을 열어주신다는 점을 보여주기 위해서입니다.

둘째 단원(5하-11) 여호와께서 임하신다

둘째 단원의 중심점은, "여호와께서 임하신다", 즉 주님께서 재림 하신다는데 있습니다.

④ 이 후에 "나의 하나님 여호와께서 임하실 것이요 모든 거룩한 자가 주와 함께하리라"(5하) 합니다.

㉠ 이 광경은, "주께서 호령과 천사장의 소리와 하나님의 나팔로 친히 하늘로 좇아 강림하시리니, 이와 같이 예수 안에서 자는 자들도 하나님이 저와 함께 데리고 오시리라"(살전 4:16, 14) 한 말씀과 부합합니다.

㉡ "그 날에는 빛이 없겠고 광명한 자들이 떠날 것이라 여호와의 아시는 한 날이 있으리니 낮도 아니요 밤도 아니라 어두워 갈 때에 빛이 있으리로다"(6-7). 이 말씀은 주님께서, "그날 환난 후에 즉시 해가 어두

워지며 달이 빛을 내지 아니하며 별들이 하늘에서 떨어지며 하늘의 권능들이 흔들리리라 그 때에 인자의 징조가 하늘에서 보이겠고 그 때에 땅의 모든 족속들이 통곡하며 그들이 인자가 구름을 타고 능력과 큰 영광으로 오는 것을 보리라"(마 24:29-30) 한 말씀과 부합합니다.

㉢ "그 날에 생수가 예루살렘에서 솟아나서 절반은 동해로, 절반은 서해로 흐를 것이라 여름에도 겨울에도 그러하리라". 이 말씀은 에스겔 47:1-12절과, 계시록 22:1-2절과 부합합니다.

㉣ 그런 후에, "여호와께서 천하의 왕이 되시리니 그 날에는 여호와께서 홀로 하나이실 것이요 그 이름이 홀로 하나이실 것이며"(9) 하고 중심주제가 등장하는 것입니다.

㉤ 그리고 "온 땅이 아라바 같이 되되 게바에서 예루살렘 남편 림몬까지 미칠 것이며 예루살렘이 높이 들려 그 본처에 있으리니 베냐민 문에서부터 첫 문 자리와 성 모퉁이 문까지 또 하나넬 망대에서부터 왕의 포도주 짜는 곳까지라"(10) 하고 새 예루살렘의 영역을 말씀합니다. 이는 문자적이라기보다는 당시 사람들의 인식수준에서 한 말씀일 것입니다.

⑤ "사람이 그 가운데 거하며 다시는 저주가 있지 아니하리니 예루살렘이 안연히 서리로다"(11) 합니다. 이는 계시록에서, "다시 저주가 없으며 하나님과 그 어린양의 보좌가 그 가운데 있으리니 그의 종들이 그를 섬기며"(계 22:3) 한 말씀과 상통합니다. 메시아왕국이 임하게 되었다는 말씀합니다.

셋째 단원(12-21) 열국 중에 남은 자의 경배

셋째 단원의 중심점은, "열국 중에 남은 자가 해마다 올라와서 그 왕 만군의 여호와께 숭배하며 초막절을 지킬 것이라"(16) 한 말씀에 있습니다. "열국 중에 남은 자가 있다"는 것은 복음시대에 이루어질 말씀인 것입니다.

⑥ "예루살렘을 친 모든 백성에게 여호와께서 내리실 재앙이 이러하니 곧 섰을 때에 그 살이 썩으며 그 눈이 구멍 속에서 썩으며 그 혀가 입속에서 썩을 것이요"(12) 합니다.

㉠ 이는 앞의 절에서 "다시는 저주(咀呪)가 있지 아니하리니" 한 것과 대조적으로 한 말씀으로, 그리스도를 배척한 자들이 당하게 될 심판을 원색적으로 표현한 것입니다. 그러니까 성도들에게는 저주가 없고 배척한 자들에게는 도리어 저주가 임하게 된다는 것입니다. 이점을 다니엘서에서는, "옛적부터 항상 계신 자가 와서 지극히 높으신 자의 성도를 위하여 신원(伸寃)하셨고 때가 이르매 성도가 나라를 얻었더라"(단 7:22) 합니다.

㉡ "유다도 예루살렘에서 싸우리니 이때에 사면에 있는 열국의 보화 곧 금 은과 의복이 심히 많이 모여질 것이요"(14) 합니다. 2절에서는, "성읍이 함락되며 가옥이 약탈되며" 했는데 "열국의 보화가 모이게 된다"는 것은 역전(逆轉)의 날이 올 것을 나타냅니다. 구원계획은 역전승(逆轉勝)이기 때문입니다.

⑦ "예루살렘을 치러 왔던 열국 중에 〈남은 자〉가 해마다 올라와서 그 왕 만군의 여호와께 숭배하며 초막절을 지킬 것이라"(16) 합니다.

㉠ 다시 강조합니다만 핵심은 "남은 자"에 있습니다. 14장은 "남은 자"에 대해서 두 번(2, 16) 언급하고 있는데, "이스라엘이여 네 백성이 바다의 모래 같을지라도 남은 자만 돌아오리니"(사 10:21-22) 하고 유대인의 "남은 자"와, "예루살렘을 치러 왔던 열국" 중에서도 "남은 자"가 있다고 말씀하니 이는 이방인 중에서도 "남은 자"가 있다는 것이 됩니다. 이점이 중요한 것은, "그런즉 이와 같이 이제도 은혜로 택하심을 따

라 남은 자가 있느니라" 하고 이제도 "남은 자"가 있다고 말씀하기 때문입니다.

㉡ 다음은 3번 강조하고 있는 "초막절"(16, 18, 19)의 의미입니다. 하나님이 명하신 3대 절기는 "유월절, 오순절, 초막절"입니다. 이때는 모든 남자들은 절기를 지키기 위해서 예루살렘으로 모이라 명하셨습니다. 이는 3대 절기에 망각해서는 아니 될 중요한 의미가 있다는 증거입니다.

㉮ 유월절은 그리스도의 십자가 사건에 대한 예표인데, 스가랴서에서는 "나귀새끼를 타고 입성하셔서(9:9), 은 30에 팔리어(11:12), 치심을 당하는"(13:7) 것으로 나타나고,

㉯ 오순절 성령강림은 "은총과 간구하는 심령을 부어 주리니"(12:10) 하신 말씀으로 나타나고,

㉰ "초막절"은 광야생활을 잊지 않기 위한 절기인데, 초막절의 "끝날을 큰 날"(요 7:37)이라 하는 것은 광야생활을 청산하고 드디어 약속의 땅에 들어가게 된 기쁨을 맛보는 날이기 때문입니다. 이는 그리스도의 재림에 대한 예표인데 이점이 14장에서, "나의 하나님 여호와께서 임하실 것이요"(5하) 하고 나타나 있는 것입니다.

㉢ "천하만국 중에 그 왕 만군의 여호와께 숭배하러 예루살렘에 올라오지 아니하는 자에게는 비를 내리지 아니하실 것인즉"(17) 합니다. 무슨 뜻인가? "이러므로 하나님이 그(그리스도)를 지극히 높여 모든 이름 위에 뛰어난 이름을 주사 하늘에 있는 자들과 땅에 있는 자들과 땅 아래 있는 자들로 모든 무릎을 예수의 이름에 꿇게 하시고 모든 입으로 예수 그리스도를 주라 시인하여 하나님께 영광을 돌리게"(빌 2:9-11) 하시려는 것이 하나님의 뜻인데, 초막절을 지키러 올라오지 않는다는 것은 "예수의 이름에 무릎을 꿇지 않고, 입으로 예수 그리스도를 주라 시인하지 않는 것"을 의미하기 때문입니다.

㉣ 그래서 "만일 애굽 족속이 올라오지 아니할 때에는 창일함이 있지 아니하리니 여호와께서 초막절을 지키러 올라오지 아니하는 열국 사람을 치시는 재앙을 그에게 내리실 것이라 애굽 사람이나 열국 사람이나 초막절을 지키러 올라오지 아니하는 자의 받을 벌이 이러 하니라"(18-19) 하시는 것입니다.

㉤ 이점에서 한마디 부언할 점은, 그러면 주님의 재림 후에도 이런 일이 있을 수가 있느냐 하는 점입니다. 계시록에서도, "개들과 술객들과 행음자들과 살인자들과 우상숭배자들과 및 거짓말을 좋아하며 지어내는 자마다 〈성 밖에〉 있으리라"(계 22:15)고 말씀하는데, 재림 후에도 이런 자들이 성 밖에 살아남아 있다는 말인가? 그래서 서론에서 스가랴서나 계시록은 "여자의 후손"이 뱀의 후손을 정복하고 승리(勝利)하는 것을 드러내는데 초점이 맞춰져 있다고 말씀을 한 것입니다. 왜냐하면 환난과 박해 중에 있는 성도들을 위로하고 격려하기 위해서입니다.

⑨ "그 날에는 말방울에까지 여호와께 성결이라 기록될 것이라"(20상) 합니다.

㉠ "여호와께 성결"이란 제사장이 쓰는 관(3:5, 출 28:36)의 정면에 붙인 정금 패(牌)입니다. 그런데 "말방울"에까지 기록이 되었다면 하물며 "남은 자들"이야 어떠하겠는가? 그들의 마음, 생각, 의지, 삶의 전부가 "여호와께 성결"로 화하였음을 나타냅니다. 이 말씀은 우리에게 격려와 크나큰 도전으로 다가옵니다. 왜냐하면 이 땅에서 살아가는 동안에도 "평강의 하나님이 친히 너희로 온전히 거룩하게 하시고 또 너희 온 영과 혼과 몸이 우리 주 예수 그리스도 강림하실 때에 흠 없게 보존되기를"(살전 5:23) 힘쓰는 삶을 살아가라는 채찍질이 되기 때문입니다.

㉡ 그래서 "여호와의 전에 모든 솥이 제단 앞 주발과 다름이 없을 것이니"(20하) 합니다. 밥 짓는 솥이나, 제물의 피를 담는 거룩한 "주발"

이 차별이 없이, "만군의 여호와의 성물(聖物)이 될 것"(21상)이라 하시는 것입니다. 그러니까 우리의 삶 전체가 오직 하나님의 영광만을 위한 "성물"이 된다는 것입니다. 마지막 장을 요약하면, 주님께서 심판주로 다시 오시는데, 그 날에 영접할 자들은 신구약시대의 "남은 자"들이라는 것과, 그리하여 "여호와께서 친히 천하의 왕이 되시는" 메시아왕국이 도래하게 된다는 것입니다.

㉢ 스가랴서는 "그 날에는 만군의 여호와의 전에 가나안 사람이 다시 있지 아니하리라"(21하) 하고 마치고 있는데, "가나안 사람"이란 선민(選民)과 대조되는 경건치 아니한 자의 대명사입니다. 그러나 형제는 "여호와의 집에 영원히 거하게 될"(시 23:6) 것을 믿으시기 바랍니다. 아멘

⑩ 묵상해보겠습니다.

㉠ "남은 자"의 교리에 대해서,

㉡ 초막절의 구속사적 의미에 대해서,

㉢ 말방울까지 여호와께 성결이라 한 말씀이 주는 도전에 대해서,

㉣ 스가랴서를 통한 깨달음과 결단에 대해서.

말라기

말라기서 파노라마

주제 : 의로운 해가 떠올라 치료하는 광선을 발하리니

말라기서는 구약의 마지막 책으로 구약의 결론(結論)이자, 동시에 구약과 신약을 연결시켜주는 교량(橋梁) 역할을 해줍니다. 말라기 선지자가 활동한 시대적(時代的)인 배경은 느헤미야서와 일치합니다. 그러니까 느헤미야서는 구약의 마지막 시대(時代)요, 말라기 선지자는 구약의 마지막 외치는 자의 소리입니다. 말라기 이후 약 400년의 침묵시대를 지나서 "광야의 외치는 자"의 소리가 들려왔는데 이 사람이 말라기 선지자가 "보라 여호와의 크고 두려운 날이 이르기 전에 내가 선지 엘리야를 보내리니"(4:5) 한 세례 요한이었던 것입니다.

말라기가 선지자로 세움을 받은 것은 아브라함으로부터는 약 1600년, 출애굽으로부터는 약 1000년, 포로에서 귀환한 후로부터는 약 100년이 자난 시점(時點)입니다. 그 동안 이스라엘은 많은 시련과 연단을 겪었습니다. 그러면 이때쯤에 이르러서는 구약교회의 영성이 얼마큼이나 정화가 되고 성숙하여졌는가? 그러나 말라기서에 나타난 실상은 어쩌면 사람이 이토록 거짓될 수가 있을까 하고 자괴감을 느끼게 합니다. 그

점이 "너희 중에 성전 문을 닫을 자가 있었으면 좋겠도다"(1:10) 하시는 말씀에 나타납니다.

그러면 구약교회가 타락했다는 구체적인 의미가 무엇인가? "만군의 여호와가 이르노라 너희가 눈먼 희생으로 드리는 것이 어찌 악하지 아니하며 저는 것, 병든 것으로 드리는 것이 어찌 악하지 아니 하냐"(1:8) 한 말씀에 드러납니다. 제사제도를 명하신 의도가 어디에 있으며, "죽임을 당하는 제물"이 누구에 대한 그림자인가를 생각해보시기 바랍니다. 그런데 저들이 "눈멀고, 다리가 부러지고, 병든 것"으로 드렸다는 것은 변명의 여지가 없는 메시아언약, 즉 복음을 망각했다는 증거입니다. 이처럼 하나님과의 관계가 잘못되면 이웃과의 관계에도 불의하게 되는 것입니다. 이것이 말라기 시대의 타락상입니다.

바벨론에 의하여 예루살렘이 멸망을 당하고, 성전이 불타버리고, 백성들이 사로잡혀 가게 된 원인이 어디에 있었는가? 메시아언약을 망각하고 우상을 숭배했기 때문입니다. 이런 비참한 징벌을 당하고 남은 자들만이 귀환한지 불과 100년 후에 또다시 저들은 메시아언약을 망각하고만 것입니다. 이런 배은망덕함을 사사기에서도 대하게 되는데, "그 세대 사람도 다 그 열조에게로 돌아갔고 그 후에 일어난 다른 세대는 여호와를 알지 못하며 여호와께서 이스라엘을 위하여 행하신 일도 알지 못하였더라"(삿 2:10) 합니다. 이는 옛날이야기가 아니라 현대교회에 경각심을 갖게 하는 우리들의 이야기입니다.

교회가 타락하게 되는 원인은 동서고금을 막론하고 예배가 타락하기 때문입니다. 그리고 예배가 타락했다는 것은 강단에서 선포되는 "말씀"이 타락했다는 뜻입니다. 그러므로 말씀이 바르게 선포되지 않는다면,

"너희는 이것이 여호와의 전이라 여호와의 전이라 여호와의 전이라 하는 거짓말을 믿지 말라"(렘 7:4) 하신 대로 아름다움의 극치라 할 솔로몬의 성전도 "여호와의 전"은 아니었던 것입니다. 즉 "거짓 교회"라는 말씀입니다.

예배란 하나님과의 교제와 교통을 의미하는데, 신구약을 막론하고 하나님 존전에서 추방당한 죄인들이 하나님께 나아가 교제를 지속해 나갈 수 있는 방도는 오직 그리스도의 대속적인 중보를 통해서만이 가능하여지는 것입니다. 다른 점이 있다면 구약교회에는 생축이 대신 죽는 예표로 주어졌고, 신약교회는 실체(實體)로 드려졌다는 차이입니다.

이점에서 예배에 대한 오해가 있는 것으로 여겨집니다. 예배당을 지어도 크고 화려하게 지어야 하고, 일천 번제를 드리듯이 자주 모이기만 하면 기뻐하시고 그 사람의 신앙이 좋은 것으로 여기는 물량주의가 오늘날도 판을 치고 있습니다. 아닙니다. 교회가 "진리의 기둥과 터" 위에 세워져 있느냐는 점과, 예배의 근거가 예수 그리스도의 구속으로 "말미암아"에 연결되어 있느냐에 달려있는 것입니다. 이 말미암아가 끊어지게 되면, "그리스도에게서 끊어지고 은혜에서 떨어진 자로라"(갈 5:4) 하고 말씀합니다.

다시 말씀드립니다만 구약교회가 "눈먼 것, 저는 것, 병든"(1:8) 제물을 드렸다는 것은 메시아언약을 망각했다는 단적인 증거입니다. 메시아언약을 망각한 채 드려지는 제사는 우상숭배나 다를 바가 없다(사 66:3)고 단언합니다. 동일한 원리로 강단에서 "복음"이 사라져가고 있는 현대교회의 예배는, "곤고한 것과 가련한 것과 가난한 것과 눈먼 것과 벌거벗은 것을 알지 못하도다"(계 3:17) 한 "벌거벗고" 드리는 예배와 같은 것입니다.

여기 중요한 요점이 있는데 이처럼 타락한 책임이 어디에 있는가 하는 점입니다. 먼저 예루살렘이 멸망한 책임입니다. “선지자로부터 제사장까지 다 거짓을 행함이라 그들이 내 백성의 상처를 심상히 고쳐주며 말하기를 평강하다 평강하다”(렘 6:13-14) 한 지도자들에게 있다는 것입니다. 말라기 시대가 이처럼 타락하게 된 책임도, “내 이름을 멸시하는 제사장들아”(1:6, 2:1) 하고, 예루살렘이 멸망할 당시와 동일하게 지도자들에게 있음을 지적하십니다.

좀 더 구체적으로 제사장들의 잘못이 어디에 있는가를 인식해야만 오늘의 잘못을 깨달을 수가 있습니다. “그 입에는 진리(眞理)의 법이 있었고(2:6), 대저 제사장의 입술은 지식(知識)을 지켜야 하겠고”(2:7) 한 말씀에 나타납니다. 두 말씀을 합하면 제사장들이, “진리를 지키지 못했다”, 즉 메시아언약을 지키지 못했다, 복음진리를 보수(保守)하지 못했다는 뜻이 됩니다. 그러면 성령께서 말라기서를 기록케 하시고 후대에 전해주셔서 구약교회의 타락상을 고발하고 있는 의도가 무엇인가?

그것은 분명합니다. 각 시대마다 복음진리를 보수하라는 경각심을 갖게 하기 위해서입니다. 이 거울에 비춰진 자신의 모습을 보게 하기 위해서입니다. 말라기서는, “돌이키지 아니하면 두렵건대 내가 와서 저주로 그 땅을 칠까 하노라”(4:6) 하는 경고로 마치고 있습니다. 한국에 복음이 전해진지 100여년이 지난 오늘의 교회실상은 어떠한가? 강단에서 말씀이 바르게 선포되고, 복음을 보수하고 있다고 자신 있게 말할 수가 있단 말인가?

이런 배은망덕한 자들을 향해서 말라기서의 첫 말씀은, “내가 너희를 사랑하였노라”(1:2) 하십니다. 그런데 저들은 “주께서 어떻게 우리를 사랑하셨나이까”(1:2). 즉 우리를 사랑하신 것이 이 모양 이 꼴입니까? 하고 항변을 합니다. 무슨 뜻인가? 하나님의 사랑을 물질로 나타내 보여주기를 원하고 있는 것입니다. "에서는 야곱의 형이 아니냐 그러나 내가 야곱을 사랑하였다"(1:2하) 하고 최대의 사랑이 택하심이요, 구속하여주심임을 말씀하십니다.

그러면 하나님의 사랑을 어떻게 나타내셨는가? 성경은 말씀합니다. "하나님의 사랑이 우리에게 이렇게 나타난바 되었으니 하나님이 자기의 독생자를 세상에 보내심은 저로 말미암아 우리를 살리려 하심이니라"(요일 4:9). 하나님은 이 복음을 아브라함과 다윗에게 언약하시고 이를 이루어 나가고 계시는 중이십니다. 이를 잊지 않게 하시려고 구약교회에는 제사제도를 그림자로 주셨던 것입니다. "우리가 아직 죄인 되었을 때에 그리스도께서 우리를 위하여 죽으심으로 하나님께서 우리에 대한 자기 사랑을 확증하셨나니라"(롬 5:8) 하고 말씀합니다. "확증"(確證)이란 확실히 증명하셨다는 뜻으로, 이만하면 내가 너희를 얼마나 어디까지 사랑하는지 이제는 믿겠느냐 하시는 것입니다. 우리는 이미 확증하여주신 이후 시대를 살아가고 있습니다.

하나님은 "떼 가운데 수컷이 있거늘"(1:14) 하십니다. 이스라엘은 목축업을 하는 자들입니다. 그러므로 수백 수천마리의 떼 가운데서 고르고 골라서 흠 없는 것으로 드려야만 했습니다. 왜냐하면 그 양은 흠이 없으신 하나님의 아들 그리스도의 예표이기 때문입니다. 저들은 고르고 골랐습니다. 그런데 "눈멀고 다리 부러지고 병든 것", 즉 어차피 폐기처분할 것을 골라서 이 일이 얼마나 귀찮은 일인가 하고 엎드려 코웃음치면서 드렸다는 것입니다.

하나님은 말씀하십니다. 떼 가운데 양 한 마리가 아까우면 그만두어라 하시고, "하나님이 세상을 이처럼 사랑하사 독생자를 주셨으니, 보라 세상 죄를 지고 가는 하나님의 어린양이로다"(요 3:16, 1:29) 하고 자기

독생자를 대속제물로 내어주셨다는 것이 구약성경의 마지막 책인 말라기서와, 신약성경의 첫 책인 복음서와의 연결점입니다.

그리스도께서 이 땅에 오시기 이전시대, 즉 복음의 빛이 밝히 드러나기 이전의 구약시대는 복음의 빛이 "언약, 예언, 예표" 등으로 별빛같이 비취고 있던 밤이라 할 수가 있습니다. 그런데 말라기 선지자는, "내 이름을 경외하는 너희에게는 의로운 해가 떠올라서 치료하는 광선을 발하리니"(4:2) 하고 외칩니다. 그리고 그 의로운 해는 "참 빛 곧 세상에 와서 각 사람에게 비취는 빛이 있었나니"(요 1:9) 하고 언약하신 대로 오셔서 치료하는 광선을 발하고 있습니다. 누가복음에서도, "이로써 돋는 해가 위로부터 우리에게 임하여 어두움과 죽음의 그늘에 앉은 자에게 비취고"(눅 1:78-79) 하고 성취되었음을 증거하고 있습니다.

그런데 과연 이 시대는 복음의 빛이 비취고 있는 광명(光明)한 낮 시간이란 말인가? 명심해야할 점은, "우리 복음이 가리웠으면 망하는 자들에게 가리운 것이라"(고후 4:3) 하고, 복음의 빛을 가로막고 있는 자들이 있다는 사실입니다. 그가 누군가? 신구약시대를 막론하고 교회 지도자들입니다. "내 증인이 되라" 하고 세움을 받은 자들이 복음을 증거하지 않는 다면 이것이 복음의 빛을 가로막는 것입니다. 당신이 "축복"에 열을 올리고 있는 그 시간은, 하나님의 아들이 우리 죄를 위하여 죽으시고 다시 살아나셨다는 복음을 증거하라고 주어진 시간임을 명심하시기를 바랍니다. 이 보는 배후에는 "그 중에 이 세상 신(神)이 믿지 아니하는 자들의 마음을 혼미(昏迷)케 하여 그리스도의 영광의 복음의 광채가 비취지 못하게 함이니"(고후 4:4) 한 사탄이 있다는 사실에 경각심을 가져야만 합니다.

그러므로 마지막으로 유념해야할 점이 있는데 말라기서에는 6번이나 반복되고 있는 항변(抗辯)이 있다는 점입니다. “어떻게 사랑하셨나이까?(1:2), 어떻게 멸시하였나이까?(1:6), 어떻게 괴로우시게 하였나이까?(2:17), 어떻게 돌아가리이까?(3:7), 어떻게 도적질하였나이까?(3:8), 무슨 말로 대적하였나이까?”(3:13) 하고 말끝마다 항변을 합니다. 이는 자신들의 잘못을 모르고 있다는 증거입니다. 지적해주어도 받아드리지 않을 만큼 강퍅해졌음을 의미합니다. 이것이 우리들, 특히 목회자들의 치명적인 병폐입니다.

말라기서를 통해서 우리에게 기대하시며 촉구하시는 바가 무엇인가? 주님께서 이루어주신 구속에 근거하여 “신령과 진리”로 드리는 예배의 회복입니다. 그리고 “내게는 우리 주 예수 그리스도의 십자가 외에 결코 자랑할 것이 없다”(갈 6:14) 하는 복음의 회복입니다. 아멘.

말라기 1장 개관도표

주제 : 또다시 메시아언약을 망각한 이스라엘

내가 너희를 사랑하노라	1-5 1 여호와께서 말라기로 이스라엘에게 말씀하신 경고라 2 여호와께서 가라사대 ① **내가 너희를 사랑하였노라 하나** 너희는 이르기를 **주께서 어떻게 우리를 사랑하셨나이까 하는도다** 나 여호와가 말하노라 에서는 야곱의 형이 아니냐 그러나 ② **내가 야곱을 사랑하였고** 3 **에서는 미워하였으며** 그의 산들을 황무케 하였고 그의 산업을 광야의 시랑에게 붙였느니라 4 에돔은 말하기를 우리가 무너뜨림을 당하였으나 황폐된 곳을 다시 쌓으리라 하거니와 나 만군의 여호와는 이르노라 그들은 쌓을지라도 나는 헐리라 사람들이 그들을 일컬어 악한 지경이라 할 것이요 여호와의 영영한 진노를 받은 백성이라 할 것이며 가난하나 5 너희는 목도하고 이르기를 **여호와께서는 이스라엘 지경 밖에서 크시다 하리라**
내 이름을 멸시하는 제사장들아	6-10 6 ③ **내 이름을 멸시하는 제사장들아** 나 만군의 여호와가 너희에게 이르기를 아들은 그 아비를, 종은 그 주인을 공경하나니 내가 아비일진대 나를 공경함이 어디 있느냐 내가 주인일진대 나를 두려워함이 어디 있느냐 하나 너희는 이르기를 **우리가 어떻게 주의 이름을 멸시하였나이까 하는도다** 7 **너희가 더러운 떡을 나의 단에 드리고도** 말하기를 **우리가 어떻게 주를 더럽게 하였나이까 하는도다** 이는 너희가 주의 상은 경멸히 여길 것이라 말함을 인함이니라 8 만군의 여호와가 이르노라 ④ **너희가 눈 먼 희생으로 드리는 것이 어찌 악하지 아니하며 저는 것,** **병든 것으로 드리는 것이 어찌 악하지 아니하냐** 이제 ⑤ **그것을 너희 총독에게 드려보라** 그가 너를 기뻐하겠느냐 너를 가납하겠느냐 9 만군의 여호와가 이르노라 너희는 나 하나님께 은혜를 구하기를 우리를 긍휼히 여기소서 하여 보라 너희가 이같이 행하였으니 **내가 너희 중 하나인들 받겠느냐** 10 만군의 여호와가 이르노라 너희가 **내 단 위에 헛되이 불사르지 못하게 하기 위하여** **너희 중에 성전 문을 닫을 자가 있었으면 좋겠도다** 내가 너희를 기뻐하지 아니하며 너희 손으로 드리는 것을 받지도 아니하리라
이방 중에서 크게 되리라	11-14 11 만군의 여호와가 이르노라 ⑥ **해 뜨는 곳에서부터 해 지는 곳까지의** **이방 민족 중에서 내 이름이 크게 될 것이라** 각처에서 내 이름을 위하여 분향하며 깨끗한 제물을 드리리니 이는 내 이름이 이방 민족 중에서 크게 될 것임이니라 12 ⑦ **그러나 너희는 말하기를 여호와의 상은 더러웠고** 그 위에 있는 실과 곧 식물은 경멸히 여길 것이라 하여 **내 이름을 더럽히는도다** 13 만군의 여호와가 이르노라 너희가 또 말하기를 **이 일이 얼마나 번폐스러운고 하며 코웃음하고** 토색한 물건과 저는 것, 병든 것을 가져왔느니라 **너희가 이같이 헌물을 가져오니** **내가 그것을 너희 손에서 받겠느냐** 여호와의 말이니라 14 떼 가운데 수컷이 있거늘 그 서원하는 일에 ⑧ **흠 있는 것으로 사기하여 내게 드리는 자는 저주를 받으리니** 나는 큰 임금이요 **내 이름은 열방 중에서 두려워하는 것이 됨이니라** 만군의 여호와의 말이니라

1장

또다시 메시아언약을 망각한 이스라엘

> [10]만군의 여호와가 이르노라 너희가 내 단 위에 헛되이 불사르지 못하게 하기 위하여 너희 중에 성전 문을 닫을 자가 있었으면 좋겠도다 내가 너희를 기뻐하지 아니하며 너희 손으로 드리는 것을 받지도 아니하리라.

1장의 중심점은 "또다시 메시아언약을 망각(忘却)한 이스라엘"에 있습니다. 말라기가 선지자로 세움을 입어 "여호와께서 말라기로 이스라엘에게 말씀하신 경고라"(1) 하고 외칠 때에는 포로에서 귀환한지 약 100년 쯤 지난 후였습니다. 그런데 말라기서의 내용을 보면 "또다시 메시아언약을 망각"한 것을 보게 됩니다. 저들이 "더러운 떡을 나의 단에 드리고(7), 눈멀고, 저는 것, 병든"(8) 제물을 드렸다는 것은 이론의 여지가 없는 메시아언약을 망각한 증거였던 것입니다. 그래서 "성전 문을 닫을 자가 있으면 좋겠도다" 하시는 것입니다.

도표를 보시면 "내 단 위에 헛되이 불사르지 못하게 하기 위해서 성전 문을 닫을 자가 있으면 좋겠도다"를 중심으로, ① 하나님은 "내가 너희를 사랑하였노라" 하시나 저들은 "어떻게 우리를 사랑하셨나이까" 하고 항변을 합니다. ② "내가 야곱은 사랑하고 에서는 미워하였다" 하고 대답하십니다. 그리고 ③ "내 이름을 멸시하는 제사장들아" 하고 이처럼 메시아언약을 망각하게 된 것이 지도자들의 책임(責任)임을 지적하시면서, ④ "너희가 눈먼 희생으로 드리는 것이 어찌 악하지 아니 하냐", ⑤ "그것을 총독에게 드려보라" 하시면서, ⑥ "이방(異邦)에서 내 이름이 크게 되리라" 하십니다. ⑦ "그러나 너희는 내 이름을 더럽혔다" 하시면서, ⑧ "흠 있는 것으로 사기하여 드리는 자는 저주를 받으리라" 하십니다. 이를 세 단원으로 나누어 상고하겠습니다.

첫째 단원(1-5) **내가 너희를 사랑하노라**
둘째 단원(6-10) **내 이름을 멸시하는 제사장들아**
셋째 단원(11-14) **이방 중에서 크게 되리라**

주제(主題) : 또다시 메시아언약을 망각한 이스라엘

㉠ 설교자들이 선지서를 대할 때에 교훈적(教訓的)인 면만을 보고 여기에 강조점을 두는 것을 볼 때 심히 안타깝고 답답합니다. 그리하여 "우리는 저들같이 해서는 안 된다" 하고 강조합니다. 이는 하나님의 마음을 모르는 중대한 곡해(曲解)입니다. 왜냐하면 그것은 행위구원(行爲救援)을 말하는 것이 되기 때문입니다. 그렇게 되면 그리스도는 설 자리가 없고 필요 없는 존재가 되어 설교에서 밀려나게 되고 맙니다.

㉡ 말라기 시대에 이르러 번제단에 "눈멀고, 다리 부러지고, 병든" 제물을 드렸다는 것은 그 "제물"(祭物)이 무엇에 대한 예표인가를 망각했다는 증거요, 이런 본문을 교훈적으로만 대한다면 그 설교자도 똑같

이 복음(福音)을 망각하고 있다는 증거입니다.

ⓒ 그래서 말라기서에는 하나님께서 책망을 하시면 이를 인정하고 회개하는 것이 아니라, "우리가 어떻게 주의 이름을 멸시하였나이까? 어떻게 주를 더럽게 하였나이까"(6, 7) 하고 도리어 항변을 합니다. 잘못하면서도 잘못하는 줄을 모르고 있다면 이것이 "소경이 소경을 인도하는" 우매무지(愚昧無知)입니다.

ⓔ 수백 수천의 떼 가운데 한 마리 양이 아까워서 어차피 폐기처분할 양으로 사기하여 드리는 그들에게 한 마리 양이 아까우면 그만 두어라 하시고, "하나님이 세상을 이처럼 사랑하사 독생자를 주셨으니, 보라 세상 죄를 지고 가는 하나님의 어린양이로다"(요 1:29, 3:16) 하시는 것이 구약(舊約)의 마지막 책과, 신약(新約)의 복음서의 연결점인 것입니다.

첫째 단원(1-5) 내가 너희를 사랑하노라

첫째 단원의 중심점은, "내가 너희를 사랑하노라" 하신 하나님의 "사랑"에 있습니다. "여호와께서 말라기로 이스라엘에게 말씀하신 경고라"(1).

① "여호와께서 가라사대 내가 너희를 사랑하였노라 하나"(2상),

㉠ "내가 너희를 사랑 한다"는 말씀은, 선민 "이스라엘"(1) 전체를 향해서 하신 말씀입니다. 모세는 죽기 전에 행한 설교에서, "여호와께서 너희를 기뻐하시고 너희를 택하심은 너희가 다른 민족보다 수효가 많은 연고가 아니라 너희는 모든 민족 중에 가장 적으니라 여호와께서 다만 너희를 사랑하심을 인하여 또는 너희 열조에게 하신 맹세를 지키려 하심을 인하여"(신 7:7-8) 선민(選民)으로 삼으셨다고 말씀합니다.

이것이 "너희를 사랑하였노라"의 뜻입니다.

㉡ 그런데 "너희는 이르기를 주께서 어떻게 우리를 사랑하셨나이까 하는도다", 즉 하나님의 사랑을 모르고 있다는 것입니다. 모르기만 하는 것이 아니라 도리어 "이것이 하나님이 우리를 사랑하시는 증거입니까" 하고 당면한 어려운 현실을 들어 불평하고 항변을 하고 있는 것입니다. 그들은 하나님의 사랑을 물질적인 것으로 나타내기를 바라고 있는 것입니다. 형제는 하나님이 우리를 사랑하신 최대(最大)의 사랑이 무엇인지 알고 있습니까?

② "나 여호와가 말하노라 에서는 야곱의 형이 아니냐 그러나 내가 야곱을 사랑하였고 에서는 미워하였으며"(2하-3상) 하십니다. 무슨 뜻인가?

㉠ 성경은 말씀합니다. "또한 리브가가 우리 조상 이삭 한 사람으로 말미암아 잉태하였는데 그 자식들이 아직 나지도 아니하고 무슨 선(善)이나 악(惡)을 행하지 아니한 때에 택하심을 따라 되는 하나님의 뜻이 행위로 말미암지 않고 오직 부르시는 이에게로 말미암아 서게 하려 하사 리브가에게 이르시되 큰 자가 어린 자를 섬기리라 하셨나니 기록된 바 내가 야곱은 사랑하고 에서는 미워하였다 하심과 같으니라"(롬 9:10-13) 합니다.

㉡ 나 같은 죄인을 하나님이 "택하시고, 부르시고, 의롭다 하시고, 영화롭게 하시기로" 구원계획 가운데 포함시켜주셨다는 것입니다. 왜 이렇게 해주셨는가? 한마디로 "사랑하시기 때문"이라는 것입니다. 이것이 최대의 사랑이요, 구원에 대한 최종적인 확신입니다. 에스겔서에 이에 대한 극적인 말씀이 있는데 왕이 행차하다가, "배꼽 줄을 자르지 아니하였고 물로 씻어 정결케 하지 아니하였고 소금을 뿌리지 아니하였고 너를 강보에 싸지도 아니 한" 피투성이가 되어 발짓하는 버림당한 핏덩어리 하나를 발견하게 됩니다. 왕이 그냥 지나치지 아니하고 그를 데려

다가(택하여) 양육하여 벌거벗은 것을 가리우고(의롭다 하시고), 화려한 면류관을 머리에 씌워(영화롭게), "왕후의 지위(왕 같은 제사장)에 나아갔느니라"(겔 16:4-13), 즉 그를 왕후(王后)로 삼으셨다는 것입니다. 이것이 그냥 가능하여지는 것이 아님을 인식해야만 합니다.

ⓒ 말라기서를 교훈적으로만 본다면 "더러운 떡을 드렸다, 병든 제물을 드렸다, 십일조와 헌물을 드리지 않았다" 하고 받기만을 좋아하는 하나님처럼 인식하기가 쉽습니다. 그리하여 본문을 다룰 때에, "드리라, 드리라" 하는 것입니다. 아닙니다. "내가 너희를 사랑하였노라" 하십니다. 그리고 그 사랑은, "하나님의 사랑이 우리에게 이렇게 나타난바 되었으니 하나님이 자기의 독생자를 세상에 보내심은 저로 말미암아 우리를 살리려 하심이니라 사랑은 여기 있으니 우리가 하나님을 사랑한 것이 아니요 오직 하나님이 우리를 사랑하사 우리 죄를 위하여 화목제로 그 아들을 보내셨음이니라"(요일 4:9-10) 하고 "자기 아들을 주시는" 것으로 나타났던 것입니다.

ⓔ "에서는 미워하였다"는 말은 야곱과 상대적으로 한 표현인데 그는 버림받은 상태로 유기(遺棄)했다는 뜻입니다. 이럴 경우 자기중심적인 인간은 왜 에서는 택하시지 않으셨는가 하고 비난합니다. 성경은 대답합니다. "이 사람아 네가 뉘기에 감히 하나님을 힐문하느뇨 지음을 받은 물건이 지은 자에게 어찌 나를 이같이 만들었느냐 말하겠느뇨"(롬 9:20), 선택은 하나님의 주권에 속하는 영역입니다.

ⓜ "그의 산들을 황무케 하였고 그의 산업을 광야의 시랑에게 붙였느니라"(3) 합니다. 왜 그런가? "뱀의 후손"의 줄기가 되어 그리스도가 탄생할 "여자의 후손"의 줄기를 대적했기 때문입니다. "에돔은 말하기를 우리가 무너뜨림을 당하였으나 황폐된 곳을 다시 쌓으리라 하거니와 나 만군의 여호와는 이르노라 그들은 쌓을지라도 나는 헐리라 사람들이 그들을 일컬어 악한 지경이라 할 것이요 여호와의 영영한 진노를 받은 백

성이라 할 것이며"(4), 여기 주목할 말씀이 나오는데, "그들은 쌓을지라도 나는 헐리라"는 말씀입니다. 종래는 발등상을 만드시고야 말 것입니다. 뱀의 후손들은 하나님을 대항하기 위해서 바벨탑을 쌓았으나 하나님은 헐어버리셨습니다. 이것이 어째서 중요하냐 하면, 반대로 "여자의 후손의 장막은 헐릴지라도 하나님은 다시 세우신다"는 점 때문입니다.

ⓑ 구속사(救贖史)란 사탄은 계속적으로 파괴하려하나 하나님은 그때마다 다시 세우시곤 한 역사입니다. 가인이 아벨을 쳐 죽였으나 하나님은 다른 씨인 셋을 주셨습니다. 죄가 온 세상을 삼키려하였으나 하나님은 홍수로 심판하시고 여덟 명을 남겨주셨습니다. 예루살렘을 정복하고 성전을 불태워버렸으나 하나님은 "남은 자"가 있게 하여 돌아오게 하셨습니다. 그리스도를 십자가에 못을 박아 죽이고 승리의 개가를 불렀으나, 하나님은 다시 살리심으로 무너진 것을 다시 세우셨습니다.

ⓢ 성경은 말씀합니다. "그날에 내가 다윗의 무너진 천막을 일으키고 그 틈을 막으며 그 퇴락한 것을 일으켜서 옛적과 같이 세우고"(암 9:11, 행 15:15-17), 무너지게 된 것은 인간의 범죄 때문이었으나 세우신 것은 전적인 하나님의 주권적인 은혜입니다. 그러나 뱀의 후손의 장막은 "쌓을지라도 나는 헐리라, 영영한 진노를 받은 백성이라 할 것이라" 하십니다.

ⓞ "너희는 목도하고 이르기를"(5상), "목도"(目睹)란 두 눈으로 똑똑히 보게 될 날이 이르게 될 것이라는 뜻입니다. 무엇을 말입니까? "이스라엘 지경 밖에서 크시다 하리라", 즉 "해 뜨는 곳에서부터 해 지는 곳까지의 이방 민족 중에서 내 이름이 크게 될 것"(11)을 보게 되리라는 말씀입니다. 다시 말하면 하나님의 사랑을 배척한 이스라엘은 빼앗기고 열매 맺는 백성이 받으리라는 뜻입니다. 그래도 하나님은 나를 사랑하시지 않는다고 말하시겠습니까? "어떻게 우리를 사랑하셨나이까" 하고 하나님의 사랑을 의심하는 것보다 하나님을 슬프시게 하는 것은

달리는 없습니다.

둘째 단원(6-10) 내 이름을 멸시하는 제사장들아

③ 둘째 단원의 중심점은 하나님의 "이름을 멸시하는 제사장들"(6상)에 있습니다.

㉠ 이스라엘 전체를 향하여 "사랑"을 말씀한 다음에 책망하는 첫 말씀, 첫 대상(對象)이, "내 이름을 멸시하는 제사장들아"(6상) 하고 지도자들임을 명심해야만 합니다. 이는 제사장이 된다는 것은 "영광"만이 아니라 막중한 책임(責任)이 따른다는 것을 나타냅니다. 즉 구약교회가 이처럼 타락하게 된 원인이 제사장과 같은 지도자들에게 있다는 뜻으로 우리의 마음을 찌르는 말씀입니다. 어느 시대를 막론하고 그 시대의 교회 상은 그대로가 지도자들의 자화상(自畵像)인 것입니다.

㉡ "내 이름을 멸시하는 제사장들"이라 하십니다. 이 말씀이 "내 이름을 멸시하는 목사들아" 하는 것과 같다고 말한다면 화를 내시겠습니까? 어느 시대, 어느 교회를 막론하고 목회자 한 사람만 "하나님의 마음에 합한 자"가 된다면 교회 전체가 바로 설 수가 있는 것입니다. 사도 바울은, "우리가 주의 두려우심을 알므로 사람을 권하노니"(고후 5:11) 합니다. 히브리서 기자는 "살아 계신 하나님의 손에 빠져 들어가는 것이 무서울 진저"(히 10:31) 합니다. 오늘날도 제사장들이 하나님의 이름을 멸시하는 시대라 해도 과언이 아닙니다. "네가 이 일을 행하여도 내가 잠잠하였더니 네가 나를 너와 같은 줄로 생각하였도다 그러나 내가 너를 책망하여 네 죄를 네 목전에 차례로 베풀리라"(시 50:21) 하십니다.

㉢ "나 만군의 여호와가 너희에게 이르기를 아들은 그 아비를, 종은

그 주인을 공경하나니 내가 아비일진대 나를 공경함이 어디 있느냐 내가 주인일진대 나를 두려워함이 어디 있느냐 하나"(6중), 우리와 하나님과의 관계를 ㉮ 아버지와 자녀, ㉯ 주인(主人)과 종(從)의 관계로 말씀합니다. 자녀의 신분으로는 "공경" 하고, 종의 신분으로는 "두려워함", 즉 복종해야한다는 것입니다. 지금 우리의 신분이 하나님의 자녀인 것은 분명하나 자녀의 유업은 그날에 누릴 것이요, 이제는 종의 자세로 죽도록 충성을 다해야하는 것입니다.

㉣ 그런데 "너희는 이르기를 우리가 어떻게 주의 이름을 멸시하였나이까 하는도다"(6하), 성경을 상고하노라면 공통점(共通點)이 있는데 잘못하고 있는 것이 분명한데도 자신의 잘못을 모르고 있고, 책망을 받아도 인정하려 하지 않는다는 점입니다. 이런 의미에서, "하나님이여 나를 살피시사 내 마음을 아시며 나를 시험하사 내 뜻을 아옵소서 내게 무슨 악한 행위가 있나 보시고 나를 영원한 길로 인도하소서"(시 139:23-24) 한 다윗의 기도는 참으로 우리의 기도가 되어야할 것입니다. 그러면 저들이 어떻게 하나님의 이름을 멸시했는가?

어떻게 멸시하였나이까

④ "너희가 더러운 떡을 나의 단에 드리고도 말하기를"(7상),

㉠ 여기 "더러운 떡"이 진설병이냐, 제물이냐 하는 것은 중요한 문제가 아닙니다. 핵심은 "나의 단"이라 한 "단"(壇)에 있습니다. 이는 번제단을 가리키기 때문입니다. 성막은 모세의 마음대로 세운 것이 아닙니다. 하나님이 명하신 식양(式樣)대로 지은 것이요, 이는 이 식양을 통해서 계시하시려는 바가 있기 때문입니다. 번제단은 제물이 대속제물로 드리지는 살보리 십자가의 상징으로 주어진 것입니다.

㉡ 포로에서 귀환한 자들이 최우선적으로 한 것이 무엇인지 아십니

까? "단(壇)을 그 터에 세우고", 즉 비록 파괴되었으나 하나님이 정해주신 "그 터"에 단을 세우고 "그 위에 조석으로 여호와께 번제를 드린"(스 3:3) 일입니다. 그런데 "그 단에, 더러운 떡"을 드리고 있다는 것입니다. 그러면서도 "우리가 어떻게 주를 더럽게 하였나이까" 하고 항변하고 있다는 것입니다. "이는 너희가 주의 상은 경멸히 여길 것이라 말함을 인함이니라"(7하), 이는 변명의 여지가 없는 하나님의 이름을 "멸시하고, 더럽게 하고, 경멸"한 처사라는 것입니다. 계속해서 말씀하시기를,

⑤ "만군의 여호와가 이르노라"(8상),

㉠ "너희가 눈 먼 희생으로 드리는 것이 어찌 악하지 아니하며,

㉡ 저는 것,

㉢ 병든 것으로 드리는 것이 어찌 악하지 아니 하냐"(8중) 하십니다. 서론에서 말씀을 드렸습니다만 말라기 시대에 이르러 예배가 이처럼 타락했다는 것은 "또다시 메시아언약을 망각했다"는 증거인 것이요, 이렇게 된 책임은 "내 이름을 멸시하는 제사장들아" 한 제사장들의 책임이요, 제사장들이 이렇게 된 원인은 "소경이 되어 소경을 인도했기" 때문입니다.

㉣ "이제 그것을 너희 총독에게 드려보라 그가 너를 기뻐하겠느냐 너를 가납하겠느냐"(8하) 하십니다. 총독에게 "눈멀고 다리 부러지고 병든" 짐승을 바친다면 어찌되겠느냐는 것입니다. 그런 것을 총독에게 바치는 자가 있단 말인가? 없습니다. 그런데 하나님께는 바치고 있는 것입니다. 하나님을 총독만도 못하게 여기다니, 왜 그런가? 총독은 육신의 눈으로 볼 수 있기 때문이나, 영의 눈이 어두워진 제사장들은 하나님을 볼 수 없기 때문입니다. 이는 변명의 여지가 없는 불신앙이요, 하나님의 이름을 멸시하는 처사입니다.

㉤ "만군의 여호와가 이르노라 너희는 나 하나님께 은혜를 구하기를 우리를 긍휼히 여기소서 하여 보라 너희가 이같이 행하였으니 내가

너희 중 하나인들 받겠느냐"(9) 하십니다. "하나인들 받겠느냐?", 왜 이토록 전체가 타락하게 되는지 아시겠습니까? 신앙생활에도 그 시대의 "모든 교훈의 풍조"(風潮 엡 4:14), 즉 유행(流行)이 있기 때문입니다. 그래서 모든 교회들이 유행에 뒤질세라 따르게 되어 적은 누룩이 온 덩어리에 퍼지듯이 전체가 감염이 되고 말기 때문입니다. 이를 알았기에 바울은 디모데에게, "…같은 자들에게서 네가 돌아서라"(딤후 3:5), 즉 너는 달라야 한다고 경계한 것입니다. 이 시대도 "바알에게 무릎을 꿇지 아니한 7000명"은 있을 것입니다.

㉥ 이렇게 말씀한 후에 주제(主題)의 말씀이 등장하는데, "만군의 여호와가 이르노라 너희가 내 단 위에 헛되이 불사르지 못하게 하기 위하여"(10상) 하십니다. 다시 한 번 강조합니다만 "내 단 위에 헛되이 불사르지 못하게" 라는 말씀을 작은 일로 여기지 마시기를 바랍니다. "그 단" 위에는 장차 "이 예수를 하나님이 그의 피로 인하여 믿음으로 말미암은 화목제물로 세우셨으니"(롬 3:25) 할 단이요, 흠이 없으신 하나님의 아들 그리스도께서 "인자의 온 것은, 자기 목숨을 많은 사람의 대속물로 주려 함이니라"(마 20:28) 하고 드려질 단이기 때문입니다. 그런데 이 단에 "눈멀고 다리 부러지고 병든" 짐승을 드리는 것을 용납할 수가 있단 말인가?

㉦ 그러므로 "너희 중에 성전 문을 닫을 자가 있었으면 좋겠도다 내가 너희를 기뻐하지 아니하며 너희 손으로 드리는 것을 받지도 아니하리라"(10하) 하시는 것입니다. 이사야 선지자를 통해서는, "내 마음이 너희의 월삭과 정한 절기를 싫어하나니 그것이 내게 무거운 짐이라 내가 지기에 곤비하였느니라"(사 1:14) 하십니다. 그러면서도 이를 모르고 있다는 것입니다. 우리는 오늘의 문제점을 알고 있다는 말인가? 이 말씀을 상고하면서 하나님께서 현대교회의 예배에 대해서는 무엇이라 말씀하실 가를 생각하게 합니다.

셋째 단원(11-14) 이방 중에서 크게 되리라

셋째 단원의 중심점은 "여호와의 이름이 이방인 중에서 크게 되리라"는 말씀에 있습니다.

⑥ "만군의 여호와가 이르노라 해 뜨는 곳에서부터 해 지는 곳까지의 이방 민족 중에서 내 이름이 크게 될 것이라"(11상),

㉠ 시편 기자도 "이제부터 영원까지 여호와의 이름을 찬송할지로다 해 돋는 데서부터 해 지는데 까지 여호와의 이름이 찬양을 받으시리로다"(시 113:1-3) 합니다. 이사야 선지자도 메시아 예언을 하는 중에, "내가 또 너로 이방(異邦)의 빛을 삼아 나의 구원을 베풀어서 땅 끝까지 이르게 하리라"(사 49:6) 합니다. 이는 아브라함에게 "네 씨로 말미암아 천하 만민이 복을 얻으리니"(창 22:18) 한 언약의 성취인 것입니다. 그러므로 "각처에서 내 이름을 위하여 분향하며 깨끗한 제물을 드리리니 이는 내 이름이 이방 민족 중에서 크게 될 것임이니라"(11하) 한 말씀은 신약의 복음시대에 이루어질 것을 구약적으로 표현한 것입니다.

⑦ "그러나 너희는 말하기를", "이방 민족"(11)에서 크게 될 것을 말씀한 후에 "그러나 너희는"(12) 하고 대조적(對照的)으로 말씀하심을 주목하게 합니다. 이는 주님께서 "하나님의 나라를 너희는 빼앗기고 그 나라의 열매 맺는 백성이 받으리라"(마 21:43) 하신 말씀으로 인도해줍니다.

㉠ "여호와의 상은 더러웠고 그 위에 있는 실과 곧 식물은 경멸히 여길 것이라 하여 내 이름을 더럽히는도다"(12) 합니다. "더럽히는도다" 한 말씀을 유념해야만 합니다. 아담 하와는 에덴에서 하나님의 거룩하신 이름을 더럽혔습니다. 이스라엘은 바벨론으로 포로가 됨으로 하나님의 이름을 더럽게 했습니다. "기록된 바와 같이 하나님의 이름이 너희로 인하여 이방인 중에서 모독을 받는도다"(롬 2:24) 합니다. 한국교회

는 하나님의 이름에 영광을 돌리고 있는가? 아니면 더럽히고 있는가?

㉡ "만군의 여호와가 이르노라 너희가 또 말하기를 이 일이 얼마나 번폐스러운고 하며 코웃음하고 토색한 물건과 저는 것, 병든 것을 가져왔느니라 너희가 이같이 헌물을 가져오니 내가 그것을 너희 손에서 받겠느냐 여호와의 말이니라"(13) 하십니다. 이것이 "내 이름을 멸시하는 제사장들아"(6) 하신 제사장들의 잘못입니다. 이를 요약을 하면 제사장들은,

㉢ "주의 이름을 멸시"(6)했습니다.

㉣ "경멸히"(7) 여겼습니다.

㉤ 그리하여 "더러운 떡, 저는 것, 눈먼 것, 병든 것"(8)을 드렸습니다.

㉥ "이 일이 얼마나 번거로운고" 하고, 번제 드리는 것을 귀찮은 일로 여겼습니다.

㉦ 심지어 엎드려서는 "코웃음 쳤다"고 말씀합니다.

⑧ "떼 가운데 수컷이 있거늘 그 서원하는 일에 흠 있는 것으로 사기하여 내게 드리는 자는 저주를 받으리니"(14상) 합니다.

㉠ 1장은 "저주"로 마치고 있고, 말라기서 자체가 "내가 와서 저주로 그 땅을 칠까 하노라"(4:6하) 하고 마치고 있습니다. 하나님은 무엇이 부족한 것같이 저들에게서 받으시기 위해서 번제를 드리라 하시는 것이 아닙니다. 메시아언약을 잊지 않게 하시고, 이 예표를 통해서 복을 주시려는 것입니다. 그런데 이를 경멸하면서 배척한다면 그 종말은 "저주" 외에 다른 방도가 없는 것입니다.

㉡ 신명기는 모세가 죽기 전에 행한 세 편의 설교로 되어 있는데, "내가 오늘날 천지를 불러서 너희에게 증거를 삼노라 내가 생명과 사망과 복과 저주를 네 앞에 두었은즉 너와 네 자손이 살기 위하여 생명을 택하라"(신 30:19) 하고 권면합니다. 그러나 저들은 복을 발로 차고 "저

주"를 자초한 것입니다.

㉢ 이점은 성경전체의 요절이라 말하는 요한복음 3:16절에도 나타납니다. "하나님이 세상을 이처럼 사랑하사 독생자를 주셨으니 이는 저를 믿는 자마다 멸망치 않고 영생을 얻게 하려 하심이니라", 믿는 자는 영생을 얻으나, 그러나 믿지 않는 자마다 "멸망"이라는 말씀입니다. 구약교회의 구원의 방도가 달리 있었던 것이 아니라, 신구약시대를 막론하고 구원은 오직 그리스도 안에만 있다는 점을 명심해야만 합니다.

㉣ 1장을 마치기 전에 다시 한 번 제사장들이 어찌하여 이토록 "만군의 여호와의 이름을 멸시"하게 되었는가를 상기해야만 하겠습니다. 이는 남의 이야기가 아니라 바로 우리들의 문제이기 때문입니다. 제사장의 직무 중에는, "내 백성에게 거룩한 것과 속된 것의 구별을 가르치며 부정한 것과 정한 것을 분별하게"(겔 44:23) 해주어야 할 책임이 있습니다. 그런 제사장이 이처럼 "저는 것, 병든 것, 눈먼 것"으로 드렸다는 것은 제사장 자신이 메시아언약을 망각한 소경이기 때문입니다. 이런 맥락은 하나님의 아들 그리스도를 십자가에 못을 박는데 제사장들이 주동적인 역할을 한데서도 드러납니다. 그리고 "선생 된 우리가 더 큰 심판을 받는다"(약 3:1)는 말씀으로 우리에게 경고가 됩니다.

㉤ 이점에서 부언할 점은 제가 "오직 은혜, 오직 복음"이라하니까 행함, 즉 "윤리"를 등한시 하는 것으로 여길 수가 있지만 아닙니다. 구약시대는 안식일을 범하는 자는 돌로 쳐 죽이라는 율법이 있었습니다. 그런데 어떤 결과에 이르게 되었는가를 말라기서는 보여주고 있습니다. 말라기 시대는 출애굽한지 약 1000년 후요, 포로에서 귀환한지 약 100년 후입니다. 그동안 하나님은 선지자를 보내시되 부지런히 보내셨습니다. 그런데 말라기 시대에 이르러 얼마나 개선이 되었고 성숙해졌는가 하는 점입니다. 출애굽 당시나 바벨론에 의하여 멸망할 당시나 조금도 다를 바가 없고 도리어 퇴보한 모습을 대한다는 것은 슬픈 일입니다.

이것은 무엇을 증언해주고 있느냐 하면, 율법은 구원, 칭의(稱義)만을 주지 못한 것이 아니라 성화(聖化)도 주지 못한다는 점을 명심하시기를 바랍니다. 성화는 율법의 정죄로 가능해지는 것이 아니라, 복음이 이끌어주는 "사랑"의 열매임을 명심하시기 바랍니다.

⑨ 묵상해보겠습니다.

㉠ 하나님의 최고 최대의 사랑이 무엇인가에 대해서,

㉡ 부정한 제물을 드렸다는 구속사적 의미에 대해서,

㉢ 말라기서와 복음서의 연결점에 대해서,

㉣ 자신이 드리는 예배가 어떠할까에 대해서.

말라기 2장 개관도표

주제 : 레위와 세운 언약을 파한 제사장들

생명과 평강의 언약을 파함

1-9

1 ① **너희 제사장들아 이제 너희에게 이같이 명령하노라**

2 만군의 여호와가 이르노라 **너희가 만일 듣지 아니하며 마음에 두지 아니하여**
내 이름을 영화롭게 하지 아니하면

내가 너희에게 저주를 내려 ② **너희의 복을 저주하리라 내가 이미 저주하였나니**
이는 너희가 그것을 마음에 두지 아니 하였음이니라

3 보라 내가 너희의 종자를 견책할 것이요 똥 곧 너희 절기의 희생의 똥을 너희 얼굴에 바를 것이라
너희가 그것과 함께 제하여 버림을 당하리라

4 만군의 여호와가 이르노라 내가 이 명령을 너희에게 내린 것은

레위와 세운 나의 언약이 항상 있게 하려 함인 줄을 너희가 알리라

5 **레위와 세운 나의 언약은 생명과 평강의 언약이라**
내가 이것으로 그에게 준 것은 그로 경외하게 하려 함이라
그가 나를 경외하고 내 이름을 두려워하였으며

6 ③ **그 입에는 진리의 법이 있었고 그 입술에는 불의함이 없었으며** 그가 화평과 정직한 중에서
나와 동행하며 많은 사람을 돌이켜 죄악에서 떠나게 하였느니라

7 대저 **제사장의 입술은 지식을 지켜야 하겠고 사람들이 그 입에서 율법을 구하게 되어야 할 것이니**
제사장은 만군의 여호와의 사자가 됨이어늘

8 ④ **너희는 정도에서 떠나** 많은 사람으로 율법에 거치게 하도다 나 만군의 여호와가 이르노니
너희가 레위의 언약을 파하였느니라

9 너희가 내 도를 지키지 아니하고 율법을 행할 때에 사람에게 편벽되이 하였으므로
나도 너희로 모든 백성 앞에 멸시와 천대를 당하게 하였느니라 하시니라

이방인과 결혼

10-14

10 우리는 ⑤ **한 아버지를 가지지 아니하였느냐**
한 하나님의 지으신 바가 아니냐 어찌하여 우리 각 사람이 자기 형제에게
궤사를 행하여 우리 열조의 언약을 욕되게 하느냐

11 유다는 궤사를 행하였고 이스라엘과 예루살렘 중에서는 가증한 일을 행하였으며
유다는 ⑥ **여호와의 사랑하시는 그 성결을 욕되게 하여 이방 신의 딸과 결혼하였으니**

12 이 일을 행하는 사람에게 속한 자는 깨는 자나 응답하는 자는 물론이요
만군의 여호와께 제사를 드리는 자도 여호와께서 야곱의 장막 가운데서 끊어 버리시리라

13 너희가 이런 일도 행하나니 곧 ⑦ **눈물과 울음과 탄식으로 여호와의 단을 가리우게 하도다**
그러므로 여호와께서 다시는 너희의 헌물을 돌아보지도 아니하시며 그것을 너희 손에서
기꺼이 받지도 아니하시거늘

14 너희는 이르기를 어찜이니까 하는도다 이는 너와 **너의 어려서 취한 아내 사이에 여호와께서 일직이**
증거하셨음을 인함이니라 그는 네 짝이요 **너와 맹약한 아내로되 네가 그에게 궤사를 행하도다**

오직 하나만을 지으심

15 ⑧ **여호와는 영이 유여하실 지라도 오직 하나를 짓지 아니하셨느냐** 어찌하여 하나만 지으셨느냐
이는 경건한 자손을 얻고자 하심이니라 그러므로 네 심령을 삼가 지켜

어려서 취한 아내에게 궤사를 행치 말지니라

16 이스라엘의 하나님 여호와가 이르노니 나는 **이혼하는 것과 학대로 옷을 가리우는 자를 미워하노라**
만군의 여호와의 말이니라 그러므로 너희 심령을 삼가 지켜 궤사를 행치 말지니라

17 너희가 ⑨ **말로 여호와를 괴로우시게 하고도 이르기를**
우리가 어떻게 여호와를 괴로우시게 하였나 하는도다
이는 너희가 말하기를 **모든 행악하는 자는 여호와의 눈에 선히 보이며 그에게 기쁨이 된다 하며**
또 말하기를 공의의 하나님이 어디 계시냐 함이니라

2장

레위와 세운 언약을 파한 제사장들

[4]만군의 여호와가 이르노라 내가 이 명령을 너희에게 내린 것은 레위와 세운 나의 언약이 항상 있게 하려 함인 줄을 너희가 알리라.

2장의 중심점은 "레위와 세운 언약을 파한 제사장들"에 있습니다. 2장에는 "레위와 세운 언약"이라는 말이 3번(4, 5, 8) 등장하는데, "너희가 레위의 언약을 파(破)하였느니라"(8하) 합니다. 어찌하여 모세와 세운 언약(시내산 언약)이라 하지 않고 레위와 세운 언약이라 하시는가? 그러므로 2장을 바르게 해석하는 열쇠는, "레위와 세운 나의 언약"이 무엇인가를 분별하는데 있습니다.

도표를 보시면, "레위와 세운 언약을 파한 제사장들"을 중심으로 ① "너희 제사장들아, 내 이름을 영화롭게 하지 아니하면", ② "너희의 복을 저주하리라, 내가 이미 저주하였나니" 하십니다. 왜냐하면 레위와 세운 언약은 "생명과 평강의 언약"이요, ③ "그 입에는 진리의 법이 있었고, 제사장의 입술은 지식을 지켜야 하는데", ④ "너희는 정도(正道)에서 떠나 율법을 거치게 하고, 언약을 파했기" 때문에 저주하신다는 것입니다. 나아가 ⑤ "우리는 한 아버지"의 소생인데, ⑥ "그 성결을 욕되게 하고 이방 신의 딸과 결혼하여", ⑦ "탄식으로 여호와의 단을 가리우도다", ⑧ "어려서 취한 아내와 이혼하는 것과 학대하는 것"을 미워한다 하십니다. 이렇게 된 원인도 "레위와 세운 언약을 파한" 것과 결부되는 것인데 2장은, ⑨ "여호와를 괴로우시게 한다"(17)는 말씀으로 마치고 있습니다. 이를 세 단원으로 나누어 상고하겠습니다.

첫째 단원(1–9) **생명과 평강의 언약을 파함**
둘째 단원(10–14) **이방 신의 딸과 결혼함**
셋째 단원(15–17) **오직 하나만을 지으신 하나님**

주제(主題) : 레위와 세운 언약을 파한 이스라엘

㉠ 2장을 해석하는 열쇠는 "레위와 세운 나의 언약"이 무엇인가를 규명하는데 있습니다. 이를 깨닫기 위해서는 통찰력을 가지고 민수기 3장을 상고해보아야만 합니다. ㉮ "이스라엘 자손의 처음 난 남자를 일 개월 이상으로 계수하라"(민 3:40) 하십니다. ㉯ 왜 "처음 난 자들"을 계수하라 하시는가? 이들은 출애굽 당시 애굽 천지의 "처음 난 자"(장자)를 치실 때에 죽었어야 하는 자들인데 유월절 어린양의 피로 대속하여 생명을 보존한 자들입니다. 그래서 "초태생은 내 것이라"(출 13:2) 하시면서 계수하라 하시는 것입니다.

㉡ 그런데 하나님은 처음 난 자, 즉 장자(長子) 대신(代身)에 레위인을 내게 돌리라, "레위인은 내 것이라"(민 3:45) 하십니다. 그러므로 레

위인들은 값을 주고 산 "장자들" 대신으로 성전에서 수종드는 직무를 담당하게 된 것입니다. 그런데 이스라엘의 장자의 총계가 레위인보다 273명이 더 많았습니다. 이들은 속(贖)하기 위하여 한 사람에게 5세겔씩 "속전"(贖錢)을 바치라 하십니다. 이렇게 되어 레위 지파가 제사장 지파가 되어 하나님을 수종들게 되었는데 이것이 "레위와 세운 언약"입니다.

ⓒ 그러므로 레위와 세운 언약은 그 근거를 철두철미 "대속"(代贖)에 두고 있습니다. 즉 피로 값을 주고 산 자들이라는 말씀입니다. 이점에서 유념해야할 점은 "레위와 세운 언약"이란 레위 지파만을 위한 언약이 아니라, 레위 지파 제사장들을 통해서 이스라엘 백성 전체에게 세워주신 언약이라는 점입니다.

ⓓ 그러면 "레위와 세운 언약"의 내용이 무엇인가? "레위와 세운 나의 언약은 생명(生命)과 평강(平康)의 언약이라"(5) 하십니다. 여기에 모세와 세운 언약과의 차별(差別)이 드러납니다. 율법은 "정죄하고, 죽이는 것"(고후 3:9, 6), 그래서 "죄와 사망의 법"(롬 8:2)이라 할뿐 "생명과 평강의 언약"이라고는 말하지 않습니다. 이런 맥락에서 영도자 모세와, 대제사장 아론은 다 같이 그리스도를 예표하면서도 그 직임(職任)에는 구별이 있는 것입니다. 모세가 "왕"이신 그리스도의 예표라면, 대제사장 아론은 그리스도의 "제사장적" 사명에 대한 예표로 세움을 받은 자입니다. 그러므로 모세는 (율)법을 범한 자를 처벌하는 직임이지만, 아론은 그 죄를 대속하는 직임인 것입니다. 그리스도는 심판과 속죄라는 두 가지 사역을 함께 수행하시는 분이십니다.

ⓔ 그러면 "레위와 세운 언약"이 어떻게 해서 "생명과 평강의 언약"이 될 수가 있는가? 하나님은 시내산에서 십계명의 돌비만을 주신 것이 아니라, 성막의 식양도 주셨음을 명심한다는 것은 중요한 요점이 됩니다. 그러므로 모세에게 세워주신 언약이 "율법"(십계명의 돌비)이라면,

레위에게 세워주신 언약은 성막의 식양이라 할 수가 있습니다. 율법을 범하여 정죄를 당한 자가 속함을 받을 수 있는 방도가 무엇인가? 성막의 번제단에 와서 "속죄제"를 드리는 일입니다. 그러므로 만일 십계명의 돌비만을 주시고 성막 식양을 주시지 않았다면 구약의 성도들은 구원 얻을 자가 한 사람도 없었을 것이라는 논리가 성립이 되는 것입니다.

ⓑ 명심해야할 점은 레위 지파, 즉 제사장과 세운 언약이 "생명과 평강의 언약"이 될 수가 있는 것은 저절로 되는 것이 아니라 양이 대신 죽기 때문에 가능해진다는 점입니다. 그러므로 "레위와 세운 언약"이란 의문에 가려있는 복음인 것입니다. 이런 맥락에서 "너희가 레위의 언약을 파하였느니라"(8하) 하심은 메시아언약을 망각했다는 뜻과 같은 것입니다. 이점이 "눈먼 것, 저는 것, 병든 것"을 제물로 드리고 있는데서 드러납니다.

ⓢ 또 하나의 주제는, 어려서 취한 아내를 학대하고, 이혼하고, 이방인을 아내로 취했다는 문제인데 이는 단순한 가정(家庭)의 문제가 아닙니다. 하나님은 왜 이방인과의 통혼을 금하셨는가? "여호와의 사랑하시는 그 성결을 욕되게 하여"(11) 라는 말씀이 설명해줍니다. 즉 유다는 그리스도가 탄생할 선민으로서의 "성결"(聖潔)을 지켜야만 했기 때문입니다. 그런데 "이방 신의 딸과 결혼"했다는 것은 이것 또한 성민의 표로 주신 할례의 정신을 저버린 메시아언약을 망각했다는 증거인 것입니다. 그래서 2장의 주제가 "레위와 세운 생명과 평강의 언약을 파한 제사장"이 될 수가 있는 것입니다.

첫째 단원(1-9) 생명과 평강의 언약을 파함

첫째 단원의 중심점은 "레위와 세운 나의 언약은 생명과 평강의 언약이라"(5) 하심에 있습니다.

① "너희 제사장들아 이제 너희에게 이같이 명령하노라"(1) 하십니다. 이는 1:6절에서 "내 이름을 멸시하는 제사장들아" 하고 시작된 제사장들에 대한 책망의 계속(繼續)입니다.

㉠ "만군의 여호와가 이르노라 너희가 만일 듣지 아니하며 마음에 두지 아니하여 내 이름을 영화롭게 하지 아니하면"(2상), 즉 1:6절로부터 말씀하신 예배를 메시아언약에 합당하게 회복하라 하심을 "듣지 아니하며 마음에 두지 아니하여 내 이름을 영화롭게 하지 아니하면",

② "내가 너희에게 저주를 내려 너희의 복을 저주하리라 내가 이미 저주하였나니 이는 너희가 그것을 마음에 두지 아니 하였음이니라"(2하) 하십니다. "저주"라는 말을 3번이나 반복적으로 말씀하심으로 강조적입니다. 메시아언약은 그로 말미암아 천하 만민이 "복(福)을 받게" 하시려는 것인데 이를 배척한다면 "저주"(咀呪)가 임할 수밖에 없다는 것이 성경의 일관된 증거입니다.

㉠ "보라 내가 너희의 종자를 견책할 것이요 똥 곧 너희 절기의 희생의 똥을 너희 얼굴에 바를 것이라 너희가 그것과 함께 제하여 버림을 당하리라"(3) 하십니다. "종자"란 자손을 가리키는 것으로 여겨지는데 이는 제사장 직분이 계승되지 못하도록 박탈하겠다는 뜻으로 여겨집니다. 하나님께서 "희생의 똥을 얼굴에 바르시겠다" 하시는데 그러고도 제사장 직무를 수행할 수가 있단 말인가? 이는 타락한 제사장들이 당할 저주를 원색적으로 표현한 말씀입니다. 그러므로 우리도 이런 저주(더 중한 심판)를 당하지 않으려면 "생명과 평강의 언약"을 보수(保守)해야만 하는 것입니다.

ⓛ 그런 후에 요절(要節)인, "만군의 여호와가 이르노라 내가 이 명령을 너희에게 내린 것은 레위와 세운 나의 언약이 항상 있게 하려 함인 줄을 너희가 알리라"(4) 하십니다. 2절에서 하나님은 "내가 이미 저주하였나니" 하셨는데, "나의 생각은 내가 아나니 재앙이 아니라 곧 평안이요 너희 장래에 소망을 주려 하는 생각이라"(렘 29:11), 즉 "생명과 평안"을 주려는 것이라는 그런 뜻입니다. 다시 말하면 저들은 타락하여 "레위의 언약을 파한다"(8) 하여도 하나님은 자기 아들을 대속제물로 삼으셔서 천하 만민을 구원하시려는 계획을, "항상 있게 하려함"이라, 즉 포기하실 수가 없다는 것입니다.

ⓒ 다시 강조합니다만 하나님은 시내산에서 율법만 주신 것이 아니라 "성막의 식양"도 주셨음을 인식한다는 것은 사활(死活)이 걸려있는 문제입니다. 어찌하여 성막의 식양을 주셨으며 이것이 왜 필요한가? 하나님은 말씀하십니다. "여호와가 모세로 너희에게 명한 모든 것을 여호와가 명한 날부터 이후 너희의 대대에 지키지 못하게"(민 15:23) 되면 어떻게 해야만 하는가? 흠 없는 제물로 번제단에서 속죄제를 드리라 그러면 "사함을 얻으리니"(민 15:25) 하십니다. 즉 "생명과 평강"을 얻게 된다는 말씀입니다. 그래서 "내가 이것(레위 언약)으로 그에게 준 것은 그로 경외하게 하려 함이라"(5중) 하시는 것입니다. 우리가 성경을 구속사의 관점, 즉 그리스도 중심으로 보는 이유도 이를 깨달아 하나님을 더욱 "경외"(敬畏)케 하기 위해서입니다.

③ 5-7절까지는 어떻게 하는 것이 "레위와 세운 언약"을 지키는 것인가를 설명하는 대목인데, "그가 나를 경외하고 내 이름을 두려워하였으며 그 입에는 진리의 법이 있었고 그 입술에는 불의함이 없었으며 그가 화평과 정직한 중에서 나와 동행하며 많은 사람을 돌이켜 죄악에서 떠나게 하였느니라"(5하-6) 하십니다. 이는 오늘의 설교자들이 명심해야 할 중요한 요점이기에 다시 요약을 한다면,

㉠ 레위와 세운 언약이 본래부터 이처럼 타락한 것은 아니라는 말씀입니다.

㉮ "나를 경외(敬畏)하고 내 이름을 두려워하였으며",

㉯ "그 입에는 진리(眞理)의 법이 있었고",

㉰ "그 입술에는 불의(不義)함이 없었으며",

㉱ "그가 화평과 정직(正直)한 중에서 나와 동행하며",

㉲ "많은 사람을 돌이켜 죄악(罪惡)에서 떠나게 하였느니라", 이것이 제사장의 임무요, 경건한 제사장들이 이렇게 해왔다는 것입니다.

㉡ 또한 "대저 제사장의 입술은 지식(知識)을 지켜야 하겠고 사람들이 그 입에서 율법을 구하게 되어야 할 것이니 제사장은 만군의 여호와의 사자가 됨이어늘"(7) 하십니다. 명심해야할 점은, "그 입에는 진리(眞理)의 법이 있었고(6), 제사장의 입술은 지식(知識)을 지켜야 하겠고"(7) 한 말씀입니다. 이는 "진리(眞理)와 지식"을 보수(保守)해야 할 자라는 뜻입니다. 그런데 저들은 어떻게 타락했는가?

④ "너희는 정도(正道)에서 떠나 많은 사람으로 율법에 거치게 하도다"(8상) 하십니다.

㉠ "정도에서 떠났다"고 말씀합니다. "많은 사람으로 율법을 거치게 한다", 즉 걸려 넘어지게 한다는 것입니다. 이점이 "눈먼 것, 저는 것, 병든 것"을 제물로 드리는 것을 용납하는데서 드러납니다.

㉡ 그리하여 "나 만군의 여호와가 이르노니 너희가 레위의 언약을 파하였느니라"(8하) 하십니다. "너희가 내 도를 지키지 아니하고 율법을 행할 때에 사람에게 편벽되이 하였으므로 나도 너희로 모든 백성 앞에 멸시와 천대를 당하게 하였느니라"(9) 하십니다.

㉢ "내 이름을 멸시하는 제사장들아"(1:6) 하고 시작된 책망은 "똥을 너희 얼굴에 바를 것이라"(3) 하시면서, "모든 백성 앞에 멸시와 천대를 당하게 하였느니라"(2:9) 하고 마치고 있습니다. 이를 읽는 분이 목회자

라면 지금 어떤 마음이 드십니까? "우리가 어떻게 주의 이름을 멸시하였나이까"(1:6하) 하고 항변할 것입니까?

ⓡ 그렇다면 최우선적으로 자신의 "입에 진리의 법이 있고(6), 입술은 지식을 지키고 있는가"(7)를 점검해보시기를 바랍니다. 호세아 선지자로 말씀하시기를, "내 백성이 지식이 없으므로 망하는도다" 하십니다. 어찌하여 백성들이 하나님 아는 지식이 없게 되었는가? "네가 지식을 버렸으니 나도 너를 버려 내 제사장이 되지 못하게 할 것이요"(호 4:6) 하고 제사장의 책임임을 말씀하십니다.

ⓜ 현대교회는 "모로 가도 서울만 가면 된다"는 식으로 성장(成長)에 몰두하여 "복음진리를 보수"하는 일은 뒷전으로 미루고 있습니다. 그리하여 성도들에게 영합하여 기쁘게 하기 위해서 거짓 기대, 거짓 소망(겔 13:6, 10)을 남발하고 있습니다. 이는 성도들을 위하는 것이 아니라 "거치게"(8), 즉 걸려 넘어지게 하는 일입니다. 만일 그렇게 한다면 주님께서 자기 피로 세워주신 "새 언약"을 파하는 것이 되고, 하나님은 우리 얼굴에 "제물의 똥"(3)을 바르실 것이요, 성도들 앞에서 "멸시와 천대"를 당하게 하실 것입니다.

둘째 단원(10-14) 이방 신의 딸과 결혼함

둘째 단원의 중심점은 "이방 신의 딸과 결혼함", 즉 우상을 섬기는 이방인들과 통혼함을 책망함에 있습니다. 이것이 "레위와 세운 언약을 파한 제사장들"과 어떤 관련이 있는가?

⑤ "우리는 한 아버지를 가지지 아니하였느냐, 한 하나님의 지으신 바가 아니냐"(10상) 합니다.

㉠ 이는 이제 말씀하려는 바의 기본이 되는 말씀입니다. 사도 바울

도 "평안의 매는 줄로 성령의 하나 되게 하신 것을 힘써 지키라" 말씀하면서, "성령이 하나요, 주도 하나요, 하나님도 하나이니"(엡 4:3-6), 즉 우리들은 한 하나님 아버지의 자녀들이라 하고 말씀합니다.

㉡ 그런데 이를 망각하고 "어찌하여 우리 각 사람이 자기 형제에게 궤사를 행하여 우리 열조의 언약을 욕되게 하느냐"(10하) 합니다. 같은 하나님 아버지의 자녀들이요, 같은 아브라함, 이삭, 야곱(열조)의 자손들로서, 동일한 "언약 백성"이면서 어찌하여 형제에게 못할 짓을 행하고 있느냐는 것입니다. 그러면 그 궤사가 무엇인가?

⑥ "유다는 궤사를 행하였고 이스라엘과 예루살렘 중에서는 가증한 일을 행하였으며 유다는 여호와의 사랑하시는 그 성결(聖潔)을 욕되게 하여 이방 신의 딸과 결혼하였으니"(11) 합니다. "이방 신의 딸과 결혼" 했다고 책망하시는데 이를 구속사라는 문맥으로 보면 중대한 의미가 있는 것입니다.

㉠ 원복음은, "여자의 후손과, 뱀의 후손"으로 구별(區別)이 되어야 할 것(창 3:15)을 선언하고 있습니다. 지구상에 많은 나라, 많은 민족이 있다 해도 영적 논리로 하면 "두 나라 두 국민"(창 25:23)이 있을 뿐입니다. 그런데 노아의 때에 이르러 "하나님의 아들들이 사람의 딸들의 아름다움을 보고 자기들의 좋아하는 모든 자로 아내를 삼는지라"(창 6:2) 하고 결혼을 통해서 합쳐지는 것을 보게 됩니다. 이것이 세속화입니다. 하나님은 이를 방관치 아니하시고 홍수로 심판하셨는데 남은 여자의 후손이 "겨우 여덟 명이라" 합니다. 이는 여자의 후손들이 성(性)을 통하여 타락했음이 얼마나 심각했는가를 나타냅니다.

㉡ 사사시대가 어찌하여 하나님을 잃어버린 혼란한 시대가 되었는가? "그들(이방인)의 딸들을 취하여 아내를 삼으며 자기 딸들을 그들의 아들에게 주며 또 그들의 신들을 섬겼더라"(삿 3:6) 한 통혼을 통해서입니다. 솔로몬이 우상을 섬기는 데까지 타락한 원인도 이방 여인들과 결

혼하여 "왕비들이 그 마음을 돌이켜 다른 신을 좇게"(왕상 11:4) 했기 때문입니다.

㉢ 말라기 선지자가 활동한 시대적인 배경(背景)은 느헤미야서와 일치합니다. "그 때에 내가 또 본즉 유다 사람이 아스돗과 암몬과 모압 여인을 취하여 아내를 삼았는데, 내가 책망하고 저주하며 두어 사람을 때리고 그 머리털을 뽑았다"(느 13:23-25)고 말씀합니다. 에스라서에서는 "거룩한 자손으로 이방 족속과 서로 섞이게 하는데 방백과 두목들이 이 죄에 더욱 으뜸이 되었다"(스 9:2)고 말씀하는 것을 대하게 됩니다. 또한 "제사장의 무리 중에 이방 여인을 취한 자는 예수아 자손 중 요사닥의 아들과 그 형제 마아세야와 엘리에셀과 야립과 그달랴라"(스 10:18) 하고 명단까지 공개하고 있습니다.

㉣ 그러므로 주목해야할 점은 이방 여인과의 결혼을 언급하면서, "유다는 여호와의 사랑하시는 그 성결을 욕되게 하여 이방 신의 딸과 결혼하였으니"(11, 11) 하고 유다가 강조되어 있다는 점입니다. 이는 무심한 일이 아니라, "우리 주께서 유다로 좇아 나신 것이 분명하도다"(히 7:14) 한, 그리스도가 탄생할 지파이기 때문입니다. 솔로몬의 타락으로 말미암아 나라를 빼앗으실 때에도 다윗에게 세운 언약을 인하여 한 지파를 남겨주시겠다 하셨는데 그 지파가 유다 지파였던 것입니다. 그런 유다 지파가 "성결"을 욕되게 하고 있다는 것입니다.

㉤ 그래서 "이 일을 행하는 사람에게 속한 자는 깨는 자나 응답하는 자는 물론이요 만군의 여호와께 제사를 드리는 자도 여호와께서 야곱의 장막 가운데서 끊어 버리시리라"(12) 하십니다.

성결을 욕되게 한 유다 지파

⑦ "너희가 이런 일도 행하나니 곧 눈물과 울음과 탄식으로 여호와의

단을 가리우게 하도다"(13상) 합니다.

㉠ 이는 학대와 버림을 당한 여인들의 "눈물과 울음과 탄식"을 가리킵니다. 이점에서 다시 상기해야할 점은 "여호와의 단"(壇)을 또 거론하면서 가로막게 한다고 말씀한다는 점입니다. "단"은 번제단을 가리키는데 이는 하나님이 세워주신 "결혼제도를 파하는 이혼"이 구속사역과 불가분의 관계에 있음을 나타냅니다.

㉡ "그러므로 여호와께서 다시는 너희의 헌물을 돌아보지도 아니하시며 그것을 너희 손에서 기꺼이 받지도 아니 하신다"(13하)고까지 말씀합니다. 그런데 "너희는 이르기를 어찜이니까"(14상), 즉 어찌하여 우리 예배를 받지 아니하신다는 것입니까 하고, 그 원인이 무엇인지도 모르고 항변한다는 것입니다.

㉢ "이는 너와 너의 어려서 취한 아내 사이에 여호와께서 일찍이 증거하셨음을 인함이니라 그는 네 짝이요 너와 맹약한 아내로되 네가 그에게 궤사를 행하도다"(14하) 하고 그 원인을 지적해줍니다. 이로 보건대 저들은 이방 여인들의 아름다움에 현혹이 되어서 한 아버지의 자녀들인 아내를 학대하고 심지어 내어 쫓기까지(15) 한 모양입니다. 이것이 "여호와의 단을 가로막히게 했다"고 말씀하는데, 베드로 사도는 아내를 귀히 여기라 권면하면서 "이는 너희 기도가 막히지 아니하게 하려함이라"(벧전 3:7) 말씀합니다.

㉣ 이점에서 주목해야할 점은 "너와 맹약(盟約)한 아내"라는 말씀입니다. ㉮ "너와 맹약", 즉 맹세로 언약(言約)한 것을 파(破)하고 아내를 내어버린 저들은(14), ㉯ "열조의 언약(言約)을 욕되게"(10), 즉 아브라함, 이삭, 야곱에게 세워주시고, 조상들이 지켜 내려온 언약을 욕되게 하고, ㉰ 종래는 "레위와 세운 나의 언약(言約)을 파(破)하는"(8)데까지 이르렀나는 것입니다. 그러면 하나님이 세워주신 결혼제도를 구속사의 맥락에서 보게 될 때 어떤 중대한 의미가 있는가를 다음 단원에서 살펴

보도록 하겠습니다.

셋째 단원(15-17) 오직 하나만을 지으신 하나님

셋째 단원의 중심점은 "영이 유여하실지라도 오직 하나를 짓지 아니하셨느냐"에 있습니다. 이는 말라기서에만 나오는 중요한 말씀입니다.

⑧ "여호와는 영(靈)이 유여(有餘)하실지라도 오직 하나를 짓지 아니하셨느냐"(15상) 하십니다.

㉠ 이는 하나님의 의도, 구원계획을 이해하는데 중요한 요점이 됩니다. 하나님은 아담 〈하나〉를 지으시고, "사람이 독처(獨處)하는 것이 좋지 못하니 내가 그를 위하여 돕는 배필을 지으리라"(창 2:18) 말씀하시는데, 아담 "하나"를 지으실 때에 이를 미처 생각지 못하셨단 말인가? 그리고 돕는 배필로 여럿을 지으신 것이 아니라 하와 "하나"를 지으시되 상상을 초월하는 특이한 방법으로 지으신 의도가 무엇이란 말인가? 여기에는 "이 비밀이 크도다"(엡 5:32) 한 가장 큰 신비(神秘)가 숨어있는 것입니다.

㉡ 아담 하와를 동시에 지으시고, 같은 방법인 흙으로 지으셨다면 그들 관계는 "남남"이었을 것입니다. 그런데 아담을 잠들게 하시고 그의 몸의 일부(一部)로 지으심으로 "이는 내 뼈 중의 뼈요 살 중의 살이라"(창 2:23) 하고, 나눌려야 나눌 수가 없고 떼어놓으려야 떼어놓을 수 없는 "머리와 몸"의 관계가 되었던 것입니다. 그리고 아내와 연합하여 둘이 한 몸을 이룰 지니라 하셨습니다. 그런즉 부부란 둘이 아니요 하나인 것입니다.

㉢ 하나님은 구원계획의 최고의 신비라 할 수 있는 "연합교리"를 계시하시기 위해서 이런 특이한 방법으로 하와를 짝지어주신 것입니다.

남편과 아내의 관계가 그리스도와 교회, 즉 신랑 되시는 그리스도와 신부되는 성도들의 관계라는 것입니다. 바울은 이를 알았기에 "주와 합하는 자는 한 영이니라(고전 6:17), 이 비밀이 크도다 내가 그리스도와 교회에 대하여 말하노라"(엡 5:32) 한 것입니다.

㉣ 그러므로 "어찌하여 하나만 지으셨느냐 이는 경건한 자손을 얻고자 하심이니라 그러므로 네 심령을 삼가 지켜 어려서 취한 아내에게 궤사를 행치 말지니라"(15하) 하는 것입니다. 계속해 말씀하시기를, "이스라엘의 하나님 여호와가 이르노니 나는 이혼하는 것과 학대로 옷을 가리우는 자를 미워하노라 만군의 여호와의 말이니라 그러므로 너희 심령을 삼가 지켜 궤사를 행치 말지니라"(16) 하십니다.

㉤ 아내를 학대하고, 이혼하는 것, "성결"을 지키지 아니하고 이방인과 결혼하는 것 등은 개인(個人)이나 가정문제(家庭問題)에 국한된 것이 아니라 하나님의 나라건설을 파괴하는 것과 연관이 된다는 말씀입니다.

⑨ 그러므로 도달하게 되는 결론은, "너희가 말로 여호와를 괴로우시게 하고도 이르기를 우리가 어떻게 여호와를 괴로우시게 하였나 하는도다 이는 너희가 말하기를 모든 행악하는 자는 여호와의 눈에 선히 보이며 그에게 기쁨이 된다 하며 또 말하기를 공의의 하나님이 어디 계시냐"(17) 하는 불신앙에 이르게 된다는 것입니다.

㉠ "말로 여호와를 괴로우시게 한다" 말씀하는데 어떻게 하는 것이 괴로우시게 하는 것인가? ㉮ "행악 자"가 잘 된다는 말입니다. 시편 기자도, ㉯ "나는 거의 실족할 뻔하였고 내 걸음이 미끄러질 뻔하였다"고 말합니다. 왜 그랬는가? "이는 내가 악인의 형통함을 보고 오만한 자를 질시하였음이로다"(시 73:2-3) 합니다.

㉡ 이를 신정론(神正論)이라 하는데, 의로우신 하나님이 계시면 어찌하여 악인이 형통하고 옳은 자가 고난을 당하는가 한다는 것입니다.

시편 기자는 "하나님의 성소에 들어갈 때에야 저희 결국을 내가 깨달았나이다"(시 73:17) 합니다. 악인의 형통이란 "저희는 지붕의 풀과 같을 지어다 그것은 자라기 전에 마르는 것이라"(시 129:6) 한 잠시 잠간의 형통뿐입니다. 그러므로 바울은, "그 마지막은 사망이니라, 이 마지막은 영생이니라"(롬 6:21, 22) 하고 "마지막"이 다르다고 말씀합니다.

㉢ 신앙이 타락해가는 단계를 보십시오. ㉮ 처음에는 여호와의 이름을 "멸시"(1:6)하기 시작합니다. 그리하여 ㉯ 예배가 세속화되어(1:7) 갑니다. ㉰ 설교, 즉 "진리"(2:6)가 변질이 됩니다. ㉱ "언약"(2:8)을 믿지 않게 됩니다. ㉲ 세상 쾌락(2:11)을 추구합니다. ㉳ 급기야 "공의의 하나님이 어디 계시냐"(17) 하고 하나님을 부인하는 데까지 이르게 됩니다.

㉣ 1-2장의 책망은 주로 레위 지파 제사장들에게 초점이 맞춰져 있습니다. 이점은 다른 선지서들도 동일합니다. 하나님께서 현대교회를 보실 때에 어떤 상태일까를 생각합니다. 사람들도 이구동성으로 개혁되어야 한다고 말한다면 하나님이 보실 때는 어떠하시겠습니까? 그러면 누가, 어떻게 개혁이 되어야 하는가? 이 시대의 지도자들인 목회자가 개혁이 되어야만 합니다. 그리고 "그 입에는 진리의 법이 있고(6), 입술은 지식을 지켜야"(7) 하는 설교가 개혁이 되어야 하는 것입니다.

㉤ 그런데 본문에는 "너희가 이르기를 우리가 어떻게 주의 이름을 멸시하였나이까(1:6), 우리가 어떻게 주를 더럽게 하였나이까(1:7), 우리가 어떻게 여호와를 괴로우시게 하였나이까"(2:17) 하고 잘못을 깨닫지를 못하고, 말끝마다 항변하고 있는데, 이 시대의 지도자들은 과연 자신의 잘못을 깨달을 수 있을 것인가!

⑩ 묵상해보겠습니다.

㉠ 레위와 세운 생명과 평강의 언약에 대해서,

㉡ 하나만을 특이한 방법으로 지으신 하나님의 의도에 대해서,

㉢ 1-2장에 나타난 타락해가는 단계에 대해서,

㉣ 현대교회 설교자들이 명심해야할 점에 대해서.

말라기 3장 개관도표

주제 : 주가 임하는 날에 누가 능히 서리요

연단과 준비의 기간	1-6 1 만군의 여호와가 이르노라 ① **보라 내가 내 사자를 보내리니** 그가 내 앞에서 길을 예비할 것이요 또 너희의 구하는바 **주가 홀연히 그 전에 임하리니** 곧 너희의 사모하는바 언약의 사자가 **임할 것이라** 2 **그의 임하는 날을 누가 능히 당하며** **그의 나타나는 때에 누가 능히 서리요** 그는 금을 **연단하는** 자의 불과 표백하는 자의 잿물과 같을 것이라 3 그가 은을 **연단하여** 깨끗케 하는 자 같이 앉아서 레위 자손을 깨끗케 하되 금, 은 같이 ② **그들을 연단하리니** **그들이 의로운 제물을 나 여호와께 드릴 것이라** 4 그 때에 유다와 예루살렘의 헌물이 옛날과 고대와 같이 나 여호와께 기쁨이 되려니와 5 ③ **내가 심판하러 너희에게 임할 것이라** 술수하는 자에게와 간음하는 자에게와 거짓 맹세하는 자에게와 품군의 삯에 대하여 억울케 하며 과부와 고아를 압제하며 나그네를 억울케 하며 나를 경외치 아니하는 자들에게 속히 증거하리라 만군의 여호와가 말하였느니라 6 나 여호와는 변역지 아니하나니 그러므로 ④ **야곱의 자손들아 너희가 소멸되지 아니하느니라**
하나님을 떠난 증거	7-12 7 만군의 여호와가 이르노라 너희 열조의 날로부터 너희가 나의 규례를 떠나 지키지 아니하였도다 ⑤ **그런즉 내게로 돌아오라 그리하면 나도 너희에게로 돌아가리라 하였더니** **너희가 이르기를 우리가 어떻게 하여야 돌아가리이까 하도다** 8 사람이 어찌 하나님의 것을 도적질하겠느냐 그러나 너희는 나의 것을 도적질하고도 말하기를 우리가 어떻게 주의 것을 도적질하였나이까 하도다 ⑥ **이는 곧 십일조와 헌물이라** 9 너희 곧 온 나라가 나의 것을 도적질하였으므로 **너희가 저주를 받았느니라** 10 만군의 여호와가 이르노라 **너희의 온전한 십일조를 창고에 들여 나의 집에 양식이 있게 하고** 그것으로 나를 시험하여 내가 하늘 문을 열고 너희에게 복을 쌓을 곳이 없도록 붓지 아니하나 보라 11 만군의 여호와가 이르노라 내가 너희를 위하여 황충을 금하여 너희 토지소산을 멸하지 않게 하며 너희 밭에 포도나무의 과실로 기한 전에 떨어지지 않게 하리니 12 너희 땅이 아름다워 지므로 열방이 너희를 복되다 하리라 만군의 여호와의 말이니라
특별한 소유를 삼을 것이라	13-18 13 ⑦ **여호와가 이르노라 너희가 완악한 말로 나를 대적하고도** **이르기를 우리가 무슨 말로 주를 대적하였나이까 하는도다** 14 이는 너희가 말하기를 하나님을 섬기는 것이 헛되니 만군의 여호와 앞에 그 명령을 지키며 슬프게 행하는 것이 무엇이 유익하리요 15 지금 우리는 교만한 자가 복되다 하며 악을 행하는 자가 창성하며 하나님을 시험하는 자가 화를 면한다 하노라 함이니라 16 그 때에 ⑧ **여호와를 경외하는 자들이 피차에 말하매** 여호와께서 그것을 분명히 들으시고 **여호와를 경외하는 자와 그 이름을 존중히 생각하는 자를 위하여** **여호와 앞에 있는 기념 책에 기록하셨느니라** 17 만군의 여호와가 이르노라 내가 나의 정한 날에 ⑨ **그들로 나의 특별한 소유를 삼을 것이요** 또 사람이 자기를 섬기는 **아들을 아낌 같이 내가 그들을 아끼리니** 18 그 때에 너희가 돌아와서 **의인과 악인이며 하나님을 섬기는 자와** **섬기지 아니하는 자를 분별하리라**

3장

주가 임하는 날에 누가 능히 서리요

[2]그의 임하는 날을 누가 능히 당하며 그의 나타나는 때에 누가 능히 서리요 그는 금을 연단하는 자의 불과 표백하는 자의 잿물과 같을 것이라.

3장의 중심점은 "주가 임하는 날에 누가 능히 서리요"에 있습니다. 1-5절 안에는 "임한다"는 말이 4번(1, 1, 2, 5), "나타나리라"(2)는 말도 한 번 등장합니다. 이는 2장 마지막 절에서 "공의의 하나님이 어디 계시냐?" 한데 대한 답변이라 할 수가 있습니다. 본문에는 그리스도의 초림과 재림이 동시에 나타납니다. 왜냐하면 그리스도는 마지막 계시요, 그러므로 계시사적으로 보면 초림으로부터 이미 말세와 심판(요 9:39)이 시작이 되었기 때문입니다. 문제는 구원계획의 궁극적인 목표는 재림의 날에 "누가 능히 당하며, 누가 능히 서리요"에 있다는 점입니다.

도표를 보시면 "주가 임하는 날에 누가 능히 서리요"를 중심으로, ① "보라 내가 내 사자를 보내리니" 하고 길 예비자(豫備者)를 먼저 보내시고, "주가 홀연히 임하리라" 하고 초림(初臨)을 말씀하면서 또한, "그의 임하는 날을 누가 능히 당하며 그의 나타나는 날에 누가 능히 서리요" 하고 재림(再臨)을 말씀합니다. ② "그들을 연단하리라" 하고 연단이 강조되어 있고, ③ "내가 심판하러 임할 것이라" 하시면서, ④ "야곱의 자손들아 너희는 소멸되지 아니하리라" 하십니다. ⑤ "그런즉 내게로 돌아오라" 하시면서 저들이 하나님을 떠난 증거로, ⑥ "이는 곧 십일조와 헌물"을 드리지 않았음을 말씀하십니다. ⑦ "완악한 말로 나를 대적하는 자"가 있는가 하면, ⑧ "여호와를 경외는 자"가 있는데 이 경외하는 자들을, ⑨ "특별한 소유로 삼을 것이라" 하십니다. 이에 대한 구속사적 의미가 무엇인가? 이를 세 단원으로 나누어 상고하겠습니다.

첫째 단원(1-6) **연단과 준비의 기간**

둘째 단원(7-12) **하나님을 떠났다는 증거**

셋째 단원(13-18) **나의 특별한 소유를 삼을 것이라**

주제(主題) : 주가 임하는 날에 누가 능히 서리요

㉠ 성경 마지막 책인 계시록에는, "땅의 임금들과 왕족들과 장군들과 부자들과 강한 자들과 각 종과 자주자가 굴과 산 바위틈에 숨어 산과 바위에게 이르되 우리 위에 떨어져 보좌에 앉으신 이의 낯에서와 어린 양의 진노에서 우리를 가리우라 그들의 진노의 큰 날이 이르렀으니 누가 능히 서리요"(계 6:15-17) 하고 부르짖는 장면이 있습니다. 말라기 3장도 "그의 임하는 날에 누가 능히 당하며, 누가 능히 서리요" 하고 동일한 주제를 다루고 있습니다.

㉡ 계시록에 보면 "누가 능히 서리요" 하는 저들의 부르짖음에 대한 해답이 다음 장에 나오는데, "아무라도 능히 셀 수 없는 큰 무리가 흰옷

을 입고 손에 종려가지를 들고 보좌 앞과 어린양 앞에 서서"(계 7:9) 합니다. 하나님 앞에 "서" 있는 사람들이 있습니다. 서서는 "큰 소리로 외쳐 가로되 구원하심이 보좌에 앉으신 우리 하나님과 어린양에게 있도다"(계 7:10) 하고 증거합니다. "누가 능히 당하며, 누가 능히 서리요"에 대한 답변은 "어린양의 구속"을 믿는 자만이 설 수가 있다는 말씀입니다.

㉢ 바울은 "우리의 소망이나 기쁨이나 자랑의 면류관이 무엇이냐 그의 강림하실 때에 우리 주 예수 앞에 너희가 아니냐"(살전 2:19), "우리 주 예수의 날에 너희가 우리의 자랑이 되고 우리가 너희 자랑이 되는 것이라"(고후 1:14) 합니다. 무슨 뜻인가? 자신을 통하여 복음을 듣고 믿는 자들이 한 사람도 낙오함이 없이 주 예수의 날에 주 앞에 서게 되는 것이 자신의 소망이요 기쁨이요 자랑이라는 것입니다. 지금이 아닙니다. 주 예수의 날입니다.

㉣ 그러면 무슨 자격, 무슨 공로로 그의 앞에 설 수가 있단 말인가? 우리는 스가랴 3장에서 대제사장 여호수아가 사탄에게 송사를 당하고 있는 장면을 보았습니다. 왜냐하면 더러운 옷을 입고 있기 때문입니다. 그 때에 하나님께서 "그 더러운 옷을 벗기라 하시고, 내가 네 죄과를 제(除)하여 버렸으니 네게 아름다운 옷을 입히리라"(슥 3:1-4) 하시는 것을 보았습니다. 이것이 칭의입니다. 우리가 하나님 앞에 설 수 있는 유일한 방도는 우리의 벌거벗은 수치를 가려주시는 의롭다고 여겨주심 뿐입니다. 그리고 이것은 그냥 되는 것이 아니라 그리스도의 구속을 통해서만 가능하여 진다는 점입니다. 이것이 기쁜 소식 곧 복음입니다.

㉤ 그런데 말라기 시대에 이르러, "눈먼 것, 저는 것, 병든" 희생을 드렸다는 것은 또다시 메시아언약을 망각했다는 명백한 증거인 것입니다. 그래서 "그의 임하는 날을 누가 능히 당하며 그가 나타나는 때에 누가 능히 서리요" 하는 것입니다. 이는 구약교회만의 문제가 아니라

주님은 라오디게아 교회를 향하여, "네 곤고한 것과 가련한 것과 가난한 것과 눈먼 것과 벌거벗은 것을 알지 못하도다"(계 3:17) 하고 책망하셨는데 어떻게 되면 이 모양이 되는가? 복음을 잃어버렸기 때문입니다. 그런 모습으로 주의 임하는 날을 능히 당하고 능히 설 수가 있단 말인가? 그러므로 현대교회에 있어서도, "그의 임하는 날을 누가 능히 당하며 그의 나타나는 때에 누가 능히 서리요" 하는 질문은 너무나 적절한 것입니다.

첫째 단원(1-6) 연단과 준비의 기간

첫째 단원의 중심점은, "그들을 연단하리라"는데 있습니다. 도표에 나타난 대로 "연단"이라는 말이 3번이나 반복적으로 강조되어 있습니다.

① "만군의 여호와가 이르노라(1상).

㉠ 구약의 마지막 책은, "보라 내가 내 사자를 보내리니 그가 내 앞에서 길을 예비할 것이요"(1) 하고 예언을 하고 있는데, 신약성경은, "보라 내가 내 사자를 네 앞에 보내노니 저가 네 길을 예비하리라"(막 1:2) 한 예언이 성취가 되었다는 말씀으로 시작함으로 구약성경과 연결을 시켜주고 있습니다. 이 예언은 세례 요한으로 성취가 되었습니다. 그리고 구약성경은, "선지 엘리야를 너희에게 보내리니"(4:5) 하고 마치고 있는데, 신약성경은, "엘리야가 이미 왔으되 사람들이 알지 못하고 임의로 대우하였도다" 하심으로 구약성경과 시약성경은 별개의 것이 아니라, 동일하게 하나님께서 이루어나가시는 구속사(救贖史)임을 증거하고 있습니다.

㉡ "또 너희의 구하는바 주가 홀연히 그 전에 임하리니 곧 너희의

사모하는바 언약의 사자가 임할 것이라"(1하) 하십니다. ㉮ "언약(言約)의 사자"라 하십니다. 예수 그리스도는 즉흥적(卽興的)으로 오신 분이 아니라 아브라함과 다윗에게 언약하시고, 여러 선지자들로 미리 예언케 하신 대로 오신 "언약의 사자"인 것입니다. ㉯ "너희의 구하는바, 너희의 사모하는바 언약의 사자"라 하십니다. 저들은 메시아를 대망(待望)하고 있었으나 정치적인 메시아로 잘못 알고 있었던 것입니다. 그렇게 된 원인은 2장에서 책망하신 제사장들이 "진리의 법, 입술의 지식"을 지키지 못하고 곡해했기 때문입니다.

㉢ "그의 임하는 날을 누가 능히 당하며 그의 나타나는 때에 누가 능히 서리요 그는 금을 연단하는 자의 불과 표백하는 자의 잿물과 같을 것이라"(2) 하십니다. 1-2절에는 그리스도의 초림(初臨)과 재림(再臨)이 겹쳐진 그림으로 나타나고 있는데, 이를 통해서 깨닫게 되는 것은 그리스도의 초림으로 말세는 이미 시작이 된 것이고, 이때부터 재림까지의 기간이란 다름이 아니라, "금을 연단하는 자의 불과 표백하는 자의 잿물과 같은" 연단의 기간이요, 준비기간이라는 점입니다. 그러므로 사도 바울은, "평강의 하나님이 친히 너희로 온전히 거룩하게 하시고 또 너희 온 영과 혼과 몸이 우리 주 예수 그리스도 강림하실 때에 흠 없게 보전되기를 원하노라 너희를 부르시는 이는 미쁘시니 그가 또한 이루시리라"(살전 5:23-24) 한 것입니다.

② "그가 은을 연단하여 깨끗케 하는 자 같이 앉아서 레위 자손을 깨끗케 하되 금, 은 같이 그들을 연단하리니 그들이 의로운 제물을 나 여호와께 드릴 것이라"(3) 합니다.

㉠ 3절 안에는 "연단"이 두 번, "깨끗케"가 두 번 나타납니다. 1-2장을 통해서 레위 지파 제사장들의 타락상을 보았는데, "레위 자손을 깨끗케 하여, 의로운 제물을 드리게" 할 것이라는 말씀은, 그리스도의 구속으로 말미암아 "왕 같은 제사장"들이 되어 하나님께 신령과 진리로

예배할 신약의 성도들을 가리키는 것으로 볼 수가 있습니다. 이는 1:11절에서 "해 뜨는 곳에서부터 해 지는 곳까지의 이방 민족 중에서 내 이름이 크게 될 것이라 각처에서 내 이름을 위하여 분향하며 깨끗한 제물을 드리리니" 한 것과 결부되는 말씀입니다.

㉡ "그 때에 유다와 예루살렘의 헌물이 옛날과 고대(古代)와 같이 나 여호와께 기쁨이 되려니와"(4) 하시는데, "옛날과 고대와 같이"라는 말씀을 유념해야만 합니다. 복음진리는 새로운 것이 아니라 "고전"(古典)과 같은 것입니다. "여호와께서 이같이 말씀하시되 너희는 길에 서서 보며 〈옛적 길〉 곧 선한 길이 어디인지 알아보고 그리로 행하라"(렘 6:16) 하십니다. "옛적 길"은 아브라함, 이삭 야곱이 걸어간 길이요, 모세, 여호수아, 사무엘, 다윗이 걸어간 길입니다. 그런데 거짓 선지자들이 "그 길 곧 그 옛길에서 넘어지게 하며 곁길 곧 닦지 아니한 길로 행케"(렘 18:15) 했다는 것입니다. 언약의 사자가 임하는, "그 때에 유다와 예루살렘의 헌물이 옛날과 고대(古代)와 같이 나 여호와께 기쁨이 되려니와" 하는 말씀은 예배가 회복이 될 것을 가리킵니다.

③ "내가 심판하러 너희에게 임할 것이라"(5상) 하십니다.

㉠ 즉 "옛날 고대"(古代)로부터 내려오는 언약을 준수하지 아니하는, "술수 하는 자에게와 간음하는 자에게와 거짓 맹세하는 자에게와 품군의 삯에 대하여 억울케 하며 과부와 고아를 압제하며 나그네를 억울케 하며 나를 경외치 아니하는 자들에게 속히 증거하리라 만군의 여호와가 말하였느니라"(5하) 하십니다. 열거된 죄목들은 이웃에 대한 불의와 하나님께 대한 "경외치 아니하는" 두 가지입니다.

㉡ "나 여호와는 변역(變易)지 아니하나니 그러므로 야곱의 자손들아 너희가 소멸되지 아니 하느니라"(6) 하십니다. 5절에서는 "심판하러 너희에게 임하리라" 하시고, 6절에서는 "너희가 소멸되지 아니 하느니라", 즉 심판을 받지 않는다고 말씀합니다. 왜 그런지 아십니까? 이점을

주님은, "저를 믿는 자는 심판을 받지 아니하는 것이요 믿지 아니하는 자는 하나님의 독생자의 이름을 믿지 아니함으로 벌써 심판을 받은 것이니라"(요 3:18) 하십니다.

㉢ 어찌하여 아브라함의 자손이라 하지 않고 "야곱의 자손"이라 하시는가? 아브라함은 "믿음의 조상"이지만 "야곱"하면 1:2절에서 밝히신 대로 "택(擇)함을 받은 자"의 대명사입니다. 한번 택하신 자들은 결코 "변역"(變易)함이 없다는 것입니다. 그러므로 심판 날에 "너희가 소멸되지 아니 하리라" 하시는 것입니다. "네가 물 가운데로 지날 때에 내가 함께 할 것이라 강을 건널 때에 물이 너를 침몰치 못할 것이며 네가 불 가운데로 행할 때에 타지도 아니할 것이요 불꽃이 너를 사르지도 못할 것이니"(사 43:2), 이것이 "너희가 소멸되지 아니 하느니라"는 뜻입니다. 그러므로 택함을 받았다는 것이 최대 최고의 사랑이요, 축복인 것입니다.

둘째 단원(7-12) 하나님을 떠났다는 증거

둘째 단원의 중심점은 저들이 "하나님을 떠났다는 증거"가 무엇인가를 지적하면서 "내게로 돌아오라" 하고 회개를 촉구함에 있습니다.

⑤ "만군의 여호와가 이르노라 너희 열조의 날로부터 너희가 나의 규례를 떠나 지키지 아니 하였도다 그런즉 내게로 돌아오라 그리하면 나도 너희에게로 돌아가리라 하였더니"(7상) 하십니다.

㉠ "떠난 너희는, 내게로 돌아오라", 이는 모든 선지자의 공통된 촉구입니다. 하나님을 떠나 우상을 숭배하다가 바벨론에 의하여 멸망을 당했는데, 포로에서 귀환한 후에 또다시 하나님을 떠난 것을 보게 됩니다. 그러므로 귀환 후에 세움 받은 스가랴 선지자의 제1성(聲)도 "너희

는 내게로 돌아오라"(슥 1:3)는 촉구입니다.

ⓛ 그러나 "너희가 이르기를 우리가 어떻게 하여야 돌아가리이까 하도다"(7하) 하고, 자신들이 하나님을 떠났다는 사실도 모르고, 어디가 잘못 된 줄을 모르고 있는 것입니다.

⑥ "사람이 어찌 하나님의 것을 도적질하겠느냐"(8상) 하십니다.

㉠ "그러나 너희는 나의 것을 도적실하고도 말하기를 우리가 어떻게 주의 것을 도적질하였나이까 하도다 이는 곧 십일조와 헌물이라 너희 곧 온 나라가 나의 것을 도적질하였으므로 너희가 저주를 받았느니라 만군의 여호와가 이르노라 너희의 온전한 십일조를 창고에 들여 나의 집에 양식이 있게 하고 그것으로 나를 시험하여 내가 하늘 문을 열고 너희에게 복을 쌓을 곳이 없도록 붓지 아니하나 보라"(8하-10) 하십니다.

ⓛ 이는 통찰력을 가지고 살펴보아야할 말씀입니다. 왜냐하면 "십일조와, 헌물"을 드리기만 하면 "하나님께로 돌아가는 것"이 되는 양 말할 위험이 있기 때문입니다. 말라기 선지자가 세움을 받은 시대적(時代的)인 배경이 느헤미야서와 일치한다고 했습니다. 느헤미야는 무너진 성벽을 중축하고, 개혁을 단행한 후에 백성들과 언약을 굳게 세우고 왕과의 약속을 지키기 위해서 일단 바사로 돌아갑니다. 약 10년 후에 재차 예루살렘으로 돌아와 보니 저들은 굳게 세운 언약을 지키지 않고 있었습니다. 하나님께서 말라기를 선지자로 세우셔서 책망하신 것이 이런 상황에서입니다.

ⓒ 말라기 2:8절에서 "너희가 레위의 언약을 파하였느니라" 말씀하는데, 느헤미야 13:29절에서도, "내 하나님이여 저희가 제사장의 직분을 더럽히고 제사장의 직분과 레위 사람에 대한 언약을 어기었사오니" 합니다. 그러면 그 때 상황이 어떠했는가?

㉮ "안식일"을 지키지 않았고(느 13:15-22),

㉯ "십일조"를 드리지 않았고(느 13:10, 말 3:8),

㉰ 이방 여인과 통혼하였고(느 13:23, 말 2:11),

㉱ 제사장 직분을 더럽힘으로(느 13:29, 말 1:6),

㉲ 예배가 타락하여 하나님께 "눈먼 것, 저는 것, 병든 것"으로 드렸습니다.

㉳ 이런 결과로 먹을 것이 없는 "레위 사람과 노래하는 자들이 각각 그 전리(田里)로 도망"(느 13:10)을 가고 말았습니다.

㉣ 이런 배경에서 "사람이 어찌 하나님의 것을 도적질하겠느냐"(8상) 하고 "십일조"를 말씀하게 된 것입니다. 그러므로 본문을 대할 때에 이런 배경적인 문맥에서 접근한다는 점이 중요합니다. 그렇지 아니하면 새 언약 하에 있는 신약의 성도들을 타락한 말라기 시대로 돌아가게 하는 과오를 범하게 합니다. 신약의 성도들은 "십일조"를 의문(儀文)의 차원에서가 아니라 구속사라는 맥락에서 그 의미를 구해야 하기 때문입니다. 본문은 십일조를 "하나님의 것"이라 말씀하는데 그러면 십의 구조는 "내 것"이란 말인가? 아닙니다. 하나님께서 애굽 천지의 장자들을 심판하신 것은 장자들만이 죄가 있어서가 아니라 전체(全體)에 대한 대표(代表)로 하신 것이요, "장자는 내 것이라. 레위인은 내 것이라" 하심도 모든 백성이 내 것이라는 뜻입니다. 그러므로 참된 "십일조" 정신에는 전체가 하나님의 것이라는 고백이 있어야 십의 구조도 하나님의 뜻을 따라 관리하게 되는 것입니다.

㉤ 십일조라는 말이 성경에 처음 등장하는 것은 율법을 주시기 이전, "아브람이 그 얻은 것에서 십분 일을 멜기세덱에게 주었더라"(창 14:20) 한 때입니다. 어찌하여 아브라함이 십일조를 드릴 마음이 생겼는가? 멜기세댁이, "천지의 주재시오 지극히 높으신 하나님이여 아브람에게 복을 주옵소서"(창 14:19) 하고 축복한데 응답해서입니다. 그러므로 "십일조"는 하나님의 주권(主權)과 통치(統治)를 인정하고, 그 하나님의

통치에 순복한다는 고백이었던 것입니다. 이런 맥락에서 십일조를 드리지 않아 레위인이 먹을 것이 없어 도망갔다는 것은 저들이 하나님을 떠났다는 증거가 되는 것입니다.

ⓑ 그런데 십일조를 말라기서에 근거하여 강조하면, “너희는 너희의 것이 아니라 값으로 산 것이 되었으니 그런즉 너희 몸으로 하나님께 영광을 돌리라”(고전 6:19-20) 한 신약의 성도들을 구약시대 “눈먼 것, 저는 것, 병든 것”으로 하나님께 드리던 “말라기 시대”의 수준으로 끌어내리는 것이 되는 것입니다. 복음이 밝히 드러난 신약시대를 살아가고 있는 그리스도인들은 어떤 사람들인가? “우리 중에 누구든지 자기를 위하여 사는 자가 없고 자기를 위하여 죽는 자도 없도다 우리가 살아도 주를 위하여 살고 죽어도 주를 위하여 죽나니 그러므로 사나 죽으나 우리가 주의 것이로라”(롬 14:7-8) 하고 고백하는 사람들입니다.

셋째 단원(13-18) 나의 특별한 소유를 삼을 것이라

셋째 단원의 중심점은 “나의 특별한 소유를 삼을 것이라”에 있습니다. 누구들을 특별한 소유로 삼으신다고 말씀하시는가?

⑦ “여호와가 이르노라 너희가 완악한 말로 나를 대적하고도 이르기를 우리가 무슨 말로 주를 대적하였나이까 하는도다”(13).

㉠ 말라기서의 특징 중 하나는 질의응답(質疑應答) 식으로 문제를 풀어나가고 있다는 점입니다. 2:17절에서는 “너희가 말로 여호와를 괴로우시게 했다”고 말씀했는데, 여기서는 “완악한 말로 하나님을 대적했다”고 말씀합니다. 그러니까 더욱 악화(惡化)된 상태입니다. 그러면서도 저들은, “우리가 어떻게 여호와를 괴로우시게 하였나이까? 우리가 무슨 말로 주를 대적하였나이까” 하고 항변하고 있는 것입니다.

ⓛ 저들이 완악한 말로 대적한 것을 열거하면, "이는 너희가 말하기를,

㉮ 하나님을 섬기는 것이 헛되다,

㉯ 만군의 여호와 앞에 그 명령을 지키며 슬프게 행하는 것이 아무 유익이 없다"(14),

㉰ 교만한 자가 복되다,

㉱ 악을 행하는 자가 창성하며,

㉲ 하나님을 시험하는 자가 화를 면한다"(15) 하고 말했던 것입니다. 이것이 완악한 말입니다. 이것이 곧 하나님을 대적하는 일입니다.

ⓒ 그러면 형제는 저들이 이렇게 된 근본 원인이 어디에 있는지 말해줄 수가 있습니까? 이점이 왜 중요하냐하면 이를 통해서 현대교회의 문제점을 간파(看破)할 수가 있기 때문입니다. 그것은 분명합니다. "메시아언약"을 망각했기 때문입니다. 저들은, "위엣 것을 생각하고 땅엣 것을 생각하지 말라"(골 3:2) 한 것을 거꾸로, 땅엣 것만을 생각하고 위엣 것을 망각한 것입니다. 당면한 현실만을 보기 때문에 "하나님을 섬기는 것이 헛되다, 만군의 여호와 앞에 그 명령을 지키며 슬프게 행하는 것이 아무 유익이 없다"(14) 하고 말하게 되는 것입니다.

ⓔ 우리는 옛날이야기를 하고 있는 것이 아닙니다. 오늘날이 더욱 그러합니다. 그래서 "복음"을 축출하고 "축복"이 점령하고만 것입니다. 사도 바울은 권면합니다. "생각건대 현재의 고난은 장차 우리에게 나타날 영광과 족히 비교할 수 없도다, 우리가 소망으로 구원을 얻었으매 보이는 소망이 소망이 아니니 보는 것을 누가 바라리요 만일 보지 못하는 것을 바라면 참음으로 기다릴 지니라"(롬 8:18, 24-25).

⑧ "그 때에 여호와를 경외하는 자들이 피차에 말하매"(16상) 합니다.

ⓖ 이는 "완악한 말로 대적"하는 13절의 "저들의 말"과는 대조적인 정반대가 되는 믿음의 말인 것입니다. 많은 사람들이 두려운 줄을 모르

고 하나님의 공의를 의심하고, 원망하고, 무시하고, 완악한 말로 대적할 때에 이들은 "피차에 말하매", 무엇이라고 말했을 것인가? "여호와께서 그것을 분명히 들으시고 여호와를 경외하는 자와 그 이름을 존중(尊重)히 생각하는 자를 위하여 여호와 앞에 있는 기념 책에 기록하셨느니라" (16하) 합니다.

㉡ 성경은 말씀합니다. "백성 중 우준한 자들아 너희는 생각하라 무지한 자들아 너희가 언제나 지혜로울꼬 귀를 지으신 자가 듣지 아니하시랴 눈을 만드신 자가 보지 아니하시랴"(시 94:8-9).

⑨ "만군의 여호와가 이르노라 내가 나의 정한 날에 그들로 나의 특별한 소유를 삼을 것이요"(17상) 하십니다.

㉠ "나의 정한 날"이란 주님의 재림의 날입니다. "그들로 나의 특별한 소유(所有)를 삼을 것"이라는 말씀을 유념하시기를 바랍니다. 이 말은 1차적으로 "너희는 열국 중에서 내 소유가 되겠고, 제사장 나라가 되리라(출 19:5-6), 내가 땅의 모든 족속 중에 너희만 알았나니"(암 3:2) 한 선민 이스라엘에 대한 칭호였습니다. 그런데 저들은 짐승의 피로 맺은 "언약백성"이요, 신약의 성도들은 하나님의 아들 그리스도의 피로 맺은 "언약백성"입니다. 그러므로 바울은 "우리를 구속하시고 우리를 깨끗하게 하사 선한 일에 열심 하는 친 백성이 되게 하려 하심이니라"(딛 2:14) 하고 말씀합니다. 그러니까 형제가 하나님의 "특별한 소유"임을 확신하시기를 바랍니다.

㉡ 우리는 한 걸음 더 나아가야만 합니다. 왜냐하면 이 말씀이 "사람이 어찌 하나님의 것", 즉 하나님의 소유(所有)를 도적질하겠느냐 한 7-8절과 결부되는 말씀이기 때문입니다. 하나님의 것은 십일조가 아니라 "소유된 자기 백성"들입니다. 주님께서 피로 값을 주고 사신 하나님의 소유는 "십일조"가 아닙니다. 바로 형제입니다. 그래서 "내게로 돌아오라" 하시는 것입니다. 그 날에 "나의 특별한 소유"된 자들을, "사람이

자기를 섬기는 아들을 아낌 같이 내가 그들을 아끼리니"(17하) 하십니다. 이들이야말로 "주가 임하는 날에 누가 능히 서리요" 한 설 수 있는 자들입니다.

ⓒ "그 때에 너희가 돌아와서 의인과 악인이며 하나님을 섬기는 자와 섬기지 아니하는 자를 분별하리라"(18) 하십니다. ㉮ "돌아와서" 라는 말은 깨닫게 되리라는 뜻입니다. 즉 "의인과 악인, 하나님을 섬기는 자와 섬기지 아니하는 자"의 두 종말(終末)이 어떻게 되는가를 똑똑히 보게 되리라는 말씀입니다. ㉯ 그러면 "그 때에 너희가 돌아와서" 한 "너희가" 누군가? "공의의 하나님이 어디 계시냐"(2:17) 항변하던 자들일 것입니다. "하나님을 섬기는 것이 헛되다"(3:14) 하고 완악한 말로 대적하던 자들일 것입니다.

때에 사람의 말이
진실로 의인에게 갚음이 있고
진실로 땅에서 판단하시는 하나님이 계시다 하리로다 (시 58:11). 아멘.

⑩ 묵상해보겠습니다.

㉠ "그의 임하는 날에 누가 능히 서리요"에 대해서,
㉡ 십일조의 구속사적 의미에 대해서,
㉢ 완악한 말로 하나님을 대적한 일에 대해서,
㉣ 하나님의 특별한 소유를 삼을 것이라는 말씀에 대해서.

말라기 4장 개관도표

주제 : 의로운 해가 떠올라서 치료하는 광선을 발하리라

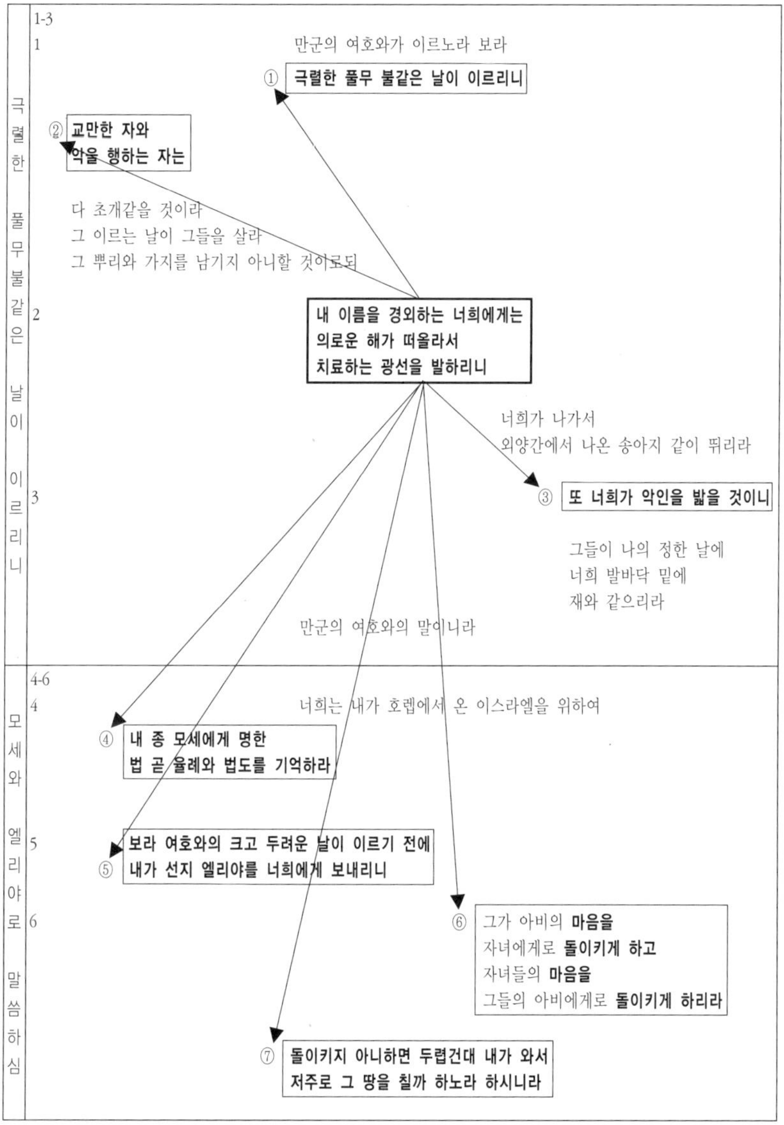

4장

의로운 해가 떠올라서 치료하는 광선을 발하리라

내 이름을 경외하는 너희에게는 의로운 해가 떠올라서 치료하는 광선을 발하리니 너희가 나가서 외양간에서 나온 송아지 같이 뛰리라.

마지막 장의 중심점은, "의로운 해가 떠올라서 치료하는 광선을 발하리라"는데 있습니다. 이는 구약시대가 날이 밝기 전의 어두움의 시간이요, 치료받지 못한 고통을 당하던 시대임을 나타냅니다. 4장을 해석하는 열쇠는, "그들(1, 3)과, 너희"(2, 3, 3, 4, 5), "교만한 자(1)와, 내 이름을 경외하는 자"(2)의 대조점(對照點)을 파악하는 일입니다.

도표를 보시면 "의로운 해가 떠올라서 치료하는 광선을 발하리라"는 말씀을 중심으로, ① "풀무 불같은 날이 이르리니", ② "교만한 자와 악행 하는 그들은, 다 초개같을 것이리" 합니다. 그러나 "내 이름을 경외하는 너희에게는 의로운 해가 떠올라서 치료하는 광선을 발하리니 외양간에서 나온 송아지같이 뛰리라" 하시면서, ③ "너희가 악인(그들)을 밟을 것이라" 하십니다. ④ "너희는 모세에게 명한 율례와 법도를 지키라" 하시면서 여호와의 크고 두려운 날이 이르기 전에, ⑤ "선지 엘리야를 너희에게 보내리니", ⑥ "자녀들의 마음을 아비에게 돌이키게 하리라", ⑦ "돌이키지 아니하면 내가 와서 저주로 그 땅을 칠까 하노라" 하는데, 이 경고는 신약성경에 이르러 "때가 찼고 하나님의 나라가 가까웠으니 회개하고 복음을 믿으라"(막 1:15) 하신 주님의 구원초청과 연결이 되는 말씀인 것입니다.

첫째 단원(1-3) **의로운 해가 떠오르리라**

둘째 단원(4-6) **모세와 엘리야를 들어 말씀하심**

주제(主題) : 의로운 해가 떠올라서 치료하는 광선을 발하리라

㉠ 사도 바울은 복음에 대해서 설명하기를, "어두운 데서 빛이 비취리라 하시던 그 하나님께서 예수 그리스도의 얼굴에 있는 하나님의 영광을 아는 빛을 우리 마음에 비취셨느니라"(고후 4:6) 하고 말씀합니다. 그러면 하나님께서 "어두운 데서 빛이 비취라" 하신 때가 언제인가?

㉡ "땅이 혼돈하고 공허하며 흑암이 깊음 위에 있고 하나님의 신은 수면에 운행하시니라 하나님이 가라사대 빛이 있으라 하시매 빛이 있었고" 한 창세기 1:2-3절에서입니다. 바울은 성령의 영감에 의하여 여기서 복음의 빛을 보았던 것입니다. 그렇습니다. 복음의 빛에 비췸을 받기 이전의 심령상태란, "혼돈하고 공허하며 흑암이 깊음 위에 있는" 상태였던 것입니다. 바울이 복음을 빛으로 깨닫게 된 것은 실제로, "해보다 더 밝은 빛"(행 26:13)의 비췸을 받는 남다른 경험을 했기 때문일 것입니다.

㉢ 중요한 점은 그 빛을 눈으로 보았느냐에 있는 것이 아니라, "그

리스도의 영광의 복음의 광채"(고후 4:4)에 비침을 받지 않고는 거듭날 수 있는 사람은 한 사람도 없으며, 그리스도인이 될 수 있는 자는 아무도 없다는 점입니다. 그렇다면 "의로운 해"가 무엇에 대한 상징인가는 분명해진다 하겠습니다. 이를 누가복음에서는 "이로써 돋는 해가 위로부터 우리에게 임하여 어두움과 죽음의 그늘에 앉은 자에게 비취고 우리 발을 평강의 길로 인도하시리로다"(눅 1:78) 하고 증거합니다.

㉣ 그런데 구약시대는 어떤 상태에 있었는가? 하나님의 임재를 상징하는 지성소가 휘장으로 굳게 닫혀져 있었다는 것은, "오직 너희 죄악이 너희와 하나님 사이를 내었고 너희 죄가 그 얼굴을 가리워서 너희를 듣지 않으시게 함이니"(사 59:2), 즉 해가 구름에 가려있듯이 복음이 가려져 있던 시대라는 것입니다. 그러므로 "의로운 해가 떠오른다" 한 것은 없던 해가 생긴다는 그런 뜻이 아닙니다. 구약시대에도 "의로운 해"는 있었습니다. 다만 의문(儀文)에 가려져 있었을 뿐입니다. 그런데 이 휘장이 그리스도의 구속으로 말미암아 열려져서 복음의 빛이 우리 마음에 비춰지게 되었다는 것입니다. 이를 본문에서는 "내 이름을 경외하는 너희에게는 의로운 해가 떠올라서 치료하는 광선을 발하리니 너희가 나가서 외양간에서 나온 송아지같이 뛰리라"(2) 하는 것입니다.

㉤ "의로운 해가 떠오른다"는 주제를 구속사의 맥락으로 추적해보면 더욱 기이함을 깨닫게 됩니다. 열 두 지파를 네 진기로 편성하여 성막을 중심으로 동서남북으로 진(陣)을 치라 명하시면서, "동방 해 돋는 편에 진칠 자는 그 군대대로 유다의 진기에 속한 자라"(민 2:3) 하십니다. 주목할 점은, "동방 해 돋는 편"이라는 설명을 부가(附加)한 의도입니다. 동방을 "해 돋는 편"이라했으면, 서방을 "해지는 편"이라 해야 균형이 맞는 말인데 다른 진기에는 일체 설명이 없이 그냥 "서편에는, 남편에는, 북편에는" 할 뿐입니다.

㉥ 이는 무심한 것이 아니라 유다 지파에서 "의로운 해"가 떠오르게

될 것을 깨닫기를 원하시기 때문일 것입니다. 이점이 가나안을 향하여 행진(行進)하는, "수두(首頭)로 유다 자손 진기에 속한 자들이 그 군대대로 진행하였으니"(민 10:14) 한데서도 드러납니다. 그러니까 출애굽 당시도 그리스도께서 선두(先頭)에서 양 무리들을 인도하셨다는 증거가 성립이 된다는 말씀입니다.

㉦ 또한 치료하는 광선을 발하리니 했는데, 허물과 죄로 죽은 심령을 치료해줄 수 있는 광선이란 복음의 빛 외에는 달리는 없는 것입니다. 에스겔 47장에도 치료하는 환상이 있는데, 성전 문지방 밑에서 흘러나온 물이 창일하게 되어 이 강물이 이르는 곳마다 "생물이 살고, 바닷물이 소성(蘇醒)함을 얻고", 즉 사해(死海)가 살아나 물고기들이 심히 많을 것이라 합니다. 그렇다면 너희에게 떠오르리라 하고 약속한 "의로운 해"는 그리스도 외에는 달리는 상정할 수가 없는 것입니다.

첫째 단원(1–3) 의로운 해가 떠오르리라

첫째 단원의 중심점은 "의로운 해가 떠오르리라"는 말씀에 있습니다.

① 그런데 "만군의 여호와가 이르노라 보라 극렬한 풀무 불같은 날이 이르리니"(1상) 하고, "의로운 해"보다 먼저 "극렬한 풀무 불같은 날"이 임하게 될 것을 말씀합니다.

㉠ 이렇게 하시는 의도가 무엇인가? 첫째는, 극렬한 풀무 불에 초개(草芥)같이 될 자(1)들과, "외양간에서 나온 송아지 같이 뛸 자"들을 대조해서 보여주기 위해서입니다. 다시 상기시킵니다만 저들은, "공의의 하나님이 어디 계시냐"(2:17하) 하고 항변을 하고, "하나님을 섬기는 것이 헛되다, 악을 행하는 자가 창성한다"(3:14, 15) 하고 대적하던 자들입니다. 그들에게 "의인과 악인, 하나님을 섬기는 자와 섬기지 아니하

는 자"의 종말을 분별하리라(3:18) 하고 말씀한 것을 더욱 구체적으로 보여주기 위해서입니다.

② 둘째는, 왜 "의로운 해"가 떠올라야만 하는가? 다시 말하면 복음이 왜 필요한가를 깨닫게 하기 위해서입니다. "극렬한 풀무 불같은 날", 즉 "여호와의 크고 두려운 날"(5) 곧 진노의 날이 이르게 되기 때문입니다. 3:2절에서, "누가 능히 당하며, 누가 능히 서리요" 했는데, 그 날에 누가 능히 설 수가 있단 말인가?

㉠ 선지자들은 "여호와의 날"이 이르게 될 것을 경고하고 있는데 여기에는, 선지자 당대(當代)와, 주님의 초림(初臨)과, 재림(再臨)의 삼중(三重)의 장면이 겹쳐져 있습니다. 이렇게 복합적인 의미가 있는 것은 예루살렘의 심판이 최후심판의 예표요, 주님의 초림으로 이미 말세가 시작이 되어서 재림에서 완성이 되기 때문입니다. 그러니까 우리는 말세를 살아가고 있는 것입니다. 그러므로 "오직 오늘이라 일컫는 동안에 매일 피차 권면하여 너희 중에 누구든지 죄의 유혹으로 강퍅케 됨을 면하라"(히 3:13) 한 매일 매일이 여호와의 날이라는 각성으로 종말적인 삶을 살아가야 하는 것입니다.

③ "내 이름을 경외하는 〈너희〉에게는 의로운 해가 떠올라서 치료하는 광선을 발하리니"(2상) 합니다.

㉠ 앞에서 말씀드린 대로 "의로운 해"는 이미 떠올라서 치료하는 광선을 발하는 복음시대가 개막(開幕)이 된 것입니다. 그러면 기독교 2000년 사(史)에 복음이 줄곧 빛을 발하고 있었는가? 오늘 우리의 시대는 복음의 빛이 찬란하게 빛나고 있느냐 하는 물음이 제기 됩니다. 여기에 심각한 문제가 대두됩니다. 사도 바울은, ㉮ "만일 우리 복음이 가리웠으면 망(亡)하는 자들에게 가리운 것이라"(고후 4:3) 하고 복음의 빛을 가리는 사들이 있다고 말씀하기 때문입니다. 그들이 누군가?

㉡ "그러나 저희 마음이 완고하여 오늘까지라도 구약을 읽을 때에

그 수건이 오히려 벗어지지 아니하고 있다"(고후 3:14)는 것입니다. 이는 모세가 얼굴의 광채를 수건으로 가렸던 일에서 유추(類推)해낸 말씀입니다. 바울 당시에 복음을 가리려한 자들은 교회 밖에 있는 자들이 아니라 교회 내에서 복음을 변질시키려던 율법주의자들 곧 할례당들이었습니다. 바울은 "오늘까지라도" 했는데, 그러면 2천년이 지난 오늘날은 복음의 빛을 가리려는 자는 없단 말인가? 더욱 기승을 부리고 있습니다.

㉢ 우리는 한 걸음 더 나아가야만 합니다. 왜냐하면 "이 세상 신이 믿지 아니하는 자들의 마음을 혼미케 하여 그리스도의 영광의 복음의 광채가 비취지 못하게 함이니"(고후 4:4) 하고 말씀하기 때문입니다. 복음의 빛을 비춰서 죽었던 심령을 거듭나게 하는 것은 아무 설교나 듣는다고 되는 것은 아닙니다. "그 안에서 너희도 진리(眞理)의 말씀 곧 너희 구원의 복음(福音)을 듣고 그 안에서 믿어 약속의 성령으로 인치심을 받았으니"(엡 1:13) 한, "진리의 말씀 곧 구원의 복음"만이 거듭남을 줄 수가 있는 것입니다.

㉣ 그렇다고 설교자가 거듭남을 줄 수 있는 것도 아닙니다. 거듭남은 설교자가 복음진리를 증거할 때에 성령께서 듣는 자에게 믿음을 주시고 거듭남을 주시는 것입니다. 그런데 복음을 전하기만 하면 모두가 거듭나는 것도 아님을 명심해야만 합니다. 왜냐하면 "이 세상 신이 혼미케 하는 영으로 그리스도의 영광의 복음의 광채가 비취지 못하게"(고후 4:4) 방해역사를 하기 때문입니다.

㉤ 그러므로 복음증거는 "선한 싸움"입니다. 사탄이 점령하고 있던 "견고(堅固)한 진"(고후 10:4)은 한두 번에 무너지는 것이 아닙니다. 이 점을 출애굽 당시의 바로나, 여리고 성을 통해서 보는 바입니다. 복음전도자는 이점을 명심하고, "너희가 나가서 외양간에서 나온 송아지 같이 뛰리라"(2하) 할 때까지 복음으로 집중공략을 해야만 하는 것입니다.

형제는 외양간에서 나온 송아지가 뛰는 것을 보신 적이 있으십니까? 갇혔다가 넓은 곳으로 나오니 뛰는 것입니다. 사탄에게 매여 있던 심령이 해방되어 자유함을 얻게 되면 "외양간에서 나온 송아지같이" 기뻐 뛰며 찬양하게 되는 것입니다. 성전 미문에서 구걸하던 나면서 앉은뱅이 된 자가 "걷기도 하고 뛰기도 하며 하나님을 찬미한 것"(행 3:8)과 같이 말입니다. 복음을 듣고 이처럼 기뻐하며 감사와 감격의 눈물을 흘리는 것을 본 기억이 언제입니까? 이런 맥락에서 본다면 교회 내에는 아직도 거듭나지 못한 심령이 많이 있을 것이라는 경각심을 갖게 되는 것입니다.

④ "또 너희가 악인을 밟을 것이니 그들이 나의 정한 날에 너희 발바닥 밑에 재와 같으리라 만군의 여호와의 말이니라"(3) 하십니다.

㉠ 이 말씀은 원복음(창 3:15)에 의하여 해석이 되어야 합니다. 원복음은 세 마디로 되어 있는데, ㉮ 여자의 후손과 뱀의 후손으로 갈라지게 될 것이다. ㉯ 두 사이에는 원수, 즉 싸움이 있게 될 것이다. ㉰ 그 싸움은 여자의 후손이 뱀의 머리를 상하게 함으로 승리하게 될 것이다.

㉡ "너희가 악인을 밟을 것이라, 발바닥 밑에 재와 같으리라" 하심은 원복음이 성취될 것이라는 표현입니다. 시편에서는 "주께서 내 주에게 말씀하시기를 내가 네 원수로 네 발등상 되게 하기까지 너는 내 우편에 앉으라 하셨도다"(시 110:1) 합니다. 사도 바울은 이 말씀을 받아서, "평강의 하나님께서 속히 사단을 너희 발아래서 상하게 하시리라"(롬 16:20) 하는데, 이 말씀이 "여호와의 크고 두려운 날"이 임하게 될 때에 성취가 될 것이라는 말씀입니다.

둘째 단원(4-6) 모세와 엘리야를 들어 말씀하심

둘째 단원의 중심점은 "모세와 엘리야를 들어 말씀"하시는 마지막 권면에 있습니다. 그러면 마지막 권면을 "모세와, 엘리야"를 들어 말씀하시는 의도가 무엇인가? "모세"는 율법의 대명사요, "엘리야"는 선지자를 대표합니다. 그러므로 부활하신 주님은 의심하는 제자들에게, "모세의 율법과 선지자의 글과 시편에 나를 가리켜 기록된 모든 것이 이루어져야 하리라 한 말이 이것이라"(눅 24:44) 하고, 주님이 당하신 고난이 "율법과 선지자", 즉 구약성경 전체의 성취임을 말씀하셨습니다. 말라기서의 마지막 권면은 이를 반영하고 있는 것입니다.

⑤ "너희는 내가 호렙에서 온 이스라엘을 위하여 내 종 모세에게 명한 법 곧 율례와 법도를 기억하라"(4) 하십니다.

㉠ "기억하라", 즉 잊지 말라, 명심하고 준행하라는 권면입니다. 그러면 "모세에게 명한 율례와 법도"가 무엇인가? 이를 윤리적으로만 여긴다면 이제까지 말라기서를 상고한 한 것이 헛수고가 되고 맙니다. "내 이름을 멸시하는 제사장들아"(1:6) 하고 시작하여 "너희가 눈먼 것, 저는 것, 병든 것으로 드리는 것이 어찌 악하지 아니 하냐"(1:8) 하고 책망하신 것이 윤리란 말인가? 이는 이웃과의 관계성인 윤리가 아니라 하나님과의 관계를 성립시켜주는 유일(唯一)한 통로인 "메시아언약"을 망각했다는 신학적인 문제인 것입니다.

㉡ 지금 구속사의 좌표(座標)는 말라기 선지자를 끝으로 구약시대의 막을 내리고 신약시대로 넘어가는 다리를 놓으려는 시점에 와 있는 것입니다. 이를 달리 표현하면, "모세와 엘리야", 즉 율법과 선지자라는 "몽학선생"(갈 3:24)을 통해서 예수 그리스도께 인도하려는 시점(時點)인 것입니다.

㉢ 그러므로 망각해서는 아니 될 점은 하나님은 호렙(시내산)에서

모세에게 십계명의 돌비만을 주신 것이 아니라 성막의 "식양"(式樣)도 주셨음을 잊지 말아야만 합니다. "십계명의 돌비"가 죄를 적발하여 정죄를 한다면 성막의 번제단, 물두멍은 이 정죄를 대속하고 깨끗케 해주는 역할을 했습니다. 이는 율법으로 죄를 깨닫고는 그리스도를 통하여 구속함을 얻을 것에 대한 예표로 주신 것입니다. "모세의 율례와 법도를 기억하라"는 말씀 속에는 이런 뜻이 모두 함의(含意)되어 있는 것입니다.

⑥ 모세를 말씀하신 다음에, "보라 여호와의 크고 두려운 날이 이르기 전에 내가 선지 엘리야를 너희에게 보내리니"(5) 하고, "엘리야"를 말씀하십니다.

㉠ 주님은 세례 요한을 가리켜, "만일 너희가 즐겨 받을진대 오리라 한 엘리야가 곧 이 사람이니라"(마 11:14) 하셨습니다. 앞에서 말씀드린 대로 모세와 엘리야는 "율법과 선지자"를 대표하는 자들로 구약성경 전체에 대한 예표로 등장합니다. 그리고 구약성경 전체의 주제는 주님께서, "이 성경이 곧 내게 대하여 증거하는 것이로다"(요 5:39) 하심같이 그리스도를 증거 하기 위해서 기록이 된 것입니다. 그러므로 구약성경의 마지막 책을 "모세와, 엘리야"로 마치고 있다는 것은 시사(示唆)하는 바가 크다 하겠습니다.

㉡ 왜냐하면 복음서는 변화산상에, "문득 두 사람이 예수와 함께 말하니 이는 모세와 엘리야라 영광 중에 나타나서 장차 예수께서 예루살렘에서 별세(別世)하실 것"(눅 9:30-31)을 말씀했다고 증거함으로 말라기서와 복음서를 연결시켜주고 있기 때문입니다. 어찌하여 모세와 엘리야가 나타나서 "별세하실 것", 즉 주님께서 고난당하실 것을 말씀했다 하는가? 구속사역이 구약성경의 중심적인 주제이기 때문입니다. 구약시대 내내 죽임을 당한 헤일 수 없는 제물들이 무엇에 대한 그림자인가를 생각해보십시오. 하나님께서 자기 아들의 죽음을 통해서 이루신 복음

은, "이제는 율법 외에 하나님의 한 의가 나타났으니 〈율법과 선지자〉 들에게 증거를 받은 것"(롬 3:21)임을 명심해야만 합니다.

㉢ 엘리야가 와서, "그가 아비의 마음을 자녀에게로 돌이키게 하고 자녀들의 마음을 그들의 아비에게로 돌이키게 하리라"(6상) 합니다. "돌이키게" 라는 말이 마지막 절에 3번 강조되어 있습니다. 누가복음에 의하면 천사가 세례 요한의 탄생을 예고하면서, "저가 또 엘리야의 심령과 능력으로 주 앞에 앞서 가서 아비의 마음을 자식에게 거스리는 자를 의의 슬기에 돌아오게 하고 주를 위하여 세운 백성을 예비하리라"(눅 1:17) 하고 전해주는 것을 보게 됩니다. 모세에게 명한 율례와 법도, 그리고 엘리야로 대표되는 선지자들로 하신 말씀을 한마디로 요약을 한다면 "하나님께로 돌아오라"는 말씀인 것입니다.

⑦ 그러므로 말라기서, 즉 구약성경의 마지막 촉구는, "돌이키지 아니하면 두렵건대 내가 와서 저주로 그 땅을 칠까 하노라"(6하) 하시는 경고로 마치고 있습니다.

㉠ "내가 와서"(6중) 하신 말씀을 주님의 초림이냐, 재림이냐 고심할 필요가 없습니다. 왜냐하면 "내가 심판하러 이 세상에 왔으니"(요 9:39) 하고, 초림으로 심판은 이미 시작이 되어서 재림으로 마칠 것이기 때문입니다. 그리고 "돌이키지 않는 자"는 누구든지 "저주", 즉 심판을 받게 될 것이기 때문입니다. 그러므로 "돌아오라"는 말라기서의 마지막 말씀은, "요한이 잡힌 후 예수께서 갈릴리에 오셔서 하나님의 복음을 전파하여 가라사대 때가 찼고 하나님의 나라가 가까웠으니 회개(돌아와서)하고 복음을 믿으라"(막 1:14-15) 한 말씀과 연결이 되는 복음초청인 것입니다.

㉡ 그러므로 결론은, 하나님께 돌아올 수 있도록 문이 되시고, 길이 되시기 위해서 대속제물이 되어주신 "그리스도의 영광의 복음"을 배척한다면, "내가 진실로 너희에게 이르노니 심판 날에 소돔과 고모라 땅

이 그 성보다 견디기 쉬우리라"(마 10:15) 한 "저주"를 받을 수밖에 없다는 사실입니다.

㉢ 그러면 어떻게 하는 것이 "돌이키는" 것인가? 구약의 성도들은 참 것이 오시기까지 유월절과, 조석(朝夕)으로 상번제를 드리면서 메시아언약을 보수하는 일이 돌아오는 것이요, 신약의 성도들은 "이 떡을 먹으며 이 잔을 마실 때마다 주의 죽으심을 오실 때까지 전하는 것이라"(고전 11:25-26) 한, 복음을 보수하며 증거하는 일입니다.

㉣ 이제 말라기서를 마치기 전에 다시 한 번 상기해야할 세 가지 점이 있습니다. 첫째는, 말라기서와 복음서의 연결입니다. 하나님은 "떼 가운데 수컷이 있거늘"(1:14) 하십니다. 저들은 목축업을 하는 자들로 "양떼와 소떼"가 있었습니다. 그 떼 중에서 고르고 골라서 흠 없는 것으로 드려야만 마땅했습니다. 왜냐하면 그 제물이 흠 없으신 그리스도에 대한 예표이기 때문입니다. 그런데 저들은 고르고 고르되 "눈멀고 다리 부러지고 병든 것"을 골라서 코웃음 치면서 드렸습니다. 하나님은 어떻게 하셨는가? 떼 가운데 양 한 마리가 아까우면 그만두어라 하시면서, "하나님이 세상을 이처럼 사랑하사 독생자를 주셨으니"(요 3:16) 하고, "우리가 죄인 되었을 때에, 우리가 원수 되었을 때에" 자기 아들을 화목제물로 내어주셨다는 것이 구약성경의 마지막 책인 말라기서와 신약성경의 첫 책인 복음서의 연결점입니다. 길 예비자 세례 요한은 증거합니다. "보라 세상 죄를 지고 가는 하나님의 어린양이로다"(요 1:29).

㉤ 둘째는, 하나님께서 아브라함에게 메시아언약을 세워주신지 1600년이 지나고, 모세에게 율례와 법도를 명하신지 1000년이 지나고, 포로에서 귀환한지 100년이 지난 말라기 시대의 실상이 어떠한가하는 점입니다. 왜냐하면 이를 통해서 주님께서 새 언약을 세워주신지 2000년이 지나고, 종교개혁을 한지도 500년이 지나고, 한국에 복음이 전해진지 100여년이 지난 한국교회의 실상이 어떠한가를 돌이켜보기 위해

서입니다. 한마디로 오늘의 시대는 말라기 시대와 같지 않다고 말할 수가 있단 말인가?

ⓑ 셋째는, 6번이나 반복되고 있는 항변(抗辯)입니다. "어떻게 사랑하셨나이까?(1:2), 어떻게 멸시하였나이까?(1:6), 어떻게 괴로우시게 하였나이까?(2:17), 어떻게 돌아가리이까?(3:7), 어떻게 도적질하였나이까?(3:8), 무슨 말로 대적하였나이까?"(3:13) 하고 말끝마다 대듭니다. 이는 자신들의 잘못을 모른다는 증거입니다. 지적해주어도 받아드리지 않을 만큼 강퍅해졌음을 의미합니다. 그러면 오늘의 우리는 어떠한가 하는 점입니다.

ⓢ 그러므로 도달하게 되는 결론은, 하나님은 말라기서를 통해서 오늘도 "돌이키지 아니하면 두렵건대 내가 와서 저주로 그 땅을 칠까 하노라"(6하) 하고 경고하고 계시다는 것입니다. 그리고 "내 이름을 멸시하는 제사장들아" 하고, 경고의 주 대상(對象)이 목회자들이라는 점을 명심하십시다.

⑧ 묵상해보겠습니다.

ⓖ "의로운 해"에 대한 구속사적 의미에 대해서,

ⓝ "악인을 밟을 것이라"는 구속사적 의미에 대해서,

ⓓ 마지막 권면과 경고가 무엇인가에 대해서,

ⓡ 말라기서를 통한 깨달음과 결단에 대해서.

구속사의 관점에서 본
구약성경 파노라마
하박국 · 스바냐 · 학개 · 스가랴 · 말라기

초판 1쇄 발행 2009년 3월 20일
초판 2쇄 발행 2015년 11월 1일

지은이 유도순
펴낸이 유효성
펴낸곳 도서출판 머릿돌

등록번호 제17-240호
등록일자 1997년 5월 20일
주소 서울 동작구 노량진1동 205-7
TEL. 031-607-7678 / Mobile. 010-94728327
http://edendongsan.onmam.com
E-mail yoodosun@hanmail.net / yoohs516@hanmail.net

총판 기독교출판유통
경기도 고양시 일산동구 장항동 585-12
(031) 906-9191

ISBN : 978-89-87600-51-2 (03230)